高寒、高海拔特殊地区
公路修筑技术

李 捷 著

西北工业大学出版社

西 安

图书在版编目(CIP)数据

高寒、高海拔特殊地区公路修筑技术/李捷著. —西安：西北工业大学出版社，2020.1
ISBN 978-7-5612-6641-0

Ⅰ.①高… Ⅱ.①李… Ⅲ.①寒冷地区-筑路 ②高原-地区-筑路 Ⅳ.①U419

中国版本图书馆CIP数据核字（2020）第022394号

GAOHAN、GAOHAIBA TESHU DIQU GONGLU XIUZHU JISHU
高寒、高海拔特殊地区公路修筑技术

责任编辑：朱晓娟	策划编辑：付高明
责任校对：张　友	装帧设计：李　飞

出版发行：西北工业大学出版社
通信地址：西安市友谊西路127号　　邮编：710072
电　　话：(029) 88491757，88493844
网　　址：www.nwpup.com
印 刷 者：陕西向阳印务有限公司
开　　本：787 mm×1 092 mm　　1/16
印　　张：20.5
字　　数：538千字
版　　次：2020年1月第1版　　2020年1月第1次印刷
定　　价：110.00元

如有印装问题请与出版社联系调换

前 言

青海省公路具有高寒、高海拔、冻土及盐渍土分布广泛、环保要求高的地域特点，总结青海省公路建设特点，为省内专业技术人员及在校大、中专师生提供技术参考，为青海省交通领域创新创业工作服务，特撰写本书。

本书主要介绍青海省公路交通"十三五"发展规划，全省自然气候特点对公路建设的影响，青海省绿色交通"十三五"规划及相应文件，绿色交通相关技术的开展情况，青海省多年冻土区及盐渍土地区公路修筑技术，青海省特殊气候环境及特殊地质环境下的公路养护技术等内容。

在编写本书的过程中得到了青海省公路与市政设施工业化建造技术工程研究中心、青海省公路与市政钢结构工程技术研究中心、正平路桥建设股份有限公司省级企业技术中心、青海交通职业技术学院相关领导和技术人员的支持与帮助，在此表示感谢。

在编写本书的过程中参阅了大量相关文献资料，在此对其作者表示诚挚的谢意。

由于水平有限，书中疏漏之处在所难免，敬请批评指正。

李 捷

2019年7月

目 录

第1章 青海省公路交通概况 ··· 001
 1.1 青海省概况 ··· 001
 1.2 青海省地理环境的特殊性 ··· 013
 本章参考文献 ·· 015

第2章 青海省环境保护政策及相关技术指南 ··· 016
 2.1 青海省绿色交通"十三五"规划 ·· 016
 2.2 《青海省公路建设生态环境保护技术指南》 ····································· 017
 2.3 《青海省交通运输厅公路建设生态环境保护考核管理办法（试行）》 ········ 041
 2.4 《青海省公路建设生态环境事故应急预案（试行）》 ····························· 054
 2.5 青海省绿色交通相关技术 ··· 061
 本章参考文献 ·· 077

第3章 多年冻土区公路修筑技术 ··· 078
 3.1 多年冻土的概念 ·· 078
 3.2 《多年冻土地区公路设计与施工技术细则》解读 ································ 087
 本章参考文献 ·· 191

第4章 盐渍土地区公路修筑技术 ··· 193
 4.1 盐渍土公路概述 ·· 193
 4.2 盐渍土地区公路线性设计 ··· 210
 4.3 盐渍土地区桥梁修筑技术 ··· 235
 4.4 盐渍土地区涵洞修筑技术 ··· 253
 4.5 透水模板 ·· 257
 本章参考文献 ·· 261

第5章 青海省公路养护 263
5.1 公路养护的概念 263
5.2 青海省公路养护的相关标准 266
5.3 高海拔地区对养护机械的要求 275
5.4 多年冻土地区公路养护 284
5.5 青海地区盐渍土路段公路养护技术研究 307
本章参考文献 321

第1章 青海省公路交通概况

> **基本要求**
> 1. 了解青海省"十二五"末省情及交通发展情况,熟悉省内公路交通"十三五"发展规划。
> 2. 了解青海省自然气候特点及其对公路建设的影响。

1.1 青海省"十二五"末概况

一、青海省行政概况

青海省位于我国西部,雄踞世界屋脊青藏高原的东北部。因境内有国内最大的内陆咸水湖——青海湖而得名,简称"青"。青海是长江、黄河、澜沧江的发源地,故被称为"江河源头",又称"三江源",素有"中华水塔"之美誉。青海省下辖西宁市、海东市2个地级市和玉树藏族自治州、海西蒙古族藏族自治州、海北藏族自治州、海南藏族自治州、黄南藏族自治州、果洛藏族自治州、河南藏族自治州等6个民族自治州,共48个县级行政单位。

青海是个多民族聚居的省份,现有55个民族。2015年末,少数民族人口280.74万人,占全省人口的47.71%。少数民族人口比例仅低于西藏自治区和新疆维吾尔自治区,高于广西壮族自治区、内蒙古自治区、宁夏回族自治区。青海的世居少数民族主要有藏族、回族、土族、撒拉族和蒙古族,其中土族和撒拉族为青海所独有。据2015年1%人口抽样调查结果推算,少数民族中,藏族148.46万人,占总人口的25.23%;回族86.97万人,占总人口的14.78%;土族20.89万人,占总人口的3.55%;撒拉族11.36万人,占总人口的1.93%;蒙古族10.59万人,占总人口的1.80%;其他少数民族2.77万人,占总人口的0.42%。2015年末统计资料显示,全省常住人口588.43万人,其中城镇295.58万人,占50.30%;乡村292.75万人,占49.70%。

青海省地理位置介于东经89°24′3″至103°4′10″,北纬31°36′2″至39°12′45″,东西长度为1 240.6km,南北长度为844.5km。全省总面积为69.7万平方千米,占全国总面积的1/13,面积排在新疆维吾尔自治区、西藏自治区、内蒙古自治区之后,列全国各省、市、自治区的第四位。青海北部和东部同甘肃省相接,西北部与新疆维吾尔自治区相邻,南部和西南部与西藏自治区毗连,东南部与四川省接壤。省内平原面积为19.7万平方千米,约占全省总面积的28.3%;山地面积为34.1万平方千米,约占全省总面积的48.9%;丘陵面积为10.2万平方千米,约占全省总面积的14.6%;盆地面积为5.7万平方千米,约占全省总面积的8.2%。

截至2015年，青海省土地总面积共69.66万平方千米。其中农用地面积4 510.50万公顷，约占全省土地总面积的64.75%，农用地中耕地面积58.57万公顷，牧草地面积4 081.21万公顷，林地面积354.15万公顷，园地面积0.61万公顷，其他农用地面积15.96公顷；建设用地面积33.99万公顷，约占全省土地面积0.49%；未利用地面积2 421.99万公顷，约占全省土地面积的34.76%。

二、青海省交通概况及干线公路网规划

1.青海省交通概况

公路水路交通在青海省经济社会发展中具有基础性、全局性、战略性的地位和作用，是青海省推进"四个发展"的重要支撑和基础保障。青海省交通运输体系由以下4部分组成。

（1）公路。近年来，青海省紧抓国家实施西部大开发战略和支持青海等省藏区经济社会发展的机遇，加强国道、省道升级改造和农村公路建设，促进结构调整和交通发展方式转变，增强建设、运输、养护、管理的协调性，公路水路交通事业取得了长足进展。截至2014年底，青海省公路总里程达到7.27万千米，较2003年末的2.74万千米增加了4.53万千米，年复合增长率达到10.08%。与此同时，青海省公路质量显著提高，根据国家统计局的资料显示，截至2013年底，青海省二级以上公路总里程达到0.77万千米，较2003年末的0.34万千米增加了0.43万千米，增长126.47%。尤其是"十一五"以来，青海省继续依托国家政策支持，在实现"村村通公路"，保持公路总里程持续增加的同时，注重高速公路、高等级公路建设，新建、改建、扩建了一大批高等级公路，使得青海省的公路交通状况得到了很大的改善。

（2）水运。西部大开发以来，青海省相继在青海湖、贵德、龙羊峡、李家峡、公伯峡5个重点水域，建成龙羊峡港、青海湖151、二郎剑、鸟岛、贵德港等10个码头港点，并形成了青海湖、李家峡2条水上旅游环线。全省通航总里程达到317.74km，拥有各类船舶及水上设施136件（套）。

航政管理也日益完善。目前，全省除玉树藏族自治州外，其余5州1地1市均成立了海事管理机构，并在交通运输部的大力支持下，为青海湖、龙羊峡库区等5个通航水域配备了海事巡逻艇。通过开发建设全省《通航水域信息管理系统》，实现了对水上交通安全的现场和远程监控。

2009年，水上运输完成客运量35万人，客运周转量550万人·千米，分别是1999年的6倍和10倍，水运业已成为促进全省经济发展和旅游开发的新兴力量。

（3）铁路。西部大开发以来，青海省铁路建设取得了令人瞩目的成绩，先后实施了青藏铁路西宁至格尔木段扩能改造工程、兰州至西宁铁路提速工程、青藏铁路西宁至格尔木段增建二线应急工程。尤其是2006年以来，随着举世瞩目的青藏铁路全线通车，国家又投入了约140亿元，改造建设兰州至西宁铁路增建第二线电气化工程和青藏铁路西宁至格尔木段增建第二线电气化工程，并支持我省开工建设省内第一条地方铁路柴达木至木里铁路。目前，柴木地方铁路于2009年12月建成，已正式运营。

目前，青海省境内铁路运营里程为2 356多千米，历年来铁路货运量以13.4%的平均增长率不断攀升，客运量在400万人/年上下波动。

（4）民航。青海省有西宁曹家堡民用机场、格尔木军民合用机场和玉树巴塘民用机场等机场。其中，曹家堡机场可通航全国二十几个城市，格尔木机场仅开通至西宁、成都、西安和北京的航线，玉树机场则每逢周二、周四和周六开通西安—西宁—玉树的往返航班。

2.青海省干线公路网布局方案（2009—2030年）

青海省干线公路网布局规划方案为"六纵、九横、二十联"，规划里程14 999km，规划等级为二级及以上公路标准，其中高速公路6 630km（约占44.2%）、二级公路8 369km（约占55.8%）。基本情况见表1-1。

表1-1 青海干线公路网布局方案

序 号	路线名称	主要控制点	规划等级	里程/km	路线功能
一	六纵			4 766	
1	乐都—大武	乐都、循化、同仁、泽库、河南、大武	高速/二级	477	黄南、果洛连接海东地区的主要通道
2	张掖—河南	扁都口、青石嘴、门源、大通、西宁、尖扎、同仁、泽库、河南、赛尔龙	高速	590	纵贯海北、西宁、海东、黄南，联系新甘青川的区域运输大通道
3	西宁—甘孜	西宁、贵德、黄沙头、南巴滩、玛沁、甘德、达日、马崩	高速/二级	760	纵贯西宁、海南、果洛，青海通往四川甘孜州的便捷通道
4	祁连—昌都	祁连、马匹寺、共和、玛多、清水河、玉树、囊谦、多普玛	高速/二级	1 357	纵贯海北、海南、果洛、玉树，便捷联系青海藏区、西藏东部、云南藏区的旅游大通道
5	敦煌—囊谦	花海子、大柴旦、察尔汗、格尔木、不冻泉、曲麻莱、治多、杂多、囊谦	高速/二级	1 306	纵贯海西和玉树，沟通柴达木盆地与新疆北坡天山经济带
6	冷湖—黄瓜梁	丁字口、冷湖、黄瓜梁	二级	276	西部开发省际通道的重要组成部分
二	九横			7 760	
1	兰州—二指哈拉山口	岗子沟口、门源、青石嘴、峨堡、祁连、边麻沟、二指哈拉山口	二级	565	连接祁连山脉主要的矿产资源产地和旅游风景区
2	武威—茫崖	小沙河、门源、大通、西海、刚察、天峻、乌兰、德令哈、小柴旦、茫崖	高速	1 406	横跨海北和海西，连接西宁和格尔木，是柴达木盆地、塔里木盆地通往京津冀的大通道

续 表

序 号	路线名称	主要控制点	规划等级	里程/km	路线功能
3	民和—拉萨	马场垣、民和、平安、西宁、湟源、倒淌河、共和、茶卡、都兰、香日德、格尔木、不冻泉、唐古拉山口	高速	1 610	东连兰州,南通拉萨,是西藏和青海至京津冀的主通道,北京至拉萨国家高速公路的组成部分
4	临夏—刚察	官亭、化隆、阿岱、倒淌河、切泉沟	二级	465	青海湖至海东、兰州的便捷通道
5	临夏—共和县	大力加山、循化、尖扎、贵德、共和	高速	343	青海湖、海南州至海东、甘肃的便捷通道
6	阿坝—茫崖	分水岭、久治、大武、花石峡、香日德、格尔木、老茫崖	高速/二级	1 326	东通成渝经济区,西连塔里木盆地,是新青川便捷沟通的区域大通道
7	班玛—色吾沟	友谊桥、班玛、达日、玛多、麻多、色吾沟	二级	924	连接玉树、果洛与阿坝,覆盖扎陵湖、鄂陵湖和黄河源等旅游景区
8	玉树—唐古拉山乡	安巴拉山口、玉树、治多、唐古拉山乡	二级	679	连接玉树、治多等城镇,覆盖三江源旅游景区
9	玉树—那曲	多拉马康、杂多、查吾拉	二级	442	青海前往拉萨朝拜的重要通道
三	二十联			3 629	
1	大通河—西宁	大通河、互助、西宁	二级	112	县际公路
2	西宁大环线	互助、平安、湟中、湟源、大通	高速/二级	232	西宁周边县际公路
3	民和—循化	民和、官亭、循化	二级	130	县际公路
4	夏河—贵德	夏河、同仁、贵德	二级	143	县际公路、出省公路
5	三塔拉—黄沙头	贵南	二级	138	县际公路
6	泽库—肃南	达久滩、泽库、同德、兴海、河卡山南、茶卡、察汗诺、天峻、阳康、木里、野牛沟	二级	955	县际公路、出省公路
7	河南—玛曲	河南、柯生	二级	99	出省公路
8	甘德—久治	甘德、索乎日麻	二级	86	县际公路
9	久治—若尔盖	久治、齐哈玛	二级	51	出省公路
10	久治—甘孜	久治、班玛、知钦	二级	262	县际公路
11	青石嘴—木里	大通河桥、热水、江仓	二级	251	连接矿产资源基地

续表

序号	路线名称	主要控制点	规划等级	里程/km	路线功能
12	民和—青海湖羊场	民和、乐都、湟源、西海、青海湖羊场	高速/二级	221	便捷沟通德令哈、西海、西宁
13	共和—青海湖（151）		二级	46	旅游公路
14	黑马河—大水桥		二级	39	旅游公路
15	察汗诺—德令哈	察汗诺、德令哈	高速	142	县际公路
16	乌兰—都兰	乌兰、查查香卡	二级	42	便捷沟通德令哈与大武
17	德令哈—都兰	尕海、都兰	高速	100	连接矿产资源基地
18	冷湖—大柴旦	冷湖镇、马海、鱼卡	二级	177	县际公路
19	马海—乌图美仁	马海、涩北、乌图美仁	二级	210	县际公路
20	清水河—曲麻莱		二级	193	
合计				16 065	

3.青海省高速公路网布局方案（2009—2030年）

高速公路网是青海公路网中的主骨架，是区域综合运输大通道和综合运输体系的重要组成部分。在干线公路网布局方案的基础上，青海省高速公路网布局方案为"三纵、四横、十联线"，规划里程6 630km（其中国家高速公路2 049km，地方高速公路4 581km），具体见表1-2。

图1-2 青海高速公路网布局规划方案

序号	路线名称	主要控制点	规划里程/km	路线功能
一	三纵		2 016	
1	张掖—河南	扁都口、青石嘴、门源、大通、西宁、尖扎、同仁、泽库、河南、赛尔龙	590	纵贯海北、西宁、海东、黄南，便捷联系新甘青川的区域运输大通道
2	共和—昌都	共和、玛多、清水河、玉树、囊谦、多普玛	977	纵贯海南、果洛和玉树四州，便捷联系青海藏区、西藏东部和云南藏区的旅游大通道
3	敦煌—格尔木	花海子、鱼卡、大柴旦、察尔汗、格尔木	449	纵贯海西和玉树，沟通柴达木盆地与新疆天山北坡经济带
二	四横		3 959	
1	武威—茫崖	小沙河、门源、大通、西海、刚察、天峻、乌兰、德令哈、小柴旦、茫崖	1 406	

续 表

序 号	路线名称	主要控制点	规划里程/km	路线功能
2	民和—拉萨	马场垣、民和、平安、西宁、湟源、倒淌河、共和、茶卡、都兰、香日德、格尔木、不冻泉、唐古拉山口	1 610	
3	临县—共和县	大力加山、循化、尖扎、贵德、共和	343	
4	阿坝—香日德	分水岭、久治、大武、花石峡、香日德	600	
三	十联线		811	
1	西宁—互助		41	便捷沟通西宁与互助
2	互助—大通		27	便捷沟通互助与大通
3	同仁—夏河		80	便捷沟通同仁与甘肃省合作市
4	河南—大武		150	便捷沟通同仁与大武两个州府
5	玛曲—久治		41	便捷连接甘肃合作市和四川阿坝州
6	湟源—西海		50	便捷沟通海西州府德令哈、海北州府西海与西宁
7	西宁—贵德		117	连接塔尔寺、坎布拉等旅游景区
8	茶卡—天峻		63	便捷沟通海西州府德令哈、海北州府西海与西宁
9	察汗诺—德令哈		142	便捷连接德令哈与共和的辅助通道
10	德令哈—都兰		100	便捷沟通海西州府德令哈与海南州府恰卜恰镇
合计			6 786	

三、青海省交通运输"十三五"发展规划的相关指标

2016—2020年，是青海省交通运输"十三五"发展的重要五年，其间将统筹铁路、公路、民航协调发展，进一步完善区域内综合交通基础设施网络，加强出省通道建设，提高通畅水平和通达深度，构建与经济发展、改善民生、促进旅游业大发展相适应的现代综合交通运输体系。

1.完善公路网络

到2020年，全省公路通车总里程突破8.5万千米，其中高速化公路达到5 000km；基本建成国家高速公路网省内路段，打通通往甘肃省方向6条和四川省、西藏自治区、新疆维吾尔自治区方向各1条的高速公路省际通道，全面实现西宁至所有市州、各市州间及重点县高速

公路全覆盖，东部城市群高速公路基本成网；加大国省干线公路升级改造力度，重点建设沿黄公路及旅游公路，提高通县公路技术标准，全部县城通二级及以上公路；实现公路与铁路、民航站场、旅游景区间的有效衔接；实施农村公路升级改造，提高通畅程度和抗灾能力，实现所有乡镇及行政村通畅；加强青甘川交界地区、集中连片特困地区、偏远藏区农村和国有农林场公路建设。

2. 加快铁路建设

到2020年，全省铁路通车里程达到3 200km，较"十二五"末增加1 100km，打造"1268"的铁路建设布局，即加强青藏铁路主轴线，形成西宁、格尔木两个铁路枢纽，规划形成青藏、兰新、格库、格敦、西成、西昌等6条干线铁路和8个方向的出省通道，构建起与周边省区快速连接，通达丝绸之路经济带沿线国家的铁路干线网；建成格敦铁路、格库铁路，完成青藏铁路格拉段扩能改造，开工建设西成铁路，争取格成铁路、西昌铁路纳入国家铁路"十三五"建设规划，力争开工建设；加快地方铁路发展，建成鱼卡至一里坪、塔尔丁至肯德可克等铁路，开展一里坪至老茫崖等铁路前期研究工作，有效支持区域资源开发；充分发挥铁路对旅游业的带动作用，加开旅游专列，推动铁路沿线城镇与旅游产业发展的有机结合。

3. 促进民航加快发展

到2020年，全面形成"一主八辅"民用机场运营格局；实施西宁机场三期和格尔木机场扩建工程，建成果洛、祁连、青海湖、久治、黄南机场；适应旅游业发展和应急救援的需要，规划布局一批通用机场，力争实现全省重点区域和重要旅游景区航空服务全覆盖；优化西宁机场航线网络结构，增辟国际新航线，强化枢纽摆渡功能，带动省内支线发展，把西宁机场打造成青藏高原区域枢纽机场。

4. 发展内河航运和管道运输

到2020年，全省继续开发和完善水路运输，实现全省主要水域基本具备运输和旅游综合开发条件；继续完善青海湖旅游航运设施，加快黄河水域的航道工程和客运码头建设，开工建设寺沟峡至公伯峡、龙羊峡至拉西瓦航运工程，实施可鲁克湖旅游航运以及坎布拉景区南宗沟和坎群码头项目；鼓励发展油气、工业物料输送等管道运输业。

5. 建设重大综合交通枢纽

到2020年，全省建成西宁和格尔木两个综合交通中心枢纽；依托西成铁路、西宁城轨项目的实施以及西宁国家级流通节点城市建设，完善集铁路、公路、民航、公交、城轨于一体的综合交通体系，提升交通衔接水平和转换效率，将西宁打造成丝绸之路经济带上的综合交通枢纽；依托格库铁路和海西区域流通节点城市建设，建设格尔木交通枢纽工程，将格尔木打造成我国西部重要的区域交通枢纽，见表1-3～表1-6。

表1-3　2015年末青海省公路网现状情况

类　别	等　级	里程/km	占比/（%）
合计		75 594	100
按行政等级分	国道（其中，国家高速公路）	5 666（1 673）	7.49（2.21）

续表

类别	等级	里程/km	占比/(%)
按行政等级分	省道	9 910	13.11
	县道	9 678	12.80
	乡道	15 245	20.17
	村道	34 123	45.14
	专用公路	972	1.29
按技术等级分	高速	2 662	3.52
	一级	460	0.61
	二级	6 985	9.24
	三级	5 033	6.66
	四级	49 499	65.48
	等外公路	10 952	14.49
按路面类型分	沥青混凝土	12 935	17.11
	水泥混凝土	20 355	26.93
	简易铺装路面	4 587	6.07
	未铺装路面	37 715	49.89

注：国省道按调整前口径统计。

表1-4 "十二五"期间交通运输主要发展目标完成情况

指标	单位	"十二五"规划目标	2015年实际完成情况
公路网总里程	km	70 000	75 593
高速公路（含一级）	km	3 000	3 123
二级及以上公路	km	9 000	10 108
乡镇通畅率	%	100	98.6
建制村通畅率	%	80	85.5
新建国家公路综合枢纽	个	2	1
二级客运站州府覆盖率	%	100	100
二级客运站东部县城覆盖率	%	100	100
乡镇等级客运站建设	个	80	75
省养国省干线公路技术状况指数（MQI）		80	85
省养国省干线优良路率	%	75	75
新增通航航道里程	km	307	208
地方铁路营业里程	km	196	196

表1-5 "十三五"期间青海省交通运输主要发展目标

发展领域	细分领域	具体指标	2015年	2020年	指标类型
基础设施	设施规模	公路网总里程/km	75 000	85 000	预期性
		高速公路（含一级）通车里程/km	3 123	5 000	预期性
基础设施	设施规模	内河航道通航里程/km	618	737	预期性
		码头泊位数/个	56	88	预期性
		地方铁路营业里程/km	196	366	预期性
	设施覆盖	县城通高速公路比例/（%）	59	70	预期性
		县城通二级公路比例/（%）	91	100	约束性
		乡镇通硬化路比例/（%）	98.6	100	约束性
		建制村通硬化路比例/（%）	85.5	100	约束性
		县城建有二级及以上客运站比例/（%）	43	48	预期性
	网络技术状况	普通国道二级及以上公路比例/（%）	58	80	预期性
		普通省道二级及以上公路比例/（%）	15	30	预期性
		二级及以上公路总里程/km	10 108	13 000	预期性
		国省道优良路率/（%）	75	75	预期性
运输服务	运输装备	中高级客车占营运客车比例/（%）	72	80	预期性
		城市万人公交车辆拥有量/台		15	预期性
	客运服务	具备条件的建制村通客车比例/（%）	83.5	100	约束性
		西宁、海东城市公共交通站点500m覆盖率/（%）		100	约束性
		城市公共交通占机动化出行比/（%）		40	预期性
	货运服务	零担和快件运输网络州（市）节点覆盖率/（%）		100	预期性
		建制村通邮率/（%）		100	约束性
科技与信息化	科技进步	交通科技进步贡献率/（%）	50	55	预期性
	信息化	交通运输核心业务信息化覆盖率/（%）		80	预期性
		ETC车道覆盖率/（%）	94.5	100	预期性
		客运联网售票覆盖率/（%）		90	预期性
绿色交通	节能减排	城市公交车辆中节能环保车比例/（%）		85	预期性
		道路营运车辆碳排放强度下降率下降/（%）		4	约束性
	资源利用	高速公路及普通国省干线路面旧料循环利用率/（%）		90	预期性
	环境保护	公路重点路段沿线实施生态恢复比例/（%）		100	预期性
		高速公路宜绿化路段绿化率/（%）		100	预期性
		普通国省道宜绿化路段绿化率/（%）		90	预期性

续 表

发展领域	细分领域	具体指标	2015年	2020年	指标类型
安全应急	安全水平	国省干线公路安保设施实施里程比例/（%）		80	预期性
		农村公路安保配套设施完善率/（%）		80	预期性
		公路较大以上等级道路运输行车事故死亡人数下降率/（%）		30	预期性
	应急保障	一般灾害情况下国省干线公路应急救援现场到达时间/h		<2	预期性
		一般灾害情况下国省干线公路抢通时间/h		<24	预期性
		重点监测码头自动应急响应到达时间/min		30	预期性

表1-6 "十三五"青海省交通运输建设投资

序号	项目	建设规模	投资/亿元	比例/（%）
	合计		2 080	100.0
一	公路建设项目		1 965	94.5
1	高速公路/km	2 660	539	25.5
2	普通国道/km	3 000	832	40.0
3	普通省道/km	3 360	346	16.6
4	公路交通沿线设施调整完善		10	0.5
5	西宁市缓堵保畅微循环项目		45	2.2
6	农村公路/km	17 000	165	7.9
7	公路客货运站场		10	0.5
8	国防公路（不含高速及国省道）/km	711	18	0.9
二	地方铁路建设项目/km	170	25	1.2
三	水运建设项目航道/km，码头/座	191，21	6	0.3
四	公路养护工程		40	1.9
五	信息化建设/项	5	16	0.8
六	绿色交通建设/项	7	24	1.1
七	科技工作/项	6	4	0.2

6.青海省"十三五"公路养护规划

青海省"十三五"公路养护规划目标：省内干线公路围绕"完善基础、养护转型、改革攻坚、管理升级、服务品质"五个方面精准发力，初步形成公路养护管理"五高"新格局，即高质量工程、高品质服务、高效率监管、高科技支撑和高素质队伍,逐步实现干线公路"四化"养护目标,即管理决策科学化、养护作业规范化、应急救援高效化、服务体系多元化。

"十二五"公路养护的主要成就如下:

(1)综合管理:截至"十二五"末,公路网通车总里程75 600km(其中,干线公路15 600km、农村公路突破60 000km),密度达10.5km/100km^2。

(2)养护管理:

1)主动转变公路养护管理方式,积极探索公路养护管理新体制。2014年11月,在海东、湟源成立路通、路畅两个高速公路养护公司,进行高速公路养护市场化改革的探索。

2)加强公路病害整治力度,有效提升路网通行能力。"十二五"期间,投资1.53亿元,完成国省干线公路灾害防治工程594.94km,实施国省干线安保工程5 000km,约占省养干线公路的62%,在高速公路上组织实施大中修660km。

3)加强公路桥隧养护管理,不断提升干线公路安全通行能力。"十三五"期间,考核认定普通干线公路桥梁工程师82名,高速公路桥梁工程师18名;完成244座(共1 091座)桥梁的定期检测,加固改造危桥24座,当年改造率100%。

4)加强公路养护装备与能力建设,提高养护机械化水平。"十二五"期间,投入1.03亿元购置养护机械474台,机械数量从"十一五"末的1 592台增加到2 066台,提高了约30%。

(3)示范路的创建:开展以"畅、安、舒、美"为主题的公路养护,在全省国省干线公路累计创建示范路7 854km,包括:①西宁市主要公路沿线亮化和通道绿化;②投入专项资金1.48亿元,在5条国道、13条省道、2条县道和1条专用道路共计3 282km开展路域环境整治;③围绕全省造林绿化工作的总体部署,以保护三江源和营造大美青海为目标,组织植树造林。

(4)路政治超:"十二五"期间,关闭非法煤炭集散地装载点140处,检测车辆408.75万辆,查处超限车辆8.97万辆,卸载货物1.08万吨,将公路交通超限车辆控制在3%以内。

(5)应急保障:已成立普通国省干线公路应急保障指挥中心1个,应急保障中心6个,应急保障队伍35支,在公路沿线设立应急物资储备库29处,交通战备物资储备中心3个,各类应急保障人员1 702人,初步形成统一领导、协调有序、保障有力的国省干线公路应急保障体系。

(6)技术创新:①在普通干线公路沿线建立废旧沥青混合料存放点27处,废旧沥青路面材料回收率和循环利用率分别达到95.34%和61.69%;②积极推广再生技术,对马平西、平阿、宁大、西湟倒一级等进行就地热再生,投入1.17亿元,处理车辙、网裂、平整度差的路段1 987 400m^2/510km,约占总里程的77.4%。

"十三五"公路养护主要规划目标见表1-7。

表1-7 "十三五"青海省干线公路养护主要规划目标

发展领域	具体领域	具体指标	2020年	指标类型
基础设施	网络技术状况	二级及以上里程/km	13 000	预期性
		普通国道二级及以上公路比例/(%)	80	预期性
		普通国道水泥、沥青铺装率/(%)	95	预期性

续 表

发展领域	具体领域	具体指标	2020年	指标类型
基础设施	路况总体情况	高速公路总体技术状况（MQI）	92	预期性
		MQI优等路率/（%）	90	预期性
		平均路面使用性能指数（PQI）	92	预期性
		普通国省道技术状况（MQI）	75	预期性
		MQI优等路率/（%）	70	预期性
		平均路面使用性能指数（PQI）	78	预期性
	养护工区情况	公路段管理机构业务用房规范化率/（%）	100	约束性
		工区规范化率/（%）	70	约束性
养护转型	养护决策	技术状况检测和路面自动化检测覆盖率达/（%）	10	预期性
		科学决策结束运用普及率达/（%）	80	预期性
	养护工程	高速公路预防性养护每年实施里程比例不少于/（%）	8	预期性
		普通国省道预防性养护每年实施里程比例不少于/（%）	5	预期性
		普通国省道当年新发现次差路次年实施养护工程比例不低于/（%）	80	预期性
	桥隧养护	国省道一、二类桥梁比例/（%）	90	预期性
		现有四、五类桥梁（隧道）改造加固率/（%）	100	约束性
		现有四、五类桥梁（隧道）当年处置率/（%）	100	约束性
	绿色养护	高速公路废旧沥青路面材料回收率/（%）	100	约束性
		高速公路废旧沥青路面材料循环利用率/（%）	95	预期性
		普通国省道废旧沥青路面材料回收率/（%）	100	约束性
		普通国省道废旧沥青路面材料循环利用率/（%）	80	预期性
		公路重点路段沿线实施生态恢复比例/（%）	100	预期性
		高速公路宜绿化路段绿化率/（%）	100	预期性
		普通国省道宜绿化路段绿化率/（%）	90	预期性
管理升级	信息化建设	高速公路运行实时监测覆盖率（重点路段）/（%）	100	预期性
		普通国省道重要节点运行实时监测覆盖率/（%）	60	预期性
		高速公路视频监控省省联网覆盖率/（%）	20	预期性
	安全水平	国省干线公路安保工程实施里程比例/（%）	80	预期性
	应急保障	一般灾害情况下国省干线公路应急救援现场到达时间/h	<2	预期性
		一般灾害情况下国省干线公路抢通时间/h	<24	预期性
服务水平	高速公路	高速公路电子不停车收费（ETC）覆盖率/（%）	100	预期性
		达标服务区比例/（%）	90	预期性

1.2 青海省地理环境的特殊性

一、高海拔地区所占面积比例大

青海全省均属青藏高原范围之内,东部地区为青藏高原向黄土高原过渡地带,地形复杂,地貌多样。全省地势总体呈西高东低,南北高中部低的态势,西部海拔高,向东倾斜,呈梯形下降。各大山脉构成全省地貌的基本骨架。全省平均海拔在3 000m以上,省内海拔高度3 000m以下地区面积为11.1万平方千米,约占全省总面积的15.5%;海拔高度3 000~5 000m地区面积为53.2万平方千米,约占全省总面积的76.3%;海拔高度5 000m以上地区面积为5.4万平方千米,约占全省总面积的7.8%。青南高原平均海拔超过4 000m,面积占全省总面积的50%以上;河湟谷地海拔较低,多在2 000m左右。最高点位于昆仑山的布喀达板峰,海拔为6 851m,最低点位于海东市民和县马场垣乡境内青海省最东端与甘肃交界处,海拔为1 644m。

二、高寒地区所占面积比例大

高寒地区是指年平均气温在0℃以下,且日平均气温低于-20℃并持续15天以上的地区。高寒草甸和高寒草原类草场共2 448万公顷,约占全省草原总面积的60.9%。

三、冻土分布广泛

以年平均地温0.5℃作为多年冻土与季节冻土的界限,并考虑与全球冻土分类系统的统一,我们将多年冻土分为五类:①不连续多年冻土,连续系数为50%~90%;②岛状多年冻土,连续系数小于50%;③高原不连续多年冻土,连续系数为50%~90%;④高原岛状多年冻土,连续系数为50%~90%;⑤山地多年冻土。

根据有关统计,中国多年冻土区面积约$1.75 \times 10^6 km^2$,约占中国领土的18.25%。其中,高山多年冻土的面积为$0.29 \times 10^6 km^2$,约占我国领土面积的3.03%。

青海气候干寒,年均气温在-5.5~8.7℃之间,其中年均气温在-2℃等值线以下的多年冻土区分布面积约为$33.32 \times 10^4 km^2$,约占全省面积的47.8%。

四、抗震要求高

2015年5月15日,国家质量监督检验检疫总局、国家标准化管理委员会发布2015年第15号中国国家标准公告,新修订的强制性国家标准GB 18306—2015《中国地震动参数区划图》代替GB 18306—2001,于2016年6月1日起正式实施。该标准以地震动参数(如地震动峰值加速度和地震动反应谱特征周期)为指标,将我国国土划分为不同抗震设计要求的区域,提出新建、扩建、改建一般建设工程的抗震设防要求,已建一般建设工程抗震加固的设防要求,同时为各级政府编制社会经济发展规划、国土利用规划、防震减灾规划和环境保护规划等相关规划的编制提供依据。本次发布的《中国地震动参数区划图》已是我国第五代地震动参数(烈度)区划图,相较于以前的第四代区划图有两大变化:一是取消了不设防地区;二是在附录中将地震动参数明确到乡镇。中国地震动峰值加速度区划及地震动反应谱特征周期区划见有关资料。

对青海而言，原来的第四代区划图标准，全省有93%的国土面积处于地震烈度Ⅶ度或Ⅶ度以上的高烈度设防区。按照新一代区划图标准，处于地震烈度Ⅶ度或Ⅶ度以上的高烈度设防区占全省国土面积的97.3%，其中Ⅶ度区占全省国土面积的77.5%，Ⅷ度区以上（含Ⅷ度）占全省国土面积的19.8%，全省整体设防水平有所提高。

综上所述，青海省全省范围均处于地震活动区域，故公路设计中应重点考虑抗震设计，尤其应重视桥涵、隧道等结构物的抗震设计。

另外，据青海省地震局资料及相关文献统计，省内晚更新世以来的活动断裂带共24条，其中晚更新世有过活动并在全新世无明显活动的断裂带有4条，分别为疏勒南山—大通山断裂带、拉脊山断裂带、青海南山北麓—倒淌河—循化南山断裂带、西金乌兰湖—歇武断裂带，其余20条均为全新世活动断裂带。

青海省共24条活动断裂带与公路工程错综交汇：国道大多数路段与断裂带大角度相交，仅青藏公路一线就有12处交汇；由于青南高原各断裂带在东部的分支较多，造成与国道的交汇点最多，约有12处；其次是315国道，共有6处，215国道由于横跨柴达木盆地，共有4处与活动断裂带交汇，227国道只有1处。

五、环保要求高

青海省是三江之源、"中华水塔"，是我国极其重要的水源保护地和生态屏障，在维护国家生态安全中具有独特而不可替代的战略地位。青海省最大的价值在生态，最大的贡献在生态，最大的责任也在生态，保护好青海省的生态环境既是服务全国大局的需要，也是青海省自身可持续发展的需要。习近平同志参加十二届全国人大四次会议青海省代表团审议时强调："在生态环境保护建设上，一定要树立大局观、长远观、整体观，坚持保护优先，坚持节约资源和保护环境的基本国策，像保护眼睛一样保护生态环境，像对待生命一样对待生态环境，推动形成绿色发展方式和生活方式。"省委省政府高度重视习总书记重要讲话，在深刻分析把握青海省发展的阶段性特征、历史经验、发展要求和规律的基础上，提出了"十三五"时期全省经济社会发展的"131"总体要求，重点构筑国家生态安全屏障，建设生态文明先行区；加快转变发展方式，建设循环经济发展先行区。

近年来，青海省高度重视生态环境保护工作，先后提出了"生态立省"与建设"全国生态文明建设先行区"的重要战略。2014年召开的省委十二届七次全会明确提出，青海省在维护国家生态安全中具有无可替代的重要地位，"坚持生态保护第一"是青海省面向未来的战略抉择。

（1）青海省特有的生态地位及脆弱、敏感的生态环境，要求基础设施建设更加注重环境保护与生态修复。

青海省是长江、黄河、澜沧江等江河的发源地及水源涵养区，是国家重要的生态安全屏障，在维护国家生态安全中具有独特而不可替代的战略地位。随着环境承载力日益减弱，自然生态环境愈加脆弱，保护好青海省的生态环境既是服务全国大局的需要，也是青海省自身可持续发展的需要。推进青海省生态文明建设，要求在基础设施规划、设计、建设、养护和运营管理全过程贯彻生态保护和绿色发展理念，坚持保护与修复相结合、保护优先的发展原则；积极推进公路边坡和取弃土场植被恢复、动物通道和生态修复等工程；倡导路面材料等废旧材料再生综合利用等，实现交通基础设施与自然环境和谐共处。

（2）有限的可利用土地资源，要求青海省的交通运输向集约、节约方向发展。青海省大部分国土均为自然保护区、重要湿地、风景名胜区、水源保护地等，限制开发区41.41万平方千米，禁止开发区23.04万平方千米，两者约占全省总面积的89.8%。交通运输行业要实现可持续发展，必须以转变交通发展方式为主线，节约、集约利用土地资源、通道资源，通过结构调整提高交通运输整体效率，以创新挖掘综合运输潜力，并把资源节约和环境保护落实到综合运输发展的各环节，实现交通运输节约、集约发展。

本章参考文献

[1] 张忠孝. 青海地理[M]. 西宁：青海人民出版社，2004.

[2] 国家质量监督检验检疫总局，国家标准化管理委员会. 中国地震动参数区划图：GB18306—2015[S]. 北京：中国计划出版社，2015.

[3] 青海省交通运输厅，青海省环境保护厅. 青海省公路建设生态环境保护技术指南[R]. [S.l.:s.n.], 2016：1.

[4] 青海省交通运输厅，青海省交通科学研究院，青海省公路局，等. 青海省干线公路"十三五"养护发展规划[R]. [S.l.:s.n.], 2016：11.

第2章　青海省环境保护政策及相关技术指南

基本要求

1. 了解青海省绿色交通"十三五"规划内容。
2. 熟悉《青海省公路建设生态环境保护技术指南》《青海省交通运输厅公路建设生态环境保护考核管理办法（试行）》《青海省公路建设生态环境事故应急预案（试行）》等三个文件的主要条文。
3. 了解青海省绿色交通相关技术，如"无痕化"的植被恢复技术、青藏公路沿线环境演化及环境保护对策、温拌沥青、沥青路面就地再生和钢结构的应用等。

2.1　青海省绿色交通"十三五"规划

2016年8月，习近平同志视察青海时提出了"四个扎扎实实"重大要求，其中一个就是"扎扎实实推进生态环境保护"。习近平同志强调："青海最大的价值在生态、最大的责任在生态、最大的潜力也在生态，必须把生态文明建设放在突出位置来抓，尊重自然、顺应自然、保护自然，筑牢国家生态安全屏障，实现经济效益、社会效益、生态效益相统一。"这充分说明如何保护好青海省的生态环境，受到了以习近平同志为总书记的党中央高度重视，成为一项摆在我们面前的重大考题。

近年来，青海省高度重视生态环境保护工作，先后提出了"生态立省"与建设"全国生态文明建设先行区"的重要战略。2014年召开的省委十二届七次全会明确提出，青海在维护国家生态安全中具有无可替代的重要地位，"坚持生态保护第一"是青海省面向未来的战略抉择。"十二五"期间，交通运输厅党委认真贯彻省委"坚持生态保护第一"的发展战略，把生态环境保护理念贯穿于交通运输工作的各环节和全过程。在"全国生态文明建设先行区"的建设过程中，交通运输行业率先迈出了坚实的步伐，在转变传统发展理念、加快调整运输装备、优化运输组织、积极落实公交优先发展战略、强化科技创新与信息化建设、坚持试点先行和引领带动、加强绿色交通管理能力等方面均取得了显著成效，为实现全省节能减排目标、推进"生态立省"战略的有效实施做出了积极贡献。据此，青海省提出了绿色交通"十三五"发展的主要指标，见表2-1。

表2-1 青海省绿色交通"十三五"发展的主要指标

指标类型	序号	指标名称	单位	2015年	2020年	指标属性
能源消耗及碳排放强度	1	营运载客汽车单位运输周转量油耗下降率（比2010年）	%	5	7.1	约束性
	2	营运载货汽车单位运输周转量油耗下降率（比2010年）	%	5	8.4	约束性
	3	营运客车单位运输周转量CO_2排放下降率（比2010年）	%	5	7.6	约束性
	4	营运货车单位运输周转量CO_2排放下降率（比2010年）	%	5	9	约束性
	5	城市客运单位客运量油耗下降率（比2010年）	%	5	8.5	约束性
	6	城市客运单位客运量CO_2排放下降率（比2010年）	%	5	9	约束性
资源节约与循环利用	7	高速公路/普通国省干线路面旧料回收率（含回收和就地利用）	%	100/90	100	约束性
	8	高速公路/普通国省干线路面旧料回收率（含回收后再利用和就地利用）	%	90/60	90	约束性
	9	高速公路隧道节能照明覆盖率	%	50	100	约束性
环境保护与生态修复	10	高速公路宜绿化路段绿化率	%	50	100	约束性
	11	普通国省道宜绿化路段绿化率	%	83	90	约束性
	12	新改建公路边坡生态修复率	%	50	100	约束性
	13	高速公路服务区污水循环处理率	%	40	70	约束性
基础设施	14	普通国省干线乡镇覆盖率	%	85	95	约束性
	15	西宁市500m公交站点覆盖率	%	80	100	约束性
运输装备	16	中高级载客汽车占营运载客汽车的比例	%	71.5	80	约束性
	17	城市公共汽车中新能源车辆及清洁能源车辆比例	%	81.5	85	约束性
	18	城市出租汽车中新能源车辆及清洁能源车辆比例	%	75.5	85	约束性
运输组织	19	西宁市公共交通出行分担率	%	20	40	约束性
	20	公路甩挂运输拖挂比		1：1.2	1：2	约束性
智能交通	21	行业科技进步贡献率	%	50	55	约束性
	22	高速公路电子不停车收费（ETC）平均覆盖率	%	97	100	约束性

2.2 《青海省公路建设生态环境保护技术指南》

2016年1月22日，青海省交通运输厅和青海省环境保护厅联合编制并发布了《青海省公路建设生态环境保护技术指南》，对省内公路建设提出具体明确的环保要求，主要内容如下。

青海省公路建设生态环境保护技术指南

1 总则

1.1 指导思想

深入贯彻落实党中央"十八大"提出全面建成小康社会的宏伟目标和"五位一体"的总体布局,以及省委省政府关于"生态立省"和"生态保护第一"的战略部署,加快推进我省绿色交通运输建设,更好地服务地方经济社会发展,服务人民群众安全便捷出行,着力促进生态保护、民生改善和经济社会协调发展。

1.2 目的

青海是三江之源、"中华水塔",是我国极其重要的生态安全屏障。全省大部分国土均为自然保护区、重要湿地、风景名胜区、水源保护地等,限制开发区(41.41万平方千米)和禁止开发区(23.04万平方千米)面积合计64.45万平方千米,约占全省总面积的89.8%。

公路是青海省最主要的交通运输方式,承担了全省约85%的客运量和75%的货运量,但当前我省交通基础设施相对较滞后,公路网密度较低,只有全国水平的21.8%;路网等级低,二级及以上公路比例仅为12.1%,大部分为三级及以下;农村公路60%以上仍为等外公路,甚至还有600多个行政村未通硬化公路。

"十三五"是国家"一带一路"发展战略落实的关键时期,是我省全体民众奔小康的关键时期,也是我省公路等基础设施大建设机遇期。为了更好地推动公路建设和生态环境协调发展,指导全省公路建设环境保护工作,规范不同生态区域公路建设环境措施,特制定本技术指南。

1.3 总体原则

区域差异,因地制宜。青海省地域辽阔,气候、地形、地貌等自然条件复杂多样,地区差异十分显著。根据中国综合生态环境区划方案和青海省生态功能区划研究报告,青海省分为5个生态区,公路建设应结合各生态功能区特点,采取相应的生态环境保护措施,使工程建设顺应自然、融入自然,努力建成环保之路、生态之路、景观之路。

源头控制,防治并重。公路建设应按相关规划实施,选线设计阶段应落实生态保护优先、资源节约理念,在满足安全性、功能性的条件下,从经济技术加强工程方案的比较、选取与论证,科学确定标准,合理选用技术指标。同时,充分考虑生态环境保护问题,按照避让、减缓、补偿的次序,设计、建设公路项目,重点体现预防为先、源头控制的理念。

统筹兼顾,突出重点。以设计和施工阶段为重点,在注重保护公路沿线生态环境的基础上,将对生态环境敏感区的保护列为重中之重。

技术可靠,经济合理。采取成熟、适合当地的工程、生物、管理等多种技术措施和手段,并考虑青海当地经济条件,对公路建设的生态破坏与环境污染进行防控和治理。

1.4 适用阶段

本技术指南适用于省内新建和改扩建公路工程的生态环境保护及污染防治，贯穿公路工程选线、选址、设计、施工和运营各阶段。

2 术语

2.1 生态系统

森林生态系统 指森林群落与其环境在功能流的作用下形成一定结构、功能和自调控的自然综合体，是陆地生态系统中面积最多、最重要的自然生态系统。青海省森林生态系统种类有寒温性针叶林、温性针叶林、落叶阔叶林、高寒常绿灌丛、落叶阔叶灌丛等。

草地生态系统 指以多年生草本植物为主要生产者的陆地生态系统，包括草原和草甸两大类，是青海省最重要的自然生态系统类型。

荒漠生态系统 指超旱生的小乔木、灌木和半灌木占优势的生物群落构成的陆地生态系统。

湿地生态系统 指陆地与水域之间水陆相互作用形成的特殊的自然综合体，包括所有的陆地淡水生态系统，如河流、湖泊、沼泽，以及陆地和海洋过渡地带的滨海湿地生态系统，还包括海洋边缘部分咸水、半咸水水域。

高寒荒漠 指分布在海拔3 800～4 300m高山地带的荒漠植被类型，以寒旱生植物垫状驼绒藜、青藏红景天为优势种。

草甸 指在适中的水分条件下发育起来的、以多年生中生草本为主体的植被类型。

高寒草甸 指在寒冷、中湿条件下发育在高原和高山的一种草地类型。其植被组成主要是冷生多年生草本植物，常伴生着中生的多年生杂类草。该类草地是青海省面积最大、分布最广的一类草地。

2.2 生态区划

生态区划，是指在对生态系统客观认识和充分研究的基础上，应用生态学原理和方法，揭示自然生态区域的相似性和差异性规律以及人类活动对生态系统的干扰规律，从而进行整合和分区，划分生态环境的区域单元。

青海省共分为5个生态区，分别为祁连山针叶林-高寒草甸生态区、青海东部农牧生态区、江河源高寒草甸生态区、柴达木盆地荒漠-盐壳生态区、北羌塘高原半荒漠-荒漠生态区。

2.3 环境敏感区

环境敏感区，是指依法设立的各级各类自然、文化保护地，以及对建设项目的某类污染因子或者生态影响因子特别敏感的区域，主要包括：①自然保护区、风景名胜区、世界文化和自然遗产地、饮用水水源保护区；②基本农田保护区、基本草原、森林公园、地质公园、重要湿地、天然林、珍稀濒危野生动植物天然集中分布区、重要水生生物的自然产卵场、索饵场、越冬场和洄游通道、天然渔场、资源性缺水地区、水土流失重点防治区、沙化土地封禁保护区、封闭及半封闭海域、富营养化水域；③以居住、医疗卫生、文化教育、科研、行政办公等为主要功能的区域，文物保护单位，具有特殊历史、文化、科学、民族意义的保护地。

自然保护区　指对有代表性的自然生态系统、珍稀濒危野生动植物物种的天然集中分布区、有特殊意义的自然遗迹等保护对象所在的陆地、水体，依法划出一定面积予以特殊保护和管理的区域。

风景名胜区　指风景资源集中、环境优美、具有一定规模和游览条件，可供人们游览欣赏、休憩娱乐或进行科学文化活动的地域。

森林公园　指以森林资源为依托，生态良好，拥有一定的自然和人文资源，具备一定规模和旅游发展条件的自然区域。

地质公园　指以具有特殊地质科学意义，稀有的自然属性、较高的美学观赏价值，具有一定规模和分布范围的地质遗迹景观为主体，并融合其他自然景观与人文景观而构成的一种独特的自然区域。

文物保护单位　指具有历史、艺术、科学价值的古文化遗址、古墓葬、古建筑、石窟寺和石刻。文物保护单位分为三级，即全国重点文物保护单位、省级文物保护单位和市县级文物保护单位。

水产种质资源保护区　指为保护水产种质资源及其生存环境，在具有较高经济价值和遗传育种价值的水产种质资源的主要生长繁殖区域，依法划定并予以特殊保护和管理的水域、滩涂及其毗邻的岛礁、陆域。

饮用水水源保护区　指国家为防治饮用水水源地污染、保证水源地环境质量而划定，并要求加以特殊保护的一定面积的水域和陆域。

基本农田　指根据一定时期人口和国民经济对农产品的需求以及对建设用地占用情况的预测而确定的长期不得占用和基本农田保护区规划期内占用的耕地。

基本草原　指国家划定的几种重要草地类型，包括以下类型：重要放牧场；割草地；用于畜牧业生产的人工草地、退耕还草地以及改良草地、草种基地；对调节气候、涵养水源、保持水土、防风固沙具有特殊作用的草原；作为国家重点保护野生动植物生存环境的草原；草原科研、教学试验基地。

国家级生态公益林　指生态区位极为重要或生态状况极为脆弱，对国土生态安全、生物多样性保护和经济社会可持续发展具有重要作用，以提供森林生态和社会服务产品为主要经营目的的重点防护林和特种用途林。

Ⅰ级保护林地　指重要生态功能区内予以特殊保护和严格控制生产活动的区域，以保护生物多样性、特有景观为主要目的，包括流程1 000 km以上江河干流及其一级支流的源头汇水区、江河两岸山体坡度36°以上的林地、森林和野生动物类型自然保护区的核心区和缓冲区的林地。

Ⅱ级保护林地　指青海省重要生态调节功能区内予以保护和限制经营利用的区域，以生态修复、生态治理、构建生态屏障为主要目的，包括除Ⅰ级保护林地外的国家公益林地、军事禁区、森林和野生动物类型自然保护区的实验区、国家森林公园、沙化土地封禁保护区的林地。

古树名木 古树是指一般树龄在百年以上的大树。古树分为国家一、二、三级。具有稀有、名贵特征或具有历史价值、纪念意义的树木则可称为名木。

声环境敏感目标 指医院、学校、机关、科研单位、住宅、自然保护区等对噪声敏感的建筑物或区域。

多年冻土 又称永冻土，是指持续三年或三年以上冻结不融的土层。其顶面以上的上层，冬冻夏融，称季节融化层。永冻土层顶面距地表的深度，称冻土上限，是永冻土地区公路设计的重要数据。

2.4 珍稀濒危野生植物

珍稀濒危野生植物，是指被列入《珍稀濒危保护植物名录》中的自然生长的植物物种。

2.5 珍稀濒危野生动物

珍稀濒危野生动物，是指被列入《国家重点保护野生动物名录》中的非人工驯养的野生动物物种。

2.6 主体工程

路基 指按照路线位置和一定技术要求修筑的作为路面基础的带状构造物。

路面 指用各种筑路材料铺筑在公路路基上供车辆行驶的构造物。

桥涵 是桥梁和涵洞的统称。

隧道 指为道路从地层内部或水底通过而修筑的建筑物，主要由洞身和洞门组成。

交通服务设施 指公路通行服务的各类构筑物，包括服务区、管理站、收费站和养护工区等。

2.7 临时工程

取料场 指公路建设中获取各种物料的场地，包括砂石料场、取土场等。

弃土（渣）场 指用于公路建设过程中弃土（渣）的场地。

施工便道 指在公路建设中修建的临时通行道路。

施工生产区 指施工中进行生产活动的营区，包括拌和站、预制场、材料场等。

施工生活区 指供施工人员生活的区域，又称施工营地。

3 公路选线、选址阶段生态环境保护

3.1 一般性原则

3.1.1 公路选线

（1）公路选线应符合国家和青海省公路网规划、省（市）土地利用总体规划、城镇总体规划、区域环境保护规划等要求，并确保连通城镇乡村等重要节点。

（2）公路选线应遵循"生态保护第一"的理念，坚持生态选线，结合地形条

件，保护并利用沿线自然景观和原始生态。

（3）公路选线原则上应尽可能避让自然保护区，饮用水水源保护区，重要湿地，水产种质资源保护区，基本农田，基本草原，风景名胜区，森林公园，地质公园，文物保护单位及Ⅰ级、Ⅱ级保护林地，国家级生态公益林地等生态敏感区。当路线确需穿越环境敏感区时，在工程技术、经济可行的条件下，应进行穿越和绕行两种方案的同深度比较论证，尽可能不穿越核心区域。

（4）除下列两种情况外，新建公路禁止穿越饮用水水源一级保护区和自然保护区的核心区与缓冲区、国际重要湿地、国家重要湿地和省级重要湿地：

1）已列入《国家公路网规划（2013年—2030年）》《青海省省道网规划（2012—2030年）》的公路项目宜按规划预留通道选线；

2）因保护区内居民出行需要，确有必要修建的公路项目，应充分利用既有道路，尽可能避免新建道路。

上述情况宜按"实事求是、因地制宜"的原则进行选线。

（5）涉及自然保护区内的改扩建公路项目，原则上应按原有路线布置线路，合理确立技术等级。

（6）涉及自然保护区的公路应针对所在自然保护区的功能分区和保护对象特点，进行生态环境保护专项设计，制定针对性的减缓、补偿等措施；施工阶段应严格按设计要求进行施工，落实最严格的环保措施，并进行生态环境修复。各监管部门应加强监督，确保各项措施落实到位。

（7）干线公路选线应尽可能避让学校、医院和主要村庄等，公路中心线原则上应距居民区距离不得小于100m，距学校、医院等敏感点不得小于200m。受地形、规划限制，达不到上述距离要求的，采取相应的隔声、降噪措施。

（8）路线布设应尽可能避让古树名木，对无法避让的应采取移栽等措施。

（9）山区公路路线布设应避免沿陡峭山坡展线，尽可能避免高填深挖，减少对原始山体的影响，保护自然生态环境。生态敏感路段选线应进行环境影响多方案比选，优先选择对生态环境影响较小的方案。

3.1.2 公路选址

（1）取料场、弃土（渣）场应按照"占地少，易恢复"的原则选址，并尽可能考虑与周边环境的融合。优先选用取料场作为弃土（渣）场。

（2）临时工程，取、弃土（渣）场和施工营地应避免在饮用水水源保护区，重要湿地、森林公园，国家级公益林地、风景名胜区等环境敏感区内设置，应选择政府批准的料场作为取料场。同时禁止占压基本农田，并严格执行，对于占压一般农田的临时用地，施工完毕后及时复耕。采取改地、造地、复耕等综合措施进行土地恢复改造，减少耕地损失。

（3）鉴于我省自然保护区面积较大，当公路建设有较长（大于5km）路段处于自然保护区的核心区或缓冲区时，取、弃土（渣）场和施工营地选址确需设置在自然保护区内时，应征得自然保护区主管部门许可，并贯彻"高标准、严要求"的生态环境保护设计理念，采取严格的生态保护和补偿措施，并在施工结束后进行生态修复。其他情况应禁止在自然保护区的核心区或缓冲区内设置取、弃土（渣）场和施工营地。

（4）一般不应在自然保护区、饮用水水源保护区、重要湿地路段范围内设置服务区、收费站等服务设施。需建设在风景名胜区、地质公园内的交通服务设施，应充分考虑其与当地地貌和景观的协调。

（5）施工便道应优先选择既有道路或布设在工程永久占地范围内，新建施工便道应少占耕地、林地。

（6）施工生产、生活区优先考虑租用当地民房或布设在工程永久占地范围内。

（7）沥青拌和站距学校、医院、居民区等环境敏感目标距离不宜小于1 000m，混凝土拌和站、水稳拌和站距学校、医院、居民区等环境敏感目标距离不宜小于500m，且应设于环境敏感区主导风向的下风向。

（8）破碎机、筛分机等产生噪声的机械设备应放置在距学校、医院、居民区等敏感点大于1 000m的位置。

3.2 不同生态分区的公路选线、选址的重点要求

3.2.1 祁连山针叶林-高寒草甸生态区的重点要求

本区境内公路建设的选线、选址应重点考虑对境内生物多样性、天然牧场和祁连山林区的影响。

1.选线要求

（1）路线要尽量避开生态区内的各个环境敏感点。对于古树名木、珍稀动物主要栖息地、保护植物种群集中地段、文物保护单位和永久性冰川，也要根据实际情况尽量避让。

（2）禁止穿越老虎沟、八宝河傍河等4处饮用水水源地一级保护区。

（3）路线穿越风景名胜区、天然牧场和祁连山林区等区域时，应进行路线的优化，使路线与周围的环境、景观相协调。

（4）穿越林区的路线尽量利用既有通道，减少对林地的占用。应采用匀顺的曲线和低缓的纵坡来吻合周围地形景观，形成与地形、自然环境相协调的几何线形。路线宜沿低山山梁或高山山脚布设。

2.选址要求

尽量避免在各环境敏感区内选址，重点关注公路建设中取、弃土（渣）场和服务设施的选址。

（1）林区的取、弃土（渣）场应避开乔灌木密集生长区，尽量选择树木稀少的开阔荒地，不得占用Ⅰ级、Ⅱ级保护林地。

（2）场站、服务区选址要结合路基土石方的综合利用，避免设置在大填大挖段落。

3.2.2 江河源高寒草甸生态区的重点要求

本区公路建设的选线工作首先要考虑保护区域原始、脆弱和敏感的生态环境，尽量减少对高原动植物资源、生物多样性和多年冻土造成不利影响。青海省三江源国家级自然保护区是公路选线涉及最多的保护区，原则上尽可能避让自然保护

区的核心区与缓冲区，在公路选线上应结合《青海三江源自然保护区生态保护和建设总体规划》相关要求。

1. 选线要求

（1）禁止穿越优干宁镇、柯曲镇等14处饮用水水源地一级保护区。

（2）路线尽量绕开藏羚羊、西藏野驴等Ⅰ级、Ⅱ级野生保护动物的活动区、觅食区。如果无法避开，则应设立动物通道和路侧拦挡设施。

（3）减少对高原湿地的破坏，路线应做绕行及路基、桥梁等多方案比较，从经济、环保等多方面综合考虑，选用最合适的路线方案。

（4）在大面积基本草原和优良牧场分布区域，可适当地降低公路部分技术指标（如路基高度），减少牧场征用。

（5）在冻土集中分布区域，尽量缩短多年冻土区的路线长度，以减少对多年冻土的影响。

2. 选址要求

（1）取、弃土（渣）场应优先设置在荒地或植被覆盖度较低的草地以及退化草场。

（2）施工营地尽量设在永久占地范围内，如果需要占用草场，应该首选退化草场。

（3）服务区、养护工区等服务设施应尽量避开多年冻土区。

3.2.3　柴达木盆地荒漠-盐壳生态区的重点要求

由于本区域降水整体较少，植被覆盖度较低，在公路选线、选址阶段主要应对植被及水源地采取合理避让等保护措施。

1. 选线要求

（1）禁止穿越格尔木市河西、德令哈市巴音河傍河等8处饮用水水源地一级保护区。

（2）要注意对荒漠区域中的绿洲生态系统进行合理避让。对荒漠区域中涉及的4处自然保护区、3处风景名胜区、2处森林公园和2处地质公园进行绕避。

2. 选址要求

（1）主体工程选址应避开易发生风蚀和生态退化地带，控制占地范围，减少对土壤结皮及植被的破坏和扰动。

（2）取、弃土（渣）场优先设置在无植被或植被稀疏的戈壁荒漠区，避免大面积土壤扰动。

3.2.4　东部农牧生态区的重点要求

本区境内山脉、河谷盆地相间排列，黄土广布，日照充足，降水较少，天然植被以温性草原为主，河湟谷地人工生态系统广布。公路建设的选线、选址应重点考虑对境内生物多样性、天然草地和天然林地的影响。

1. 选线要求

（1）禁止穿越塔尔、丹麻寺等26处饮用水水源地一级保护区。

（2）新建路线尽量避开3处自然保护区、6处风景名胜区、9处森林公园和2处地质公园。

2.选址要求

(1) 不得在饮用水水源二级保护区范围内设置服务设施。不宜在自然保护区内设置服务设施，确需设置的，须征得相关行政主管部门同意。需在风景名胜区、地质公园内建设服务设施，应考虑景观外貌与当地地形地貌的协调性。

(2) 取、弃土（渣）场应优先选择植被稀少的荒地，少占或不占耕地、林地，避开河谷地。不得占用Ⅰ级、Ⅱ级保护林地中的有林地。

(3) 场站、服务区选址要结合路基土石方的综合利用，避免设置在大填大挖段落。

3.2.5 北羌塘高原半荒漠-荒漠生态区的重点要求

本区公路建设的选线首先要考虑保护原始、脆弱和敏感的生态环境，尽量减小对保护野生动物、寒漠植被和冻土造成不利影响。由于本区大部分区域属于无人区，公路建设主要是一些农村公路，青海可可西里国家级自然保护区和青海三江源国家级自然保护区的格拉丹东保护分区是本区公路选线可能较多涉及的保护区，在公路选线上必须符合该保护区功能区划的相关要求。

1.选线要求

(1) 新建路线严禁穿越青海可可西里国家级自然保护区、青海三江源国家级自然保护区的格拉丹冬分区核心区和缓冲区，改扩建路线尽量利用现有路线进行建设。

(2) 路线尽量绕开藏羚羊、野牦牛等Ⅰ级、Ⅱ级野生保护动物的活动区、觅食区、迁徙通道。如果无法避开，则应设立动物通道和路侧拦挡设施。

(3) 在冻土集中分布区域，尽量缩短多年冻土区的路线长度，减小对多年冻土和寒漠植被的影响。

2.选址要求

(1) 禁止在青海可可西里国家级自然保护区、青海三江源国家级自然保护区的格拉丹东分区内设置取、弃土（渣）场。

(2) 取、弃土（渣）场应设置在无植被地带，不得占用和破坏寒漠植被。

(3) 施工营地尽量设在永久占地范围内，如果需要占用临时用地，应该首选荒漠裸地。

4 公路设计阶段生态环境保护

4.1 主体工程

4.1.1 路基工程

(1) 设计路基填挖方应认真勘察、精细计算、合理调配，能利用的尽量利用，力求填挖平衡，减小取、弃土数量。

(2) 路基填方路段视两侧地形情况合理设计排水沟，挖方路段两侧应设置边沟（有条件的地段应考虑植被防护边沟，高寒草甸地区应尽量设计为生态边沟），挖方边坡坡顶根据地形、地貌情况合理设置截水沟，平台上设置排水沟。

(3) 应尽量避免高填深挖，如因线形要求难以避免时，应与桥梁或隧道方案进行比选，宜遵循环保优先原则选择合理方案。

（4）高填路段应避免坡面满铺式、大面积的圬工防护，优先选用植被防护。土质边坡挖方高度大于20m或岩质边坡挖方高度大于30m的路堑应遵循"一坡一设计"原则，形成灵活自然、因地制宜、顺势而为的边坡。

（5）位于生态敏感区内的路段应根据地形条件灵活设计边坡。①位于东部农业区、林区公路，边坡设计应考虑节约土地资源为主。填方路段边坡坡率不宜大于1∶1.5，对于高度大于8m的高边坡，采用折线型边坡设计，8m以下部分坡度设计不宜缓于1∶2；挖方路段土质路堑边坡坡率不宜大于1∶1，同时满足边坡植草要求；岩质路堑边坡不宜大于1∶0.75，碎落台宽度宜采用规范要求的最小值。②位于非农业区公路，边坡设计宜考虑与周边环境融合为主，放缓边坡，尽量使边坡自然稳定或边坡坡率达到1∶1.5以上，以利于生态恢复。

（6）在祁连山针叶林-高寒草甸生态区和东部农牧生态区，针对林区内的山沟、河沟应尽量避免高填路基设计，宜采用桥梁等结构物跨越，并尽可能采用大跨径。

（7）在青海东部农牧区、江河源高寒草甸区、柴达木盆地荒漠-盐壳区、北羌塘高原半荒漠-荒漠区四大生态区的地势平坦区域，宜采用低路基、缓边坡设计，不占或少占基本草原，尤其是作为冬季优良牧场的基本草原。

（8）在柴达木盆地荒漠-盐壳生态区和北羌塘高原半荒漠-荒漠生态区的风沙区域，路基防护设计应考虑采用砾（片、碎）石覆盖、沙障、草方格或化学固化等固沙措施。

（9）在江河源高寒草甸生态区和北羌塘高原半荒漠-荒漠生态区的冻土区域，路基设计应优先考虑宜填不宜挖的方案，并根据冻土专项勘察结果合理确定路基填高，采用片石通风路基、热棒路基、通风管路基、铺设隔热层路基等防冻融路基，并用片石、碎石铺设护坡道。同时做好填挖结合部、低填浅挖等处的路基处理，以防止公路病害和冻土冻融。

（10）在祁连山针叶林-高寒草甸生态区和江河源高寒草甸生态区等涉及湿地区域的路段，路基设计应优先采用透水性良好的沙砾石填料，并设置碎石盲沟进行排水。注意控制路基高度，对于高路基可适当采用挡墙等措施收缩边坡。

4.1.2 路面工程

（1）二级及以上公路一般应设计采用行驶噪声相对较低、耐久性沥青路面。

（2）对于临近学校、医院、居民区等噪声敏感点的路段，宜采用具有降噪功能的大孔隙类沥青路面。

（3）设计的路面材料添加剂应无毒、无害，不会产生危害残留。鼓励在自然保护区等环境敏感区内的路段采用绿色环保新型路面材料。

（4）穿越或毗邻水源保护区的路面应设计路面径流收集处理系统。路段临河侧应设计防撞护栏，为防止路面径流直接流入湿地，排水沟应纵向贯通设置，并依据地形在适合位置布设防渗收集池。

（5）改扩建公路工程，应对路面再生影响进行专项分析和设计，对原有路面材料基本做到全部再生利用。

4.1.3 桥涵工程

(1) 跨越水源保护区或Ⅲ类及以上水体的桥梁应设计桥面径流收集处理系统。

(2) 桥梁设计中,其桥位、孔径、桥长应满足泄洪、通航要求,应与周边环境、景观尽可能协调,防止水土流失;尽可能不压缩河道,尽量避免大的导流设施;若桥位处压缩了河道,上下游需设置导流设施、护岸和河槽铺底,避免水流对河岸的冲刷。

(3) 桥梁结构选型应从技术先进、安全可靠、适用耐久、经济合理、美观和有利环保等方面综合考虑,其建筑材料选择上应树立全寿命周期成本的理念,尽可能选用可循环利用的材料,充分考虑各部件的检测、维护和更新的便利性。桥梁构件尽量集中预制或工厂化预制,在满足桥梁使用功能要求的前提下,力求桥梁造型新颖,景观效果突出。

(4) 在野生动物活动区域,桥梁布跨应考虑动物通道设置的需求,对于集中迁徙路段应考虑以高架桥通过。

(5) 有条件的桥头锥坡设计宜采用生态植物护坡,种植乡土地被植物。

(6) 合理设计桥梁基础施工工艺和安排施工时间,尽可能设计对水流、河床、河道扰动较小的围堰方式或改河法成桥等其他施工工艺。

(7) 路线通过湿地时,优先采用透水性路堤或桥涵形式穿越,强化水力联系措施。在河流及其支流较密集的路段应适当加密涵洞数量,增强涵洞的排水功能。跨越涉及水产种质资源保护区的桥梁,应尽可能采取不涉水桥墩设计。

(8) 在柴达木盆地荒漠-盐壳生态区和北羌塘高原半荒漠-荒漠生态区的戈壁荒漠区域,所跨越的河流多为季节性河流,桥梁尽量预制化、标准化、系列化,避免不必要的多样化,土质松散桥址处应加强河床、河岸防护,防止形成大的冲刷。对处在盐渍土路段的桥涵构造物,需采用必要的防腐措施,提高桥梁的耐久性。

(9) 在江河源高寒草甸生态区和北羌塘高原半荒漠-荒漠生态区的多年冻土区域,桥梁设计中应将桥台基础埋置于冻深线或设计活动层厚度的2/3以下,桥台背后采用透水性材料填筑并保证较高的压实度等措施,以减少土体冻胀力影响。建议优先考虑钻孔灌注桩为冻土区桥梁基础的设计形式,充分利用现场的砂、石集料,减少对多年冻土的热干扰。

(10) 在东部农牧生态区,设置桥梁下的机耕道时应考虑大型农用机械,如收割机等的通行需求。

(11) 在东部农牧生态区的黄土冲沟发育地区,小桥涵上下游宜设置多级抗冲刷截水墙,以减小水土流失。

4.1.4 隧道工程

(1) 从洞口地形、地质条件、减少占地及保护自然环境等多方面综合考虑,合理设计隧道洞口位置、竖(斜)井口位置。隧道进出口临近河流或较大水体时,不宜在隧道进出口布设永久渣场。

(2) 设计时应贯彻"早进晚出、零开挖、自然进洞"的原则,减少洞口开挖,避免在洞口形成高边坡和高仰坡,洞口顶部仰坡高度不宜高于20m。

（3）隧道洞口和洞门设计应考虑洞外亮度的影响，采取有利于降低洞外亮度的洞门形式，并辅以合理的减光措施。隧道洞门形式、洞口构筑物整体造型应和周围景观相协调，洞门绿化及景观设计应综合考虑地形、构筑物体量和当地文化特色，尽量淡化人工构筑痕迹。

（4）隧道弃渣应综合利用，减少弃渣量。

（5）隧道口顶部应设计截排水沟等排水设施，隧道口边坡采取挂网锚喷、砌筑片石等护坡措施。

（6）隧道内部装饰材料应环保，色彩、图案应有利于照明和行车的安全和舒适。

（7）隧道内通风、照明应采取节能设计，洞口、竖（斜）井口废气排放应满足环保要求。

（8）在江河源高寒草甸生态区和北羌塘高原半荒漠-荒漠生态区涉及的以保护永久性雪山和冰川为主的自然保护区，公路隧道建设中，应加长明洞长度，减小对冻土的影响。

4.1.5　交叉工程

（1）互通立交应优先选择在山坡地、荒地、退化草地等土地利用价值相对较低的位置，应远离学校、医院、居民区及饮用水源等环境敏感点，并根据其交通功能合理选择互通形式、布设匝道，尽量少占土地。

（2）分离式立交的设置应结合地形条件选择合理的交叉方式和桥型结构，必要时进行主线上跨和主线下穿方案的比选，经技术经济论证后确定。

（3）平面交叉口的设计应结合地形条件进行合理布置；对平交范围内确需保留的建筑物和树木等，可考虑对交叉口形式做适当的变异，并验证视距条件。

（4）路线交叉范围的绿化应与沿线自然环境相融合，原有树木尽量保留利用，选择固碳能力强、规格较小的树种，植物品种上选择耐贫瘠、易养护、抗病虫害的乡土物种，力求尽快形成生态小环境。

（5）跨线桥设计中其桥型选择应具有一定的系列感，避免简单重复和杂乱繁多，互通区U形桥台的圬工体应避免生硬、突兀，其砌筑材料应根据项目及现场实际情况尽量体现生态化。

（6）在柴达木盆地荒漠-盐壳生态区和北羌塘高原半荒漠-荒漠生态区的戈壁荒漠区域，应在绿洲区和工矿区有较大交通源的区域考虑设置互通立交。设计时既要降低工程规模，节约造价，又要符合环境景观的美学要求，尽可能选择体现当地文化、减少自然环境破坏的形式。

4.1.6　交通服务设施工程

（1）公路服务区、停车区、管理处、收费站、养护工区等服务设施绿化设计应与周围景观协调，选用当地适宜物种混播，在有条件地区，小型客车停车位设计宜采用绿荫停车形式。

（2）各类服务设施应设置独立的垃圾收集间，垃圾收集应按可回收和不可回收进行分类处置。各服务设施的建筑设计应考虑优化建筑形体和空间布局，充分利用自然采光、通风，采用围护结构保温、隔热、遮阳等措施，并在建筑外立面设计中融入当地文化特色。

（3）公路服务区、停车区、管理处、收费站、养护工区等服务设施应统筹规划设计，尽可能减少占地以有利于污染物集中处理。服务区生活污水在无纳管条件下应设计污水处理系统，经处理后回用。

（4）公共厕所应设计采用先进、可靠、使用方便的节水卫生设备，节水功能应符合现有行业标准《节水型生活用水器具》（CJ/T 164—2014）的规定。服务设施应选择符合国家现行标准的高效节能、环保安全、性能先进的电气产品，严禁使用已被国家淘汰的电气产品。

（5）服务区用能宜采用清洁能源，锅炉烟气排放应满足《锅炉大气污染物排放标准》（GB 13271—2014）。

4.2 临时工程

4.2.1 取料场

（1）取料场设计应遵循"取填平衡，减少动土"和"集中取土，先取后弃"的原则，避免连续多点、大范围取料而破坏地表植被。

（2）应在取料场上部山体外侧设置截流沟，在中间平台和开挖坡面的坡脚设置排水沟，取料场地边缘外扩1m设临时拦水土埂，防止水土流失。

（3）河道采砂作业中应考虑浅取，设计开挖深度不宜过深，宜控制在3m以内，不影响河道行洪。在江河源高寒草甸生态区冻土分布地区，设计取土场取土不宜过深，宜在3~5m范围内，严禁在富冰冻土、饱冰冻土层设计取土。

（4）取料场位于河滩地，以平整场地、疏通河道等为主要恢复措施；位于河谷阶地，以平整场地、林木移栽、播撒草籽等为主要恢复措施；位于山包，以坡面防护为主要恢复措施，采取植物防护结合工程防护措施；位于平地，设计以弃土回填、放缓边坡、播撒草籽等为主要恢复措施。

4.2.2 弃土（渣）场

（1）遵循"先拦后弃、分级挡护"的原则，采取浆砌、干砌或混凝土进行砌筑支挡，拦挡设施顶部高度应与堆渣坡脚齐平或略高于堆渣坡脚。位于台地、缓坡地，应设置拦渣坎或挡渣墙；位于河道两岸，应设置拦渣堤；位于沟道内，应设置拦渣坝。

（2）砌筑结构、弃土堆填高度、边坡坡率须结合地质条件通过稳定性验算，保证弃土（渣）场的长期稳定与耐久。拦渣工程设计应满足稳定性要求，抗滑安全因数和抗倾覆安全因数应满足相关规范要求。

（3）弃土（渣）场应设置必要的排水系统，防止径流冲刷弃渣引起水土流失。

（4）弃土（渣）完成后，应对弃土（渣）场进行环保恢复专项设计，防止水土流失。

4.2.3 施工便道

（1）施工便道设计中，尽量利用既有便道和公路进行路基填料的运输，或布设在公路永久征地范围内，尽量减少土地的占用。

（2）按永临结合的原则设计施工便道，限定新修便道的宽度，施工道路路基宽度一般不大于4.5 m，每200～500 m设置会车路段，宽度不大于7.5 m，长度不大于10 m。对学校、医院、居民区附近的便道宜予以硬化处理。设计彩带或砾石界定围护，防止行人和车辆越界，避免破坏路边的植被和地表结皮。

（3）施工便道两侧应根据地形、气候条件设计必要的排水沟。

4.2.4 施工生产、生活区

（1）位于自然保护区内的施工生产生活区设施应采用环保材料。

（2）设计生产废水和生活污水处理和回用设施、烟气净化装置和固体废物分类收集装置。

（3）施工营地临时储油点基底须采取防渗措施，基底渗透系数应不大于1.0×10^{-7}cm/s。

（4）施工生产、生活区周边应设计临时排水沟。

（5）在江河源高寒草甸生态区冻土分布地区，施工生产、生活污水的沉淀池均需设计防渗层。

4.3 生态环境工程

4.3.1 植被生态恢复设计

1. 路基边坡生态恢复

（1）路基边坡防护以生态防护为主，以圬工工程防护为辅。

（2）在祁连山针叶林-高寒草甸生态区，边坡植被防护以撒播草种、栽植灌木为主，工艺可采用撒播、客土喷播、三维网植草、混凝土框架梁植草、拱形骨架植草、植生袋等，草种可采用垂穗披碱草、青海草地早熟禾、青海冷地早熟禾、青海中华羊茅、冰草等，部分高山草甸分布区应采用原生草皮贴坡。

（3）在东部农牧生态区，边坡植被防护以撒播草种为主，工艺可采用撒播、客土喷播、三维网植草、六棱空心砖植草等，草种可采用垂穗披碱草、青海中华羊茅、冰草等。

（4）在江河源高寒草甸生态区的边坡优先考虑"无痕迹"生态恢复技术，如原生草皮护坡、窗式护面墙+原生草皮贴坡、冻土层保温挡土墙+原生草皮贴坡、原生草皮生态边沟等工艺。

（5）在柴达木盆地荒漠-盐壳生态区，在水分条件较好的路段，可采取水泥网格+播撒当地适生草籽的措施进行护坡，应选用冰草、针茅、早熟禾、披碱草、老芒麦等草种混播，可种植沙棘、柠条、红柳等耐旱性灌木。

（6）在北羌塘高原半荒漠-荒漠生态区，边坡植被恢复较为困难，设计时应将原有表层土覆盖在边坡上，撒播耐旱耐寒的草种进行恢复。

（7）在祁连山针叶林-高寒草甸生态区、江河源高寒草甸生态区和东部农牧生态区，具备条件的路基挖方路段应设计生态边沟。

（8）位于自然保护区内的路段，采用"无痕迹"生态恢复技术，对边坡、便道、取料场、施工营地等场地进行全面生态治理恢复。

2. 临时用地生态恢复

（1）临时占用耕地时，应对表土进行剥离，厚度不少于30cm；施工完毕后，平整场地，回填表土，恢复耕地。

（2）在高寒草原草地路段，应将表层土连同植被剥离，堆存于专门的存放地，用于后期植被恢复。后期植被恢复时，回填剥离的表土，选用乡土植物进行植被恢复，可选用的植物主要有紫花针茅、青藏苔草、扇穗茅、羊茅、老芒麦、扁穗冰草、无芒雀麦、垂穗披碱草和冷地早熟禾等。

（3）在高寒草甸草地路段，施工前对植被覆盖度大于或等于30%的草皮揭除表层30~50cm草毡层，草甸植毡层剥离完毕后，应剥离表土层，就近堆放，并加强养护，用于后期植被恢复。后期植被恢复中，回填施工前剥离的表土，然后将先前剥离养护的草甸植毡层覆盖在表土层，以进行植被恢复。草皮回铺时间控制在当地植被返青之前，宜在当年6月底以前进行。

（4）在荒漠盐渍土地段，根据回填盐渍土含盐量、气候等选用耐盐植物进行植被恢复，可选用的植物主要有柠条、柽柳、骆驼蓬、黑刺、白刺、山荞麦、胡杨、金色补血草、沙拐枣、盐地风毛菊、盐地黄鹌菜、海韭菜、盐生双脊草、盐角草、木本猪毛菜、梭梭、罗布麻、厚穗赖草和细叶黄花等。

（5）在半荒漠-荒漠区，受自然条件的限制，暂时不宜采用大规模人工种植的办法进行植被恢复。在工程施工结束后，应通过封育措施减少人为活动对施工场地的干扰，以进行植被恢复。

（6）在风沙区地段，可设置草方格沙障或石方格沙障等固沙措施减少风蚀，方格内选用防沙乡土植物进行植被恢复。可选用的防沙植物主要有小叶锦鸡儿、沙打旺和沙蒿等。

4.3.2 水污染防治设计

（1）穿越水源保护区或Ⅲ类及以上水体的桥梁和路段应设计桥（路）面径流水收集处理系统，包括导水管、收集槽、固定吊架、沉淀池、事故应急池、排水管、处理池等。

（2）服务区生活污水在无纳管条件下应设计污水处理系统，将其处理达标后回用至服务区中供水系统，污水处理系统含化粪池、格栅井、预处理池、调节池、处理单元、回用水池和设备机房等。

（3）在东部农牧生态区，有条件的服务区可设计雨污分流收集系统，污水处理可采用人工湿地、地埋式处理设备，工艺选择上尽量采用成熟先进的处理工艺，排入湟水流域的污水应达到一级A标准。

（4）在祁连山针叶林-高寒草甸生态区、江河源高寒草甸生态区和北羌塘高原半荒漠-荒漠生态区，服务区污水处理工艺需考虑对当地低温的实用性和处理效果，尽量选用小型化设备，避免复杂化、维护难度高的工艺。

（5）柴达木盆地荒漠-盐壳生态区属于干旱缺水地区，所有服务区污水处理系统应能满足污水百分百再回用要求。

4.3.3 噪声声屏障设计

（1）新建公路中心线（对于分离式路基路段，按半幅道路中心线计）距居民聚居区距离小于100m，距学校、医院、居民区等距离小于200m时，应设计隔声屏障。新建高速公路应避免穿越城镇规划的居民区，对于不可避免穿越城镇规划区的路段，应设计预留安装声屏障的条件。

（2）声屏障设施的吸、隔声效果，应满足该区域的环境噪声治理的要求。其强度和刚度应满足安全性能的要求，并应具有防腐、防振和抵抗风、雨、雪、雹等各种自然灾害的能力。声屏障高度不宜超过5m，安装在桥梁上的声屏障，其顶端至桥面的高度不宜大于4.5m，应对桥梁结构的安全可靠性进行验算。

（3）声屏障的长度大于1 000m时，有条件的路段的路侧应设置疏散出口，疏散出口的间距不大于300m。疏散出口应为可启闭的隔声门扇。

（4）各类高分子板材制作的通透隔声屏与框架的固定应采用嵌入安装法或螺栓安装法，不应采用自攻螺钉固定。吸声屏屏体均应设置泄水孔。

（5）在东部农牧生态区和祁连山针叶林-高寒草甸生态区，声屏障顶部造型应设计为弯折形、半圆弧形等结构形式，使司乘人员感到线形流畅，不单调沉闷。对于较长的声屏障，其顶部屏障板应设计成凹凸有致的错落结构等。为降低对司乘人员的压抑感，屏障板可设计成透明视窗形式。有条件的路段，可建设种植植物的绿色新型声屏障。

（6）在江河源高寒草甸生态区、柴达木盆地荒漠-盐壳生态区和北羌塘高原半荒漠-荒漠生态区，声屏障造型应选择一次性投入、见效快、养护成本低廉、易于建造和维护的直立式声屏障。

4.3.4 动物通道设计

（1）涉及野生动物活动密集区域，在满足公路使用功能的前提下优先考虑建设不封闭的公路或等级较低的公路。确需封闭两侧道路的，应建设规格、密度适当的动物通道。

（2）野生动物通道设计中，应向当地野生动物保护部门和当地居民了解该地野生动物保护要求和生活习性。

（3）遇到有野生动物迁徙、活动的区域，应当根据动物迁徙规律、生活生态习性，调整设计方案，设置通道、通行桥，留出野生动物迁徙、活动的通道。通道的数量应根据目标物种的数量和迁移能力，以及建筑物的隔断性等因素确定。

（4）在经济和社会条件允许的状况下，应在符合设置野生动物通道条件的地段建设通道。高边坡应放缓坡角，增加分级平台，降低路侧排水沟宽度和深度，避免造成动物生境岛屿化。为便于动物通行，路基缓坡通道坡度应小于35°，隧道顶部通道应设置防护栅栏。

（5）在通道入口附近，应设置围栏、围墙、挡板或单向门等辅助设施，也可采用食物或其他引诱物吸引动物熟悉和接近通道，使动物适应人工通道。

（6）在临近野生动物通道的路段，应设置限速、禁止鸣笛、灯光控制、动物保护宣传等方面的标志牌。通道宽度应根据目标物种的种群数量和行为特征，以及道路等级、设计车速等因素确定。通道高度根据目标物种的生态生物学和行为学特性，以及穿越的建筑物的宽度和深度确定。若在有草原围栏的地段，应合理确定围栏高度，确保目标物种能够通过。通道开口处的植被应与周围生境的天然植被一致，尽可能采用当地物种模拟自然植被的绿化方式，使通道两侧连接自然顺畅。

（7）通道形式有天桥、高架桥下通道和涵洞，在祁连山针叶林-高寒草甸生态区，可在公路上方修建跨越式的天桥作为野生动物的通道，适用于山地动物和喜开阔环境的动物，并根据目标物种的行为学特点确定天桥的坡度，桥面应模仿附近同质植被覆土种植，边缘应密植与天桥两侧同质的植被，必要时边缘还应设置栏杆、防护网。

（8）在江河源高寒草甸生态区和北羌塘高原半荒漠-荒漠生态区，公路经过草原、草甸、湿地时，可设置高架桥，其桥洞作为野生动物穿越的通道。桥梁的结构应保证野生动物视觉贯通，对于易受惊扰的野生动物，必要时在临近野生动物通道的道路和桥梁两侧应采取隔声措施。对于藏羚羊、藏原羚等中小型动物应设计净高大于3m的桥下通道；对于藏野驴、野牦牛等大型动物应设计净高大于4m的桥下通道。

（9）在东部农牧生态区和柴达木盆地荒漠-盐壳生态区，可设计涵洞式动物通道，涵洞分无水涵洞和排水涵洞两种，适用于夜行性动物以及两栖类和爬行类动物。穿越湿地路段或雨季排水区域，应设计排水涵洞。如果目标物种主要是两栖类动物，应保障通道内有常流水。

（10）对于牧区的游牧活动也要进行考虑，参照野生动物迁徙的动物通道设计，在公路工程中设置游牧通行通道。

5 公路施工阶段生态环境保护

5.1 主体工程

5.1.1 路基工程

（1）严格按照设计要求控制施工范围，路基开挖前应进行30~50cm（或设计需要清表的厚度）的表土清除，将表层土剥离存放，用于后期作为种植土，对具备剥离移植条件的草皮应揭除、养护并回铺。可将草皮分割成50cm×50cm的小块，厚度30~50cm，采用人工配合机械揭除，并码放整齐（4层为宜，堆放高度不超过2m），采用黑色防晒网覆盖，定期洒水养护，用于后期边坡生态防护。对于古树名木等有保存价值的植物，应事先联系当地林业部门，采取移植等异地保护的方法。

（2）距离居民点较近的路基，在拆除路基用地范围内的旧有建筑物、构筑物和路面等其他障碍物时，宜整体大部件吊装移除，并在拆除前对被拆体充分洒水，以减少粉尘污染。拆除的废弃物应及时清运，以防二次污染。

（3）路堑开挖尽量避免使用爆破方法，以免扰动山体造成水土流失，并应在路基上设临时导水槽排水，防止雨水过多时路基的水土流失，在有雨水及路面径流处设置临时沉淀池，沉淀泥沙，在施工完成后要及时平整好沉淀池。

（4）路基挖方必须按设计坡率来控制开挖面，废弃的土石方必须运到指定的弃土（渣）场堆放。挖、填方工程量较大的路段应避免雨季施工，若无法避免，应尽量减少施工面坡度，并做到填料的随取、随运、随铺、随压。

（5）雨季施工或因故中断施工时，必须将施工层表面及时修理平整并压实；施工中，当路堑或边坡内发生地下水渗流时，应根据渗流水的位置及流量大小采取设置排水沟、集水井、渗沟等设施降低地下水位或将地下水排走。

（6）施工单位尽量选用低噪声的施工机械和工艺，施工机械引起的振动、噪声，应符合国家规定的相关要求，在学校、医院、居民区等环境敏感点附近，夜间应停止作业，若需连续作业，应报环保部门批准，并公告居民。在有野生动物活动的保护区内施工时，严格控制噪声和振动影响范围，以免影响野生动物活动。

（7）在祁连山针叶林-高寒草甸生态区和江河源高寒草甸生态区等涉及湿地区域的路段，路基施工中不能无故阻断和切割湿地，不在湿地上做临时工程，不改变湿地的地表径流。

（8）在祁连山针叶林-高寒草甸生态区和东部农牧生态区等涉及林地的区域，路基施工时，公路清表范围只能清理到树木砍伐线的位置，砍伐线至占地界之间的范围不再清表施工，对于幼龄树木应及时移栽，以便全线可以保留大量的原生树木，维护原始植被景观。

（9）在江河源高寒草甸生态区和北羌塘高原半荒漠、荒漠生态区的冻土区域，路堑和基坑施工期间，各道工序应紧密衔接，减少因长时间暴露对多年冻土地基的热干扰，以便后期多年冻土的环境恢复。高含水量冻土地段路堑开挖宜选择在活动层融化季节进行，基底和边坡换填及保温层等施工宜在6月底前完成，路堤的填筑宜在暖季进行。

5.1.2 路面工程

（1）路面拌和场应远离居民区，并设在当地常年主导风向的下风向处，场地应硬化处理，并随时进行洒水或其他抑尘措施。拌和场应配备临时污水收集设施，对拌和场清洗砂石料的污水应汇集处理。

（2）沥青路面拌和设备配料除尘装置应保持良好的除尘效果，施工过程中剩余的废弃料必须及时收集到弃渣场集中处理，不得随意抛弃。

（3）位于沥青洒布处置区周边的土壤表面应铺设临时覆盖物加以保护。对于沥青可能溅到的植物，应有临时覆盖物加以包裹或遮挡。应尽量避免运输过程中沥青砼的洒落，如洒落应进行及时收集处置。

（4）路面施工应与路基、桥梁施工统一进行合理的工作安排，以减少交叉施工引起的环境污染。

5.1.3 桥梁工程

（1）桥梁水中桩基施工时应尽可能采用围堰法进行水下施工，施工中的废泥沙、废渣应弃于指定的弃渣场，不得弃于河道和河滩地。

（2）采用钢护筒直接施工的，应注意钢护筒的埋设深度和高度，防止透水和渗水，并应结合水位的日常变化，防止污水对河流水体的污染。

（3）必须设置专门的泥浆池，收集钻孔泥浆，不得将泥浆乱排放至水体或农田中。砼拌和场站点四周应设置排水系统，防止污水对周围环境的影响。

（4）应加强对施工机械的严格检查，采取相应的油污处理措施，油料污水未经有效处理，不得直接排放。桥梁施工完成后应及时清理水中的杂物和陆地环境，尽量恢复原貌。

（5）桥梁基础施工应避开丰水期和鱼类洄游、产卵季节。

（6）在江河源高寒草甸生态区和北羌塘高原半荒漠、荒漠生态区的多年冻土区域，桥梁基坑开挖应选择在寒季，暖季施工时应采取遮阳防雨措施，并在基坑外设置挡水捻，严禁地表径流流入基坑，及时排除冻结层上层水和冻土本身融化水，避免扰动冻土层的热平衡状态。对特大桥、大桥工程的非嵌岩桩基工程施工应尽量采用干法成孔，减少对多年冻土环境带来的负面影响。

5.1.4 隧道工程

（1）隧道施工时，应采用水封爆破、水幕降尘等先进施工技术加速粉尘的沉降，达到降尘目的，同时应在隧道路面上定期洒水，以防止车辆运行时或爆破冲击波造成的二次扬尘。

（2）隧道爆破宜选在白天进行，避免夜间爆破对野生动物栖息造成影响。应对隧道施工机械和（如空气压缩机、混凝土拌和机、送风机等）加设隔声罩、隔声墙等设施。

（3）隧道土石方应全线统一调配，弃渣优先综合利用于隧道衬砌、路堤填料、混凝土砌筑及碎石加工等，尽量减少废弃洞渣数量。

（4）隧道涌水应集中收集处理，针对隧道内地下水发育区段应采取堵水措施，以避免隧址区地下水过多流失，对附近水文地质环境造成较大破坏。

（5）在祁连山针叶林-高寒草甸生态区和江河源高寒草甸生态区等草甸区域，隧道施工时应注意对隧道进出口开挖面土壤和草皮的剥离与保存回用。

（6）在江河源高寒草甸生态区和北羌塘高原半荒漠、荒漠生态区的多年冻土区域，明洞开挖宜采用边线上孔间隔装药、微振光爆破进洞技术，以减少对周边冻土围岩的扰动。对洞口开挖段或洞口边坡应采取遮阳棚或黑色遮阳网覆盖，防止冻土融化。

5.1.5 其他交通设施工程

（1）防撞护栏施工时应防止打桩机械油泄漏造成污染，临近村镇的路段应合理安排施工时间减少噪声对周边的影响。

（2）施工中焊接的废弃物，如电焊渣、废弃的焊材，应统一收集处理。

（3）护栏油漆应妥善存放和使用，避免滴、漏影响水体和土壤。油漆包装物应统一收集处理，不得随意抛弃。

（4）道路标线施工时应制订环保措施，防止标线材料在运输和使用中的泄漏而污染水体；突起路标和轮廓标施工时应防止黏合剂的泄漏和污染。

（5）道路交通标志施工时，基础砼浇筑应在沥青面层施工前完成，以免污染路面。

5.2 临时工程

5.2.1 取料场

（1）建设单位在工程占地范围以外开采砂石料时，应当依法取得开采许可。

（2）石料宜采用机械开采方式，避免爆破施工对野生动物的影响。石料取完后，应削坡、清理和平整场地。

（3）取料场取完土刷坡后，边坡坡度应不大于1:1.5，并且拍实，地面应用粗颗粒平整、覆盖，防止产生风蚀，同时也有利于植物的自然恢复。

（4）在江河源高寒草甸生态区，取土场取土后刷坡产生的草皮及腐殖土应集中堆放并妥善保管，刷坡后及时回填坡面以利恢复，必要时采取覆盖等措施。

（5）运输施工材料和渣土的车辆应当采取密封、包扎、覆盖等措施，对散落至地面的施工材料和渣土应及时清除。运送散装含尘物料的车辆，要用篷布苫盖。粉状材料应灌装或袋装，粉煤灰采用湿装湿运。土石、水泥、石灰等材料运输应采取加盖篷布等封闭运输措施。

5.2.2 弃土（渣）场

（1）弃土（渣）前将地表30cm左右熟土铲起，临时堆放在弃土（渣）场范围内，不新增占地。堆土底部应用临时装土草袋防护，对临时堆土表面进行平整、压实，用篷布遮盖，并做好临时排水沟。

（2）弃土（渣）前先在土（渣）场下游设置拦挡设施（如挡渣墙、拦渣坝、拦渣堤、围渣堰等），采用土夹碎石、浆砌片石、干砌片石等挡护结构。

（3）弃土（渣）场施工前，需将其四周排水设施修建完整，确保雨季施工时不会被冲刷。

（4）弃土（渣）应全部运至弃土（渣）场填埋处置，按照先弃废石，再弃废土覆盖的顺序，为植被恢复创造条件，并对其采取相应的水土保持恢复措施。

（5）弃土（渣）堆置总高度小于10m的，应优先采取自下而上的堆置方式；总高度大于10m的，宜采取分台阶的堆置方式。

5.2.3 施工便道

（1）应标明施工便道界限，用彩带或砾石界定围护，防止车辆碾压施工便道以外的土壤和植被。

（2）在施工便道表面采取机械碾压、喷洒抗压型生态抑尘剂等措施，防止土壤风蚀。

（3）施工便道采取洒水抑尘措施，每天洒水至少2次，在经过村庄密集地区要加强洒水密度和强度。

（4）完工后对便道占地原貌恢复，掘除原填料运至弃土场，洒水固结掘除后的地表，促进植被的自然恢复。

5.2.4 施工生产、生活区

（1）对于临近水体功能为Ⅰ类、Ⅱ类及Ⅲ类（地表水源地二级保护区）的施工区，禁止施工废水和生活污水排入水体。废水经处理后优先考虑回用；当废水无法全部回用时，应经防渗隔油池收集综合利用（如用于抑尘、绿化等）。

（2）对于临近水体功能为Ⅲ类（除地表水源地二级保护区外）、Ⅳ类水体的施工区，施工废水和生活污水应充分回用或利用；若排放则需达到《污水综合排放标准》（GB 8978—1996）一级标准。

（3）沥青、油料、化学品堆放点远离水井及河流湖泊，防止雨水携带渗漏的有害物质进入水体。施工区应设置密闭桶，回收施工机械等产出的废油。禁止在天然水体内清洗施工机械及车辆。

（4）场地应采取围挡、硬化、表面压盖等防风蚀措施，并采用定期洒水等抑尘措施。施工材料应分类集中堆放，并对表面采取压实、遮盖等措施。

（5）应对物料破碎设备和输送廊道进行全封闭，并在破碎设备进、出料处布设洒水设施；细骨料和水泥应堆放于全封闭厂房内；粗骨料和沥青堆放，应在全封闭或半封闭厂房内。

（6）禁止在施工现场熔融沥青、严禁焚烧各类废弃物及其他有毒有害物质。

（7）混合料拌和采用集中拌和方式。拌和站中的骨料、沥青、水泥及其他材料的加热、搅拌须在密闭系统中进行，并配置收尘除尘设施，确保除尘效率≥99%。对沥青拌和装置还要配置沥青烟气净化装置，确保净化效率≥95%。拌和站烟尘和沥青烟气经净化处理后排放，应满足《大气污染物综合排放标准》（GB 16297—2012）。

（8）锅炉应尽量采用清洁能源，锅炉排气筒高度和烟气排放浓度应满足《锅炉大气污染物排放标准》（GB 13271—2014）。

（9）应采用低噪声施工机械设备与工艺。有振动的机械底部应安装减振设施；鼓风机、引风机等以流体噪声为主的设备应在进、排气口安装消声设施。

（10）施工区的一般固体废物应集中、分类堆放，及时清运，严禁乱丢乱弃；生活垃圾应采用封闭式容器收集。对废弃钢筋、电缆及木料等固体废物应回收并尽量再利用，沥青废渣、废油、拌和站粉尘等特殊废物应全部回收处理。

（11）施工生产生活区产出的医疗废物，应采用容器收集，定期运至附近的医疗废物处置中心处理，严禁私自处理。

（12）实验室产出的有害废物，应集中储存并运至具有相应处置资质的专业机构进行处理。

（13）施工场地应集中设置，尽量少设临时施工场站；桥梁预制场和拌和站应尽量在路基、互通立交等永久占地范围内设置。

（14）严格控制生产生活区占地面积和范围，不得超界施工。完工后应对场地进行恢复，拆除临时建（构）筑物，掘除硬化地面，弃渣运至规定地点掩埋。同时对恢复后的场地进行洒水，以固结地表，防止产生扬尘，促进植被恢复。

5.3 生态环境工程

5.3.1 路基边坡生态恢复工程

（1）坡面平整及清理。坡面应顺直、圆滑、平整，且稳定；坡面不稳定的石块或杂物应清除，不得有松石、危石；边坡修整后凸出或凹进均不得大于10cm。对于填石路堤边坡等不利于草种生长的坡面应回填改良土，改良客土厚度应不小于10cm，且应以水润湿，以促进改良客土自然沉降至稳定。

（2）液压喷播草种。将水加入物料罐至1/3处，打开循环压力泵，加入纤维、草籽进行循环搅拌。随着罐内水量加大，再加入黏合剂和保水剂进行搅拌。罐内水加满后，加入肥料，将罐体内的浆料持续搅拌5～10min。保水剂充分吸收水分后待用。喷播时，由高至低进行喷播，握紧喷头，左右方喷洒，喷洒幅宽5～6m，幅高1m，喷播接茬时应压茬40cm。喷下的种子泥浆应当具有良好的附着力及明显的颜色，不遗漏、不重复，且均匀。

（3）覆盖无纺布。喷播后当天应及时覆盖无纺布，由上至下平整覆盖，坡顶延伸30cm固定；两幅相接叠加10cm，用竹筷或U形钉进行固定，固定间距应不大于1m。待草长至5～6cm或长出2～3片叶时，揭去无纺布。揭布前应控水，揭布后及时补水，时间最好选在15:00后揭布。

（4）养护。养护初期应让坡面保持湿润状态，初期养护时间为45～60d，以每天浇水为主，早晚各一次，早晨养护时间应在10:00以前完成，晚上养护在16:00后开始，避免在强烈阳光下进行喷水养护，以免造成生理性缺水或诱发病虫害。

（5）栽植灌木容器苗。对能栽植灌木的路段，可考虑采用灌木容器苗移植，移植时应注意：成品苗栽植前，要选择规格统一、生长健壮的容器苗。栽植采用点植，挖穴深度比钵体稍深，栽植距离为0.4～0.5m。移植容器苗时，要小心脱去营养钵，植入预先挖好的种植穴内，尽量保持土坨不散；用细土堆于根部，轻轻压实。栽植完毕后，浇透定根水。保持栽植基质湿度，进行正常养护。

5.3.2 水污染防治工程

（1）污水处理系统各池体均应密闭，可能产生恶臭气味的池体应采取防控措施，从而尽可能减少恶臭气味的产生。

（2）处理系统的污泥由沉淀池排放，化粪池内污泥由物业管理部门定期抽吸外运，避免产生二次污染。

（3）沉淀池应做好相应的防渗处理。

（4）水泵远离操作室、值班室、居民点，风机选用低噪声型，风机进出口均采用消声器，底座用隔震垫，进出口风管用可挠橡胶软接头等减震降噪措施。

（5）严禁施工车辆在湖泊、河道进行冲洗。

5.3.3 声屏障建设工程

（1）声屏障的基础施工宜在路基主体成形后进行，依据声屏障基础尺寸及其在路肩的位置切割开槽。

（2）声屏障基础应按设计的位置、形状尺寸、深度来施工，基础开挖不得破坏路基路面。

（3）声屏障基础埋设锚杆、锚孔注浆施工所用材料与施工方法应符合设计要求，不得影响路基安全稳定。

（4）声屏障基础应按设计要求施工伸缩缝。声屏障基础应每隔20～30m长设置一条伸缩缝。施工中应结合现场地形确定具体伸缩缝位置。

（5）声屏障基础应按设计要求预埋排水管，排水出口不得冲刷路基。路基声屏障应设排水设施，外侧排水出口应避免对路基边坡产生冲刷，并防止漏声。

（6）声屏障基础全部用混凝土灌注密实后，其表面应与路基表面衔接平顺。

（7）声屏障基础与路肩面的缝隙应做沥青混凝土防水层。

5.3.4 动物通道建设工程

（1）动物通道建设应合理安排工期，避免在动物迁徙季节进行。

（2）动物通道建成后，建设单位要对重点保护区域的野生动物通道利用情况开展监测，评估其有效性，并采取相应的措施对通道进行维护和改造。

5.4 环境风险防治

（1）跨越Ⅲ类及以上水体的桥梁应设桥面径流收集系统并加装防抛网，避免车辆经过桥梁时货物翻落桥下进入水体。桥梁上需安装监控系统并与监管部门联网，设置紧急报警电话指示牌。

（2）在Ⅲ类及以上水体的伴行路段，临河侧应设置防撞护栏，并在伴行的路段布设排水边沟，根据地形地貌在适合位置布设防渗收集池。

5.5 环境管理与监测

5.5.1 环境管理

（1）涉及自然保护区的公路建设项目，施工单位应根据生态保护专项设计，编制项目生态环境保护的实施方案，并报建设单位批准，建设单位相应编制监管细则。

（2）建设单位和施工单位应组建环保管理机构，配备分管领导和专职环境管理人员，负责协调、组织和监督公路建设各项环境保护工作有序开展、既定环境保护措施的有效落实。

（3）建设单位和施工单位应严格执行环保设施与主体工程的"三同时"（同时设计、同时施工、同时投产使用）制度，组织实施施工期环境监测计划，制定突发性污染事故的应急预案，建立环境保护的约束激励机制，定期开展环境保护工作考评等。

（4）建设单位招投标时在合同中必须明确环境保护条款，并在设计、施工、监理和验收等各个环节逐一落实。对环境保护措施不落实的不予验收。

（5）建设单位和施工单位应建立健全环境保护制度体系，广泛、深入开展环境保护宣传、教育和培训工作。对职工进行环境保护的教育培训，提高职工的环保意识，将施工环保确实落实到实际工作中，落实到每一位员工。项目经理部将定期对施工现场的环保情况作检查，将环保工作与各作业班组和管理人员的效益奖金直接挂钩，以维护项目的可持续发展。管理人员和技术工人一律持证上岗，职务、职责明确，确保工地统一调度指挥。进场道路和场地布置要做到井然有序，各种标志齐全，做到合理、整洁。

（6）施工单位要依照环评报告及批复文件的要求，落实责任制度，不能先破坏后治理；应加强环保监督，对施工行为进行严格管理，制止野蛮施工，采用先进的技术、工艺、材料、设备，降低施工噪声、扬尘，合理用水和排水，并采用划界施工来严格控制施工范围，防止水土流失和水污染，减少临时用地和对路域绿地的破坏。

（7）在施工过程，各相关人员应恪守职责，做好环境保护工作。监管部门将按照相关管理考核办法对环境保护工作成绩显著或违反相关环保办法、造成环境破坏的相关单位和人员给予奖励或处罚。

5.5.2 环境监理

（1）依据《青海省建设项目环境监理管理办法（试行）》（青环发〔2011〕653号）和《建设项目施工期环境监理导则》（DB63/T 1109—2012）中的有关规定，公路建设项目施工期必须开展环境监理工作。

（2）环境监理工作应在开工之前介入，环境监理单位应与施工单位同时进场。

（3）环境监理费用应纳入工程总预算中。

5.5.3 环境监测

施工期应按下表要求对污染源开展控制性监测。

施工期污染源监测一览表

序号	污染源		监测项目	监测点位	监测频次
1	大气污染源	拌和站	颗粒物	烟气处理设施进、排口	夏、秋季各监测1次
		沥青拌和站	颗粒物、沥青烟		
		锅炉	颗粒物、SO_2、NO_x		
		施工场地和施工道路	颗粒物	施工场地边界	
2	水污染源	施工废水	pH、COD_{Cr}、SS、NH_3-N、石油类	废水处理设施进、排口	夏、秋季各监测1次
		生活污水	pH、COD_{Cr}、BOD_5、SS、NH_3-N		
3	噪声	机械设备、施工车辆	LAeq	施工场地边界	夏、秋季各监测1次

环境监测由建设单位委托有资质的环境监测单位实施，环境监测单位应按相关标准对施工环境和污染防治措施进行评价。由监测单位提出整改要求，建设单位督促施工单位完成整改。

6 公路运营阶段生态环境保护

6.1 竣工环保验收

（1）建设项目完工以后，建设单位应按照《建设项目竣工环境保护验收管理办法》《建设项目竣工环境保护验收技术规范——公路》等要求及时开展竣工环保验收工作。

（2）建设单位应委托有资质的单位开展竣工环境保护验收工作。

（3）针对竣工环保验收调查中提到的整改建议以及竣工环保验收文件的整改要求，建设单位应积极落实，明确整改方案，责成并监督施工单位限期完成整改。

（4）整改完成以后，建设单位应及时向竣工环保验收主管部门书面报告。

（5）验收完成后，建设单位应及时将有关环保资料移交管养单位。

6.2 运营期生态环境管护

（1）管养单位应加强中央分隔带、互通、收费站、服务区、停车区、养护工区、边坡等区域的绿化养护，以及取土场、弃土（渣）场、施工便道、施工营地等区域的生态恢复措施维护，保证植被成活率，确保绿化和生态恢复效果。

（2）管养单位应定期对公路沿线排水沟、截水沟、拦水带、盲沟等排水设施进行疏通和维护，确保排水通畅。

（3）对穿越柴达木盆地荒漠-盐壳生态区及北羌塘高原半荒漠、荒漠生态区的道路所采用的砾（片、碎）石沙障、草方格、化学固化等防沙固沙设施，管养单位应加强日常巡视和维护，对被沙土掩埋的区域及时进行修复或整改。

（4）对穿越祁连山针叶林-高寒草甸生态区、江河源高寒草甸生态区的道路，管养单位应加强移植草皮的养护，确保冻土区生态环境，防止因道路建设造成沙化和荒漠化现象。

（5）对穿越自然保护区、饮用水水源保护区、风景名胜区等环境敏感区的路段，管养单位必须采用环保型融雪剂，避免普通融雪剂对道路两侧植被的影响。管养单位应落实生态补偿措施的管护要求，评估生态补偿措施的有效性，并针对存在的问题增加补救措施等。

6.3 运营期环保设施维护

（1）污水处理设施维护。对公路服务区、停车区、收费站、养护工区附属设施的污水处理设备，管养单位要加强污水处理设备调试和维护，确保污水达标排放。

（2）桥面径流收集系统维护。对设置桥面径流收集系统和事故水收集池的道路，管养单位要加强定期检查和维护，防止管道破损和事故池淤积。

（3）声屏障维护。对设置声屏障的路段，管养单位要加强定期检查和维护，对因大风等原因造成破损的声屏障及时进行维修，确保隔声效果。

（4）动物通道维护。对设置动物通道的路段，管养单位要加强定期检查和观测，对造成淤积或堵塞的及时进行清理，对动物通行效果较差的动物通道适时提出整改方案。

2.3 《青海省交通运输厅公路建设生态环境保护考核管理办法（试行）》

2016年10月24日，青海省交通运输厅通过2016年第五次厅务会研究通过《青海省交通运输厅公路建设生态环境保护考核管理办法（试行）》，对公路建设相关单位提出了考核要求。

青海省交通运输厅公路建设生态环境保护考核管理办法（试行）

第一条 为贯彻落实《中共青海省委 青海省人民政府贯彻落实〈中共中央 国务院关于加快推进生态文明建设的意见〉的实施意见》《青海省公路建设生态环境保护技术指南》，切实加强青海省公路建设生态环境保护监督管理，根据《中华人民共和国环境保护法》《建设项目环境保护管理条例》等法律法规，结合实际，制定本办法。

第二条 本省行政区域内高速公路、国道、省道公路建设生态环境保护考核管理适用本办法。

县道、乡道等其他公路建设生态环境保护考核管理可参照本办法执行。

第三条 公路建设生态环境保护坚持保护优先、预防为主、综合治理、公众参与的原则。

公路建设应在项目设计、施工阶段，高度重视生态环境保护和污染防治工作，严格执行建设项目环境保护"三同时"制度，规范工程建设管理的各项工作，确保符合有关环保要求。

第四条 公路建设生态环境保护考核实行统一管理、分级负责的制度。

省交通运输厅负责对全省公路建设生态环境保护实行统一考核；各州（市）、县交通运输行政主管部门负责职权范围内的公路建设生态环境保护考核。

第五条 厅建设管理机构具体负责省内高速公路、国道、省道公路施工阶段的生态环境监督管理工作。

厅综合规划机构具体负责组织公路建设规划和项目环境影响评价（可行性研究阶段）等生态环境保护工作，监督指导被考核单位开展公路建设项目环境影响评价工作。

厅相关机构按照职责分工做好公路建设生态环境保护考核工作。省交通建设工程质量监督局受厅委托开展相关工作。

第六条 公路建设生态环境保护考核管理应坚持严格标准，实事求是，突出重点，权责明确，公正、公开、公平，奖罚分明的原则，建立日常检查与定期考核相结合、总结自评和上级考核相结合的考核办法。

公路建设生态环境保护考核是对工程建设过程中生态环境保护工作的考评。

第七条 公路建设项目应当符合经批准的公路网规划，建设管理单位必须依照《环境影响评价法》《建设项目环境保护管理条例》和《国务院关于投资体制改革的决定》规定的程序，在批准可行性研究报告或核准项目前，编制完成公路项目环境影响评价文件，经省交通运输行政主管部门预审后，报有审批权的环保行政主管部门审批。

第八条 建设管理单位应在设计、施工和监理（含环保监理）的招标文件及合同中明确相应环境保护责任，与设计、施工和监理等单位签订生态环保承诺书（见附表2.3.1），并组织开展施工期环境监理、环境监测和竣工环保验收。

第九条 设计单位在项目设计时，应当依据环境影响评价文件、投标文件及合同要求，落实各项生态环境保护措施，将环保投资纳入工程概算。

第十条 施工和监理（包括环境监理）单位应严格按照合同中的环保要求，

落实各项环保措施，并制定施工期工程环境监理实施方案，竣工验收时向环保、交通运输行政主管部门提交工程环境监理报告。

第十一条 选址、选线阶段重点考核的内容如下：

（一）路线方案避让自然保护区、饮用水水源保护区、重要湿地、水产种质资源保护区、风景名胜区、地质公园、文物保护单位等生态环境敏感区的情况；

（二）改、扩建公路对既有公路利用及处理情况。

第十二条 设计阶段重点考核的内容如下：

（一）设计方案中扬尘、污水和噪声等污染控制措施以及生态恢复和水土流失控制措施的有效性；

（二）对表土资源和隧道弃渣的利用程度、设置动物通道等情况；

（三）对改、扩建公路应考核设计方案对路面材料循环利用程度及通过"以新带老"解决历史遗留环境问题等情况。

第十三条 建设阶段重点考核的内容如下：

（一）建设、施工和监理单位的生态环保机构设置和制度建设情况；

（二）按照设计方案要求，生态保护，水、气、声等污染防治，水土流失防治，隧道表土资源和弃渣利用，临时用地生态恢复等各项措施的落实情况以及污水处理设施、声屏障和动物通道等生态环境工程的建设情况。

第十四条 竣工验收阶段重点考核项目竣工环保验收的时效性和环保整改要求的落实情况。

第十五条 每年停工前，监理和施工单位应针对生态环保工作开展情况、主要环保措施落实情况等进行自评，并将自评报告报建设管理单位。

建设管理单位按照评分标准对参建单位进行考评，将评分表、考评结果、考核报告及自评报告报厅建设管理机构。

厅建设管理机构根据现场检查结果及建设管理单位的考评结果和自评报告，以项目办为单位，对建设管理单位进行综合考评。

第十六条 公路建设生态环境保护考核评价采用百分制评分确定。建设、设计、监理及施工单位根据公路工程类型及实际进展情况确定纳入考核范围的指标（见附表2.3.2～附表2.3.5），并逐项进行评分。再根据需纳入考核范围的单项指标实际得分，采用综合评分法计算考核评价总得分，具体计算方法见附件2.3.1。

第十七条 公路建设生态环境保护考核实行百分制五等级制度，具体如下：

（一）分值大于或等于95分为AA级；

（二）分值大于或等于85分且小于95分为A级；

（三）分值大于或等于75分且小于85分为B级；

（四）分值大于或等于60分且小于75分为C级；

（五）分值小于60分为D级。

建设管理单位同时负责多条公路建设项目时，对建设管理单位采用平均值法进行考核。

第十八条 对公路建设保护和改善生态环境有显著成绩的单位和个人，应当予以奖励。对公路建设生态环保要求落实不力的单位和个人，应当依法予以处罚。

第十九条 对建设、设计、监理、施工等参建单位考核评价分级结果纳入公路建设（施工）市场信用评价体系，并作为优秀单位和个人评选的重要依据。

第二十条 公路建设生态环境保护实行评优"一票否决制"。对施工过程中发生重大或群体性环境事件、未开展环境监理和环境监测、竣工环保验收不合格等情况，各参建单位除接受相应处罚外，还应在当年的信用评价总分中进行相应扣分并纳入不良行为和黑名单记录。

第二十一条 本办法具体应用由省交通运输厅科技处负责解释。

第二十二条 本办法自2016年11月1日起施行。

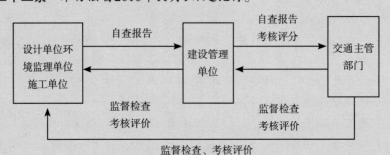

附图2.3.1 公路建设相关单位生态环境保护监督考核流程

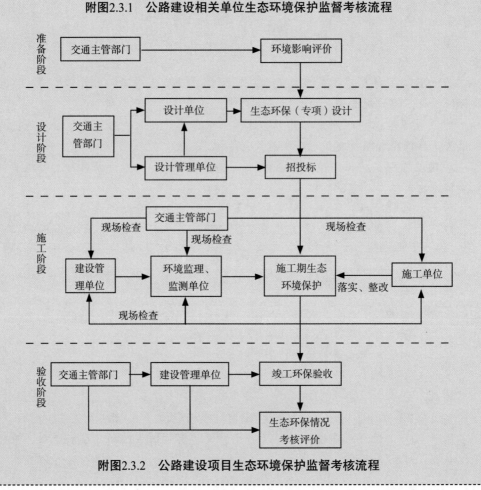

附图2.3.2 公路建设项目生态环境保护监督考核流程

附表2.3.1　投标单位生态环境保护承诺保证书

（单位名称）承诺：

　　本单位在（公路建设项目名称）
　（设计/监理/施工）过程中，将严格遵守生态环保相关法律法规，有效落实各项生态环境保护措施和要求，切实加强生态环境保护工作。如有生态环境保护措施落实不到位或违反环保相关法律法规要求的情况，本企业愿接受相应处罚。

法定代表人（签名）：

（公章）

年　　月　　日

附表2.3.2 建设管理单位生态环保工作考核评分表

序号	考核指标	满分/分	评分标准	适用公路工程类型/建设阶段	备注
1	环评报告及批复	10	开工前环评报告已批复，得10分；否则不得分	所有公路准备阶段	
2	公路工程避让生态环境敏感区	15	主体工程和临时工程未占用生态环境敏感区得15分，占用1处扣3分，扣完为止	除旅游公路之外的其他所有公路/选线及设计阶段	生态敏感区包括自然保护区核心区和缓冲区，饮用水水源保护区一级保护区，国家重要湿地，国家级水产种质资源保护区，国家级和省级风景名胜区核心景区，世界地质公园和国家地质公园，国家级和省级文物保护单位保护范围。适用工程包括主体工程和临时工程
3	表土资源得到利用率	10	所有占地的表土资源均有明确的利用方案，且施工过程中能得到有效落实，得10分；仅有部分区域或路段对表土资源进行利用得5分；未对表土资源进行利用，不得分	所有公路/设计阶段、施工阶段	针对主体工程和临时工程占地范围内的表土资源明确综合利用方案
4	动物通道设置	8	按环评要求设计和建设动物通道，得8分；少1处扣2分，扣完为止	环评要求设置动物通道的公路/设计阶段、施工阶段	按照环评文件要求设置动物通道
5	施工过程控制水土流失	8	有明确的水土保持方案，按照设计要求严格控制施工作业范围得8分；有水土保持方案，但水土流失控制效果一般，得4分；无水土保持方案，或施工中出现水土流失相关投诉，或现场检查中发现水土流失相关环境问题，不得分	所有公路/设计阶段、施工阶段	严格控制施工作业范围，落实水土保持方案，控制水土流失

续表

序号	考核指标	满分/分	评分标准	适用公路工程类型/建设阶段	备注
6	临时占地生态恢复	10	有明确的临时占地绿化和生态恢复、临时占地全部得到有效的生态恢复，得10分；少1处恢复方案或未有效恢复扣2分，扣完为止	所有公路/设计阶段、施工阶段	临时占地包括取料场、弃土（渣）场、施工便道（施工结束后作为公路利用的路段除外）、施工生产生活区和施工场地（施工结束后作为征地条件转让的除外）
7	隧道弃渣综合利用	8	隧道弃渣综合利用率达到60%及以上，得8分；40%~60%之间得4分；40%及以下不得分	有隧道的公路/设计阶段、施工阶段	不包含运至弃渣场
8	既有公路路线利用率	10	利用既有公路路线达到或超过50%得10分，每降低5%扣2分，低于25%不得分	改、扩建公路/设计阶段、施工阶段	利用既有公路（设计文件支持）
9	确保改、扩建公路路面旧料循环利用率	10	路面旧料循环利用率达到100%，得10分；每降低5%扣2分，75%以下不得分	改、扩建公路/设计阶段、施工阶段	路面旧料循环利用（数据支持）
10	改、扩建公路通过"以新带老"解决遗留环境问题	12	有明确的"以新带老"方案，可有效解决遗留环境问题，得12分；有"以新带老"方案，但未全部解决的，遗留1处扣2分，扣完为止；无"以新带老"方案，不得分	改、扩建公路/设计阶段、施工阶段	有明确的"以新带老"方案（文件支持）
11	施工生产阶段污水循环利用率	8	施工生产污水循环利用率大于80%得8分；60%~80%之间得4分；低于60%不得分	所有公路/设计阶段、施工阶段	有数据、文件支持
12	按照设计要求建设服务区污水处理设施	8	有明确的污水处理设施建设方案，并按照设计要求建设污水处理设施，得8分；有1处未落实扣2分，扣完为止	高速公路/设计阶段、施工阶段	

续表

序号	考核指标	满分/分	评分标准	适用公路工程类型/建设阶段	备 注
13	敏感水体保护	8	对跨越水源保护区和二类及以上水体的路段，有明确的桥（路）面径流收集处理方案，并得到有效落实，得8分；有1处无设计方案或未落实，扣2分，扣完为止	所有公路/设计阶段，施工阶段	有明确的桥（路）面径流收集处理系统设计方案
14	按照设计要求建设声屏障	8	有明确的声屏障建设方案，并按照设计要求建设声屏障，得8分；有1处未落实，扣2分，扣完为止	设置有声屏障的公路设计阶段，施工阶段	
15	环保管理机构建设	12	组建环保管理机构，且有应急预案得12分；未组建环保管理机构扣6分，未编制应急预案扣6分；都没有不得分	所有公路/设计阶段，施工阶段	组建环保管理机构，编制应急预案，并明确人员和分工（文件支持）
16	招标文件对项目生态环保的要求	12	招标文件中有明确的生态环保要求，得12分；设计、施工、监理等招标文件中有一次未明确生态环保要求，扣4分，扣完为止	所有公路/设计阶段，施工阶段	有招标文件支持
17	施工期环境监理	10	组织开展施工期环境监理得10分，否则不得分	所有公路施工阶段	有环境监理报告支持
18	施工期环境监测	10	组织开展施工期环境监测得10分，否则不得分	所有公路施工阶段	有原始监测方案和监测报告支持
19	竣工环保验收	12	项目交工6个月内通过竣工环保验收，得12分；12个月内通过竣工环保验收，得6分；否则不得分	所有公路竣工验收阶段	有竣工环保验收报告支持
20	现场检查情况	0	省交通运输厅现场检查过程中，发现一项生态环境问题，扣5分，最多扣20分	所有公路施工阶段	指省交通运输厅或建设单位现场检查过程中，发现的生态破坏或环境污染问题（不包含环境监理单位发现并已上报、正在整改中的问题）。本项指标仅作为扣分项

续 表

序号	考核指标	满分/分	评分标准	适用公路工程类型/建设阶段	备注
21	发生重大生态破坏或环境污染事件	0	施工过程中发生一次重大生态破坏或环境污染事件，扣20分	所有公路施工阶段	指发生重大或群体性环境事件，造成不良社会影响的情况。本项指标仅作为扣分项

附表2.3.3 设计单位的生态环保工作考核评分表

序号	考核指标	满分/分	评分标准	适用公路工程类型	备注
1	避让生态环境敏感区	15	设计方案中，主体工程和临时工程未占用生态敏感区，得15分，占用1处扣3分，扣完为止	除旅游公路之外的其他所有公路	生态敏感区包括自然保护区核心区、饮用水水源保护区一级保护区、国际和国家重要湿地、国家级水产种质资源保护区、国家级和省级风景名胜区核心景区、世界地质公园和国家地质公园、国家级和省级文物保护单位保护范围。包括主体工程和临时工程
2	表土资源利用	10	针对所有占地的可利用表土资源均有明确的利用方案，得10分；仅有部分区域或路段有明确的利用方案，得5分；无利用方案不得分	所有公路	针对主体工程和临时工程占地范围内的表土资源明确综合利用方案
3	动物通道设置	8	设计方案按照环评要求设置动物通道，得8分；少1处扣2分，扣完为止	环评要求设置动物通道的公路	按照环评文件要求设计动物通道（设置的通道必须满足实际动物通过量）
4	控制水土流失	8	按水土保持方案设计，得8分；仅有部分区域进行水土保持方案，少1处扣2分；扣完为止；无水土保持方案，不得分	所有公路	有明确的水土保持方案

续 表

序号	考核指标	满分/分	评分标准	适用公路工程类型	备注
5	临时占地生态恢复	10	有明确的临时占地绿化和生态恢复方案,得10分;仅部分区域有临时占地生态恢复方案,扣2分;无临时占地生态恢复方案,不得分	所有公路	临时占地包括取料场、弃土(渣)场、施工便道(施工结束后作为公路利用的路段除外)、施工生活区和施工场地(施工结束后作为征地条件转让的除外)
6	隧道弃渣综合利用	8	设计方案中,隧道弃渣综合利用率达到60%,得8分;40%~60%之间得4分;40%以下不得分	有隧道的公路	不包含弃渣运至弃渣场
7	既有公路路线利用率	10	设计方案中,利用既有公路路线达到或超过50%,得10分;每降低5%扣2分;低于25%不得分	改、扩建公路	利用既有公路路线(设计文件支持)
8	路面旧料循环利用率	10	设计方案中,路面旧料循环利用达到100%,得10分;每降低5%扣2分;75%以下不得分	改、扩建公路	路面旧料循环利用(数据支持)
9	"以新带老"解决遗留环境问题	12	设计方案中,有明确的"以新带老"方案,可有效解决遗留环境问题,得12分;有"以新带老"方案,但少1处扣2分,扣完为止;无"以新带老"方案,不得分	改、扩建公路	有明确的"以新带老"方案(文件支持)
10	施工生产污水循环利用	8	设计方案中,施工生产污水循环利用率大于80%,得8分;60%~80%之间得4分;低于60%不得分	所有公路	有数据文件支持
11	服务区污水处理设施设计	8	设计方案中,有明确的服务区污水处理设施设计,得8分;否则不得分	高速公路	
12	敏感水体保护	8	对跨越水源保护区及二类以上水体的路段,有明确的桥(路)面径流收集处理系统设计方案,得8分;有1处无设计方案扣2分,扣完为止	所有公路	有设计文件支持
13	声屏障设计	8	设计方案中,有明确的声屏障建设方案,得8分;否则不得分	设置有声屏障的公路	

附表2.3.4 监理单位的生态环保工作考核评分表

序号	考核指标	满分/分	评分标准	适用公路工程类型	备注
1	施工期环境监理	40	按照要求开展施工期环境监理，并及时提交环境监理报告，得40分；未及时提交环境监理报告，每次扣5分	所有公路	有环境监理报告支持
2	施工期环境监测	30	按照要求开展施工期环境监测，并及时提交环境监测报告，得30分；未及时提交环境监测报告，每次扣5分	所有公路	有原始的监测方案和监测报告支持
3	及时上报生态环境问题并督促施工单位进行整改	30	对发现的生态环境问题及时上报建设单位，并督促施工单位进行整改，得30分；对发现的生态环境问题未上报建设单位监督施工单位进行整改，不得分	所有公路	有环境监理报告支持
4	现场检查情况	0	交通运输主管部门或建设单位现场检查过程中，发现一项生态环境问题，扣10分	所有公路	指交通运输主管部门或建设单位现场检查过程中，发现的生态破坏或环境污染问题（不包含环境监理单位发现并已上报，正在整改中的问题）本项指标仅作为扣分项
5	发生重大生态破坏或环境污染事件	0	因环境监理不到位，施工过程中发生一次重大生态破坏或环境污染事件，扣20分	所有公路	指发生重大或群体性环境事件，造成不良社会影响的情况 本项指标仅作为扣分项
6	环保管理机构建设	12	组建环保管理机构，且有应急预案得12分；未组建环保管理机构扣6分，未编制应急预案扣6分；都没有不得分	所有公路	组建环保管理机构并编制应急预案，并明确人员和分工（文件支持）

附表2.3.5 施工单位的生态环保工作考核评分表

序号	考核指标	满分/分	评分标准	适用公路工程类型	备注
1	表土资源利用	10	按照设计方案对所有占地的表土资源进行利用，得10分；仅对部分区域或路段的表土资源进行利用，得5分；否则不得分	所有公路	按照设计方案，对主体工程和临时工程占地范围内的表土资源进行利用
2	动物通道设置	8	按照设计方案要求设置动物通道，得8分；少1处扣2分，扣完为止	环评要求设置动物通道的公路	按照设计文件要求建设动物通道
3	控制水土流失	8	按照设计方案要求严格控制施工作业范围，开展了水土保持工作，得8分；施工中出现水土流失控制效果一般，得4分；施工中出现水土流失相关投诉，或现场检查中发现水土流失环境问题，不得分	所有公路	严格控制施工作业范围，落实水土保持方案，控制水土流失
4	临时占地生态恢复	10	临时占地全部得到有效的生态恢复，得10分；仅部分临时占地进行生态恢复，得5分；未对临时占地进行生态恢复，不得分	所有公路	临时占地包括取料场、弃土（渣）场、施工便道（施工结束后作为公路利用的路段除外）、施工生产生活区和施工场地（施工结束后作为征地条件转让的除外）
5	隧道弃渣综合利用	8	全部隧道弃渣按照设计方案进行综合利用，得8分；仅有部分隧道弃渣按照设计方案进行综合利用，得4分；未按照设计方案对隧道弃渣进行综合利用，不得分	有隧道的公路	不包含运至弃渣场
6	路面旧料循环利用率	10	全部路段均按照设计方案对路面旧料进行循环利用，得10分；仅部分路段按照设计方案对路面旧料进行循环利用，得5分；未对路面旧料进行循环利用，不得分	改、扩建公路	路面旧料循环利用（有数据支持）
7	"以新带老"解决遗留环境问题	12	按照设计方案对全部"以新带老"措施进行落实，得12分；有一项未落实扣2分，扣完为止	改、扩建公路	有相关文件支持

第2章 青海省环境保护政策及相关技术指南

续表

序号	考核指标	满分/分	评分标准	适用公路工程类型	备注
8	施工生产污水循环利用率	8	施工生产污水循环利用率大于80%得8分；60%～80%之间得4分；低于60%不得分	所有公路	有数据文件支持
9	服务区建设污水处理设施	8	按照设计要求建设污水处理设施，得8分；有1处未落实扣2分，扣落实为止	高速公路	
10	敏感水体保护	8	按照设计要求建设桥（路）面径流收集处理系统，得8分；有1处未落实，扣2分，扣完为止	所有公路	
11	建设声屏障	8	按照设计要求建设声屏障，得8分；有1处未落实扣2分，扣完为止	设置有声屏障的公路	
12	合理安排施工时间和时序	8	临近学校、医院、居民区等敏感路段夜间停止作业，无噪声扰民投诉，得8分；有一次噪声扰民投诉，扣4分，扣完为止	所有公路	临近学校、医院、居民区等敏感点路段夜间停止作业
13	有效控制施工扬尘	8	对土石、水泥、石灰等材料运输车辆及临时堆场全部覆盖，得8分；仅对运输车辆加盖蓬布得4分；否则不得分；有一次扬尘投诉，扣4分，扣完为止	所有公路	对临时堆场进行覆盖，土石、水泥、石灰等材料运输车辆加盖蓬布，控制施工扬尘
14	组建环保管理机构	12	施工单位建立环保管理机构，并组建现场应急预案的得12分；未组建环保管理机构，扣6分；否则不得分	所有公路	组建环保管理机构，编制现场环境监测发现应急预案，设置现场举报牌，并明确人员和分工（文件支持）
15	污染物达标排放	0	每发生一起污染物超标排放情况，扣20分	所有公路	指施工期环境监理或环境监测发现污水、废气超标排放情况或发生生活垃圾随便丢弃情况，对施工单位提出整改要求，应有环境监理或环境监测报告支持。本项指标仅作为扣分项
16	现场检查情况	0	现场检查过程中，发现一项生态环境问题，扣5分，最多扣20分	所有公路	指交通运输主管部门或建设单位现场检查过程中，发现的生态破坏或环境污染问题，正在整改中的问题不包含环境监理单位发现并已上报，本项指标仅作为扣分项

附件2.3.1　公路建设生态环境保护考核评分方法

公路建设生态环境保护考核评分计算公式如下：

$$S = \frac{\sum_{i=1}^{n} A_i}{\sum_{i=1}^{n} B_i} \times 100$$

式中，S为考核总得分；A_i为各单项指标实际得分；B_i为各单项指标满分；i为纳入考核范围的指标数量。

注：相应工程未涉及的指标（例如某些公路无动物通道设置要求），或相应阶段未涉及的指标（例如设计阶段不涉及环境监理），不纳入考核范围。

2.4　《青海省公路建设生态环境事故应急预案（试行）》

为有效防范公路建设过程中生态破坏、环境污染突发事件，青海省交通运输厅2016年7月27日印发了《青海省公路建设生态环境事故应急预案（试行）》（青交科〔2016〕263号）。

青海省公路建设生态环境事故应急预案（试行）

1　总则

1.1　编制目的

为有效防范公路建设过程中生态破坏、环境污染突发事件，特别是重大生态环境破坏事件的发生，及时妥善处理可能发生的各类生态环境突发事件，更好地贯彻落实《青海省公路建设生态环境保护技术指南》（青交科〔2016〕35号），制定青海省公路建设的突发生态环境事件应急预案，促进公路建设与生态环境保护协调发展。

1.2　编制依据

依据《中华人民共和国突发事件应对法》《国家突发公共事件总体应急预案》《国家突发环境事件应急预案》《突发环境事件信息报告办法》《中华人民共和国环境保护法》《中华人民共和国水土保持法》《中华人民共和国水污染防治法》《中华人民共和国噪声污染防治法》《中华人民共和国固体废物污染防治法》《中华人民共和国大气污染防治法》及其他有关法律、法规及规章，结合本省工作实际，制定本预案。

1.3 工作原则

（1）统一领导，协同工作。青海省公路建设生态环境事件应急处置工作在省交通运输厅统一领导下，坚持以"生态环境保护优先"的理念，各司其职，协同工作。

（2）分级响应，科学应对。根据突发生态环境事件的严重程度，分级响应，建立科学的突发事件应对预案，责任到人，常备不懈。

（3）快速反应，高效处置。突发事件发生后，第一时间发挥事故所在地现场管理人员的应急处置作用，尽最大努力控制事故发展态势，各有关单位按照相应职责，迅速赶赴现场，快速高效实施各项应急措施。

1.4 适用范围

本预案适用于青海省境内新（改、扩）建的公路工程的突发生态环境事件应急响应。法律、法规、规章另有规定的，从其规定。

2 机构、职责及相关制度

2.1 指挥机构及职责

2.1.1 应急领导小组

成立公路建设生态环境破坏事件应急领导小组，由分管公路建设的主管厅领导及相关部门负责人组成。

职责：负责突发严重生态环境事件应对的指导协调和环境应急的监督管理工作。

2.1.2 应急领导小组办公室

省厅应急领导小组办公室设在青海省交通运输厅建设管理处。

职责：负责日常环境保护巡查工作，收集分析信息，及时上报重要信息；协调和调动建设单位、监理单位、施工单位及其他相关单位应对突发严重生态环境事件；负责突发事件调查处理的信息传递、组织协调、督查督办和相关保障工作；建立应急联动机制，保证信息畅通，做到信息共享；及时发布事件现场的信息；组织省级应急预案的宣传、培训和演练。

2.2 办事机构及职责

2.2.1 项目建设单位

（1）建立应急预案，完善相关环保制度，组织协调相关单位制定不同类型事件的具体处理措施。

（2）指导并监督参建单位实施突发性环境事件应急预案，并组织预案演练。

（3）及时发布事故、事件现场的信息，参与、指导环境损害评估和生态修复工作，对突发生态环境事件的影响做出评价总结。

2.2.2 现场应急小组

由项目办（项目管理办公室）、监理单位、项目部（施工单位）成立现场应急联合小组，项目办负责人作为现场应急联合小组总负责及现场应急小组组长。项目部和监理单位负责人担任现场应急联合小组副组长。三方共同设立现场应急联合小组办公室，作为现场应急指挥协调办事机构。负责启动应急预案及现场具体处置工作，调查并初步提出评估总结报告及处理意见。

2.2.3 项目办（项目管理办公室）

负责项目日常的生态环境保护现场管理工作。负责应急处置过程中后勤保障工作，提供应急处置信息技术保障，启动应急预案及现场具体处置工作，调查并初步提出评估总结报告及处理意见。协助维护事发地区治安秩序，做好交通保障、人员救治与疏散等工作。

2.2.4 监理单位

负责开展突发生态环境事件的现场环境调查取证和应急监测，分析并提供现场应急监测数据；及时向现场应急联合小组组长上报现场处置情况，提出应急措施、应急扩大及终止等相关应急处置建议；协调和调动相关单位应对突发环境事件。

2.2.5 项目部（施工单位）

负责日常环境应急值班，接收环境事件的报警信息，根据报警信息，初步判断事件的类型和预警级别，并向现场应急联合小组组长报告，制定突发生态环境事件应急物资储备计划，建立应急物资储备库，组织应急物资的监管等工作，负责对相关人员进行应急预案的培训和演练，配合做好对生态环境破坏事件的调查、处理，组织生态环境影响评估和生态修复工作。

2.3 相关制度

2.3.1 事故报告制度

建立事故报告制度，项目建设单位每月向应急指挥小组办公室报告一次，并留档保存。

2.3.2 应急信息公告制度

施工单位在施工现场醒目位置设如下信息公示牌，明确各层级负责人员姓名、电话等重要信息。

省交通运输厅应急领导小组办公室：×××　电话：××××××××××

现场应急小组组长：×××　电话：××××××××××

副组长：×××　电话：××××××××××

副组长：×××　电话：××××××××××

现场应急小组办公室：×××　电话：××××××××××

2.3.3 各层级应急预案制定制度

项目建设单位、项目办、监理和施工单位，针对职责范围内可能发生的环境污染事故类型和影响范围，对应急机构职责、人员、技术、装备、设施（备）、物资、救援行动及其指挥与协调方式等方面预先做出具体安排，制定突发生态环境事件应急预案。

2.3.4 宣传、培训与演练制度

（1）宣传教育。项目建设单位、项目办、监理和施工单位，应广泛、深入开展环境保护宣传和教育工作，加大公路建设环保先进经验宣贯力度，提升行业和企

业从业人员的环境保护意识。

（2）培训。指挥机构和办事机构应组织有关部门和小组成员、作业人员进行培训学习。加强突发生态环境事件专业技术人员日常培训和事故源查找工作人员的培训和管理，增强应对突发环境事件的能力，培养一批训练有素的环境应急处置、检验、监测等专门人才。

（3）演练。对处于重要生态敏感区的重大工程项目，应组织环境应急实战演练，提高防范和处置突发性生态环境事件的技能，增强实战能力。为检验应急预案的有效性、应急准备的完善性、应急响应能力的适应性和应急人员的协同性而进行演习。

通过演练培训应急队伍，落实岗位责任，增强各部门之间协调配合，熟悉应急工作指挥机制、决策协调和处置程序，评价应急准备状态，检验预案的可行性，并根据演练取得的经验和存在问题及时修订应急预案。

3 突发生态环境事件分类和分级

3.1 突发生态环境事件分类

3.1.1 生态破坏类事件

（1）未按设计施工，随意取土或倾倒弃渣。

（2）公路建设过程中参建人员猎杀、捕获国家级或省级保护野生动物。

（3）施工过程中破坏古树名木或国家重点保护植物。

（4）未经审批私自占用基本农田、基本草原、生态公益林、自然保护区、重要湿地等环境敏感区域。

3.1.2 水污染类环境事件

（1）公路建设生产、生活废水未经处理达标而排入自然保护区、水源保护区、重要湿地等敏感水体。

（2）桥梁施工泥浆、弃渣以及生产和生活垃圾直接弃至河道等水体。

3.1.3 噪声污染类环境事件

（1）在噪声敏感路段违规夜间施工。

（2）临近施工路段居民投诉施工噪声，经测定噪声超标的。

（3）隧道施工违规夜间爆破。

3.1.4 大气污染类环境事件

（1）施工场地附近居民投诉施工扬尘、沥青烟等污染。

（2）违规焚烧生产和生活垃圾和废料等。

3.2 突发生态环境事件分级

按照突发生态环境事件的严重性、紧急程度及危害程度，将生态环境事件划分为以下两个级别。

（1）严重事件。其包括以下几类事件：

1）在自然保护区核心区或缓冲区内未按设计文件和环评报告要求进行施工造成的环境事件；

2）造成国家重点保护的动、植物物种受到破坏的；
3）对饮用水水源保护区造成或者可能造成影响的；
4）随意取土或倾倒弃渣造成严重影响的；
5）导致人员死亡，或10人以上人员中毒或受伤的；
6）因环境污染需疏散、转移群众200人以上的；
7）造成跨设省界、州市界影响的突发生态环境事件；
8）因突发生态环境事件引发群体性事件，或者社会影响较大的。

（2）一般事件。对环境造成一定影响，未达到严重突发环境事件级别的，包括3.1节中除严重事件以外的其他突发性生态环境事件。

4 响应与报告

4.1 响应流程

施工过程中若发生生态环境事件，应按附图2.4.1流程及时响应，上报顺序为发现者、现场应急联合小组、建设单位、省厅应急领导小组。

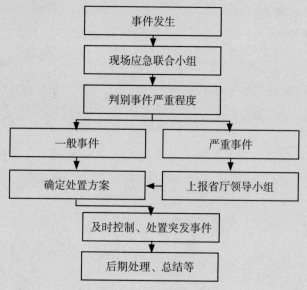

附图2.4.1 应急响应程序图

现场应急联合小组针对不同情况，同时启动既定应急预案，并及时上报指挥机构的应急领导小组负责人。由应急领导小组主持紧急情况处理会议，对现场情况进行判别，并根据事件级别情况确定后，向上级和有关部门汇报。

4.2 分级响应

相关人员接到突发生态环境事件报告时，应记录事件发生的时间、地点、污染物、人员伤害、联系人及电话等情况，并立即向现场应急联合小组负责人报告。现场应急联合小组负责人（项目办主任、监理负责人、项目经理）应立即赶赴现场，根据报告及现场情况立即判别事件类型和事件的级别。

一般事件响应程序：由现场应急联合小组负责应急预案的启动和实施，确定处置方案。

严重事件响应程序：由现场应急联合小组办公室上报省厅应急领导小组办公室。省厅应急领导小组根据现场应急联合小组的报告，确定处置方案，决定是否增派有关专家、人员、设备、物资赶赴现场增援。

上报省厅应急领导小组办公室应当包括下列内容：

（1）事件发生单位概况；

（2）事件发生的时间、地点以及事故现场情况；

（3）事件的简要经过；

（4）事件已经造成或者可能造成的伤亡人数和初步估计的直接经济损失；

（5）已经采取的措施；

（6）其他应当报告的情况。

4.3 先期处置

现场应急联合小组负责人（项目办主任、监理负责人、项目经理）赶赴现场，及时启动应急预案，监督、协调和统一指挥现场所有车辆、设备、人员、物资等实施应急措施。

各单位要立即启动本单位相关应急预案，做好现场人员疏散和公共秩序维护；控制危险源，采取事故状态的污染防治措施，防止次生、衍生灾害的发生和危害的扩大，控制污染物进入环境的途径，尽量降低对周边环境的影响。负责联系医疗单位对现场受伤、中毒人员进行身体检查、紧急救治和转移。

参与突发环境事件处置的单位，应立即调动处置救援队伍赶赴现场，在省厅应急领导小组办公室人员的统一指挥下，按照分工和事件处置要求，相互配合、密切协作，共同开展应急处置。

现场应急联合小组应维护好事发地区治安秩序，做好交通保障、人员疏散、应急监测等各项工作。

4.4 应急终止

符合下列情形之一的，应急终止：

（1）事件现场危险状态得到控制，事件发生条件已经消除；

（2）确认事件发生地人群、环境的各项主要指标（如健康、环境、生物及生态等）已经恢复到常态水平；

（3）事件所造成的危害已经被彻底消除，无继发可能；

（4）事件现场的各种专业应急处置行动已无继续的必要；

（5）采取了必要的防护措施以保护公众免受再次危害，并使事件可能引起的中长期影响趋于合理且尽量低的水平。

由现场应急联合小组按程序宣布应急终止。必要时，应及时通过新闻媒体向社会发布应急终止消息。应急终止后，根据现场实际情况，进行一定频次的环境监测以及跟踪评价工作。

5 应对办法

5.1 生态破坏类事件处置

（1）针对生态破坏、占用重要环境敏感目标等突发环境事件，现场应急联合小组应责令施工单位立即停工并整顿，侵占敏感目标的责令即刻进行原状恢复。

（2）针对猎杀、捕获国家级或省级保护野生动物事件，由现场应急联合小组报告省厅应急领导小组办公室、公安部门和林业部门。将涉事人员移送相关部门进行处置。

（3）针对毁坏古树名木和破坏国家保护植物事件，由现场应急联合小组报告省厅应急领导小组办公室和林业部门。将涉事人员送交森林公安或林业管理部门进行处置。

5.2 环境污染事件处置

（1）针对水源地污染突发事件，现场应急联合小组本着以人为本的原则，应首先做好人员疏散和救治工作，并进行污染调查、环境监测和记录工作，责令施工单位禁排、限排污染源，通知可能受到污染影响的对象，采取分段阻隔消减和稀释等措施，实施水厂和水井保护措施。

（2）针对水污染类废水排入敏感水体的突发环境事件，现场应急联合小组应即刻责令施工单位停工，迅速组织相关专业队伍，调集相关应急物资，迅速封闭、阻断和隔离污染水域、对污染水体进行中和、稀释等措施，并迅速转移污染物、清理事件现场，防止环境污染扩大，避免产生二次污染。

（3）针对桥梁施工泥浆弃渣以及生产生活垃圾直接弃至河道突发环境事件，现场应急联合小组应即刻责令施工单位停工，迅速组织相关专业队伍，调集相关应急物资，迅速封闭、阻断和隔离污染水域，对污染水体进行中和、稀释等措施，并迅速转移污染物，清理事件现场。

（4）针对大气污染类事件，现场应急联合小组应即刻责令施工单位停工，迅速查明污染源，划定警戒区域，疏散受威胁群众，组织相关专业队伍对污染源进行封闭、转移措施，同时采取稀释、消洗等措施清理事件现场，防止环境污染扩大，避免产生二次污染。

（5）针对噪声污染类事件，现场应急联合小组应即刻责令施工单位停工整顿，协调投诉事件，规范施工时间，更换低噪声施工设备或增加降噪措施，设立临时性或永久性噪声隔离设施。

5.3 环境投诉类事件处理

针对噪声污染投诉、大气污染类投诉、超范围施工投诉等突发事件，现场应急联合小组应当即刻责令施工单位停工整顿，及时与投诉者协调，维护治安秩序，做好人员疏导和沟通，协调赔偿等相关工作。

5.4 信息发布

严重突发环境事件发生后，或事件本身比较重要，或发生在重点地区、特殊时期,有可能演化为严重突发环境事件的,现场应急联合小组应向省厅宣传部门通报相关情况。在宣传部门的组织、协调下,现场应急联合小组办公室应指派专人负责新闻报道工作,起草新闻发布稿和污染情况公告,及时、准确报道突发环境事件信息,正确引导舆论。

5.5 后期处置

由现场应急联合小组负责组织相关部门、有关单位进行善后处置工作,及时制定恢复重建计划和善后处理措施,并组织实施。一般突发性生态环境事件应当在15日内进行恢复;严重突发性生态环境事件在一个月内进行恢复。

6 事件报告、总结、评估

省厅应急领导小组办公室及时组织开展突发生态环境事件的调查评估工作。

突发生态环境事件调查评估工作需对突发环境事件发生的原因、过程,以及事前、事发、事中、事后全过程的应对工作,进行全面客观的调查、分析、评估;针对存在的问题,总结经验教训,提出改进建议等。

对因施工影响环境可能引起诉讼的环境事故,须委托有资质的环境监测机构进行评估,以做出准确权威的评估。

7 责任追究

在突发性生态环境事件应急工作中,按照有关法律和省厅相关规定,对有关责任人员视情节和危害后果,追究相应的责任。

2.5 青海省绿色交通相关技术

一、"无痕化"施工技术

共玉高速公路地处青藏高原三江源源头,穿越了三江源自然保护区的核心区和缓冲区、阿尼玛卿藏文化中心、阿尼玛卿雪山风景区等地,气候环境和地质条件极为复杂,生态环境十分敏感、脆弱,堪称生命禁区。共玉高速公路全线均属于高寒缺氧地区,海拔最低3 600m,最高4 400m,全年施工期一般从5月~10月,施工期较短。

共玉高速公路建设伊始,建设者就组织编写了《环境保护施工标准化指南》。根据这一标准化指南,施工营地被选择在没有植被或植被稀少的地方,全线270km适合草皮移植的路段全部进行草皮的养生移植,而对于沿线土地沙化严重、无法移植草皮的地段,路基平整完成后,则全部利用三维网固土补种技术,并根据当地的地质条件和气候条件实施人工种草。

中交第一公路勘察设计研究院有限公司(简称"中交一公院")通过综合调研、试验段试验和示范工程示范等一系列手段,结合青藏高原人工建植被的经验教训,创造性地提出了"无痕化"施工理念,采用草皮移植养生、复植以及人工补种等多种措施恢复施工沿线植被。同时，全面创新实施了生态防护技术，将青藏高原宝贵资源草皮充分利用，以草皮移植及管养结合的边坡防护新技术用于边坡植被恢复。

草皮边坡不仅保护了生态环境和冻土，提高施工效率达5倍以上，并且自然生长的草皮边坡基本不需要后期的养护，草皮生长时间越长，边坡越稳固，维护成本越低。这一生态防护技术的广泛应用，是共玉高速公路的"绿色亮点"，沿线群众因此称赞共玉高速公路为"草原上'长'出来的公路"。

中交一公院在创新三江源区高寒脆弱生态路基修筑无痕化施工技术过程中，还提出了适用于高寒地区植被恢复建设的技术，明确了最佳植物配比和腐殖土、保水剂、复合肥和专用肥用量比例，实现边坡绿化防护同步、同期，为生态保护提供了科学依据。

在不断探索中，共玉高速公路形成以"路基表草皮移植技术""高寒、高海拔地区植草技术""公路路基高边坡草皮生态防护技术"为主要内容的高海拔高寒地区公路建设生态防护综合体系。其中，"公路路基高边坡草皮生态防护技术"获得青海省职工科技创新成果一等奖。

通过投入巨额环保资金，积极采用新技术、新工艺，以及科学规划和认真落实草皮移植、人工种草、湿地保护和动物生存环境保护等各项生态环境保护措施，共玉高速公路沿线的冻土、植被、湿地均得到有效保护。

据统计，共玉高速公路每千米环保投资超过40万元，全线环保总投入达到3亿元，占工程总投资的近3%。生态防护工程的全面实施，将高寒高海拔地区混凝土圬工防护面临的冻融破坏的耐久性问题彻底解决，经济、社会效益十分显著。

二、青藏公路沿线环境演化及环境保护对策

青藏公路位于号称地球第三极的青藏高原腹地，由北至南穿越多年冻土区达630余千米。从1954年通车至今的数十年间，随着全球气候的变暖以及20世纪70年代以后青藏公路黑色路面的修建贯通，黑色路面下多年冻土融化或形成融化夹层，导致路基沉降变形。为改善青藏公路行车条件而对青藏公路进行了几次大规模整治、改建活动，修建兰州—西宁—拉萨通信光缆，特别是青藏铁路的建设等，更加重了多年冻土与原有环境差异较大的热输入。

此外，公路等建设带来的原有地下水、地表水资源结构改变，地表径流和路侧积水等均直接或间接影响到多年冻土的稳定性。

由于平均海拔高，气候寒冷，物质循环缓慢，在青藏公路沿线的物种生长发育明显低于其他地区，如高寒草甸植被，在其生长周期内植物的生长高度一般仅为10~30cm，并且物种群落结构简单，每平方米的样地内物种种类仅为8~20种，层次分化不明显，仅有2~3层，公路沿线生态环境无论是在其内部结构或是外部环境特征上都具有十分明显的脆弱性。青藏高原系统结构简单，生态系统稳定性不良，能够承受的外界压力比较小，一经较强的扰动，生态系统便发生崩溃，其主要表现为生物物种数量减少，种群覆盖度降低，土壤受到明显的侵蚀。调查发现，1975年开挖输油管道时被破坏的植被至今尚未完全恢复；20世纪70—80年代改建青藏公路时铲除植被的位置仍荒秃一片，公路两侧的取土坑破坏了自然植被，甚至部分取土坑局部长期积水，有的已发展为热融湖塘。

20世纪后期，青藏公路沿线自然植被有不同程度的退化或破坏现象。根据对不同年代卫星的航拍照片解译分析，三江源自然保护区范围内（昆仑山—唐古拉山）的主要植被类

型——高寒草原和高寒草甸退化速度在不断加剧。高寒草甸在20世纪80年代的年平均退化速率为3.9%，到20世纪90年代上升为7.6%；高寒草原20世纪80年代的年平均退化速率为2.3%，到20世纪90年代上升到4.6%。

为保护和改善青藏公路沿线自然环境，国家已投资整治青藏公路环境景观提上日程，因此认识青藏公路沿线环境特点及其演化规律，对提高环境保护对策的针对性、有效性十分必要。

1.气候变化与冻土环境响应

（1）气候变化。全球气候变暖是当今国际社会十分关注的问题，从20世纪40年代以来，全球每年平均气温升高0.5~1.0℃，青藏高原的气温波动与北半球变化大致相同。高原近代气候变化研究结果表明，1955年前为高温期，1960—1970年间为低温期，1980年以后为高温期，20世纪80年代与70年代相比年平均气温上升0.3~0.4℃。气候学家建立了近百年全球气温曲线，证明了20世纪气候变暖已是不争的现实，1998年是19世纪中叶以来最暖的一年，甚至有些学者认为可能是近千年来最暖的一年。科学家利用青藏高原古里雅冰芯过去近2 000年的温度代用资料，用奇异谱分析方法，对气候变化的趋势及人类活动造成的影响进行分析，发现青藏高原冰芯中甲烷浓度记录与气候变化有更为密切的联系，说明工业革命以来由于人类活动的增加而引起的温室气体等的排放，确实引起了过去一个多世纪气温的急剧增加，人类活动对气候变暖的影响已远远超过了气候的自然变暖过程。

政府间气候变化委员会（IPCC）根据各种气候变化预报模型的预测结果，对大气中CO_2浓度增加1倍情况下未来全球气候变化所做的初步结论认为，21世纪全球气温每10年平均约升高0.3℃。据预测，加拿大今后50年内，地表温度将升高4.0℃，阿拉斯加北部活动层的深度将由0.5m延伸至0.93m，导致地表以下30m处的温度升高1.0℃，地温升高将导致冻土的融化、多年冻土上限下降，直接影响多年冻土区工程的安全。

（2）冻土退化。在全球气候变暖的背景下，青藏高原气候亦随之转暖并影响着高原多年冻土发育和分布，而高原多年冻土温度、厚度及空间分布的变化则是对气候变化的响应。人类工程活动中开挖地表、铲除植被、修筑路堤等，都会产生强烈的热侵蚀作用，改变土体与大气的热交换条件，从而使地-气相互作用的产物冻土温度场发生变化，导致地温平衡状态变化，干扰冻土环境和生态环境自然平衡能力。

青藏公路路基下冻土退化过程明显高于天然状态，多年冻土厚度由1979年的550km减至1991年的522km，退化约28km；岛状多年冻土厚度由1979年的210km减至1991年的191km，退化约19km。工程作用显然对冻土环境的变化产生了巨大影响。而天然状态下北界向南界退化0.5~1.0km，南界向北界退化1~2km。青藏公路沿线冻土地温监测结果表明，20世纪70—90年代青藏公路沿线的季节冻土、融区及岛状多年冻土区的地温升高了0.3~0.5℃，连续多年冻土区年平均地温升高0.1~0.3℃。冻土退化过程将对冻土路基稳定性产生极大的破坏作用。预计到2040年以后，青藏公路年平均地温普遍可提高0.4~0.5℃，将使青藏高原冻土发生明显的变化，目前小于10m厚的多年冻土层大体上已消融，多年冻土分布下界将升高150~200m；目前的岛状冻土区大部分将不复存在，局部地段变成深埋藏（埋深大于10m）的多年冻土，青藏高原多年冻土总面积明显减小；目前不稳定型和过渡型多年冻土将大部分演变为"高温冻土"，同时冻土强度降低，承载力下降，工程稳定性变差。

在局部地段人为因素的影响是不可忽视的，如风火山冻土站周围，20世纪70年代人为破坏的地段，年平均地温较附近天然地表下地温高0.6～0.7℃；目前青藏公路（沥青路面）在多年冻土区内的60%～70%路段路基下的多年冻土呈不衔接状，形成厚0.5～6.0 m的融化核。可见，类似这样地段的人为因素影响程度已变为主导因素，所以未来高原冻土变化趋势很大程度上取决于人类经济活动的影响程度。

（3）水环境变化与沙漠化。根据青藏公路沿线调查，楚玛尔河高平原广泛分布的高原湖泊和热融湖塘，部分水体已经干涸。另据资料，昆仑山—唐古拉山之间的三江源自然保护区多数冰川呈退缩状态，导致冰川资源的快速丧失，下游地区地面和地下水源减少，引起湿地和湖泊萎缩，如沱沱河源头姜古迪如冰川退缩率每年达7.4%～9.1%。20世纪90年代以来江河源区水系处于明显的枯水期，湖泊、河滩沼泽型湿地趋向疏干化发展。许多湿地在萎缩干涸以后沼泽泥岩裸露，形成次生裸地或荒漠化土地。伴随湿地萎缩，湿地生物多样性大大降低。

青藏公路沿线的楚玛尔河、红梁河、秀水河、沱沱河、通天河等地属于冰水沉积、河流冲积的沙砾层，具有丰富的沙源，强盛的风力和稀疏低矮的植被等独特的自然条件成为沙漠化形成和发展的条件。青藏高原的沙丘多为半固定和流动沙丘，与谷地平行分布，运动速度快，厚0.1～1m的细沙层在地表广泛分布。数十年来，青藏公路沿线的沙区在不断扩展，沙漠化在加速。研究表明，表面有沙层覆盖的地段融化深度大、地温高、冻土薄，一些冻土区的沙区已经演化为融区。沙丘下地温一般高于其他地段，青藏公路沿线66道班1.6m高的沙丘下18m深处年均地温比附近没有沙层覆盖的地段高0.2℃；冻土上限为3.3m，比邻区深0.6m。受气候持续转暖和人类活动不断增加的影响，使高原多年冻土呈区域性退化状态，多年冻土退化造成季节融化层增厚或下伏多年冻土层完全消失，导致地下水位降低，表土层水分减少，地温升高，地表变干，促使草场类型和植物种属随之变化，加速草场退化的速度，草场重度退化地段出现沙漠化。

从西藏那曲地区草场类型退化分析，退化最严重的是高寒沼泽化草甸和亚高山草甸，这两类草地恰好是多年冻土最发育的地区，由此可见，草场退化和土地沙漠化与多年冻土退化有密切关系，冻土退化是促使多年冻土区沙漠化的独有自然因素。

2.冻土环境改变与工程的相互作用

冻胀与融沉是青藏公路两大主要病害，其原因是气候变化和工程建设改变了多年冻土的生存环境条件，加快了多年冻土退化，导致冻土温度变化，使冻土环境丧失恢复能力。冻胀常见的破坏是冻融翻浆，占工程病害的15%，其中对桥涵构造物影响极大，冻胀作用导致涵台、涵底、八字墙开裂倾斜等；青藏公路病害中的85%由融沉引起，主要表现为路基凹陷、纵向开裂以及路基边坡开裂、滑塌等。

在青藏高原多年冻土区，沥青路面的铺筑改变了地表与大气间的热交换关系，尤其是路面水分蒸发大量减少，致使路面温度升高，多年冻土层内能量积累增加，地温升高，60%路段下的冻土沿深度方向不衔接，形成融化夹层，路基处于不稳定状态。路基坡向性对路基下冻土影响较大，融沉发育规模在路堤的阳坡和阴坡截然不同，阳坡面太阳照射时间长、强度大，因而阳坡面吸热大于阴坡面，阳坡面多年冻土融化程度大于阴坡；路堤越高受阳坡面面积越大，则热效应越强，路基阴阳坡面引起的融沉差异亦越明显。

修建青藏公路，采用了大规模机械化的施工方法，在路基两侧就地推土填筑，形成宽5～40m、深2～3m的条形取土坑。这种大面积铲除地表植被的施工方法，破坏了公路两侧脆弱的冻土环境，改变了地表状态和土体内部的冰-水平衡状态，产生热融湖塘和洼地，引起地表积水。地表水具有高热容量，其下渗将给多年冻土输入较大热能，造成多年冻土融化加剧。

纵观青藏公路，路基沉陷变形集中、严重的路段多发生在地形平坦开阔、排水不良的区段，如楚玛尔河高平原地形平坦，路基排水困难，加之排水系统不完善或已损坏，地表水下渗严重。另外，地形与地下潜水面形态具有一定程度的一致性，地形平坦则地下水面亦然，地下水径流缓慢，下渗的地表水长期滞留于路基下造成多年冻土不断融化。相反，若路线两侧地形在横断面或纵断面方向具有一定坡度，则发生融陷变形的可能性就很小。路线通过低洼地形的最低部位，势必造成地表积水，亦是地下水汇集区域，因此融沉常是不可避免的，而且非常严重。

青藏公路多年冻土区沿线自然地形较平缓，黏土及亚黏土的斜坡地段，常常含有丰富的地下冰层，属于含土冰层、饱冰冻土，融冻泥流和滑塌多发生在有厚层地下冰分布的斜坡上。自然环境下，气温升高、河流侵蚀坡脚等可引起融冻泥流和滑塌。

公路工程路基挖方或取土坑取土也都可以诱发这一现象。公路施工开挖斜坡坡脚部位，使得活动层下冻土直接裸露于地表，冻土层融化，而地下冰面又提供了很好的滑动面，失去冻结强度的饱水黏土，在冰面与土层间水的润滑作用下，形成随气温波动而反复的泥流和滑塌，如一取土坑引起的热融滑塌体5年内已向山顶推进100m左右，逐渐影响和威胁公路的通行。其对环境的危害有：一是融冻泥流和滑塌造成原本脆弱的植被层的破坏及水土流失，在高原恶劣的气候条件下其上植被极难自然恢复甚至永久损毁；二是融冻泥流和滑塌体堵塞公路排水，造成新的水热条件改变，诱发新的冻土环境破坏。

3.环境保护对策

（1）保护原则。青藏高原多年冻土与动植物群落经过长期演化、演替而逐渐形成一种相对平衡的状态，但这种状态是极不稳定的，任何自然因素、人为因素的变化都会对冻土环境与生态环境产生影响。

从环境保护角度看，多年冻土，特别是高含冰量冻土对地表的扰动十分敏感，地表一些不大的改变，如植被和天然地表的变化，都会引起多年冻土环境不可逆的重大变化，并由此导致公路工程的重大灾害；低温条件和短的生长季节也造成冻土区植被一旦被破坏则极难恢复的后果。因此多年冻土地区公路环保对策应遵循保护优先的原则，保护冻土环境与生态环境（特别是植被），也是保证工程安全稳定的首要选择。

由于冻土的特殊性，高原多年冻土区公路环境保护与一般地区有很大区别，不但要考虑一般地区的生态保护、水土保持等问题，还应考虑冻土环境的保护问题，而且冻土环境与生态环境相互依托、相互作用、相互制约、协调演化。多年冻土的存在可为植物生长提供充分的水分及独特的生态环境。

若多年冻土退化，使季节融化深度增大或下伏多年冻土层完全消失，近地表土层地温升高，地下水位降低，含水量减少，植物种属衰减，最后导致土地沙漠化。反之，土地沙漠化使土的导热系数大为增加，势必加剧冻土退化。公路环境保护对策应针对高原多年冻土和生态两个不同的特定环境采取综合治理的原则。从青藏公路及格尔木至拉萨输油管线施工对沿线植被的影响看，高寒草原、草甸破坏后恢复缓慢，一般需要5～10年的时间；唐古拉山垭口至当雄、安多一带恢复较快；昆仑山口至唐古拉垭口草甸的恢复甚至需要10年以上。因此无论是从保护冻土环境还是保护生态环境出发，都应该及时采取综合治理措施，防止冻土退化，加速生态恢复进程。

（2）工程措施。经对青藏公路长期研究，其结果证明，靠增加路堤高度、路堤两侧设置保温护道和路堤内部设置隔热保温材料等被动保护冻土措施尚不能有效控制多年冻土在气候转暖大环境下的退化进程，冻土路基病害依然在发生、发展。

因此，目前国内外均在工程上探索主动冷却路基的方法，通过改善路堤结构和材料，以期调控辐射、对流和传导，借此吸冷阻热、减少辐射、增强对流，达到冷却路基、改善冻土热平衡状态，进而保护冻土环境的目的。

1）减少热辐射措施。路基阳坡面设置遮阳板可直接减少热辐射。据研究观测，1月份遮阳板下的地表温度比板外地表温度低6～15℃，效果明显。

2）增强对流措施。在路堤边坡设置碎石护坡，或在路堤适当位置填筑一定厚度的片、块石层，增强对流效应，保护冻土环境。

利用自然对流换热的无动力热棒是增加冻土冷储的十分有效的措施。青藏公路在因融化核导致路基融沉变形严重的路段可考虑在路基单侧或两侧设置热棒冷却地基，保护冻土环境。青藏公路楚玛尔河高平原段5.6km路基病害严重，路基段布设热棒1766根，测试结果表明其降温效果明显。

除上述措施外，在冻土环境特别敏感的路段，还可考虑设置旱桥、通风管路基等措施。

（3）恢复植被措施。采用当地植物种群，促进自然演替。高原严寒缺氧的恶劣环境造就了高原独特的动、植物种群，其生存演替已形成自己的条件和规律，绿化物种的选择应尽可能采用当地生长态势良好的强势品种，移植和播种相结合。在地植被状况较好的地段，可以选择生态自我修复能力强的位置按一定的要求切铲地表植物移植绿化。为尽快实施植被恢复较慢地段绿化以保护冻土，减少水土流失，可考虑客土喷播绿化。

1）路基。青藏公路沿线路基填料以砂土或沙砾土为主，质地普遍较粗，黏粒含量较少，干燥松散。路基边坡雨季易受雨水冲刷，旱季易受风蚀，路基边坡的绿化是公路绿化的重点。青藏公路路基一般为填方，受日照影响阳坡面吸热量大易导致冻土上限提升且融化盘偏移，故从保护冻土角度出发，阳坡面更宜绿化，植被覆盖后可大大减少导热系数。同时为加强保温护道效果，保温护道也宜绿化。路基边沟、排水沟由于位置低、易蓄水且不易风蚀，在路基绿化中条件相对较好，因此应根据当地情况结合边沟、排水沟整体方案进行绿化。

2）取土坑。青藏公路沿线就地取土后遗留的取土坑，原天然地表植被施工期未予保存回植，取土后裸露的多年冻土长期暴露在空气中，挖方前缘冻土融化形成热融滑塌、融冻泥流，加剧水土流失，导致高寒植被的退化。有的取土坑虽历经数十年自然演替，但植被恢复极其缓慢，造成千孔百疮。因此对公路沿线50m范围内的原取土坑应进行绿化。

3）绿化方式。高原多年冻土地区绿化几乎无可能栽植乔、灌木，绿化以植草为主。受特殊的自然地理、气候条件限制，一般地区的绿化方法不可能照搬到多年冻土地区，目前交通部在西部交通项目科研中已开展这方面的研究，铁道部门在青藏铁路建设期间也开展了相关研究。根据相关研究成果显示，在海拔5 000m以下，年平均气温–5.0℃以上，年降水量大于260mm，土壤pH值小于8.0的环境条件下可以建立人工植被，边坡可以采用植被保护措施；垂穗披碱草和老芒麦是青藏高原公路路基理想的护坡植物种类；采用腐殖土喷播或播种后的覆盖措施；保水、保温是绿化成功的重要措施。

（4）完善排水系统。青藏公路在建设初期对冻土区路基排水没有引起足够的重视，没有形成有效的排水系统，边沟积水严重，加之路侧取土坑距离路基坡脚过近，造成局部路段取土坑积水倒灌边沟。由于水的储热作用，在其长期下渗过程中将大量热量输入冻土中，致使积水路段逐步发展为热融湖塘，危及路基安全。因此清理疏通排水沟，将路侧积水引至路基外一定距离的自然低洼集水处，对减轻积水引起的融沉是十分必要的。

4.总结

公路建设对环境的影响贯穿施工期及运营期。施工期以工程活动影响为主，运营期以人类活动影响为主。由于青藏公路海拔高、空气稀薄，气候寒冷、干旱，动植物种类少、生长期短、生物量低、食物链简单，生态系统中物质循环和能量的转换过程缓慢，致使本区生态环境十分脆弱。长期的低温和短促的生长季节使寒冷地区的植被一旦被破坏，恢复十分缓慢。同时，还会加速冻土融化，引起土壤沙化和水土流失。

因此，青藏公路环境保护归根结底还是对冻土环境的保护。在全球气候升温趋势不可逆转的条件下，环境保护对策应体现主动保护、积极预防、综合治理的思想，深刻认识冻土环境的演化规律，采取针对性的措施。

三、温拌沥青混合料在高寒、高海拔公路中的应用

我国温拌沥青混合料技术研究起步于2005年，主要引进国外的温拌技术专利消化吸收。2006年，西部交通建设科技项目"温拌沥青混合料应用技术研究"课题正式启动。2005年至今，先后在北京、上海、河北、河南、四川、青海等多个地区铺筑温拌试验路。2009年先后出台了《北京市温拌沥青混合料路面技术指南》、河北省地方标准《温拌沥青混合料施工技术指南》（DB13/T 1014—2009）、青海省地方标准《寒区温拌沥青混合料路面技术规范》（DB63/T 812—2009）等一系列标准指南，温拌沥青技术成为近年来沥青路面材料领域一项很有前景的新兴技术。

温拌沥青技术符合低碳环保的发展理念，根据国内有关研究，在不牺牲沥青混合料路用性能的前提下，温拌沥青混合料拌和温度可降低至110～130℃，碾压温度可降低至70～110℃；温拌沥青混合料能降低对环境的污染和对施工人员健康的损害，节省20%～30%燃料，减少排放50%以上；温拌沥青混合料能减轻热拌过程中沥青的老化，施工中采用温拌混合料进行摊铺，既可适用于低温地区、低温季节施工，又不至于使混合料中的沥青过于老化，有利于延长沥青混凝土路面的使用寿命和施工季节。

1.项目概况

为验证温拌沥青在高寒高海拔地区的应用效果，在G214线选取长1km路段范围，道路左右两幅分别采用表面活性型温拌沥青混合料（E-WMA）（沥青路面10cm上面层采用表面活性型温拌沥青混合料ATB-25）和热拌沥青混合料（HMA）铺筑。本试验段地处寒区，施工路段海拔接近4 600m，地属山岭区，早晚环境温度不足10℃（在气温低于10℃条件下进行的

温拌混合料施工称为低温施工）。施工时天晴，气温变化范围为4～24℃。

为对比E-WMA和HAM两者性能，先对E-WMA进行配合比设计，然后对HMA采用与E-WMA相同的配合比配制（JTG F40—2004和DB63/T 812—2009中ATB-25的矿料级配范围完全一致）。E-WMA配合比设计方法除拌和、成形温度与HMA有所区别外，其余与HMA并无不同。

2.生产配合比设计结果

试验路施工所用拌和楼为无锡大通2000型间歇式拌和楼，每小时产量约为90t，拌和楼生产由计算机全程自动控制，计量准确。上面层试验路拌和楼所采用的矿料比例为4#仓:3#仓:2#仓:1#仓:矿粉=44.0%:18.0%:10.0%:24.0%:4.0%，沥青用量为3.93%，试件成形温度为135℃，各项指标均满足《公路沥青路面施工技术规范》（JTGF 40—2004）的要求。

相比之下，空隙率和稳定度的主要影响因素均为拌和温度，流值和冻融劈裂强度的主要影响因素均为温拌剂类型及掺量，动稳定度的影响因素为击实温度。混合沥青料试验的各项技术性能指标见表2-2。

表2-2 混合料最佳沥青用量下各项技术性能指标

主要技术性能指标	沥青用量/(%)	毛体积相对密度	实测最大理论相对密度	饱和度/(%)	VMA/(%)	空隙率/(%)	稳定度/kN	流值/mm
第1次试验	3.98	2.497	2.384	69.58	14.86	4.5	8.69	3.62
第2次试验	3.98	2.497	2.385	70.48	14.84	4.4	8.35	3.40
技术要求				65～75	≥14	3～6	≥5	2～4.5

3.试验路铺筑情况

（1）拌和楼控制。ATB-25表面活性型温拌沥青混合料采用的是青海省公路工程建设总公司自加工的石灰岩集料、本地河沙和新疆克拉玛依生产的"昆仑"牌AH-110道路石油沥青，施工过程中拌和楼出料正常，沥青裹覆均匀，无花白料。现场实测，热拌沥青混合料出料温度约为152.3℃，温拌沥青混合料出料温度控制在130～135℃。

试验路施工所用拌和楼为无锡大通2000型间歇式拌和楼，其参数设置如下：骨料温度为145℃，沥青温度为165℃，采用常温温拌剂，干拌拌和时间为8s，湿拌拌和时间为35s，单盘料质量为1 700kg，每小时产量约为90t，每盘料的生产周期约为55s。拌和楼生产过程中各料仓计量基本稳定，2#仓（6～11mm）和3#仓（11～16mm）有轻微溢料现象。

（2）混合料运输。混合料运输采用大吨位自卸汽车，运料车前后移动，分前、后、中三次堆料，以减少集料离析现象。在运输前，检查出料温度，满足要求后用篷布覆盖并扣牢后运输。

（3）现场摊铺。摊铺机就位后，按计算的松铺厚度调整熨平板高度，将熨平板预热至100℃以上。

摊铺采用一台徐工RP952摊铺机进行摊铺，摊铺速度控制在3.0m/min左右，摊铺机熨平板夯锤振级设置为中级。从摊铺现场看，铺面整体均匀性良好，碾压时混合料无推移。

检测人员在施工现场选取5个位置进行温度检测，其对应的温拌摊铺温度与热拌摊铺温度分别为128℃、145℃，126℃、155℃，132℃、158℃，125℃、149℃，130℃、152℃。E-WMA摊铺温度平均值为128.2℃，其温度变化范围为125~132℃；HMA摊铺温度平均值为151.8℃，其温度变化范围为145~158℃。

（4）碾压。保证碾压质量是温拌沥青施工的关键。根据国内相关研究，温拌沥青混合料降温速率影响主要因素包括层厚、风速、大气温度、下卧层温度、太阳辐射（云层）等。

结合工地现场实际，表面活性型温拌试验路采用的碾压组合方式及温度如下：

1）初压。采用徐工YZC12压路机1台，前静后振全幅碾压3遍，碾压速度为3km/h，现场5个位置的初压温度分别为123℃，122℃，128℃，122℃，127℃。

2）复压。采用徐工DP301-Ⅱ压路机1台，全幅碾压4遍，碾压速度为4km/h，现场5个位置的复压温度分别为118℃，121℃，126℃，119℃，123℃。

3）终压。采用徐工YZC12压路机1台，静压1遍光面，碾压速度为4km/h，现场碾压终了温度远高于65℃，符合《寒区温拌沥青混合料路面技术规范》（DB63/T 812—2009）的要求。

从现场5个温度观测点采集的数据来看，E-WMA初压、复压温度平均值分别为124.4℃和121.4℃，HMA初压、复压温度平均值分别为147.4℃和136℃，两者平均值温度差分别为23℃和14.6℃（其中初压最大温差为28℃，复压最大温差为17℃），E-WMA比HMA具有更长的有效压实时间。从现场实际碾压情况来看，E-WMA碾压过程在延长了有效压实时间的基础上更有利于各集料之间的镶嵌作用并且效果优于HMA。

4.上面层ATB-25试验检测结果

（1）马歇尔试验结果。E-WMA采用的沥青用量为3.93%，试件成形温度采用140℃。实测试验数据分别为：毛体积相对密度为2.384，最大理论相对密度为2.491，饱和度为70.09，空隙率为4.31%，稳定度为9.23kN，流值为3.1mm。结果表明，试件各项指标均满足《公路沥青路面施工技术规范》（JTGF 40—2004）的要求。

（2）抽提试验。从抽提结果看，当日所取拌和楼表面活性型温拌沥青混合料沥青用量和矿料级配均满足规范控制范围要求，具体见表2-3及图2-1。

表2-3 ATB-25表面活性型温拌沥青混合料抽提试验结果

	沥青用量/（%）	下列筛孔的通过率/（%）（方孔筛）											
		31.5	26.5	19.0	16.0	13.2	9.5	4.75	2.36	1.18	0.6	0.3	0.15	0.075
混合料	3.83	100	95.7	72.7	57.5	45.2	42.7	30.3	19.8	16.2	13.6	8.9	5.7	2.6
生产配合比	3.98	100	95.7	69.8	57.6	53.7	42.3	29.2	21.9	17.5	12.2	7.9	5.4	4.1
控制范围	5.2~4.6	100~100	90~100	60~80	48~68	42~62	32~52	20~40	15~32	10~25	8~18	5~14	3~10	2~6

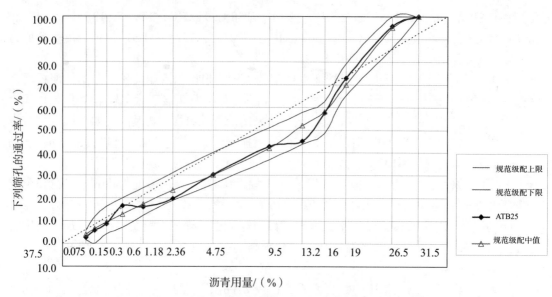

图2-1 ATB-25表面活性型温拌沥青混合料抽提试验级配曲线

（3）现场检测试验结果。表面活性型温拌试验路现场试验采用随机抽检的方式进行，对整层ATB-25表面活性温拌试验路段分别进行取芯，共钻取5个芯样。芯样高度及压实度见表2-4。

表2-4 ATB-25温拌路面芯样厚度及压实度

芯样编号	芯样高度/cm	芯样密度/(g·cm^{-3})	马歇尔标准密度/(g·cm^{-3})	马歇尔标准密度压实/(%)	最大理论相对密度	理论密度压实度/(%)
1#	8.0	2.445	2.381	102.7	2.489	98.2
2#	9.0	2.450		102.9		98.4
3#	9.5	2.409		101.2		96.8
4#	10.5	2.425		101.8		97.4
5#	8.0	2.410		101.2		96.8
平均值	9	2.428		102.0		97.5
要求	≥8			≥98		92~97

检测数据表明，芯样厚度、马歇尔标准密度压实度、最大理论相对密度、压实度单点值均满足《公路沥青路面施工技术规范》（JTGF 40—2004）的要求。

5.主要结论

本次ATB-25表面活性型温拌沥青混合料试验段的施工和检测结果表明，在相同级配、相同空隙率下，E-WMA最佳沥青用量比HMA略高，说明E-WMA的工作性稍逊于HMA。另外，表面活性型温拌沥青混合料在大幅降低混合料生产温度的同时，一定程度上提高了沥青混合料的生产效率，平均每小时单位产量可以提高5%，并可以很好地保证沥青混合料的压实，施工效果优于相应的热拌沥青混合料。

6.寒区施工中温拌技术存在的主要问题

虽然温拌技术在寒区施工具有减缓混合料降温速率、保证施工压实时间的优势，但就青海省的实际应用情况来看，温拌技术仍然处在试验阶段，技术上仍存在一定缺陷，主要体现在以下几方面。

（1）成本较高。温拌沥青混合料减少了燃油消耗，但增加了国外专利添加剂的费用。根据本次试验段数据，每铺筑1km的Evotherm温拌沥青路面，约增加2.7~3.3万元。

（2）水稳性差。在低温条件下温拌沥青混合料存在水损害现象，这主要是由于集料不完全干燥，集料表面膜的水导致水损害。参照欧洲国家的实际经验，可将集料含水量控制在1%~2%，通过控制集料初始含水量来保证温拌沥青混合料的水稳性。

（3）缺乏对温拌沥青混合料铺筑路面长期性能的跟踪评测。目前国内所能跟踪到的最早的温拌路面建于2005年，至今不过10余年的时间。另外，个别工程应用温拌技术，效果并不理想，致使许多人对温拌沥青的技术性能持怀疑态度。

2007年以来，青海省交通科学研究院（以下简称"青海交科院"）的科研人员一直致力于温拌沥青混合料应用技术的调研和室内试验研究工作。2008年底，在青海省交通运输厅的支持下，进行了温拌沥青路面施工试点，成功铺设了青海省首条温拌沥青混合料试验路——德令哈市纬七路温拌试验路；2009年，出台了关于温拌沥青路面施工的地方规范。在共（和）玉（树）高速公路、花（石峡）久（治）高速公路等项目的建设中，也大面积推广使用了温拌沥青混合料应用技术。

青海交科院技术负责人表示："与传统的沥青路面施工技术相比，温拌沥青混合料应用技术除了节能减排、生成有害物较少等优点之外，还更适合青藏高原这样的高寒高海拔地区。因为高寒高海拔地区适宜施工的时间比较短，而相对于传统沥青路面施工技术而言，温拌沥青混合料应用技术对温度的要求要低许多，这也就意味着施工时间可以更长。更重要的是，路面的施工质量会更有保证。传统的沥青路面施工，如果路面温度不够高，那么压实效果就会大打折扣；压实不好，水分就容易渗入路面之下，从而产生公路病害，缩短道路的生命周期。相对而言，温拌技术对温度的要求低一些，压实效果会更好，水分不容易渗入路面，因此也就不容易产生病害，道路的寿命周期就会更长，一般能长达8年。2008年底，在德令哈市纬七路进行的温拌试验就取得了很好的效果。"

花久高速公路的隧道采用了温拌沥青混合料应用技术。花久高速公路全线共有8座隧道，在各隧道进出口300m范围内以及借赫隧道与那尔洞隧道路段、那尔洞隧道与扎果隧道路段的路面施工中，都采用了温拌沥青混合料应用技术，共计40多千米，效果显著。

四、沥青路面就地热再生和就地冷再生技术

1.沥青路面就地热再生技术

采用热再生养护技术，让青海的路面预防性养护水平得到了显著提升。沥青路面就地热再生技术，是用就地热再生机组将旧沥青路面加热，翻松，添加再生剂、新沥青混合料，然后重新搅拌后摊铺、压实成形的路面维修工艺（见图2-2）。这种施工方法是在路面的损坏程度还没波及基层时，改善沥青路面已产生的裂缝、坑槽、车辙等病害。引进沥

路面就地热再生技术，不但提高了青海道路的养护效率，还达到了降低养护成本、节能环保的目的。

图2-2 沥青路面热再生技术机组工作流程示意

近年来，青海省高速公路管理局（简称"青海省高管局"）积极引进就地热再生技术，消除和预防路面病害。2012—2015年，青海省高管局在马（场垣）平（安）高速公路、平（安）西（宁）高速公路、平（安）阿（岱）高速公路、西（宁）大（通）高速公路及西（宁）湟（源）公路等西宁周边路龄较长的公路，进行了就地热再生沥青混凝土路面处治。510千米内，共处理路面车辙、网裂、平整度差的路面材料198.74万立方米，热再生里程占到了西宁周边公路总里程的77.4%，投入养护资金1.17亿元。期间共节约了沥青7 800多吨、矿粉将近5万吨、集料超过15万吨，节约了大量固体废弃物运输、堆放等费用。热再生后的路面表面既平整又密实，没有泛油、松散、裂缝、粗细集料离析等现象；公路技术状况指数（MQI）从最初的87.8提高到了93.1，路面使用性能指数（PQI）从85.5提高到了91.7，优良路率从95.3%提高到了99.7%，经济效益和社会效益都十分明显，极大地提高了青海省高等级路面的路况水平。

青海省高等级公路建设管理局养护处负责人列举了该技术的优点："在旧的路面上进行混合料就地再生利用，不需要把废料搬走，再找废弃物堆放的场地，不仅节省了运费，还省去了租场地的费用；不但旧路面的混合料能够实现100%再利用，而且可以节省新混合料的用量；与传统的维修方法相比，就地热再生对交通和沿途居民的影响程度比较小，施工结束就可以开放通行。另外，这种技术在施工过程中产生的振动比较小，所以噪声也比其他施工法小很多，即使在市区也可以在夜间进行作业。"

2.沥青路面就地冷再生技术

沥青路面冷再生技术按照采用的胶凝材料的不同，可分为水泥冷再生、乳化沥青冷再生、泡沫沥青冷再生三种。

（1）水泥冷再生：低成本，沥青再生料作为半刚性基层集料，常与半刚性基层旧料掺混使用，如图2-3所示。

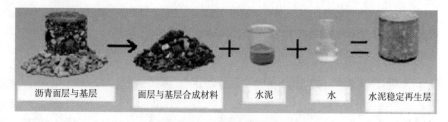

图2-3 水泥冷再生

（2）乳化沥青冷再生：沥青再生料再造柔性层，裹覆、黏结、新旧胶结料渗透优良，如图2-4所示。

图2-4　乳化沥青冷再生

（3）泡沫沥青冷再生：成本低，裹覆和黏结效果较差，如图2-5所示。

图2-5　泡沫沥青冷再生

沥青路面就地冷再生技术按照作业范围分为沥青层就地冷再生和全深式就地冷再生两种，适用于一、二、三级公路沥青路面的再生利用，用于高速公路时应进行论证。对于一、二级公路，再生层可作为下面层、基层；对于三级公路，再生层可作为面层、基层，用作上面层时应采用稀浆封层、碎石封层、微表处等作上封层。

（1）沥青层就地冷再生实现旧沥青路面的翻修、重建，再生混合料可用于中、下面层或柔性基层，如图2-6所示。

图2-6　沥青层就地冷再生应用

（2）全深式就地冷再生是将全厚的沥青面层和一定厚度的基层进行再生处理，再生后的混合料可用于沥青路面的中、下面层或稳定基层，如图2-7所示。

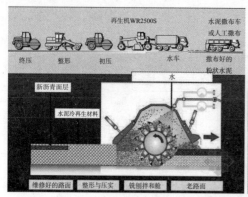

图2-7 沥青路面冷再生技术设备及泡沫沥青就地再生现场

2015年4月,在青海省交通运输厅和青海省交通科学研究院的支持下,青海省西宁市大通回族土族自治县实施了大通县双新公路(一期)旧油路改造工程,该项目总投资2 220.74万元。为了顺利推进项目,施工队伍对原路面进行了复测,将原道路高程进行调整,每20m便设中心桩及边桩,并且提前两天准备好试验合格水泥。摊铺水泥时,每个方格都有足量合格的水泥,人工拆开封口,用推板刮匀,并且撒布水泥段落长度和冷再生铣刨机速度相适应,避免了因撒布水泥段落过长、水泥被风或行车产生的气流刮走而造成损失。为保证不中断交通施工,同时确保工程成品质量,采用半幅施工半幅通车、左右幅交替施工放行的施工方法。

青海省交通科学研究院技术负责人介绍:"就地冷再生与传统的路面维修方式相比,能够节约大量的砂石等原材料,节省工程投资,同时有利于废料处理、保护环境,因此,经济效益和社会效益都十分显著。另外,由于双新公路属于农村公路,建设标准较低,设计要求原材料由当地政府协调进行自采,但实际当中无法进行自采。自大通县实施'清水入城'项目以来,强制关闭了黄河二级支流北川河、东峡河等其他流域500m范围内的砂石厂,砂石材料价格因此不断上涨。就地冷再生技术在保护生态环境的同时,也很好地解决了这些现实问题。"

五、钢结构桥梁在公路环保中的应用

环保、节能和实现可持续发展是使社会经济同能源、资源、环境实现良性循环的措施,是社会发展与自然关系的协调与保证。中国混凝土产量(未计港、澳、台地区)1998年是13亿立方米,而到2003年则达到15亿立方米,2005年我国工程用混凝土总量更达24亿立方米,占世界混凝土总量的40%~60%,2012年混凝土用量40亿立方米,其耗用砂、石、水泥量巨大,而水泥、骨料的生产让我们国家付出了沉重的环保代价。工程界有识之士正在大力呼吁采用高性能高强混凝土,采用钢-混组合结构,推广钢结构,以彻底改变我国工程结构以混凝土为主的现状,以与发达国家工程结构、桥梁结构发展趋势保持一致。

另外,我国早已是世界第一钢铁大国,产能过剩,因此,充分利用钢产能资源,已成为我国迫切需要解决的问题。钢结构不产生建设废弃物,不产生砂石材料开采导致的破坏环境,有利于环境保护。

1.钢-混组合桥梁

由钢梁和混凝土板通过连接件连成整体而共同受力的承重构件称为钢-混组合梁。钢-混凝土结合梁桥在中等跨度（20~90m）桥梁中已在世界各地广泛应用。组合结构桥梁可以充分合理地发挥钢与混凝土两种材料的各自优势，可以最大限度地实现工厂化制造，减少现场操作，因而具有整体受力的经济性与工程质量的可靠性，如图2-8所示。

与钢桥相比，其优点有：①节省钢材；②降低建筑高度；③减少冲击，耐疲劳；④减少钢梁腐蚀；⑤减少噪声；⑥维修养护工作量较少等。

与混凝土桥相比，其优点有：①质量较轻；②制造安装较为容易；③施工速度快，工期短等。

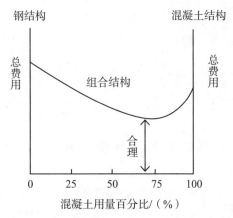

图2-8 钢-混组合结构设计理念

钢-混组合桥梁主要包括钢桁腹杆组合梁桥和波形钢腹板箱梁桥，如图2-9~图2-12所示。

图2-9 钢桁腹杆组合梁桥

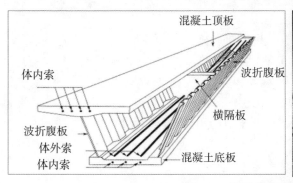

图2-10 波纹钢腹箱梁板桥图

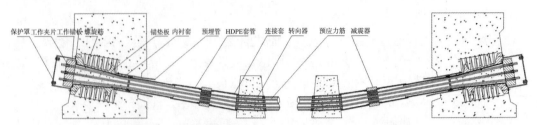

图2-11 波纹钢腹板箱梁桥体外预应力钢束布置示意

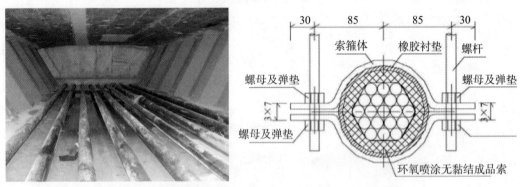

图2-12 波纹钢腹板箱梁桥体外预应力钢束照片及减震器大样

波形钢腹板预应力混凝土箱形梁就是用波形钢板取代预应力混凝土箱梁的混凝土腹板作腹板的箱形梁。其显著特点是用10mm左右厚的钢板取代厚30~80cm厚的混凝土腹板。鉴于顶底板预应力束放置空间有限,导致体外索使用的是波形钢腹板预应力混凝土箱梁的第二个特点。

2.波纹钢板桥

波纹钢板桥技术在国内目前还是一个新的技术。波纹钢板结构拱形桥在我国目前的工程技术规范、标准等还未健全,尚处于新结构、新材料、新工艺和新技术范畴的技术研究阶段,如图2-13所示。该桥型的优点如下:

(1)钢结构桥梁具有良好的结构整体强度,稳定性高,结构安全性能高,抗震性能强,对特殊地基和基础不均匀沉降的抗变形能力强。

(2)钢结构桥梁经特殊技术处理,具有高抗蚀、高抗渗、高耐久性,抗冻和抗变形破坏能力强。

(3)自重轻、材质均匀、质量稳定,易于工厂化制造、装配化施工,便于回收利用,克服了高寒、高海拔地区钢筋混凝土桥梁温差裂缝等问题。

(4)分节、分片装车运输,易于存放,现场拼装施工方便快捷,组装工艺简单,减少大量机械和人工;施工速度快,效率高,工期短,比钢筋混凝土桥梁施工工期至少缩短50%以上。

(5)高寒地区冬季连续正常安装施工,无须采取冬季安装施工措施;不产生预制场地、建设废弃物、砂石材料开采破坏环境,有利于节约用地和环境保护。

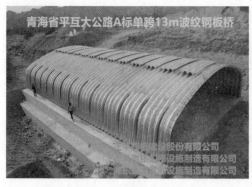

图2-13　波纹钢板桥体外预应力钢束照片及减震器大样

本章参考文献

[1] 刘戈，汪双杰，袁堃，等. 复合措施在多年冻土区宽幅路基建设中的适用性[J]. 公路，2016（3）：12-17.

[2] 李捷. 温拌沥青混合料在高寒高海拔公路中的应用[J]. 价值工程，2013（10）：86-88.

第3章 多年冻土区公路修筑技术

基本要求

1. 了解《多年冻土区公路设计与施工技术细则》（JTG/TD 31-04—2012）的一般规定。
2. 了解青海省多年冻土区公路修筑的一般技术，熟悉热棒路基、通风管路基、片块石路基、XPS（Expanded Polystryrene,聚苯乙烯挤塑板）板路基及复合路基等特殊路基。

3.1 多年冻土的概念

一、多年冻土的工程地质特性

冻土是指温度低于0℃，且含有冰的土岩，是由固体矿物颗粒、理想塑性的冰包裹体（胶结冰和冰夹层）、未冻水（薄膜结合水和液态水）、气态成分（水蒸气和空气）组成的非均匀多相颗粒材料。冻土分为多年冻土和季节性冻土，其形态及特性如图3-1所示。

图3-1 冻土形态及特性

根据《多年冻土地区公路设计与施工技术细则》（JTG/TD 31-04—2012），多年冻土是指冻结状态持续两年或两年以上的土（岩）。多年冻土按含冰量可分为少冰冻土、多冰冻土、富冰冻土、饱冰冻土和含土冰层等五类。其中，富冰冻土、饱冰冻土和含土冰层统称为高含冰量冻土。各类冻土可按表3-1的规定进行分类。

表3-1 多年冻土按含冰量分类表

冻土类型	土的类别	总含水率ω/(%)	融化后的潮湿程度
少冰冻土	粉黏粒含量≤15%粗颗粒土（包含碎石类土，砾、粗、中砂，以下同）	$\omega<10$	潮湿
	粉黏粒含量>15%粗颗粒土	$\omega<12$	稍湿
	细砂、粉砂	$\omega<14$	
	粉土	$\omega<17$	
	黏性土	$\omega<\omega_P$	坚硬
多冰冻土	粉黏粒含量≤15%粗颗粒土	$10\leq\omega<15$	饱和
	粉黏粒含量>15%粗颗粒土	$12\leq\omega<15$	潮湿
	细砂、粉砂	$14\leq\omega<18$	
	粉土	$17\leq\omega<21$	
	黏性土	$\omega_P\leq\omega<\omega_P+4$	硬塑
富冰冻土	粉黏粒含量≤15%粗颗粒土	$15\leq\omega<25$	饱和出水（出水量小于10%）
	粉黏粒含量>15%粗颗粒土		饱和
	细砂、粉砂	$18\leq\omega<28$	
	粉土	$21\leq\omega<32$	
	黏性土	$\omega_P+4\leq\omega<\omega_P+15$	软塑
饱冰冻土	粉黏粒含量≤15%粗颗粒土	$25\leq\omega<44$	饱和出水（出水量为10%~20%）
	粉黏粒含量>15%粗颗粒土		饱和出水（出水量小于10%）
	细砂、粉砂	$28\leq\omega<44$	
	粉土	$32\leq\omega<44$	
	黏性土	$\omega_P+15\leq\omega<\omega_P+35$	流塑
含土冰层	碎石类土、砂类土、粉土	$\omega>44$	饱和出水（出水量为10%~20%）
	黏性土	$\omega>\omega_P+35$	流塑

注：ω_P为塑限含水量（%）。

[工程示例3-1]

青藏公路部分地段冻土参数统计见表3-2~表3-3。

表3-2 青藏公路（K2879—K3630）路段冻土类型及长度

类　型	大片连续多年冻土	岛状多年冻土	季节冻土	多年冻土中融区
累计长度/km	422.6	24	127	177.4

表3-3 青藏公路沿线冻土类型划分

类别	年平均地温/℃	多年冻土厚度/m	分布位置
极不稳定类	−0.5~0	0~20	西大滩、沱沱河、通天河、捷步曲河
不稳定类	−1.5~−0.5	20~60	楚玛尔河、北麓河、乌丽、布曲河、扎加藏布河
亚稳定类	−3.0~−1.5	60~100	可可西里、开心岭、头二九山
稳定类	<−3.0	>100	昆仑山、可可西里山口、风火山、唐古拉山

二、不良冻土的地质现象

1.不良冻土的现象及其产生原因

土体的冻结和融化作用产生对工程不利的新形成物,如冰锥、冻胀丘、融冻泥流、热融湖(塘)等现象,又称不良冷生现象,如图3-2所示。

热融滑塌

热融湖(塘)

热融沉陷

融冻泥流

冻胀丘

河冰锥

图3-2 各种不良冻土现象

2.工程活动引发融化盘变化

采暖建筑物下,多年冻结地基土发生融化的部分,一般形如盘状或盆状,称为融化盘。其作用如图3-3所示。

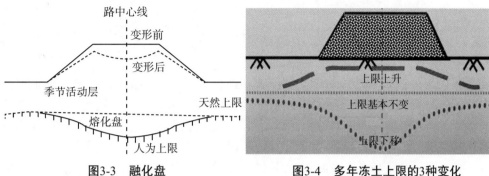

图3-3 融化盘　　　　图3-4 多年冻土上限的3种变化

修建公路（铁路）路基时，压实地表或铲掉植被、路堤填土或其他结构形式，均改变了原来季节融化层保温效果，有可能使多年冻土发生三种变化：①上限下移，上限下移造成较大冻胀融沉变形；②上限基本不变，修建公路（铁路）采取各种措施，使多年冻土上限不下移，保证工程建筑物稳定；③上限上升，如图3-4所示。

3.冻土区筑路的难度及核心问题

在多年冻土地区的地表往下一定深度的土层（一般3m以内），暖季融化，寒季冻结，随季节而变化，循环不已，此土层称为季节融冻土层，多年冻土与季节融冻层的交界处称为多年冻土的上限。季节融冻层能保持多年冻土层的顶面经常处于负温状态，使其有一个较稳定的上限，所以这个季节融冻层是天然的保温层。如果破坏了它，或在上面加土覆盖，都将引起多年冻土的上限温度升高或降低。在路基施工中，总要改变季节融冻层的状态，融冻层改变后，常以人工保温层来恢复原有的温度，防止可能产生的冻害。

冻土区筑路技术问题难度：自然条件的变化（气温升高）和工程活动热影响，使多年冻土发生变化（地温升高、上限变化），体现在工程上就是冻胀融沉变形影响工程建筑物的稳定，如图3-5所示。

冻土区筑路技术核心：通过相应的工程结构和工程措施控制多年冻土层温度，控制多年冻土的活动层（季节融化层）变化，从而控制活动层的冻胀融沉变形，使其上工程建筑物在运营过程中的变形控制在允许范围内。因此，控制冻胀融沉变形是冻土区筑路技术的核心问题。

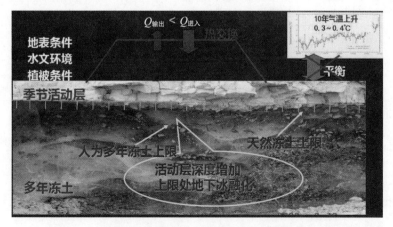

图3-5 工程活动引发的多年冻土上限（融化盘）变化

三、冻土公路病害

1. 路基病害

历年来的大量调查、勘探与现场实体观测资料表明,青藏公路的路基变形是以沉降变形为主,冻土路基下多年冻土的融化使路基产生不均匀下沉,这类热融沉陷变形占路基病害路段的80%以上。路基病害的主要表现形式为:路基的横向倾斜变形;阳坡路基变形过大而引起的纵向裂缝与路基开裂;纵向凹陷与波浪沉陷。路基病害主要发生在高含冰量的高温冻土地段,究其原因是路基病害地面下地温逐年升高,地下冰融化,多年冻土上限逐年下降所致。如图3-6和表3-4所示。

融沉　　　　　波浪　　　　路面开裂(1)　　　路面开裂(2)

图3-6　冻土路基病害

表3-4　青藏公路沿线典型路段沥青混凝土路面下路基多年冻土上限变化

地　名		里程/km	沥青混凝土路面下冻土上限/m			冻土类型
			1990年观测	2001年观测	变化范围	
楚玛尔河	斜水河—清水河南	K2932—K2958	2.4~6.0	6.0~8.0	2.0~3.6	H, B, F, D
	楚玛尔河高平原—五道梁	K2963—K3000	2.5~4.6	7.0~8.5	3.9~4.5	H, F, D
可可西里	五道梁南坡及盆地	K3004—K3013	3.5~4.1	6.5~7.5	3.0~3.4	H, F, D
北麓河	曲水河—秀水河	K3033—K3044	2.8~5.3	2.7~7.0	1.7~2.9	H, B, D, R
风火山	北麓河南—风火山沟口	K3051—K3062	3.0~5.4	5.5~8.5	2.5~3.1	H, B, F, D
	风火山西南坡	K3077—K3082	2.6~3.8	6.0~8.2	3.4~4.4	B, D
乌丽盆地	乌丽盆地北段	K3110—K3115	2.3~3.0	6.5~7.0	4.0~4.2	H, R
	乌丽垭口南坡	K3128—K3131	4.1~5.0	7.0~7.6	2.6~2.9	B, R
沱沱河	沱沱河北岸北段洼地	K3136—K3148	3.4~6.0	7.0~7.5	1.5~3.6	H, B, D, R
	沱沱河南岸阶地	K3155—K3159	3.1~3.6	6.5~7.4	3.4~3.8	B
捷布曲河谷	二十二工区以南	K3392—K3396	7.0左右	9.0~11.5	2.0~4.5	B, F
	矿泉水厂南北段	K3402—K3413	6.0~7.0	8.5~12.0	2.5~5.0	B, F, R

注:R、D、F、B、H分别表示融区、多冰冻土、富冰冻土、饱冰冻土和含土冰层。

2.路面及桥隧病害

（1）沥青路面：开裂、车辙、老化，如图3-7所示。

图3-7　多年冻土区沥青路面病害现象

（2）水泥混凝土路面：断裂、松散，如图3-8所示。

图3-8　多年冻土区水泥混凝土路面病害现象

（3）桥涵病害：桥梁病害主要表现为桩基融沉、冰害；涵洞主要为冻胀病害，如图3-9所示。

图3-9　多年冻土区桥梁、涵洞冻胀沉降变形

（4）隧道病害：主要变现为洞内渗水、顶部挂冰、洞内路面结冰、洞口路堑雪害、洞口冰雪融水涌入，如图3-10所示。

图3-10 多年冻土区隧道病害场景

[工程示例3-2]

高寒多年冻土地区公路病害的成因及防治

（一）研究区概况

刚察—江仓公路连接青海省海北州刚察县、祁连县和海西州天峻县，以及木里—江仓矿区，是本地区一条重要的交通运输线路。公路自南而北穿越大通山、木里—江仓盆地，大部分路段沿克克赛曲河流向延伸。目前，该公路绝大部分路段仍是一条技术等级低、抗灾能力差、行车较困难的砂石路，已不能适应当地经济发展和工程建设的需求。

研究区地处高寒冻土地区，平均海拔为3 700～4 200m，属高寒大陆性气候；年平均气温为-2.8℃，年均降水量为477mm，年均蒸发量为1 340mm。沿线绝大部分地区多年冻土发育，呈片状、块状连续分布，仅在河流、湖塘及构造带附近存在局部融区。

（二）公路病害特征及成因分析

1.路基沉陷

路基沉陷是本区公路沿线最主要的病害之一，多发生在含冰量较大的黏性土地段。由于多年冻土地区路基下伏地下冰埋藏较浅，在公路施工及运营期间各种人为因素的影响下，多年冻土出现融化，土体强度降低，上覆土层在自重压密和外力作用下产生沉陷，使路面出现变形破坏。此种病害多发生在低路堤地段，主要表现为路基下沉、向阳面路肩及边坡开裂、路堑边坡滑塌等病害。其成因主要包括以下几方面：

（1）路基填土高度不够。多年冻土地区，由于路基填土高度不够发生的病害，多分布于低山丘陵和河谷平原区的高含冰量冻土路段。本次调查发现，在线路低路堤路段，特别是靠近克克赛曲河漫滩部分路段，填土高度低于0.3m，路面出现蝶形、波形和不规则形沉陷，沉陷量高达10～30cm。

（2）侧向保护重视不够。受施工条件的限制，该公路80%以上的路段未做侧向保护处理。在水流侵蚀和人工取土等作用下，多年冻土层或富冰段出露，且不断融化，导致地表水沿基底横向渗透、路肩及边坡出现滑塌、路基呈持续性不均匀下沉。

（3）水流潜热作用。由于特定的修建时期、恶劣的自然环境和复杂的地质水文条件，以及财力、运力和施工技术的局限等，该线路部分路段直接修筑于克克赛曲河漫滩附近，位于河流侵蚀融区，公路两侧沼泽、热融湖塘遍布，受水流潜热作用，多年冻土层上限逐渐下移，路基下伏冻土层受到破坏，路面发生沉陷变形。

2.路基冻胀

处于不良地质、水文等条件下的路段，路基土在冻结过程中发生聚冰作用，水结成冰产生体积膨胀使路基产生不均匀形变，融化季节则会产生热融下沉。在反复冻融循环作用下，路基土层结构发生破坏，路面开裂，以致不能正常使用。

路基冻胀性与气温、土质及水源条件等因素密切相关，在季节性冻结深度较大及多年冻土地区均有发生，尤其以多年冻土地区最为严重，多发生在浅挖的土质路堑和低洼积水的路堤之上。每年11月—次年5月，由于气候寒冷，且靠近克克赛曲河漫滩，多路段发生严重冻胀，导致路基鼓胀，影响行车安全。

3.道路翻浆

在高寒冻土地区，由于多年冻土层的存在，影响了地表水在垂直方向的渗透。冬季冻结时，地下水向冻结面转移，表层大量聚冰。待到融化季节，多年冻土地区解冻缓慢，持续时间长，水分不能及时排出，停滞在某一深度可达几天甚至数十天，从而造成路基与地表附近土中的含水量接近甚至超过液限含水量，土体强度大幅降低。在车辆荷载的作用下，此种路面就出现翻浆、车辙、坑槽、冒泥等现象。

刚察—江仓公路大部分路段路基标高较低，填土高度较小，地下水位偏高，路基常处于潮湿或过湿状态。在大通山前缓坡、山坡坡脚，克克赛曲河漫滩和一、二级阶地等路段，冻土上限较浅，易发生翻浆现象。以K98+500附近段为例，每逢秋末、春融季节雨雪天气之后，公路病害比较严重，路基土被挤出路面，车辙凹陷较深，路面翻浆、冒泥，甚至造成道路中断。

本区道路翻浆的成因，除了如前所述的气温、地温、水分、土质等因素外，重载和超载车辆较多也是重要原因。该公路不仅是连接刚察县和天峻县（木里镇）、祁连县的主要客运线路，也是进出木里—江仓矿区一条重要的经济线路。该线路靠近江仓矿区路段，由于运煤车超载现象严重，交通运输频繁，在过往车辆的反复碾压下，公路翻浆异常严重，与其余路段形成鲜明对比。

4.边坡滑塌

多年冻土地区，公路路堑经人工开挖或河流侵蚀后，冻土层或富冰段埋深变浅以致完全出露，固态冰融化，含水率增加，土体强度显著降低，导致路堑边坡破裂下滑。其多发生在挖方路段或高度不足的低填方路段。

边坡滑塌主要发生在有厚层地下冰分布的多年冻土地区。由于自然条件或外界载荷变化等人为因素破坏了土层的热力平衡状态，水分冻融积聚使边坡土体抗剪强度大幅下降，造成边坡失稳或坍塌。

5.冰（水）害

冰（水）害是由多水引起的灾害现象，主要表现为路基上方出露地表的泉水或开挖路暂后水流自边坡流出，在寒冬季节随流随冻，形成积冰掩埋路基，或造成堑内积冰、边坡挂冰等病害。其成因主要包括以下两方面：①在有外界水源补给的情况下，如地表河流、泉水附近，土层含水量过多，温度降低时水流自下而上逐层冻结，水源不断供给，形成较大面积的冰层；②由于自然因素或人类活动引起的冻土层破坏，水流在地势低洼处或排水不畅等地段出露地表造成冰害或在地下冻结，顶起路基形成冰丘。

每年深秋至初春季节，克克赛曲河等地表水体冷凝成冰，靠近河漫滩的部分路段，路基之上被厚层冰雪覆盖，绵延数千米，厚度几厘米至几米不等，导致道路无法通行。

6. 其他病害

除了上述几种常见的公路病害外，还有冻胀丘、冰锥、路面开裂变形、边坡冻融疏松等病害。这些病害均与高含冰量多年冻土有关，是在特定的自然环境、地质水文和工程地质条件下，水、土、热共同作用的结果。其分布和发生虽然具有一定的局限性、地域性和季节性，但对道路的破坏比较严重，长期发展下去会严重影响行车安全。

（三）公路病害的防治措施

高寒冻土地区的公路工程存在诸多病害。本区最突出的问题包括路基沉陷、冻胀、道路翻浆、边坡滑塌、冰害等方面，考虑到多年冻土地区特殊的自然环境、地质、水文、养护成本等实际情况，提出以下防治措施。

1. 提高路基高度

对冻胀翻浆比较严重的路段，可以适当提高路基高度，以增大路基顶面至冻结层之间的距离，减少土体冻结过程中水分向路基上部的相对迁移量，最大限度地减轻公路工程对多年冻土层的破坏，使冻胀融沉和道路翻浆的程度减小。填土高度应根冻土深度、土质和地质水文条件，以路基最小填土高度和临界高度的方法确定。尤其是靠近克克赛曲河漫滩部分路段，路基高度应高出最高水位 0.5m 左右，以保证路基顶部始终处于干燥状态，减少冻融层、雨雪水对路基的侵害。

2. 修建护坡道

对热融滑塌和路基裂隙比较发育的路段，修建一定高度和宽度的护坡道，有利于增强侧向散热，减少垂向热阻，促使路基边坡多年冻土上限上升。护坡道的高度一般以 0.8～1.5m 为宜，宽度不宜小于 2～3m，在排水不畅的区段不宜小于 5m。

3. 加强排水

一般来说，路基中含水量的高低决定冻胀翻浆的严重程度，因此加强公路两旁的排水工作显得尤为重要。对公路沿线的集水坑、热融湖塘等地表水体进行引流疏排，设置必要的截水沟，将水排到路基以外。同时，在坡脚处填筑致密的黏性土等，避免坡脚积水产生横向渗透。

4. 选择合适的路基填料

路基填料要防止发生聚冰冻胀作用，同时还要考虑路基的承载力和保温性能。绝大多数路段宜采用沙砾石土回填并夯实，但在厚层地下冰分布的路段应考虑在底部填充一定厚度的黏土。冻土沼泽、热融湖塘发育地段底部宜选用渗水土作为阻断层，以防止地表水渗入基底引起路基沉陷或因毛细作用造成路基冻胀。而路基沉陷、冻胀和道路翻浆严重的路段，如K98+500附近段，可考虑将冻融层清除，换填透水性良好的沙砾石料。

5.强化环境保护意识，保护高寒冻土环境

在公路养护时，要强化环保意识，保护脆弱的高寒冻土生态环境。选择在远离路基坡脚，少冰或无冰、地表植被发育稀疏的河滩等地段集中取土，同时取土深度控制在常水位以上。有厚层地下冰发育的路段严禁取土，以避免扰动厚层地下冰和融沉性较强的多年冻土层。

（四）结语

由于高寒多年冻土地区特殊的工程地质性质，公路工程直接或间接地受气温、地温、含冰量、水分及外界载荷等诸多因素的影响，尤其是有厚层地下冰分布和融沉性较强的路段，多年冻土的含量变化常引起路基严重破坏。刚察—江仓公路主要病害为路基沉陷、冻胀、道路翻浆、边坡滑塌和冰害等，其中以路基沉陷和冰害为甚。综合考虑研究区施工技术条件和成本后，建议在冻胀翻浆比较严重的路段应适当提高路基高度、设置护坡道并做好排水工作等，同时减少对多年冻土层的扰动。这些措施将有助于减轻公路沿线的各种冻土病害，保障行车安全。

3.2 《多年冻土地区公路设计与施工技术细则》解读

多年冻土区各类工程地基设计应根据冻土的地温分区和工程地质分类进行，并遵循下述设计原则：

（1）保护多年冻土的设计原则；

（2）延缓多年冻土融化速度的设计原则；

（3）不破坏多年冻土的设计原则。

分别适用于以下情况：在高含冰量的低温稳定区和低温基本稳定区应采用保护多年冻土的设计原则；高温不稳定区应根据其使用条件和工程地质条件，经技术经济比选后，确定采用保护多年冻土的设计原则或延缓多年冻土融化速度的设计原则；高温极不稳定区应根据其使用条件和工程地质条件，经技术经济比选后，确定采用延缓多年冻土融化速度或破坏多年冻土（按破坏多年冻土的设计原则，采取预先融化状态设计时，可按季节冻土进行地基设计）的设计原则，或者采用削弱浅层冻土（比如低架旱桥等）影响的原则。

一、指导思想：宁填勿挖

冻土融化是冻土工程病害的最主要原因，多填少挖具有避免扰动冻土环境、保护冻土覆盖层的积极作用，具体如图3-11所示，其中图3-11（a）为靠山侧挖方基地发生条带状热融，波及路面发生纵向裂缝；图3-11（b）(c)为斜坡高含冰量冻土融化，导致滑塌现象，选线阶段应予以回避。

图3-11 挖方路段病害情况

重视环境保护：多年冻土地区生态环境脆弱，植被恢复非常困难，应特别强调环境保护工作，具体如图3-12所示，其中图3-12（a）为大面积铲除植被后发生融沉，只得改道；图3-12（b）为大开挖引起融冻泥流。

图3-12 大面积铲除植被及大开挖路段病害情况

二、冻土工程地质勘察

冻土工程地质勘察工作应综合采取冻土工程地质调查与测绘勘探、冻土取样、室内试验、原位测试和定位观测等手段，评价公路沿线冻土工程地质条件。

勘察场地的复杂程度可根据冻土温度、含冰状态、不良冻土地质现象和工程对生态环境影响程度等因素按表3-5进行划分。（由于沥青路面具有强烈的吸热效应，多年冻土年平均地温高于–1.5℃时，对气候变化和工程活动极为敏感，在气候变化和工程活动影响下冻土极不稳定；多年冻土年平均地温低于–1.5℃时，对气候变化和工程活动不敏感，在气候变化和工程活动影响下冻土相对较为稳定。）

表3-5　勘察场地的复杂程度

场地复杂程度	冻土温度/℃	含冰状态	不良地质现象	对环境的影响
复杂场地	≥–1.5	厚层地下冰发育	强烈发育	影响大
一般场地	≥–1.5	地下冰发育	一般发育	有不利影响
简单场地	<–1.5	地下冰不发育	不发育	无影响

冻土工程地质勘察时应采用调绘、坑探、钻探和物探相结合的方法（见图3-13），查明公路沿线的冻土特征，并符合以下规定：①地面调查宜结合测绘开展，重点调绘第四系类型和地表岩性特征，并开展必要的坑探，调查多年冻土上限深度和上限附近冻土工程类型；②公路沿线冻土的勘察应采用物探和钻探相结合的方法进行，重点查明多年冻土含冰状态、多年冻土上限，必要时在钻探完成一个月后对钻孔进行测温，获取冻土温度资料，测温频率宜为每月1次，测温次数应不少于3次；③应结合勘察阶段的特点与钻探工作量，合理布设钻探工作量，重点勘察不同冻土类型的界限和冻土区与融区的分界线。

图3-13　冻土钻探岩芯取样及坑探场景

多年冻土地区的工程地质勘探与取样应符合以下规定：①多年冻土工程地质勘探应选择在适宜的时间进行，冻结或融化过程形成的不良冻土现象宜分别在2月、3月或7月、8月、9

月进行调查和勘探，多年冻土上限宜在9月、10月进行调查和勘探；②地质勘探宜在路线两侧100m范围内进行，钻探深度应不小于多年冻土地温年变化深度，并应符合各勘察阶段精度要求；③多年冻土地区宜采用地质雷达进行物探，地质雷达勘探点间距不宜大于10m，复杂场地和重点工程的间距宜为2m，并查明横断面方向多年冻土基本特征及分布、地下冰厚度和分布等情况。

测定冻土基本物理性质指标的土样应由地面以下0.5m开始逐层取样，土层厚度不足1m时取样应不少于1个；土层厚度大于1m时，每1m取样应不少于1个；冻土上限附近及含冰量变化大时应加密取样。测定冻土基本物理、热物理性质指标的土样应不少于1个，测定冻土力学性质指标的土样应不少于3个。

[工程示例3-3]

地质雷达在冻土工程中的应用

图3-14给出了一个断面下多年冻土上限深度的地质雷达勘探结果，每幅图中的上图是雷达信号图像，下图是考虑路基高度处理后的多年冻土活动层厚度（深色区域），可以看出，人为上限相比天然上限有多种变化的可能。

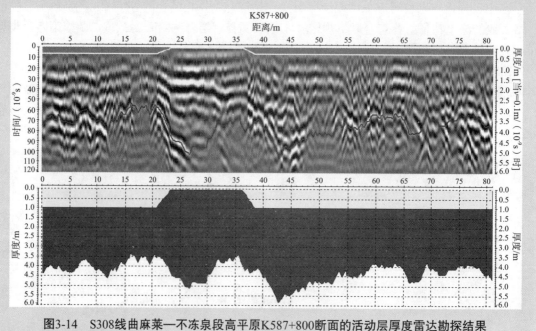

图3-14　S308线曲麻莱—不冻泉段高平原K587+800断面的活动层厚度雷达勘探结果

[工程示例3-4]

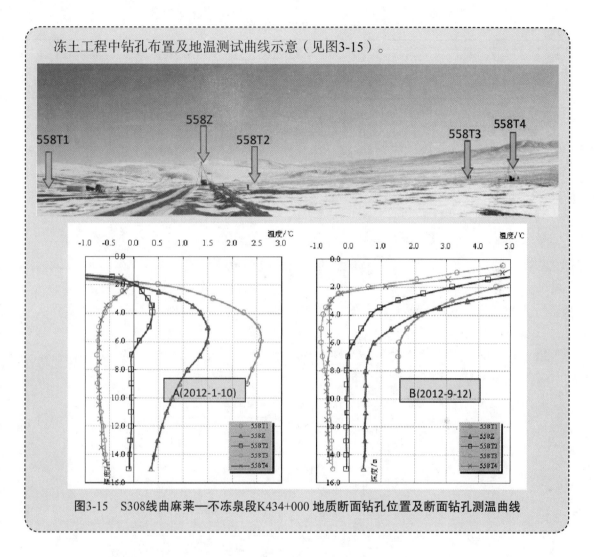

图3-15　S308线曲麻莱—不冻泉段K434+000地质断面钻孔位置及断面钻孔测温曲线

1.冻土工程地质分区

可根据地貌条件、冻土分布和特征及冻土物理力学指标进行三级分区，反映冻土工程地质条件和场地复杂程度。

第一级分区反映以下内容：①多年冻土分布区域、范围和厚度；②多年冻土的年平均地温；③地貌单元如分水岭、山坡、河谷等的冻土形成和存在条件；④冻结沉积物的成因类型；⑤主要冻土地质现象。

第二级分区应在第一级分选的基础上反映下列内容：①各冻土类型的地质、地貌、构造等基本条件，冻土的成分，地下冰的性质、分布及其所决定的冻土构造和埋藏条件。②多年冻土地温分带，可按表3-6划分。年平均地温指地温年变化深度处的温度（地温年变化深度，指地表以下，地温在一年内相对不变的深度，亦称年零度较差深度）。③多年冻土及融区的分布面积、厚度及其连续性；④季节冻结层及其与下卧多年冻土层的衔接关系；⑤各地带的冻土现象、年平均气温、地下水、雪盖及植被等基本特征。

表3-6 多年冻土地温分带

多年冻土年平均地温TCP/℃	TCP＜−3	−3≤TCP＜−1.5	−1.5≤TCP＜−0.5	−0.5≤TCP＜0
分带名称	稳定地温带	基本稳定地温带	不稳定地温带	极不稳定地温带

第三级分区应在第二级分区的基础上反映，以下内容：①冻土的工程地质条件及自然条件，各工程地段冻土的含冰程度、物理、力学性质和热学性质；②按冻土工程地质条件及其物理力学参数，划分不同的冻土工程地质分区地段。

[工程示例3-5]

冻土的工程地质划分

拟从两个准则建立基于突变级数法的评价系统：冻土条件和自然条件，如图3-16所示。

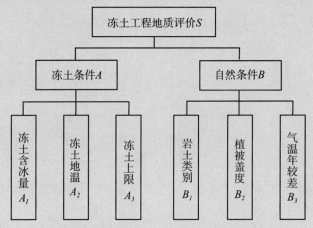

图3-16 工程地质评价指标体系

冻土条件是多年冻土自身的固有属性，对多年冻土的变化有重要影响作用，具体如下：

（1）含冰量：含冰量是多年冻土最基本属性之一，力学强度在融化时改变量随含冰量的增加而增大，对构筑其上的工程构筑物潜在威胁越大，工程地质条件也越差。

（2）地温：多年冻土地温决定了其储存冷能的多少，地温越低，在外界热源扰动的情况下保留冻土属性的能力越强，稳定性越好，工程地质条件越好。

（3）上限：冻土上限是多年冻土层在地表热载荷作用下继续保持冻结状态的最浅深度，这一深度越大，说明冻土层对地表热载荷作用抵抗能力越弱。工程地质条件会随着冻土上限的下移而变差。

以上三个指标相互独立。

自然条件是指冻土存在的外部客观条件，与冻土本身属性无关，具体如下：

（1）岩土类别。岩土层主要是不同地质历史时期经过一定的沉积作用、构造运动后形成的，与构造、沉积等关系较大。岩土的类别对冻土含冰特征有较大影响，细颗粒土越多越利于高含冰冻土发育，工程地质条件越差。

（2）植被盖度。人为工程对高植被盖度的地表扰动越大，工程地质条件越差。

（3）气温年较差。这是指一个地区暖季和冷季平均温度之差。气温年较差越大，说明气温在一个季节周期内波动越大，对冻土层的扰动越大，工程地质条件越差。

以上三个指标各自独立。

2.冻土工程地质评价

冻土工程地质评价应包括下列内容：①冻土类型、分布及成分、结构、性质和厚度等；②冻土温度状态的变化，包括地表积雪、植被、水体、沼泽化、大气降水渗透作用、土体的含水率和地形等引起的变化；③季节融化深度的变化、冻土物理力学和热学性质的变化、冻土现象（过程）的动态变化；④既有公路工程所引起的冻土现象和冻土工程地质条件变化的情况；⑤提出防治措施的建议。

土体冻胀和融沉特性评价应根据地质勘察、冻土物理力学试验和冻胀试验资料进行综合评价；试验资料不足时，也可根据工程经验，参考以下规定进行评价：

（1）季节融化层土的冻胀性可根据土的平均冻胀率按表3-7划分为不冻胀、弱冻胀、冻胀、强冻胀和特强冻胀五级。

表3-7 季节融化层土的冻胀性分级

冻胀等级	冻胀类别	平均冻胀率η/（%）	土的类别	冻前天然含水率ω/（%）	冻结期间地下水位距冻结面的最小距离/m
Ⅰ	不冻胀	$\eta \leqslant 1$	粒径<0.075mm，粉黏粒含量≤15%的粗颗粒土（包括碎石类土、砾、粗砂、中砂，以下同）以及粉黏粒含量≤10%的细砂	不考虑	
			粒径<0.075mm，粉黏粒含量>15%的粗颗粒土，粉黏粒含量>10%的细砂	$\omega \leqslant 12$	>1.0
			粉砂	$12<\omega \leqslant 14$	>1.0
			粉土	$\omega \leqslant 19$	>1.5
			黏性土	$\omega \leqslant \omega_P+2$	>2.0
Ⅱ	弱冻胀	$1<\eta \leqslant 3.5$	粒径<0.075mm，粉黏粒含量>15%的粗颗粒土，粉黏粒含量>10%的细砂	$\omega \leqslant 12$	≤1.0
				$12<\omega \leqslant 18$	>1.0
			粉砂	$\omega \leqslant 14$	≤1.0
				$14<\omega \leqslant 19$	>1.0

续 表

冻胀等级	冻胀类别	平均冻胀率 η/(%)	土的类别	冻前天然含水率 ω/(%)	冻结期间地下水位距冻结面的最小距离/m
II	弱冻胀	$1<\eta\leqslant 3.5$	粉土	$\omega\leqslant 19$	$\leqslant 1.5$
				$19<\omega\leqslant 22$	>1.5
			黏性土	$\omega\leqslant \omega_P+2$	$\leqslant 2.0$
				$\omega_P+2<\omega\leqslant \omega_P+5$	>2.0
III	冻胀	$3.5<\eta\leqslant 6$	粒径<0.075mm，粉黏粒含量>15%的粗颗粒土，粉黏粒含量>10%的细砂	$12<\omega\leqslant 18$	$\leqslant 1.0$
				$\omega>18$	>0.5
			粉砂	$14<\omega\leqslant 19$	$\leqslant 1.0$
				$19<\omega\leqslant 23$	>1.0
			粉土	$19<\omega\leqslant 22$	$\leqslant 1.5$
				$22<\omega\leqslant 26$	>1.5
			黏性土	$\omega_P+2<\omega\leqslant \omega_P+5$	$\leqslant 2.0$
				$\omega_P+5<\omega\leqslant \omega_P+9$	>2.0
IV	强冻胀	$6<\eta\leqslant 12$	粒径<0.075mm，粉黏粒含量>15%的粗颗粒土，粉黏粒含量>10%的细砂	$\omega>18$	$\leqslant 0.5$
			粉砂	$19<\omega\leqslant 23$	$\leqslant 1.0$
			粉土	$22<\omega\leqslant 26$	$\leqslant 1.5$
				$26<\omega\leqslant 30$	>1.5
			黏性土	$\omega_P+5<\omega\leqslant \omega_P+9$	$\leqslant 2.0$
				$\omega_P+9<\omega\leqslant \omega_P+15$	>2.0
V	特强冻胀	$\eta>12$	粉砂	$\omega\leqslant 23$	不考虑
			粉土	$26<\omega\leqslant 30$	$\leqslant 1.5$
				$\omega>30$	不考虑
			黏性土	$\omega_P+9<\omega\leqslant \omega_P+15$	$\leqslant 2.0$
				$\omega\leqslant \omega_P+15$	不考虑

（2）多年冻土融沉性可根据冻土融沉系数按表3-8和表3-9划分为不融沉、弱融沉、融沉、强融沉和融陷五级。

图3-8 多年冻土的融沉性分级（一）

融沉系数/（%）	$\delta_0 \leq 1$	$1 < \delta_0 \leq 3$	$3 < \delta_0 \leq 10$	$10 < \delta_0 \leq 25$	$\delta_0 > 25$
融沉性等级	Ⅰ	Ⅱ	Ⅲ	Ⅳ	Ⅴ
融沉性类别	不融沉	弱融沉	融沉	强融沉	融陷

图3-9 多年冻土的融沉性分级（二）

融沉等级	融沉类别	土的名称	总含水率 ω/（%）	平均融沉系数 δ_0/（%）
Ⅰ	不融沉	碎（卵）石、砾、粗砂、中砂（粒径<0.075mm，含量≤15%）	$\omega < 10$	$\delta_0 \leq 1$
Ⅱ	弱融沉		$\omega \geq 10$	$1 < \delta_0 \leq 3$
Ⅰ	不融沉	碎（卵）石、砾、粗砂、中砂（粒径<0.075mm，含量>15%）	$\omega < 12$	$\delta_0 \leq 1$
Ⅱ	弱融沉		$12 \leq \omega < 15$	$1 < \delta_0 \leq 3$
Ⅲ	融沉		$15 \leq \omega < 25$	$3 < \delta_0 \leq 10$
Ⅳ	强融沉		$\omega \geq 25$	$10 < \delta_0 \leq 25$
Ⅰ	不融沉	粉、细砂	$\omega < 14$	$\delta_0 \leq 1$
Ⅱ	弱融沉		$14 \leq \omega < 18$	$1 < \delta_0 \leq 3$
Ⅲ	融沉		$18 \leq \omega < 28$	$3 < \delta_0 \leq 10$
Ⅳ	强融沉		$\omega \geq 28$	$10 < \delta_0 \leq 25$
Ⅰ	不融沉	粉土	$\omega < 17$	$\delta_0 \leq 1$
Ⅱ	弱融沉		$17 \leq \omega < 21$	$1 < \delta_0 \leq 3$
Ⅲ	融沉		$21 \leq \omega < 32$	$3 < \delta_0 \leq 10$
Ⅳ	强融沉		$\omega \geq \omega_P$	$10 < \delta_0 \leq 25$
Ⅰ	不融沉	黏性土	$\omega < \omega_P$	$\delta_0 \leq 1$
Ⅱ	弱融沉		$\omega_P < \omega \leq \omega_P + 4$	$1 < \delta_0 \leq 3$
Ⅲ	融沉		$\omega_P + 4 < \omega \leq \omega_P + 15$	$3 < \delta_0 \leq 10$
Ⅳ	强融沉		$\omega_P + 15 < \omega \leq \omega_P + 35$	$10 < \delta_0 \leq 25$
Ⅴ	融陷	含土冰层	$\omega \geq \omega_P + 35$	$\delta_0 > 25$

三、一般路基设计

路基填筑应选择不冻胀或弱冻胀及弱融沉性的土石填料。严禁使用富含腐殖质的土、草炭土、泥炭土、草皮以及冻土作填料。多年冻土地区路基设计应考虑冻土地区生态环境特征，注意植被的保护，路基两侧200m内不得随意取土。

存在多年冻土层的挖方路基，应采取封闭保护措施，避免冻土层长期暴露吸热引起边坡病害。

1.路基防排水设计要求

路基两侧积水渗入路基及地下，会改变多年冻土的温度环境，导致多年冻土融化，诱发多年冻土病害，如图3-17所示，因此在多年冻土地区加强路基排水设计至关重要。因此，路基设计应考虑地表水对多年冻土的不利影响，采取措施疏导地表水，做好路基排水防护设计。

（a）排水不良形成积水导致基地融化　　（b）路堑积水加速底部融化　　（c）排水沟排水不畅导致基地融化

（d）设置排水通道　　　　　　　　　　（e）设置防水护坡

图3-17　多年冻土区道路排水不畅引发的病害及相关防水措施

2.路基设计原则

（1）符合下列条件之一时，宜按保护冻土的原则设计：①年平均地温低于-1.5℃的低温稳定和基本稳定多年冻土区；②当地多年冻土天然上限小于2m、厚度大于10m的路段。

（2）符合下列条件之一时，宜按主动冷却、综合治理的原则设计：①年平均地温高于-1.5℃、厚度超过5m的多年冻土高含冰量路段或岛状多年冻土区高含冰量路段；②冻土含冰量低，但区域路基病害严重路段；③存在不良冻土现象的路段。

（3）符合下列条件之一时，宜按控制融化速率的原则设计：①基底地质情况良好，为少冰冻土或多冰冻土，融化下沉后不致造成路基病害；②基底多年冻土厚度不超过5m，埋藏浅，范围小，下部为少冰冻土、多冰冻土或基岩的路段；③邻近多年冻土分布区域边界的零星岛状多年冻土路段，多年冻土层已处在退化状态中，保护多年冻土难以取得成效时；④道路等级较低，交通量不大时。

（4）符合下列条件之一时，宜按预融冻土的原则设计：①地温较高、冻土厚度不超过2m路段；②需挖除和换填路段。

（5）多年冻土区内的融区宜按季节冻土区设计。

[工程示例3-6]

青藏公路路基设计原则与路基设计高度

青藏公路穿越630km的多年冻土地带，其中连续大片分布的多年冻土区占83.6%，岛状多年冻土区占16.4%。据1990年10月调查统计，因多年冻土上限下移，造成了路基热融沉陷而使公路破坏的累计长度达152km，约占多年冻土区总长的24%。针对这一情况，1991年3月，交通部批准对青藏公路多年冻土区有严重病害的339km长路段进行整治，为第一期整治工程。

青藏公路第一期整治工程的路基填土高度设计仍遵循保护冻土的原则，按路基临界设计高度满足沥青混凝土路面使用年限内、多年冻土上限下降所产生的沉降不超过路面允许变形量的原则，进行路基填土高度设计，并考虑全球气候转暖对多年冻土的影响，在路基设计高度基础上增加30cm，要求对冻土不能造成新的破坏，已破坏的冻土环境要采取措施予以恢复。在这一原则指导下，推荐了路基设计高度建议值（见表3-10）。

表3-10　1991年路基最小填土高度建议值表

冻土类别	多、少冰冻土	富冰冻土	饱冰冻土	含土冰层
路基填土高度/m	1.5	1.8	2.2	2.6

在青藏公路第一期整治工程实施过程中，1993年冬季，安多以北的K3403—K3409段，路基出现了宽度达15~20cm、累计长度近300m的严重纵向开裂。1995年冬季，K2932—K2935，K2947—K2951段又出现了宽度达15~25cm、累计长度近500m的严重纵向开裂。到1997年4月调查时，累计纵向裂缝长度已达14km左右，与此同时，部分新整治的路段，路基也产生了不同程度的沉降变形。针对这一情况，青藏公路科研组组织科研人员，对青藏公路严重纵向开裂的路段与路基严重下沉路段进行了多次调查，并结合试验和典型观测路段的地温资料等进行比较深入的研究。研究发现纵向开裂的病害80%以上发生在路基左侧（阳面），1990年前严重破坏的昆仑山垭口、可可西里山、风火山及唐古拉山垭口等高山多年冻土区纵向开裂病害现象很少，而楚玛尔河高平原、北麓河盆地、乌里、开心岭至通天河与安多北部的多年冻土区纵向开裂与沉降变形很多，占纵向开裂路段

的95%以上。经过对青藏公路多年的地温观测资料进行分析后发现，当冻土年平均地温低于-1.5℃时，纵向开裂与路基沉降极少，而当冻土年平均地温高于-1.5℃时，纵向开裂与沉降路段则很多。这种现象表明，冻土年平均地温与路基产生病害有着十分密切的关系。

1995年，在青藏公路第一期整治工程竣工的同时，第二期整治工程的勘察设计工作也在进行。为将冻土地温这一评价冻土稳定性的指标应用于路基设计中，研究人员结合青藏公路冻土地温分布状况，将-1.5℃作为划分高温冻土、低温冻土的标准，提出了"保护冻土，控制融化速率及综合治理"的路基设计原则。低温冻土区的路基采用"保护冻土"的路基设计原则，高温冻土区的路基采用"控制冻土融化速率"的路基设计原则，"综合治理"则是从不同的冻土地质环境出发治理路基病害。根据这一设计原则，提出了冻土路基最小填土高度建议值（见表3-11）。同时提出，应根据冻土类型、地形、地貌及路基坡脚积水情况，设置高0.8~1.5m、宽2~3m的防水保温护道，回填路基坡脚5m范围内积水坑并完善系统的防排水设施等工程措施，以达到综合治理的目的。

表3-11　1995年沥青混凝土路面路基最小填土高度建议值

设计原则	保护冻土（低温冻土）			控制融化速率（高温冻土）		
冻土类型	富冰冻土	饱冰冻土	含土冰层	富冰冻土	饱冰冻土	含土冰层
路基高度/m	1.6~2.0	1.8~2.6	2.4~3.2	1.8~2.4	2.2~3.2	2.6~3.4

从青藏公路第一期整治工程、第二期整治工程的现状来看，在路基设计引入冻土温度这一概念，并将其融入路基填土高度设计中，根据不同的冻土温度、冻土类型采用"保护冻土、控制融化速率及综合治理"的设计原则，是非常正确的。

青藏公路历经数十年艰难而漫长的修建、改建、整治历史，目前已基本达到二级公路标准，但由于它穿越高海拔、低纬度的多年冻土区，沿线自然条件极为恶劣，以及其他多方面的原因，导致路面和桥涵技术标准参差不齐、技术状况良莠不齐，不能适应青藏公路建设期施工运输和进出藏运输的双重需求，故2002—2004年国家投资12.2亿元实施青藏公路整治改建工程。据2001年调查统计，青藏公路路基严重变形与纵向开裂病害路段主要分布于青藏高原的高温、高含冰量多年冻土区，路基累计病害长度约60km。这些路段已经过改建整治，路基已有了一定的高度，再加上路基过高有可能导致路基产生新的病害（在实施原改建、整治工程时对路基两侧冻土环境都有不同程度的破坏），因此，该整治改建工程的整治原则是：①恢复路基两侧冻土环境；②采用人工制冷（热棒技术）、增大热阻（EPS板、XPS板）的工程措施治理路基融沉与纵向裂缝；③依路基现状和路基路面整体强度状况对路基作适当调整；④加强排水与防护工程。对于改线路段，则按1995年沥青混凝土路面路基填土高度建议值进行路基设计。

3.路基高度的确定

多年冻土地区新建路基设计高度应大于最小填土高度，如图3-18所示，其中图3-18（a）零填路基在道路运营1年后即发生病害；图3-18（b）低填路基，随路基高度增加，冻害时间有所延缓；图3-18（c）中等高度路基（1.4~2.0m），一般在运营2~3年后发生冻害。

图3-18 填方高度不足路段的病害情况

（1）低温冻土区一般填土路堤，按保护多年冻土或控制多年融化速率原则设计时，路基最小填土高度H_0可按下式确定，即

$$H_0=0.05y-1.10h_t-95.16 \quad (3-1)$$

式中，h_t为冻土天然上限（m）；y为设计路基时的年份。

（2）低温多年冻土地区新建路基设计临界高度H_s可按下式确定，即

$$H_s=0.52M\lambda_u H_R+S \quad (3-2)$$
$$H_R=0.52\Delta t-0.02y+42.86 \quad (3-3)$$

式中，M为冻土类型修正系数，按表3-12确定；λ_u为路堤填料在融化状态下的导热系数[W/(m·K)]；H_R为路基合理高度计算值（m）；S为季节融化层压缩沉降量（m）；Δt为道路设计年限（a）。

表3-12 冻土类型修正系数M取值范围

冻土类型	多冰冻土	富冰冻土	饱冰冻土	含土冰层
M	0.6~0.7	0.9~1.0	1.1~1.2	1.25

（3）低温多年冻土地区改建路基设计临界高度H_g可按下式确定，即

$$H_g=0.52M\lambda_u H_0+KP\phi\Delta tm+S \quad (3-4)$$
$$P=\Delta h/\Delta y \quad (3-5)$$
$$\Delta h=h_a-h_t \quad (3-6)$$

式中，K为气温修正系数；P为平均融化速率，借鉴原有沥青路面下多年冻土融化速率；Δh为沥青路面下多年冻土人为上限下降值（m）；h_a为路基下多年冻土人为上限（m）；h_t为计算断面的天然上限（m）；h为勘探年路基高度（m）；Δy为沥青路面竣工至勘探的时间（a）；ϕ为融化速度衰减系数，$\phi=1/\ln(\Delta y)$；m为填土当量换算经验系数，可按表3-13查取；其他各参数意义同前。

表3-13 填土当量经验换算系数m取值表

冻土类型	适用条件		m
	路基现高h/m	上限下降值Δh/m	
含土冰层	3.8~3.0	0.4~1.2	1.0~5.0

续 表

冻土类型	适用条件		m
	路基现高 h/m	上限下降值 Δh/m	
饱冰冻土	2.4～2.8	0.8～1.6	1.0～2.5
富冰冻土	1.8～2.0	0.8～1.8	1.0～2.0

注：设计时，现路基低者，上限下降值大者，m 取大值。

4.路基填土、换填及护道、护脚的相关规定

（1）路基填土的规定。平坦地段，当路堤实际填土高度大于或等于路基设计临界高度时，冻土路堤典型横断面结构应符合以下规定：①地表排水条件较好时，路堤下部可采用当地细粒土填筑，上部宜采用粗粒土填筑。为防止冻胀翻浆，粗粒土填筑厚度应不小于0.5m。②地表排水条件较差时，宜采用粗粒土填筑路堤。当采用细粒土填筑时，下部应设毛细水隔断层，其厚度应保证在路堤工以及沉降完成后隔断层高出最高积水水位不少于0.5m。

（2）换填法的两种形式。平坦地段，当堤实际填土高度小于路基设计临界高度时，冻土路堤典型横断面结构应符合以下规定：

1）高含冰量多年冻土较薄且埋藏较浅时，可全部挖除换填，其结构可按图3-19设计。换填应选用保温、隔水性能较好的黏性土或片（块）石。

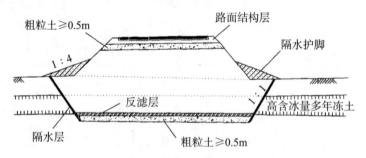

图3-19 全部换填断面

2）高含冰量多年冻土较厚时，可部分挖除换填，其结构可按图3-20设计。换填应选用保温、隔水性能较好的黏性土或片（块）石。换填深度与路堤高度之和应不小于路基设计临界高度（H_s或H_g）与天然上限之和。

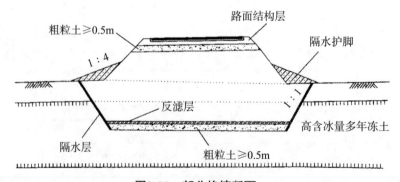

图3-20 部分换填断面

（3）护道、护脚的相关规定。在坡度缓于1∶5的缓坡地段，宜以路堤形式通过，基底不宜挖台阶；缓坡地段路堤结构可参考平坦段路堤结构设计，并在其上方一侧合适位置设置挡水埝或截水沟，下方一侧坡脚设置宽2.0~3.0m、高1.0~2.0m的反压保温护道。

高含冰量多年冻土埋藏较浅，可能融化影响路堤稳定时，或路侧排水不畅或人为活动频繁，间接破坏坡脚下伏冻土，影响路堤稳定时，宜设置保温护道、护脚。高温多年冻土地区新修路堤或路堤两侧地表环境未遭到严重破坏的情况下，不宜修筑保温护道；从力学上稳定边坡或防水需要设置护道时，应在护道表面铺筑碎石层或草皮。保温护道、坡脚可采用泥炭、草皮、黏性土或其他保温隔水性能良好的当地材料；采用沙砾、粗颗粒土或其他易渗水性材料时，表面应覆盖0.2m厚的黏性土保护层预防水分侵蚀。保温护道、护脚设计尺寸宜按表3-14确定，断面结构可参考图3-21和图3-22设计。

表3-14 护道或护脚尺寸

路堤高度/m	采用护道或护脚	高度/m	宽度/m
≤3	护脚	0.8~1.2	2.0~2.5
>3	护道	1.5~2.5	2.0~3.0

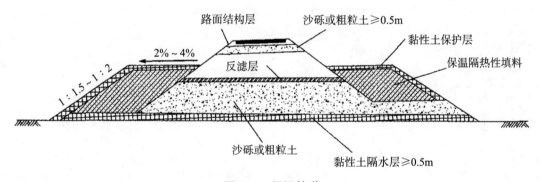

图3-21 保温护道

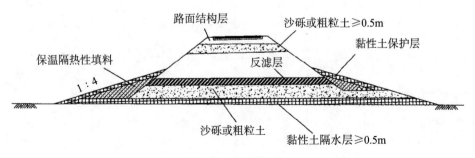

图3-22 保温护脚

[工程示例3-7]

G219线（狮泉河至日土段）改建工程中换填法在冻土病害防治中的应用

狮泉河至日土段公路沿线冻土主要为季节性冻土，根据季节性冻土的成因，只要消除毛细水和化冻时将水分及时排出，也就解决了季节性冻土对路基危害的问题。处理季节性冻土的方法主要有置换填土法、铺设土工织物法、设置排水沟、截水沟和盲沟法、提高路基填筑高度和选择透水性填料法和边坡防护法等。本路段主要采用的方法是置换填土和铺设土工织物相结合的方法。

本路段沿线表层多为粉土、粉土质砂，结构松散，且为季节性细粒冻土，地基易发生沉陷和翻浆等不良现象，若在雨季，地下水位升高，力学性质更差。本路段利用置换填土和铺设土工织物相结合的方法，首先清除路基底的表层粉土，换填透水性较好的沙砾石材料，加强路基排水，增强基底承载力；然后设置排水中粗砂垫层，中粗砂垫层下设土工布反滤层，阻止毛细水上升至路基上部，防止冻胀和翻浆等病害的产生。对路基进行置换填土时，路堑换填深度为1.2~2.4m。不良填方段换填深度，一般根据不良土层厚度的不同换填深度也有所不同。我国对季节性冻土的换填深度尚没有明确规定，一般根据具体工程的地下水情况、挖方土质、换填材料质量和当地冻结深度确定，但不应小于路面结构层下0.8m。本路段改建工程的换填图深度见表3-15。

表3-15 狮泉河至日土段改建工程冻土换填深度

序号	起讫桩号	平均填土高度/m	换填深度/m	冻土深度/m	序号	起讫桩号	平均填土高度/m	换填深度/m	冻土深度/m
1	K107+400—K107+560	2.3	2.0	2.0	9	K123+450—K123+550	2.0	1.8	1.8
2	K109+310—K109+540	2.3	2.0	2.0	10	K125+780—K126+000	2.7	1.6	1.6
3	K115+400—K115+475	3.0	1.6	1.6	11	K126+225—K126+375	1.8	1.4	1.4
4	K116+835—K116+920	5.2	2.2	2.2	12	K129+520—K131+122	1.8	1.8	1.8
5	K117+000—K117+375	2.7	2.4	2.4	13	K132+260—K132+320	1.7	1.2	1.2
6	K117+600—K117+990	2.6	2.4	2.4	14	K132+320—K132+440	1.7	1.2	1.2
7	K120+360—K120+560	3.6	1.2	1.2	15	K132+790—K133+010	1.9	2.1	2.1
8	K122+726—K122+820	3.4	1.7	1.7					

本路段季节性冻土段路基的处置设计图如图3-23所示。

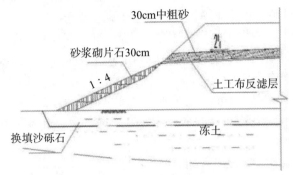

图3-23 季节性冻土段路基的处置设计

本图适用于季节性冻土路段冻胀和翻浆路基的处治,其中的路基换填材料采用透水性较好的沙砾石。为了防止地表水侵入路基,道路护坡采用浆砌片石,高度大于0.5 m;为了防止路基边坡冻融后滑塌,设计时将路基边坡放缓,增长护坡,边坡放缓到1:4。部分路段边坡采用植草防护和草皮防护,既可以调节水系,使施工时遭到破坏的水系尽快达到新的平衡,又可以利用草根固土,防止水土流失。

置换填土法简单易行、造价低、效果显著,可有效地避免路基出现冻胀和翻浆现象,所以处理季节性冻土路基利用最多的方法就是置换填土法。

5.控制融化速率的路基设计要求

按控制融化速率的设计原则设计时,不同冻土地质条件应分段采用不同的多年冻土人为上限下降允许值。路基高度可参考低温冻土区改建路基临界设计高度进行设计。多年冻土人为上限下降允许值见表3-16。

表3-16 不同冻土类型的人为上限下降允许值

路基多年冻土类型	人为上限下降允许值/m	路基多年冻土类型	人为上限下降允许值/m
含土冰层	0.15~0.20	富冰冻土	1.00~1.50
饱冰冻土	0.50~0.75		

6.一般设计路基高度及坡度的规定

多年冻土地区路堤设计不宜清除地表植被,当遇泥炭、沼泽等地表软弱层时,应采取有效措施进行地表处理,路基临界设计高度应采用处理后的地基参数计算确定。

除基岩路段外,路基最小高度不宜低于1.5m,非纵坡或构造物控制段路基高度不宜超过3.5m。

路堤边坡坡度应根据当地的工程地质与水文地质条件、路基高度、填料的物理力学性质、施工方法、地貌形态等因素综合确定。边坡坡度宜采用1:1.75~1:1.5。在富冰冻土、饱冰冻土和含土冰层等路段,细粒土层中天然含水率较高时,边坡坡度宜放缓至1:2.0~1:1.75。

7.低填浅挖及零填挖断面结构设计

多年冻土地区的低填浅挖及零填挖（路基填土高度小于0.5m和开挖深度小于0.5m）断面地段是最容易产生融沉、冻胀及冰害的地段，为保护冻土应尽量避免，但为了满足公路工程路线技术标准的要求，此类路段仍会出现，应尽量减少或缩短其数量或长度。

（1）路基下多年冻土中的富冰冻土、饱冰冻土、含土冰层等高含冰量冻土厚度不大，且埋藏深度小于或等于3.5m时，宜采用全部清除换填的路基设计方案，如图3-24所示。换填底部应填筑不少于0.5m厚的水稳定性好的透水层，并做好基底的纵向排水和边坡防护。

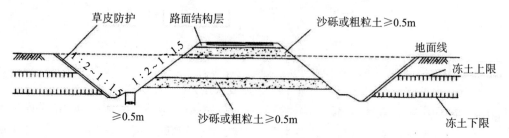

图3-24　全部换填断面形式

（2）路基下多年冻土中的富冰冻土、饱冰冻土、含土冰层等高含冰量冻土厚度较大，埋藏较深，全部清除换填困难且不经济时，可采取部分换填的保护多年冻土路基设计方案，如图3-25所示。路基高度与换填深度之和不应小于路基设计临界高度与天然上限之和。换填材料应选用保温和隔水性能好的黏性土或设置XPS板等保温隔热层。路床应设置厚度不小于0.5m的水稳性好的粗颗粒土；基底应设置厚度不小于0.5m的沙砾或粗颗粒土毛细水隔断层。

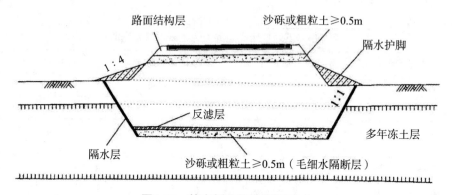

图3-25　基底部分换填断面形式

公路等级较低，路基下多年冻土层中的含冰量较小且埋藏较深，采取部分换填设计方案无法保持路基稳定时，可采用预融多年冻土的路基设计方案。

8.路堑设计

开挖路堑由于将多年冻土直接暴露在大气中，造成夏季的热融沉陷（见图3-26）、边坡热融滑塌，冬季路基路面冻胀。当有地下水存在时，还会发生边坡挂冰、涎流冰上路等病害。因此，路堑设计应考虑区域气候条件和冻土条件，遵循保护多年冻土的原则设计。

图3-26 未采取保护措施的冻土挖方路堑，在施工后1年内发生的热融沉陷

多年冻土地区路堑设计应包括换填隔热设计和支挡结构防护设计。富冰冻土、饱冰冻土及含土冰层等高含冰量地段的路堑，应采用基底部分或全部换填以及坡面保温等措施。

换填隔热设计应包括确定断面形式和处理措施、计算边坡隔热层和换填厚度、验算边坡稳定性和基底强度。采用的断面形式和处理措施应避免多年冻土受外界热扰动及水侵蚀，断面形式如图3-27和图3-28所示。

路堑坡顶宜采取设置截水沟、挡水埝等措施，防止上方自然坡面地表水危害边坡。路堑边沟应设置防渗隔断层。采用宽浅边沟时，沟底宜采用"两布一膜"等复合土工膜铺砌防水。

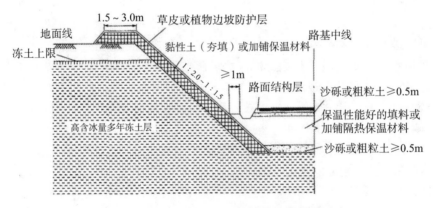

图3-27 部分挖除多年冻土换填的路堑断面形式

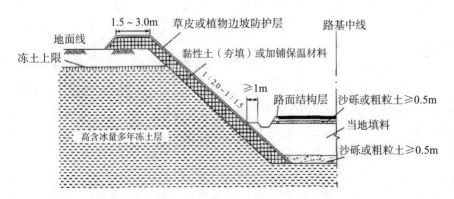

图3-28 全部挖除多年冻土换填的路堑断面形式

深路堑断面可采用上保下挡的支挡形式。支挡结构形式宜采用钢筋混凝土L形挡土墙或锚杆锚定板挡土墙，如图3-29所示。设计时应考虑挡土墙在水平冻胀力作用下的稳定性，并应满足路堑边坡冻土保护措施设置要求，挡土墙基础应埋置于稳定后的人为上限以下0.3~0.5m或落于基岩上。

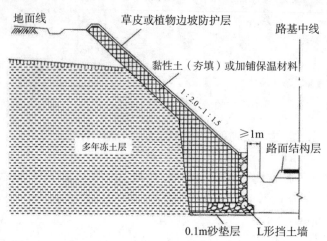

图3-29 上保下挡路基横断面形式

9.路基防排水设计

路基地表排水设施设计应考虑地表水文条件、地形、冻土类型等因素。公路路基的修建，改变了地表水流的自然状态。当公路工程排水设施不良（如地表排水不畅、排水沟堵塞、沟壁及沟底渗漏等）时，往往造成路堤坡脚或路堑截水沟积水，产生沿基底的横向渗透、路堑边坡渗水及路基土过度潮湿等现象。由于多年冻土地区的降水集中在气温较高的6—9月，水中积蓄了较多的热量，当水渗入和透过路基路面及基底时，因其放热和基底冻土的吸热而产生的热交换作用，促使冻土融化。冬季又因气候严寒，地基土中的水冻结体积膨胀，导致路基产生融沉、冻胀及边坡滑塌等病害。因此，路基地表排水设施应适当远离路基坡脚。严禁在路基坡脚附近设置可能造成积水的地表排水设施。

边沟断面形式及尺寸应根据地形地质条件、边坡高度及汇水面积等确定，边沟沟底纵坡宜与路线纵坡保持一致，坡度不宜小于0.3%。土质边沟应采取措施防止由于反复冻融循环和冻胀引起的边沟两侧塌崩和雨水冲刷导致的严重下渗。浆砌片石等刚性边沟应采取措施防止冻胀和不均匀沉降引起的开裂和损毁。垭口路堑和冻胀严重路段，宜采用宽浅的干砌边沟或U形预制拼装边沟，其下应设置20cm厚的沙砾层，并在沙砾层中增设"两布一膜"复合土工膜。

路基地表排水沟宜采用宽浅形式，以减少对多年冻土的热干扰，也可采用梯形断面或三角形断面。排水沟断面尺寸应根据地表径流设计，底宽不宜小于0.6m，深度不宜大于0.4m，边坡坡度宜采用1∶1，当路基为未腐朽及半腐朽的泥炭时宜采用1∶1~1∶0.5，当路基为软塑及流塑状的黏性土、含一定数量黏性土的粗粒土时宜采用1∶2~1∶1.5。

应合理选择排水沟设置位置和坡度，并应与桥涵或天然河沟相沟通，组成有效的排水系统。纵坡过大时宜采用草皮或干砌片石加固；采用干砌片石加固时，其两侧与底部应铺设

"两布一膜"防水土工膜,防止排水沟渗漏和冻胀破坏。

当路基地形一侧较高或挖方边坡一侧的山坡汇水面积较大时,宜在路基上方一侧10m以外设置挡水埝。当路基两侧地势相对平坦,路线纵、横坡不大,路线线位相对较低时,可设置连续挡水埝,并使挡水埝与涵洞和排水沟相顺接,阻止路基以外的地表水靠近并侵蚀损毁冻土路基。挡水埝的顶宽宜不小于1.0m,高度宜不小于0.8m,内侧边坡坡率宜为1:1~1:0.5,外侧宜为1:2~1:1.5。

在土质松散并夹有较多的碎(砾)石的山坡地段,挡水埝易因渗漏而产生基底冻胀、涎流冰、边坡坍(滑)塌等病害时,应加强地表防渗漏(流)和防冲刷处理。对土层松软易渗漏及流速较大可能引起冲刷的地段,可加大挡水埝尺寸并进行铺砌加固。对雨(雪)水易流动的未风化碎砾石坡面,除设置挡水埝外,也可在挡水埝外侧坡面下一定深度增设一层防水土工膜,阻挡坡面层间水向路基下汇集和渗透。

四、特殊结构路基设计

多年冻土地区路基,当按一般路基设计原则确定的高度过高时,或一般填土路基不能满足保护冻土要求时,应按特殊结构的路基进行设计(见图3-30)。

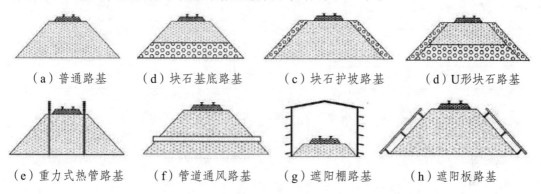

图3-30 "主动冷却"理念设计的青藏铁路8种冻土路基形式

注:管道通风路基、遮阳棚路基及U形块石路基冷却下伏多年冻土的效果显著。

(1)低温区路基应按保护多年冻土的设计原则进行设计,经计算路基合理高度大于3.5m时,应采用隔热层路基降低路基高度。

(2)在高温高含冰多年冻土区段采用控制融化速率、综合治理的设计原则时,宜采用片块石路基、通风管路基、热棒路基等特殊结构路基,病害特别严重路段宜采用热棒隔热层组合路基。

根据保护冻土、防止热融沉陷的原则,多年冻土地区公路主动保护措施包括热棒、片石路基或片石护坡、通风管、遮阳棚(板),被动保护措施包括使用保温材料。

1.隔热层路基

(1)一般规定。隔热层路基可用于低温多年冻土路段,可参照图3-31设计。

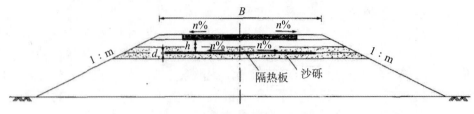

图3-31 隔热层路基设计示意图

在下列情况下宜使用隔热层路基：①受路线纵坡控制，路基高度小于路基临界高度或路基设计高度大于3.5m的路段；②路堑处或翻越垭口处，需要进行保护下伏多年冻土的路段；③融化盘偏移导致不均匀沉降和引发路基病害的路段。

隔热材料宜采用挤塑聚苯乙烯泡沫塑料（XPS），其导热系数宜小于0.025W/（m·K），吸水率宜小于0.5%，密度宜大于43kg/m³，抗压强度宜大于580kPa，见表3-17。

表3-17 隔热保温材料等效厚度计算

单位：m

XPS（挤塑聚苯乙烯泡沫塑料）板厚度	0.04	0.06	0.08	0.10
相应PU（聚氨酯泡沫塑料）板计算厚度	0.036	0.053	0.071	0.089
相应EPS（聚苯乙烯泡沫塑料）板计算厚度	0.047	0.071	0.095	0.119
相当填土厚度	2.27	3.41	4.54	5.68

一般的路基高度（2.5m）情况下，XPS板的厚度宜选择80～100mm。

隔热板宽度应大于路面宽度，宜在路面两侧各加宽0.6m；隔热板应与路基采用相同的横坡；隔热板上下宜采用沙砾填筑，厚度应不小于0.2m。如图3-32所示为XPS隔热层路基施工场景。

图3-32 XPS隔热层路基施工场景

（2）设计参数。

1）隔热材料技术要求：路基工程中宜用导热系数小于0.025W/（m·K）、吸水率小于0.5%、密度大于43kg/m³、抗压强度大于500kPa的隔热材料。隔热材料宜采用挤塑聚苯乙烯泡沫塑料（XPS）。

2）隔热层厚度宜为0.05~0.1m。

3）隔热层埋设范围：隔热层一般埋设在路面结构层底面以下0.5m，或高出地面以上0.5m。隔热层设置宽度应与设置位置的路基同宽，隔热层横坡应与路基横坡相同。

4）隔热层过渡段应向两端外延铺设不小于10m。

（3）施工及验收规定。大规模铺设施工前，应进行试验段施工，确定上垫层厚度、上料、摊铺、平整和碾压工艺的试验，合理的机械配套，并进行结构层压实度和隔热保温层完整性的检验，符合设计要求后，才能进行大规模的铺设，如图3-33所示。

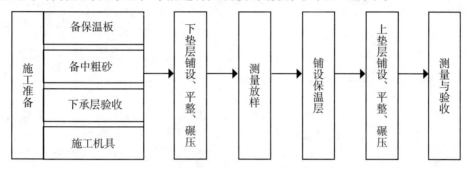

图3-33 隔热保温层施工工艺流程

施工季节应避开最大融化深度的季节，宜选择寒季末暖季初时节，4月末—5月初，最高气温不超过10℃，最低气温在0℃左右，土基层开始融化前进行隔热保温层的铺砌。通常应在6月底之前完成。

1）隔热材料准备（见表3-18）：①隔热层材料应按设计要求的性能指标和拼接方式提前预制，保证施工进度和隔热效果。②隔热层材料进场时，必须提供产品合格证及第三方检验报告。③隔热材料应储存在干燥、通风、干净、防火的库房内，不得与化学药品接触。④隔热材料应轻装轻卸、堆放整齐，采取遮阳、防雨措施。

表3-18 隔热材料尺寸允许偏差

单位：mm

长度、宽度尺寸	允许偏差	厚度尺寸	允许偏差	对角线尺寸	对角线差
<1 000	±5	50	±2	<1 000	≤5
1 000~2 000	±8	50~75	±3	1 000~2 000	≤7
2 000~4 000	±10	75~100	±4	2 000~4 000	≤13
≥4 000	±10	100	±5	≥4 000	≤15

2）施工前技术交底：①隔热层施工季节应避开最大融化深度的季节，隔热层应在寒季末施工，宜在3月—5月铺设。铺设前应编制专项隔热层路基施工技术方案。②施工操作人员必须熟练掌握隔热层施工技术及质量控制要求。③在大面积施工之前，应先铺设试验路。④应编制隔热层路基专项施工技术方案。

3）隔热层下垫层铺设（见表3-19）：①严格控制隔热层下路基填筑的标高、横坡、压实度、平整度。②隔热板下铺设中粗砂下垫层，中砂应干净、坚硬，不得有粒径大于10mm

的块石、砾石，含泥量不得大于5%。③下垫层中粗砂整平压实，厚度应不小于0.1m。④不得采用喷水饱和法进行压实。

表3-19　隔热层下垫层质量检测标准

项　目	检查项目	规定或允许偏差	检查方法与频率
1	下垫层厚度	不小于设计值	每100m检查3点，尺量
2	下垫层宽度	±50mm	每100m检查3点，尺量
3	平整度	10mm	每100m检查10点，直尺量
4	顶面高程	±30mm	每100m检查3点，水准仪
5	横坡	±0.5%	每100m检查3点，水准仪

4）隔热层铺设：①下垫层标高、横坡、平整度达到控制指标后，清除下垫层表面杂物，进行施工放样。②依据设计文件要求进行隔热层铺设，拼接方式有平接、搭接、企口接，如图3-34所示。直线段宜采用搭接或企口接方式进行连接。曲线段宜采用平接方式（直向积累、集中拼缝方法）进行连接，板间用黏合剂胶结密实，见图3-35。隔热层铺设完毕，经检查合格后，应在当天铺筑上垫层，避免隔热层长时间暴露。③采用双层隔热板铺设时，上下板接缝应交错，错开距离不小于0.2m，见表3-20。

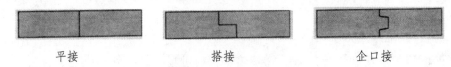

平接　　　　　　　搭接　　　　　　　企口接

图3-34　XPS板的拼接方式

图3-35　弯道处拼缝处理示意图

表3-20　隔热层铺设质量检测标准

项　目	检查项目	规定或允许偏差	检查方法与频率
1	隔热层宽度	不小于设计值	每100m检查5点，尺量
2	中线至边缘	±30mm	每100m检查5点，直尺量
3	隔热层接缝	符合设计要求	每100m检查20点，尺量，目测

5）隔热层上垫层铺设（见表3-21）：①隔热板上铺设0.2m厚的中粗砂上垫层，中粗砂控制指标同下垫层要求。②上垫层要求均匀、平整。③上垫层的厚度、横坡、平整度经检测合格后，方可进入下道工序。

表3-21 隔热层上垫层质量检测标准

项 目	检查项目	规定或允许偏差	检查方法与频率
1	上垫层厚度	±10mm	每100m检查3点，尺量
2	上垫层宽度	不小于设计值	每100m检查3点，尺量
3	平整度	15mm	每100m检查10点，直尺量
4	顶面高程	±50mm	每100m检查3点，水准仪
5	横坡	±0.5%	每100m检查3点，水准仪

6）过渡段处理（见表3-22）：①按设计文件要求铺设过渡段，长度不小于10m，且符合JTG/TD 31-04的相关规定。②隔热层两端用中粗砂覆盖，填料顺坡长度5~10m。

表3-22 隔热层路基质量检测标准

项 目	检查项目	允许偏差	检查方法与频率
1	隔热板材尺寸	1/100	<2 000m³抽检2块；2 000~5 000m³抽检3块；5 000~10 000m³抽检4块；≥10 000m³每2 000m³抽检1块
2	隔热板材密度	≥设计值	天平，抽样频率同项目1
3	基底压实度	≥设计值	环刀法或灌砂法，每1 000m³检测2点
4	垫层平整度	10mm	3m直尺，每20m检查3点
5	垫层之间平整度	20mm	3m直尺，每20m检查3点
6	隔热板材之间缝隙、错台	10mm	卷尺丈量，每20m检查1点

2.片块石路基

（1）一般规定。片块石路基可用于高温冻土区地下泉水发育或地表径流较发育的区段，也可用于治理高含冰量区段融化夹层发育所引发的路基病害，可参照图3-36进行设计。

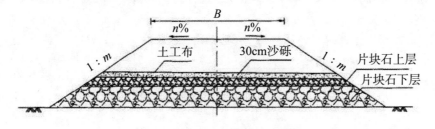

图3-36 片块石路基设计示意图

片块石应采用坚硬或较坚硬岩石，粒径宜控制在10～25cm范围内，石料强度不应低于30MPa。片块石层的铺筑厚度宜为1.0～1.5m，分两层铺筑：下层0.8～1.0m，宜采用规格不小于20cm的片块石；上层0.2～0.5m，宜采用规格10～15cm的片块石。

片块石层的铺筑层位应根路基高度、路面结构层厚度等合理确定，顶面宜位于路床顶面以下30～50cm。

片块石层底部宜铺设沙砾层等辅助防护结构；片挟石顶部宜铺设土工布及沙砾层，沙砾层的厚度宜为30cm。图3-37所示为片块石路基施工场景。

图3-37 片块石路基施工场景

[工程示例3-8]

青藏高原高温多年冻土区片块石通风路基应用研究

片块石路基试验工程依托青藏公路应用示范工程，通过研究比选，选择具有典型性和代表性的路基沉降变形和纵向裂缝等路基病害都比较严重的五道梁路段作为试验观测段。测温观测试验断面布设在K3004+900—K3005+500段。该段属于典型的高温多年冻土区，是冻土地质病害典型路段，具有代表性，是理想的试验路段。

片块石路基试验工程位于青藏公路桩号K3004+900—K3005+500处（五道梁地区）。该路段所处地区年平均地温为-1.5— -0.6℃，属于高温多年冻土地区，其多年冻土类型为多冰饱冰冻土。该路段路面结构为4cm改性沥青混凝土+8cm沥青稳定碎石+20cm水泥稳定沙砾+20cm级配沙砾，结构层下为底基层和片块石。路基高度为3.0m，边坡坡度为1∶1.5。片块石层总厚度为1.5m，分两层铺筑，其中，第一层（下层）0.8～1.0m，充填规格不小于20cm的片块石，第二层（上层）0.5～0.7m，充填规格10～20cm的小块石；在片块石层上为0.3m厚的级配沙砾石层（见图3-38）。为保证片块石层的稳定性和施工质量，施工时片块石采用未风化或微风化的岩石，且片块石空隙内不得充填碎石或其他杂物，压碎值不大于25%。

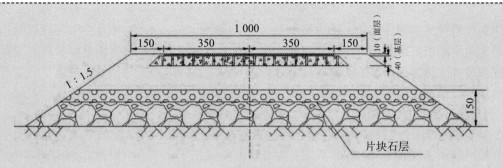

图3-38 片块石路基断面

测温断面分别设在K3004+850和K3004+950，其中K3004+850为对比断面。沿断面分别布设路基中心孔、左右路肩孔、左右坡脚孔与天然孔各1个，天然孔设在路基左侧20m处。路基孔最上面2m内每0.2m设一个测点，2m以下每0.5m设一个测点，每根电缆共设置36个测点；天然孔沿深度方向每0.5m设一个测点，每根电缆设置30个测温点。路基测温断面纵向布置传感器布设如图3-39所示。观测频率为全年观测，每月观测2次，分别为每月的5日和20日。

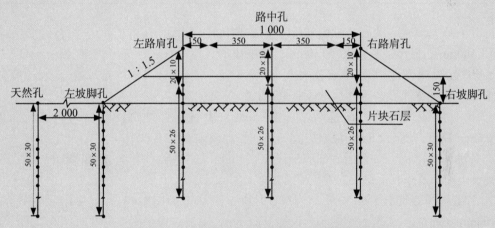

图3-39 片块石路基观测断面传感器布设示意

一般填土路基下左、中、右路基断面下的最大融化深度分别为−5.86m、−6.56m和−4.48m，而片块石路基下左、中、右路基断面下的最大融化深度分别为−3.87m、−5.01m和−3.51m。两种路基对比可以看出，片块石路基此时的最大融化深度比一般路基抬升了1.5m左右。片块石层内与填土层内最高温度和最低温度均出现了明显的不同，而且片块石路基下多年冻土上限较一般填土路基要高。这说明在寒季外界温度低于路基下部温度时，片块石层内部产生自然对流换热的现象，将空气中的"冷能"不断带入路基内部，这在保护多年冻土、抬高多年冻土上限、减少路基病害、保证路基稳定运营等方面将起到积极作用。

片块石路基可以有效地降低路基阴阳坡效应造成的路基体内部的温度差异，还可以起到推迟路基的融化时间和降低路基浅层地温的作用。这两方面都有利于多年冻土的生存和发育，维护路基的稳定，减少路基病害的发生。

（2）青海省地方标准（块石路基）的相关规定。块石路基是采用块石作为路基填料，利用空气的对流、传导方式，减少路面及边坡的吸热。冬季利用空隙冷空气传导热能，减缓路基下多年冻土的融化速率，提高路基下多年冻土的热稳定性。其适用范围为：①多年冻土区高温高含冰量冻土路段；②多年冻土区新建和改建公路工程；③路线通过地下水发育、地表水径流较发育或冻土沼泽的地段。

1）块石路基设计参数。

a. 块石材质。块石材料选取时，要考虑块石的强度、抗风化和抗冻能力、粒径大小、形状、洁净度和透水性能等，石料抗压强度要求见表3-23。

表3-23 石料抗压强度要求

石料种类	极限强度/MPa	允许压路机单位线荷载/MPa
软石料（石灰岩、砂岩）	30~60	6~7
中硬石料（石灰岩、砂岩、粗粒花岗岩）	60~100	7~8
坚硬石料（细粒花岗岩、闪长岩）	100~200	8~10
极坚硬石料（辉绿岩、硬玄武岩、闪长岩）	200	10~12.5

b. 块石质量要求。块石单轴饱和抗压强度不小于30MPa，压碎值不大于25%，粒径宜选用150~300mm，最小边长宜大于150mm，长细比不宜大于3。

c. 块石层铺砌厚度。块石层的铺砌厚度宜为1.0~1.5m。富冰冻土地段宜选用1.0~1.2m。饱冰冻土及含土冰层地段宜选用1.2~1.5m。

d. 块石层铺筑位置。路基高度≤2.5m时，块石层宜铺筑在路面结构层底面以下0.3~0.5m。路基高度＞2.5m，块石层宜铺筑在原地面以上0.3~0.5m。

e. 辅助防护结构。块石层底部应铺设0.3~0.5m厚的沙砾石下垫层辅助防护结构，其顶部应铺设土工布及碎石上垫层，厚度宜为0.2~0.3m。

若在路基两侧增设碎石护坡，构成U形块石路基，如图3-40所示。碎石粒径宜大于80~100mm。通常，碎石层厚度阴坡不宜小于0.8m，阳坡应大于阴坡厚度的2倍。

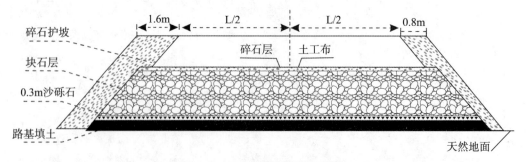

图3-40 U形块石路基断面示意

f. 过渡段：两段块石路基的连接段或片块石路基与其他路基的连接段，其连接处坡率应不陡于1:5。

2）块石路基施工技术及方法。

a. 块石材料准备。根据生态及景观要求，确定石料开采方案。按设计粒径要求进行石料开采、破碎和筛选,填料石料粒径要求为块石层填料,块石粒径为150~300mm;下垫层填料,砾碎石粒径为30~50mm;上垫层填料,碎石粒径为10~30mm;护坡碎石填料,碎石粒径为80~100mm。

b. 基底处理。路基高度≥2.5m时,保存地表植被。原地表用沙砾填铺,用重型振动压路机或冲击碾进行碾压。压实后地面以上填料层厚度应为0.3~0.5m,满足压实度要求。验收合格后方可进入下一道工序。

c. 块石层填筑。安排好石料运输路线,用自卸汽车运至填筑区段,不得采用装载机或推土机作为运输机械。采用先低后高、先两侧后中间倾填的方法,块石料一次填筑到位,空隙内不得填充碎石或其他杂物。人工配合挖掘机进行大面找平,采用压路机静压后,最后填筑顶层辅助防护结构。

d. 块石压实。碾压顺序为:直线段先两侧,后中间;曲线段应先内侧,后外侧。碾压速度为3~4km/h。第一遍静压,先慢后快,由弱振到强振,碾压遍数以满足沉降差≤5mm进行控制,最后再静压一遍。碾压时轨迹重叠宽度≥0.5m,相邻区段重叠长度≥5m。碾压完成后,铺设辅助防护结构。

压路机的线压力应与石块的抗压强度极限值相匹配,避免块石破碎和挤压破坏骨架结构。压路机的最大接触应力应符合块石最大接触允许应力的要求,见表3-24。

表3-24 块石允许最大接触应力

允许最大接触应力/MPa		压实层的变形模量/MPa	
压实开始	压实结束	压实开始	压实结束
0.4~0.6	2.5~3.0	30	100

设置护坡道时,两侧的护坡道与块石层齐平,土工布应整幅覆盖两侧的护坡道顶面,护坡道坡率与边坡坡率相同。

e. 块石路基过渡段施工。过渡段长度和基底换填深度、填料应符合设计要求,块石层过渡段延伸坡率应不小于1:5。高含冰量冻土路段基底换填处理时,应向少冰、多冰冻土地段逐步过渡,如图3-41所示。

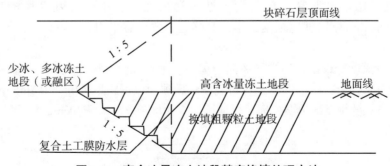

图3-41 高含冰量冻土地段基底换填处理方法

f. 路基填筑。块石层以上路基填筑前,应对块石层边坡进行临时覆盖,防止细料进入石缝中,影响降温效果。禁止路基填料填塞块石路基空隙。

g. 护坡填筑。块石路基填筑完成后,再进行碎石护坡施工。采用倾填施工法,用机械和人工方法保证护坡厚度。块石层铺筑完成后，为使块石路基达到设计要求的空隙率，避免上覆土层细颗粒落入块石层的空隙中，保证块石层中空气对流效果，宜在路基顶和碎石护坡表面铺设土工布。

3）施工过程质量控制与检测。块石路基施工质量应满足：用试验路段确定的沉降差指标检测压实度，平均沉降差不宜大于5mm，标准差不宜大于3mm。路基成形后的外观质量标准为：路基边坡规整，无明显松动，坡面平顺，施工应符合表3-25质量标准。

表3-25 填石路基施工质量标准

项　目	检查项目		允许偏差		检查方法与频率
			高速、一级公路	其他公路	
1	压实度		符合试验路段施工记录		施工记录
			沉降差≤5mm		水准仪：每40m检测1个断面，每个断面检测5~9点
2	纵面高程		+10，-20mm	+10，-30mm	水准仪：每200m检测4个断面
3	弯沉		不大于设计值		
4	中线偏位		50mm	100mm	全站仪：每200m测4点，弯道加HY，YH两点
5	宽度		不小于设计值		米尺：每200m测4处
6	平整度/mm		20	30	3m直尺：每200m测4点×10尺
7	横坡		±0.3%	±0.5%	水准仪：每200m检测4个断面
8	边坡	坡度	不陡于设计值		每200m抽查4处
		平顺度	符合设计要求		

3.通风管路基

（1）一般规定。通风管路基可用于路基高度大于2m的高温高含冰量多年冻土路段，且路基走向垂直（或近于垂直）主风向的地段。通风管路基工作机理是：在寒冷季节冷空气由于具有较大的密度，在自重和风的作用下将管中的热空气挤出，并不断将周围土体中的热量带走，达到保护地基土冻结状态的目的。

通风管宜采用钢筋混凝土预制管。通风管内径应不小于路基高度的1/8，宜采用0.3~0.4m；配筋和管壁厚度应根据力学计算确定，壁厚宜采用5~8cm；管径与通风管长度的比值应大于0.01。

通风管埋设深度应根据当地主导风向与风速、地表径流、风沙及积雪等自然因素综合确定。通风管的埋深宜为3~5倍管径，宜布设在路床顶面以下距地表0.5~0.7m的范围内，底部应设置不小于30cm的中粗砂垫层，通风管伸出路堤边坡长度应大于30cm，如图3-42所示。

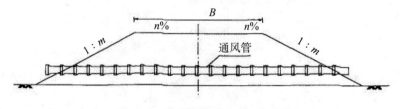

图3-42 通风管路基设计示意图

（2）青海省地方标准规定。通风管路基工作原理是在路基的一定位置贯通铺设管道，在自然对流和风压的作用下，密度较大的冷空气将管中的热空气挤出，降低路基下多年冻土地温，提高多年冻土上限和路基热稳定性。

1）设计原则及要求。通风管路基设计应在掌握和综合分析冻土工程地质勘察资料，充分考虑建设区的冻土环境影响，确定设计方案，如图3-43所示。在风沙较大路段，通风管路基应采取防砂措施，或改进通风管结构形式，保证通风效果。具体设计要求如下：

a. 通风管管径及材质选择：通风管管径（D）宜采用0.4~0.7m，管壁厚度（δ）宜采用50~80mm；通风管的合理长（L）径（D）比应小于50。通风管宜采用钢筋混凝土预制管，混凝土强度等级不低于C30，每节长1.0~3.0m。

b. 通风管埋设要求：通风管埋设应避开路基坡脚的静风区，两端伸出路基边坡长度应大于0.2~0.4m，如图3-43（a）所示。通风管的埋设深度应大于3~5倍管径，大管径取小值，小管径取大值，宜铺设在地面以上0.5~1.0m。

c. 埋设间距：根据实测数据，管间距越小，寒节冷却路基的作用越明显，但暖季吸热量也越大。故建议管径0.4m的通风管净间距为1.0~1.5m。

d. 辅助防护结构：通风管顶部应铺设0.1~0.2m厚的中粗砂保护层，通风管四周应铺设中粗砂垫层；可在进风口安装"风门"装置；可采用"透壁式"通风管，加速路基的降温效果。

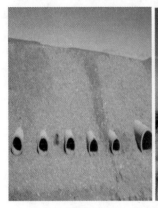  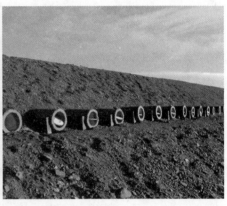

（a）通风管路基　　（b）钢筋混凝土预制管　　（c）傍晚开始通风（带风门的通风管）

（d）中午通风管关闭

图3-43　通风管路基工作场景

2）施工技术及方法。

a. 施工准备。修筑试验段（确定放样、沟槽开挖、布管、侧向回填与压实、管顶填筑等参数）；通风管几何尺寸、强度应符合设计要求，外观平整光洁，承插口不得开裂或碰撞损伤；通风管进场时，必须提供产品合格证及第三方检测报告，检测类别见表3-26。

表3-26 通风管检验项目和类别

序号	质量指标	检查项目	类别	允许偏差	备注
1	外观质量	黏皮	B	无	
2		麻面	B	无	
3		局部凹坑	B	不大于5mm	
4		蜂窝	A	无	
5		塌落	A	无	
6		露筋	A	无	
7		空鼓	A	无	
8		裂缝	A	不允许	
9		合缝漏浆	A	不应有	
10		端面碰伤	A	纵向长度不超过100m，环向长度极限值60~80mm	
11	尺寸偏差	承口直径（D_2）	A	接头：柔性、刚性±2mm	刚性接头承插口管测D_1
12		插口直径（D_1）	A	接头：柔性±2mm，刚性±4mm	
13		承口长度（L_2）	B	接头：柔性、刚性±3	刚性接头承插口管测L_1
14		插口长度（L_1）	B	接头：柔性+3，-4mm，刚性±6mm	
15		管子公称内径（D_0）	B	柔性、刚性：+4，-8mm	
16		管壁厚度（t）	B	柔性、刚性：+8，-2mm	
17		管子有效长度（L）	B	柔性、刚性：+18，-10mm	
18		弯曲度（δ）	B	≤管子长度0.3%	
19		端面倾斜（S）	B	≤10mm	
20		保护层厚度（C）	B	不小于15mm	
21	物理力学性能	裂缝荷载	A	符合设计要求	
22		破坏荷载	A		
23		混凝土抗压强度	A		

注：A类项目必须全部合格；B类项目的超差不超过2项。

外压荷载检验符合设计要求时，该产品力学性能合格。如不符合要求，允许从同批产品中抽取2根进行复检，全部合格则该批产品力学性能合格，复检时仍有1根不符合要求，则判定该批产品力学性能不合格。

b. 管底路基填筑。管底路基填筑厚度不小于0.5m，按地形设2%~4%横坡。通风管设计高度以下，按设计要求进行路基填筑，压实度满足要求。

检测路基面的平整度和压实度，合格后才可进行通风管埋设安装。

c. 沟槽开挖。按通风管的设计要求放线。按预设位置进行沟槽开挖，沟槽两侧宽度和深度应大于通风管外径0.1~0.2m。

单幅式路基设置通风管时，沟槽应设置为自路基阳坡至阴坡向下倾斜2%~4%。高速公路、一级公路整体式路基设置通风管时，沟槽应设置为"人"字横坡，坡率为2%~4%，应在中央隔离带处设置通风口。

d. 通风管基底垫层施工。沟槽中铺设中粗砂垫层，要求平整、密实，厚度满足设计要求。

e. 通风管埋设。通风管安装标高、纵向间距应符合设计要求。用起重设备将通风管放入沟槽，摆放平整，管节连接可靠，两端应伸出路基边坡不小于0.2~0.4m。通风管与通风管间两端应平齐。

通风管安装到位，经检查合格后，用中粗砂回填管侧，整平沟槽，回填压实。

f. 管顶路基填筑。通风管安装完成后，管顶应铺设0.1~0.2m厚的中粗砂保护层，再按设计要求进行管顶路基填筑，压实度满足要求。通风管路基施工质量检测标准见表3-27。

表3-27 通风管路基施工质量检测标准

序 号	检测项目	允许偏差	检查方法与频率
1	路基压实度	符合设计规定	灌砂法、灌水法，每一压实层每100m检测3点
2	平整度	15mm	3m直尺，每200m检测2处×10尺
3	通风管埋设高程	±30mm	水准仪，每100m检测3点
4	通风管铺设间距	±10mm	直尺，每100m检测4点
5	中线偏位	50mm	水准仪，每100m检测4点
6	横坡	±0.3%	水准仪，每100m检测2断面
7	管槽宽度、深度	±0.5mm	直尺，每100m检测4点
8	管顶路基压实度	符合设计规定	灌砂法、灌水法，每一压实层每100m检测3点
9	通风管两端伸出长度	±20mm	拉线

4. 热棒路基

（1）一般规定。热棒是一种单向传热的元件，当下部环境温度高于上部环境温度时，热棒下部（蒸发段）的管内工质受热后蒸发变为蒸气向上升，当蒸气升入上部空间（热棒净凝段）后受管外冷风的冷却，冷凝成液体，在重力作用下回到下部空间，通过工质循环的蒸发、冷凝过程将下部环境的热量源源不断地送到上部环境，使下部环境的温度不断下降。因此热棒是一种很好的单向制冷元件，可以把外部的冷量直接传送到地下深处，起到稳定降低地温的作用。如图3-44所示为热棒在青藏公路上的应用。

图3-44 热棒在青藏公路上的应用

新建路段，热棒路基可用于极高温多年冻土区或冻土退化区，并宜沿路基两侧埋设；改建路段，热棒路基可用于治理由于融化盘偏移所引起的路基不均匀沉陷、纵向裂缝等病害。

热棒的埋设深度应根据被处治路基的多年冻土人为上限深度确定，宜为上限以下1.0~2.5m。当热棒工程措施不能完全处理路基病害或路基高度大于3.5m时，宜采用热棒-隔热层组合路基。

热棒的形状可按图3-45分为Ⅰ型和Ⅱ型（L形），应根据热棒的工质、管壳、冷凝器等参数选择适用的热棒。工质宜采用液氨，管壳宜采用碳钢或不锈钢，使用寿命不宜小于30年。热棒的规格和尺寸应根据冻土路基的使用要求和冻土地质条件通过热工计算确定。

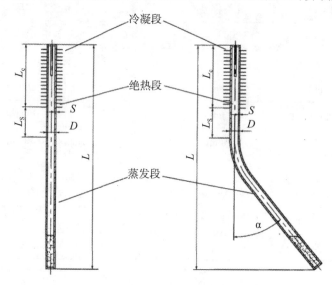

图3-45 热棒形状

注：D—基管外径（mm）；L_c—冷凝段长度（m）；L_S—绝热段长度（m）；L—热棒高度（m）；S—基管公称壁厚（mm）；$α$—弯曲角（°）。

热棒的间距应根据热棒的有效作用半径确定，宜为有效作用半径的1.5~2.5倍；热棒的设置可采用单棒竖置、单棒斜置（见图3-46）、双棒竖置和双棒斜置等方式，可参考以下原则确定：①在不损失热棒制冷效果的前提下，热棒宜斜置，斜置角度宜为75°。②在极高温冻土区及冻土退化区应埋置双向热棒，并保持适当的路基填土高度。③在中高温冻土区，当人为上限较大时，可采用双向热棒冷却路基；当融化盘因阴阳坡的影响而偏移时，可在阳坡设置单向热棒。

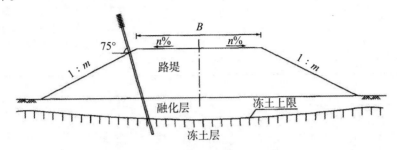

图3-46 热棒路基设计示意图

（2）青海省地方标准的相关规定。热棒路基通过热棒内工质的蒸发、冷凝循环，将路基及其下部多年冻土中的热量输送到大气，从而降低多年冻土温度，是防治多年冻土融化、长期维持路基稳定性的工程措施。

热棒路基工作原理是在多年冻土区路基工程中安装热棒，利用热棒内工质蒸发、冷凝循环，将多年冻土热能散发在大气中，从而降低路基下多年冻土的温度。

热棒用于寒区工程，工作温度在200～333K（-73℃～60℃）之间，蒸发段在下方、冷凝段在上方、管内凝结液依靠重力而回流的传热管。热棒形状分为Ⅰ型和Ⅱ型，工质宜采用液氨，管壳宜采用碳钢或不锈钢，使用寿命不宜小于30年。常用热棒规格尺寸和性能见表3-28和表3-29。

表3-28 常用热棒规格和尺寸

标准外管直径D/mm	长度/m	管壁厚度/mm	冷凝段长/m	绝热段长/m	翅片高度/m	翅片厚度/m	翅片节距/m	开齿高/mm	齿宽/mm	额定功率/W
30～45	≤6	2.5～3.5	≤2	≤1	≤25	≤2	5～20	5～20	2～8	200
45～60	≤9	3.5～4.5	≤3	≤1	≤25	≤2	5～20	5～20	2～10	240
60～80	≤12	4.0～5.5	≤4	≤2	≤30	≤2	5～25	10～25	2～10	300
80～100	≤20	5.0～6.5	≤5	≤2	≤40	≤2	5～25	10～35	2～12	500
90～110	≤30	5.0～7.5	≤6	≤3	≤40	≤2	5～25	10～35	2～12	700
110～130	≤40	6.0～8.5	≤8	≤4	≤50	≤2	5～30	20～40	2～12	1000

表3-29 热棒产品性能

标准外管直径/mm	冷凝段长度/m	冷凝（散热）面积/m²	蒸发段长度/m	热流量/W	寒季产冷量/MJ	最大平均降温/℃	融土冻结半径/m
51	2.50	20.7	6.0	54.3	986.1	5.5	0.89
60	2.50	2.43	6.0	62.2	1 128.5	6.3	0.95
76	2.50	3.08	6.0	72.7	1 318.8	7.4	1.02

续 表

标准外管直径/mm	冷凝段长度/m	冷凝（散热）面积/m²	蒸发段长度/m	热流量/W	寒季产冷量/MJ	最大平均降温/℃	融土冻结半径/m
83	2.50	3.36	6.0	77.0	1 397.5	7.8	1.05
89	2.50	3.61	6.0	80.5	1 461.2	8.2	1.08
108	2.50	4.38	6.0	90.9	1 648.6	9.2	1.12

1）适用范围：热棒路基适用于高温高含冰量冻土区或冻土退化地段的新、改建路基工程，也用于防治融化盘偏移所引起的路基不均匀沉降、纵向裂缝等病害。另外，路基高度≥8m时，不宜设置热棒。

2）热棒设计：

a. 埋设间距：热棒埋设间距宜为3.0～4.0m，热棒路基的两端应向外延伸10m以上。

b. 合理埋深：多年冻土区路基工程的热棒埋置深度，应根据所在路段多年冻土上限确定，且应保证热棒蒸发段埋置在多年冻土上限以下不小于3.0m的深度。

c. 安装形式：斜插热棒一般用在高速公路路基工程中，斜插角度应视工程需要和环境因素、施工条件确定。

在高温高含冰量冻土区和退化性冻土区，路基高度小于2.5m时，宜设置双排热棒。

高度在5～8m或地面横坡陡于1∶5及阴阳坡影响明显的路基，多年冻土人为上限出现偏移时，宜在阳坡安装热棒。

3）施工准备。施工设备准备包括钻孔机械、起吊机械、热棒防护、搬运、固定和回填等设备。

施工材料准备应包括以下材料：①回填料，中粗砂或泥浆足量准备；②水，回填填料时的工程用水；③工棚、便道、电源和照明、环境保护与恢复等用料；④热棒，热棒吊装前，应在现场对热棒的防腐、保温、防水层处理等进行检查。

施工准备完成后，应根据热棒设计位置进行放线，确定钻孔位置，搭建钻孔平台。成孔应满足下列要求：①钻进方法，采用干钻；②钻进角度，根据热棒埋置设计要求，确定钻进角度，钻孔直线度偏差不大于5mm；③钻孔直径，根据热棒的外径确定，钻孔直径应比热棒外管直径大50～100mm；④钻孔深度，终孔深度应大于设计埋置深度0.1～0.2m。

4）热棒安装。钻孔完成后，应及时进行热棒安装。不能及时安装时，应采取临时措施保护钻孔。安装时，应遵循下列要求：①利用热棒顶盖的环形槽作受力点进行系吊，要求吊车吊臂有效长度超过热棒总长1.0m；②起吊过程中，应采取防护措施，不应损伤冷凝段翅片、蒸发段底部及防腐涂层；③按设计要求将孔内热棒导正；④热棒插入深度、垂直度或角度检查合格后，用支架等固定。

热棒固定后，采用水中沉沙法灌入过筛后的中粗砂，回填热棒与孔壁间的空隙，确保回填密实。待回填砂冻结后方可拆除支架。

热棒安装完成后，及时对施工现场进行清理和恢复。应按设计要求验收热棒安装质量，并检查现场清理和恢复情况。两根热棒安装水平相对误差应小于30mm，埋深高程误差应小于20mm。

5.热棒–隔热层复合路基

由青海省地方标准可知,热棒–隔热层复合路基的工作原理为:隔热层具有高热阻性能,可有效减少传入路基下多年冻土的热量。热棒通过蒸发-冷凝循环,降低路基下多年冻土温度。两者共同作用提高多年冻土路基的热稳定性。热棒-隔热层复合路基适用于各类多年冻土工程地质条件和新建、改建路基工程及病害治理。

(1)隔热层及热棒技术指标:材料质量检测、施工技术要求、施工质量检测的要求,与单一的隔热层路基和热棒路基要求相同。

(2)隔热层及热棒埋设位置:隔热层一般埋设在路面结构层底面以下0.5m,或高出地面以上0.5m,如图3-47所示。隔热层设置宽度与设置位置与路基相同,隔热层横坡与路基横坡相同。

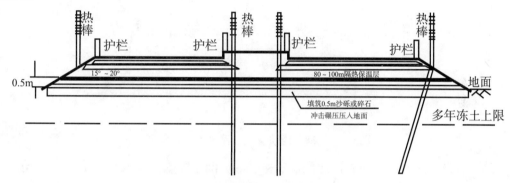

图3-47 热棒-隔热层复合路基设计示意图

多年冻土区路基工程的热棒埋设深度,应根据所在路段多年冻土上限确定,且应保证热棒蒸发段埋设在多年冻土上限以下不小于1.5~3.0m,热棒间距宜为3~4m。

(3)隔热层及热棒埋设方式。隔热层过渡段应向两端外延铺设不小于10m。

斜插热棒一般用在高速公路、宽幅路基工程中,斜插角度宜为45°。在高温高含冰量冻土区和退化性冻土区,路基高度小于2.5m时,宜设置双排热棒。高度在5~8m或地面横坡陡于1:5及阴阳坡影响明显的路基,多年冻土人为上限出现偏移时,宜在阳坡安装热棒。

6.块石–通风管复合路基

由青海省地方标准可知,块石–通风管复合路基的工作原理为:块石通风管复合路基是利用通风管与大气的对流换热和块石层内冷热空气的耐流、传导的双重作用来冷却路基的特殊复合路基。通过在块石层的顶部或中部增设通风管,增大块石层上下界面的温差,加大冷空气的对流、传导和"烟囱效应",从而降低路基底部的温度,保护冻土热稳定性。

块石–通风管复合路基主要用于多年冻土区高温高含冰量冻土和退化性多年冻土路段,还适用于多年冻土区新建、改建公路工程。

(1)参数设计要求。块石粒径宜选用150~300mm,最小边长宜大于150mm,长细比不宜大于3。通风管宜采用管外径(D)0.4~0.7m,管壁厚度(δ)50~80mm,每节长为1.0~3.0m的钢筋混凝土预制管,长度(L)与管外径(D)比值应不大于50。

块石路基的填筑厚度宜为1.0~1.5m,通风管净间距宜为1.0~1.5m。

(2)块石层及通风管布设位置。块石层视路基高度填筑情况,设置在路面结构层下

0.3~0.5m或原地面以上0.5m。

通风管的埋设位置一般在块石层顶部或中部；对于高路基而言，通风管宜设置在块石层中部；对于低路基而言，可将通风管设置在块石层顶部，如图3-48所示。

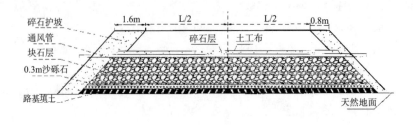

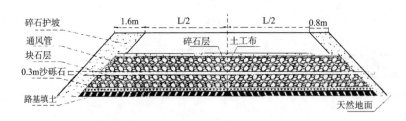

图3-48 块石-通风管复合路基设计示意图

（3）辅助防护结构。块石层底部应铺设0.5m厚的沙砾层，其顶部宜铺设碎石垫层及土工布，垫层厚度宜为0.2~0.3m。当通风管埋设在块石层顶部时，应保证通风管管顶与块石层上界面平齐，然后铺设碎石垫层及土工布，垫层厚度宜为0.2~0.3m。当通风管埋设在块石层中部时，通风管不做辅助防护设施。

（4）施工技术及方法。块石-通风管复合路基的施工技术及方法、检测与评定，应分别满足多年冻土地区块石路基、通风管路基的相关标准。

[工程示例3-9]

"多年冻土区"复合措施公路修筑技术

当前，在多年冻土区公路建设中采用了一系列保护冻土的工程措施，如填土路基、XPS板路基、片块石路基、热棒路基、通风管路基等，取得了良好的应用效果。但这些措施都是基于低等级公路的建设要求提出的，很难有效调控高速公路宽幅沥青路面的强吸热作用，并且传统的单一工程措施在保护冻土及治理路基病害时具有一定的局限性，或在暖季工作，或在冷季发挥积极作用，有些则在结构或适用性上存在不足。因此，需根据高速公路宽幅路基热效应的特点开发出一些复合工程措施，以保护宽幅路基下伏多年冻土的稳定。

国内外在多年冻土地区均开展了一些复合工程措施研究。段东明、温智等对热棒-保温板复合措施进行了数值模拟分析，结果表明，在年平均气温为-3.5℃或地表平均温度为-1℃的地区，在青藏铁路50年的使用期内，采用单一措施将不能提供足够的保护力度，路基下伏多年冻土层都将发生融化，路基将产生较大的融沉变形；而采用热棒-保温板复合结构，能充分利用保温板和热棒两种措施的优点，更好地保护多年冻土。董元宏等对通风管-片块石复合路基开展了现场观测和数值模拟分析，计算结果表明，采用单一块石措施在宽幅路基条件下适用性不佳，保护效果有限，而使用通风管块石复合措施能增强块石层的自然对流效应，使得冻土层经受住了沥青路面的高吸热性和全球气温升温的共同影响。钱进等以高等级公路试验示范工程为依托，对多年冻土区以对流为调控机制的多种措施或其相关复合措施的降温过程、降温效能、降温机制、对流特性及其换热过程、主要影响因素等展开了研究。

目前，关于复合路基的研究还较少，而且依托工程没有在实际运营的多年冻土区道路上开展，缺乏实体工程应用效果的系统性和定量性分析，通过青藏公路多年冻土区实体工程，对3种复合措施的调控效果进行分析和验证，为多年冻土区高速公路的建设提供设计参考。

1. 块石-通风管复合路基

（1）工作机理。通风管路基和块石路基都是多年冻土区公路工程中比较常用的调控措施。通风管路基可直接将外界冷空气导入路基体内，相比普通路基可进一步降低下伏多年冻土的温度。但由于它是利用空气在管内对流与管壁发生热传导，从而影响到管壁及周围土体的温度场，导致其实际传热效率不是太高。块石路基虽然能够缓慢降低下伏多年冻土的温度，但是块石层内的对流范围和强度都十分有限。综合考虑管道通风路基强对流和块石路基影响范围广的优点，提出将透壁式通风管（简称"通风管"）与块石相结合的一种复合通风路基，空气可以透过管壁的孔眼穿透到管周围块石中去，与块石间隙中的气体进行对流热交换，充分利用了多孔介质与空气的热对流与热传导，达到了主动冷却路基的目的。

（2）试验工程简介。实体工程位于青藏公路K2915+020—K2915+160段，全长140m，采用在路基右侧加宽一个3.5m的车道，形成一个路基总宽为13.5m的宽幅路基，来模拟高速公路的分幅路基，设计方案如图3-49所示。观测断面位于K2915+140，对比断面位于K2915+170，并埋设了相应的地温观测设备。该段所在区域年平均气温为-7.0~-1.0℃，多年冻土年平均地温为-2.6~-1.0℃，人为上限为3.5~4.5m。在湖相沉积的多年冻土中含有大量的厚层地下冰，主要以高含冰量为主。

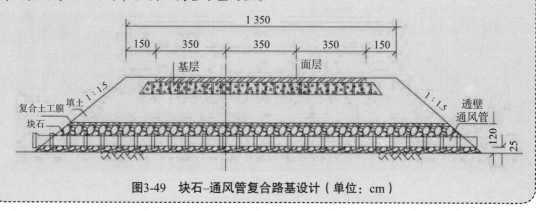

图3-49 块石-通风管复合路基设计（单位：cm）

通风管内径为0.4m，壁厚为8cm，埋于路堤底部靠近天然地面一侧，位置略高于天然地面。相邻通风管的间距为2m。块石层厚度为1.2m，粒径为20～30cm。现场施工如图3-50所示。

（a）通风管管节拼装

（b）通风管管间及管顶块石填筑

图3-50　块石-通风管复合路基实体工程施工

（3）降温效果分析。图3-51和图3-52分别为路中孔10月下旬、1月初在两年观测期间地温对比图。由图3-51可以看出，10月份时两组地温数据在浅层深度范围内有一定偏差，表现为第2年比第1年时温度降低，降幅为0.1～0.4℃；深层土的地温变化不明显。该路段所在地区，一般10月中下旬是逐渐进入冷季的时间，经过一个暖季的吸热作用后，路基下土体地温达到一个较高值，而此时靠近地表的温度同比有所降低，说明复合路基有一定的调控效果。图3-52为1月初连续两年的地温观测数据，从图中可以看出，深层范围内地温略有下降，浅层地温差异不明显，说明观测期时间较短，复合路基的调控作用还未明显表现出来。

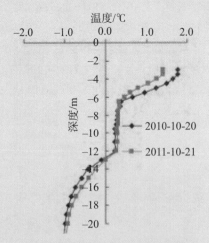

图3-51　10月下旬路中孔地温对比

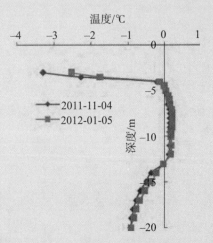

图3-52　1月初路中孔地温对比

2. 热棒–XPS板复合路基

（1）工作原理。XPS板路基于低温冻土区在保护冻土路基的稳定，以及降低路基高度防治高路基病害等方面发挥出了积极的作用，但它只能在暖季明显减少传入路基体的热量，冷季时却不利于外界冷量传入路基体内，对路基体散热有不利影响；热棒路基在治理高路基融化盘偏移，以及主动维持或抬升高温高含冰量冻土上限等方面效果显著，但它仅在外界温度低于路基体内部温度时启动工作，全年有效工作时间有限。因此，将XPS板有较大热阻能减少路基体暖季吸热与热棒冷季对流换热强烈能主动冷却路基的各自积极因素进行综合利用，提出热棒–XPS板复合路基，以达到全年都可发挥地温调控作用的效果。

（2）试验工程简介。实体工程位于青藏公路K3052+450–K3052+600段，全长150 m，采用在路基右侧加宽一个3.5 m的车道，形成一个路基总宽为13.5 m的宽幅路基，来模拟高速公路的分幅路基，设计方案如图3-53所示。观测断面位于K3052+580，对比断面位于K3052+630，并埋设了相应的地温观测设备。该区段位于北麓河断陷盆地和风火山中高山过渡区，年平均气温为–5.0～0℃，多数路段为饱冰冻土和含土冰层，以连续多年冻土为主，局部存在融区。冻土构造基本上为水平层状，年平均地温为–1.5～–1.0℃，人为上限为4.5～5.5m。

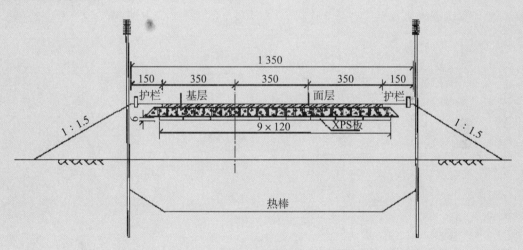

图3-53　热棒–XPS板复合路基设计（单位：cm）

复合路基所采用的XPS板技术要求为：导热系数不大于0.030W/（m·℃），容重不小于44.9kg/m³，抗压强度应不低于650kPa，吸水率应小于0.5%。棒技术要求为：管长12m，其中蒸发端长为8m、冷凝端长为4m；管径为83mm，壁厚为5mm；当工作温度为–5℃时，其传热能力不低于6kW，有效工作时间不低于20年。

热棒布设于路基左右路肩处，纵向布设间距为4m；XPS板厚为6cm，横向宽度为10.8m，布设在路面结构层基层底部。现场施工如图3-54所示。

（a）XPS板的铺设、搭接　　　　　　（b）热棒的钻孔、吊装

图3-54　热棒–XPS板复合路基实体工程施工

（3）降温效果分析。由图3-55可以看出，在2011年与2012连续两年1月上旬的时间点上，观测断面与对比断面的地温曲线均产生偏差，表现为在路面下2～5m范围内，观测断面地温低于对比断面，最大相差约为0.8℃，说明复合措施对活动层的地温有一定的调控效果。分析原因主要是在暖季时XPS板阻止了大量热量进入路基体内，进入冷季后热棒开始工作，到1月份时已连续工作近3个月，主动制冷的效果已充分显现。

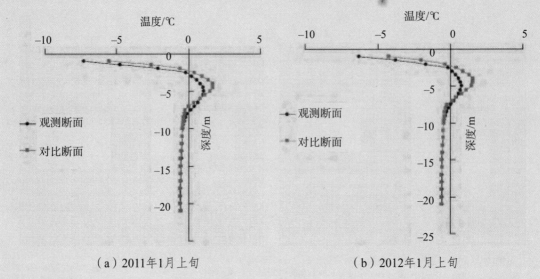

（a）2011年1月上旬　　　　　　　　（b）2012年1月上旬

图3-55　1月上旬路中孔地温变化对比

3. 热棒–片块石复合路基

（1）工作原理。路基宽度对片块石层的自然对流有一定影响。当路基宽度较大时，路堤中间区域形成的自然对流雷诺数明显大于路堤边坡区域，说明普通路基变为宽幅路基后，在保持片块石层合理厚度的前提下，路堤中间区域将很难出现自然对流，对土体发挥降温作用也将减弱，因此，在高速公路宽幅路基条件下，采用单一措施的片块石路基，对保护冻土热稳定性的作用将十分有限。热棒路基的主动冷却能力较好，在冷季时

可以源源不断将多年冻土层中的热量通过蒸发–冷凝作用带到大气环境中。但由于热棒制冷功率有限，仅能作用于小范围内土体，在宽幅路基下冷却范围十分有限，并且热棒仅在冷季时发挥作用，在暖季时停止工作。而片块石路基由于其本身的"热半导体"性能，在冷季时片块石层的导热系数较大，在暖季时导热系数较小，可以全年发挥调控作用。通过将热棒和片块石两种措施复合使用，可以实现全年对冻土路基的地温调控作用。

（2）试验工程简介。实体工程位于青藏公路安多以北K3402+640–K3403+100段，全长460 m，采用在路基右侧加宽一个3.5 m的车道，形成一个路基总宽为13.5 m的宽幅路基，来模拟高速公路的分幅路基，设计方案如图3-56所示。观测断面位于K3402+660，对比断面位于K3402+800。该段地处捷布曲河断陷谷地，多数路段为富冰、饱冰冻土，人为上限为5.0~6.5m，融沉系数为18%~25%，路基冻土地温较高，处于多年冻土退化区。

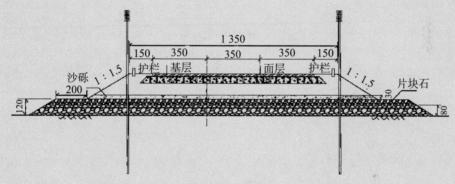

图3-56　热棒–片块石复合路基设计（单位：cm）

片块石层厚度为1.2m，分两层填筑，第一层（下层）为厚0.8m、粒径规格20~30cm的片块石，第二层（上层）为厚0.4m、粒径规格10~15cm的小片石。片块石层上为30cm厚沙砾层。热棒布设于路基左右路肩处，纵向布设间距为4m。热棒–片块石复合路基实体工程施工如图3-57所示。

（a）片块石上层铺设　　　　　　　（b）施工完成后

图3-57　热棒–片块石复合路基实体工程施工

（3）降温效果分析。图3-58所示为热棒–片块石复合路基在观测期8月份以及2月份路基中孔地温曲线图。从图3-58（a）可以看出，复合路基工作第3年比前两年地温都有一定的降低，8月份时地温在冻土上限以下有一定的偏差，并且地温曲线的偏移量逐年增大；在路面下6m深度处，2011年相比2010年地温降低了-0.49℃，至2012年时该深度处地温降低幅度已增大至-0.8℃。从图3-58（b）可以看出，在冷季2月份时，于路面下4～10m深度范围地温也有明显的降低，在8m位置处2012年比2011年地温降低了0.18℃，表现出了良好的地温调控效果。由于复合路基工作时间较短，深层土体的地温变化相对较小，需要一定的周期才能逐渐显现出来。

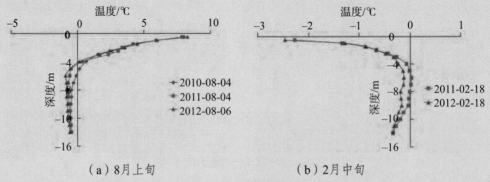

（a）8月上旬　　　　　　　（b）2月中旬

图3-58　路中孔地温变化对比

4.结语

针对多年冻土区高速公路建设中遇到的实际工程问题，在总结分析传统路基调控措施的基础上，提出了3种复合措施，并对调控效果进行了实体工程验证，主要研究结论有以下几点：

（1）对几种单一工程措施进行了综合评价，根据各自的适应条件及作用机理提出了块石–通风管、热棒–XPS板、热棒–片块石3种复合路基，并提出了相应的设计方法与指标。

（2）通过青藏公路多年冻土区宽幅实体工程的检验，3种复合工程措施初步应用效果明显。由于观测周期较短，长期调控效果还需进一步研究。目前，复合措施已在共和—玉树多年冻土区高速公路建设中推广应用。

五、路基施工

1.一般规定

路基施工应按设计和实际情况合理选择施工季节。高含冰量冻土地段路堑开挖宜选择在寒季进行，基底和边坡换填及保温层等施工宜在6月底前完成，路堤的填筑宜在暖季进行，高温、高含冰量冻土地段高路堤的填筑宜跨年度分两期进行，或者采用控制填料温度、基底覆盖隔热层等方法施工。寒季施工时，应事先备好合适的路基填料，并采取有效的保温措施，防止填料冻结。

路堑施工期间，各道工序应紧密衔接，快速施工，缩短暴露时间，减少对多年冻土地基的热干扰，便于工后多年冻土环境的恢复。

路基土石方宜移挖作填，隧道弃渣和路堑挖方为岩石、少冰冻土、多冰冻土时，待其融化后，符合填料要求的，应用作填筑路基或保温护道。

路基施工前应预先形成临时的排水系统，防止施工期间地表水侵害路基，造成病害。

路堑地段、取土场地表的草皮应先行挖取，选址堆放，适时洒水养护，以便恢复地表植被和绿化时利用。

应编制工程实施性施工组织设计。实施性施工组织设计应体现高原和多年冻土的环境特点，遵循机械化快速施工的原则。

2.路堤施工

路堤施工应制定调控地温的工程措施预案。路基填料选择与路基借土应符合以下规定：

（1）路基施工的取土场必须按照设计指定的地点设置，不得在路基两侧随意取土，应减少对冻土环境的破坏。取土过程中应定期对取土场内填料的地质特征及工程性质进行检查核对，宜选择不易冻胀的填料。

（2）取土坑的位置应根据地形、地质、地表排水条件确定，宜集中取土，并应严格控制取土场的位置和开挖深度，减少对多年冻土的热干扰。

（3）在融沉和强融沉多年冻土分布地段，当路基位于倾斜地形时，取土场宜设在路堤上侧山坡，取土场与路堤、坡脚间的距离不得小于100m；在地面横坡不明显的平坦地段，可在路堤两侧取土，取土场与路堤、坡脚间的距离不得小于200m。含土冰层、厚层地下冰冻土分布地段，不得在路堤两侧取土。

（4）取土前应将表面的腐殖土集中、堆积，然后划分取土坑，集中深挖取土。取土完毕后，应整理取土坑，把腐殖土回覆在取土坑上，并种植适宜的耐寒植物。

（5）从取土场到施工现场应设专用便道。地表排水系统应在施工之前实施，在路基主体施工开工前，应先做好临时排水设施，预防雨季地表水对路基坡脚和边坡的浸泡、渗透及冲刷。应加强对边沟、排水沟、截水沟等的养护维修。

填土护道应及时碾压，压实度应达到80%以上。护道材料与路堤填料相同时，应与路堤主体工程同时施工并同时完成。应及时将水冲沟壑修复填平。

3.路堑施工

路堑施工应合理选择施工工艺，采取隔水、排水、换填和设置保护层等措施，保护冻土，防止热融滑塌。路堑边坡开挖宜采用机械化快速施工，宜在寒季开挖。开挖前应先做好永久性排水设施，施工过程中应注意施工场地的排水。

路堑段路基换填作业以粗粒土为换填材料并采用集中取土时，宜在寒季施工；采用其他填料时，宜在暖季作业。暖季施工应安排在夏初或秋初，并做好防护，宜避开降雨集中、热融作用最活跃的七、八月份，避免阳光直接照射。跨年作业应兼顾挖、填的不同要求，宜选择秋末开挖成形，来年暖季回填。

路堑较长路段应分段开挖。开挖可采用爆破松土开挖法，钻孔应选用钻进速度快、功率大、便于搬运的钻机施工，并应符合以下规定：

（1）爆破松土法可采用深孔爆破或深孔药壶爆破，钻孔应根据少超不欠的原则布置。

应加强炸药的防水防冻，宜使用抗冻防水性能好的炸药；宜一次爆破成形。

（2）较长路堑应分段施工，爆破后的清方应与后段钻孔同时进行。

（3）开挖应配备马力大、适合冻土开挖要求的松土机；浅路堑可先基底后边坡开挖，深路堑宜先边坡后基底开挖；开挖中应随时做好临时排水系统。

经爆破松动或松土机松动后的松方可采用推土法或装运法清方。地表部分可用的松方应直接运走或横向推置于路堑侧开挖界限30m外。上限以下含土冰层或饱冰冻土，可根据路堑长度，采用纵向一次推出或横向通道分段推出的方法，推弃于路堑外适当地点。推土应由高向低拉槽推送。弃土不得影响回填排淤作业。

横向通道的设置应与路堑开挖的松土作业同时进行，间距宜为100m。长度在200m以下的路堑，宜从两端相向开挖，并在路堑口下方设横向通道。200m以上的长路堑，可分段开挖，在中部设置横向通道。

路堑边坡保温层铺设草皮泥炭层时，边坡挖除部分应整平，每块草皮泥炭厚度不宜小于0.25m，根部应切平。铺砌时应上下错缝，互相嵌锁。

[工程示例3-10]

高原多年冻土区路基施工工艺

（一）前言

在我国，多年冻土分布面积约占全国面积的22.4%，高原多年冻土带又是全球分布最大、海拔最高的多年冻土地区。青藏公路自格尔木至拉萨全长约1 150km，其中760km路段由北向南穿越青藏高原腹地多年冻土地区。多年冻土有融沉性、冻胀性、冰（水）害等工程特性，气候升温和工程活动引起的多年冻土退化导致的工程病害一直伴随着青藏公路整治改建的全过程。长期的工程实践表明，多年冻土区公路修筑的关键在路基工程。

（二）工艺特点

（1）全部机械化施工，全线分区段平行作业，区段内流水作业，提高工程进度。

（2）利用此工法施工，通过对关键技术的控制，可控制工程质量。

（3）通过试验检测和观测，实现控制质量目的。

（三）适用范围

本工艺适用于大片连续多年冻土区和岛状多年冻土区的路基工程的施工。

（四）工艺原理

1.多年冻土的力学特性

（1）未冻土转化为冻土时产生体积膨胀。在冻土的形成过程中，当温度降低到土体的冻结温度以下时，水分向正在冻结的土体中迁移并发生相态变化逐渐缓慢直至消失。在这个过程中，土体中的液态水凝固并以冰的形式填充到土颗粒间隙中，当土体中水相态变化的体积膨胀足以引起土颗粒之间的相对位移时就引起了土体的冻胀。

（2）冻土相对于未冻土体的物理力学性质发生改变。冻土的强度和变形特性与未冻土体的最大差别在于冻土中冰的存在，冻土的力学特性一定程度上取决于冻土中冰的力学特性。通过以往研究经验和室内模型试验，冻土的抗压强度和抗剪强度相对于未冻土体有较大的提高。

2. 冻土路基施工原理

（1）保护多年冻土。所谓保护多年冻土施工方案，就是要有效地采取综合保温措施并使路堤填高大于最小临界高度，使成形后的路基基底人为上限控制在一定深度内，保护路基下多年冻土不融化，以确保路基稳定。

（2）破坏永冻土。永冻土来自于英语permafrost，在国内学术界一般称为多年冻土。它指的是持续三年或三年以上的冻结不融的土层。永冻土指地表以下100cm范围内有永冻土壤温度状况，地表具多边形或石环等冻融蠕动形态特征的土壤。永冻土一般分为两层：上部是夏融冬冻的活动层；下部是终年不融的多年冻结层。多年冻土是寒冷气候（年均气温<-2℃）区的产物。

所谓破坏多年冻土方案，就是在路基建成后允许路基下的地基中的多年冻土全部或部分融化。在岛状永冻土的外边缘，永冻土层厚度很薄，且公路路基与岛状多年冻土外边缘交界处多为零填、低填（填高≤1.5m）、浅挖等地段，因此采用破坏永冻土的方案非常适合。

（五）施工工艺流程及操作要点

1. 施工流程

高原多年冻土地区路基施工作业应按标准化、程序化进行，路基填筑过程分为三个阶段、五个区段、八个流程。

三个阶段：准备阶段、施工阶段、竣工阶段。

五个区段：填土区、晾晒区、平整区、碾压区、检验区。

八个流程：施工准备→基底处理→分层填土、晾晒→摊铺平整→碾压夯实→检查签证→路拱整修→整坡护坡。

2. 关键技术及操作要点

保护多年冻土的施工方案；破坏永冻土方案；深挖路堑的施工方案。

（1）保护多年冻土的施工方案。连续多年冻土具有区域大、冻土厚度厚等特点，路基施工时以保护好多年冻土层为原则。具体内容如下：

1）施工季节的选择：安排在融化季节进行施工。施工中采取快速分修的施工方法，全线分区段平行作业，区段内流水作业，这样既保证工程进度，又避免了因冻层暴露太久、冻土上限下降而引起的路基沉陷破坏。

2）路基底面上和整个公路用地范围内从路基中心算起50~100m范围内保持植被不破坏，其作用是隔热、保护冻土和减弱地表水的下渗。

3）路基第一层填方作业时，采用端部卸土的方法进行填筑（滚填），汽车、拖拉机等带轮子的设备在前面尚未铺设足够的填料以及支持它以前，禁止在坡道上进出。

4）路基填土只能保证深度方向达到保持冻土的要求，如果在路基附近一定范围内生态环境遭到破坏（如沿线路基坡脚取土等）和路侧积水，路基侧防水护道对路中多年冻土上限变化有着十分明显的影响。因此，路基通过植被稀少地段地表有临时积水、冻结层上水发育及高含冰量冻土的路段时，路基两侧设置护道，护道的宽度一般为2~3m，较长期积水路段宽度不宜小于5m。护坡道高度一般为0.8~1.5m，积水路段应高出最高积水位0.5m。护道应设置向外4%的横坡。

5）高原冻土区路堤填筑采用集中取土。斜坡地表路堤，取土坑设在上坡一侧。取土坑深度均不得超过当地多年冻土上限以上土层厚度的80%，坑底有坡度，积水有出口，水能及时排出，同时取土坑的外露面用草皮铺填。

6）填料尽量选用保温隔水性能均较好的细粒土，采用黏性土或透水性不良土填筑路堤时，要控制好土的湿度，碾压时含水率不超过最佳含水率的±2%。不得用冻土块或草皮层及沼泽地含草根的湿土填筑路基。通过热融湖（塘）路堤，水下部分必须用渗水良好的土填筑，并高出最高水位0.5m。

7）高原冻土路基的排水应尽量远离路基坡脚，并力求排水畅通，不得在路基边坡附近形成积水洼地，更不能在边坡积水，以免引起路基永冻土的融化，影响路基稳定。为此，施工中采用的排水沟多为宽浅形式，以减少对冻土的热干扰；施工的临时性排水与永久性排水相结合，使排水系统始终保持畅通；对于路基坡脚无法与排水沟连通时，施工时用路基填料将积水坑回填，把积水挤至路基坡脚5m以外。

（2）破坏多年冻土的施工方案。具体方法如下：①彻底铲除地表的草皮，停置一段时间，使基底以下冻土层自然融化至一定深度或全部融化。②根据基底季节融化层和多年冻土的性质情况，换填足够厚度的渗水性土。③加强路基排水，保持基底干燥，防止路基积雪。④对半填半挖路段的填土高度小于0.5m的路堤视为路堑，分别按含水率的大小进行基底换填，并设过渡带。

（3）施工细则。虽然多年冻土地区公路路基施工工艺与其他路基施工工艺大致相同，但工艺流程中的具体细节则必须与多年冻土路基施工相适应。因此，在施工细则方面多年冻土路基施工具有自身的特点，具体体现在：

1）施工准备阶段。除正常进行各项技术准备和施工准备外，还应着重、详细地调查沿线的多年冻土分布、类型、性质及特征，多年冻土的上下限，冰层上限，地面水，地下水及有无冰锥、冰丘、厚层地下冰、冻土沼泽等不良地质路基地段情况，并根据不同地段的地质情况，制定相应的施工方案。

2）基底处理。必须与相应路段的施工方案相适应，对于路堤填高大于最小临界高度的路基，采取保护冻土施工方案，严禁破坏基底植被。对于路基填高小于最小临界高度或浅挖段的路基，根据基底季节融化层和冻土的性质，开挖至一定深度并将底部压实（需要时可预融一段时间），以备换填。施工过程中发现地质条件与设计不符时，应及时与设计单位沟通，制定合理的设计和施工方案。

3）路基填筑。路基施工前应做试验段，以确定土的松铺系数，路基填筑采取挂线法施工，以控制路基宽度、厚度、路拱等。对于多年冻土地段的第一层路基填筑必须采用端部卸土的方法（滚填）填筑，汽车、拖拉机等带轮子的设备在前面尚未铺设足够的填料以及支持它以前，禁止在坡道上进出。第一层路堤的填筑厚度应适当加厚（一般为 0.5~0.8m），使路基在运土车辆行驶时不软弹。其他各层填筑按纵向法施工。

4）摊铺整平。用推土机将土石方摊铺开并大致整平，细粒土用平地机进行精平，粗粒土、巨粒土用人工配合推土机进行精平。

5）碾压夯实。路基土方整平后，测定土的含水率，当土的含水率达到最佳含水率的±2%时，方可进行碾压，否则应进行晾晒或洒水。碾压时，先用20t的振动式压路机静压2遍，再从弱振到强振碾压6~8遍，使路基碾压密实。

6）检查签证。路基碾压完毕后，应对路基碾压密实度进行自检，自检不合格应进行补压。路基局部的软弹、翻浆应进行处理，自检合格后方可向监理工程师报检。经监理工程师检查签证后，方可进行下一层路基填筑。

7）路拱整修。路基施工过程中应形成路拱，路拱坡度一般为2%，雨季为3%~4%。路基达到设计标高后，应使路拱达到设计要求。

8）整坡护坡。路基填筑成形后，应对路基边坡进行整形（高填方路段应随填随整），边坡整形采用挖掘机和人工配合的方式进行，整形时应严格控制路基边坡的坡度和顺直度。

9）填料。普通路段路基基底填料应选用保温隔水性能好的细粒土，上部（厚度不小于60cm）需用粗粒土。对于换填路段的换填料应选用砂性土和砾石土等渗水性良好的土。对于路旁有积水的路段，路基底部应选用石方进行填筑。采用黏性土或透水性不良的土壤填筑路堤时，要控制土的湿度，碾压时含水率不超过最佳含水率±2%，不得用冻土块或草皮层及沼泽地含草根的湿土填筑。

（4）冻土路基施工注意事项。

1）针对不同的冻土条件，确定相应的施工季节和施工工艺。施工季节应尽量避开降雨集中、热融作用最活跃的七、八月份，宜安排在夏末或秋初，并做好防护，防止地表水流入或渗入基底和边坡，路基地面防护范围应符合设计要求。

2）路基填筑。由于寒季地基全部封冻，取土、填筑压实将十分困难，且气候十分恶劣，人难以适应，因此只有在暖季进行突出施工。但如果遇到频频降水（雨、雪），填土的湿度较大，压实难以保证。

根据青藏公路路基施工经验，在路基成形后经过1年以上行车碾压，让富余水分散，路基才能达到坚实稳定。对于按保护冻土原则设计的路基，应尽量减少对多年冻土的扰动和破坏，以利于热平衡状态的恢复，尽量减少大气降水的浸润、渗入及冻结层以上水的危害。

3）路堑开挖。在青藏公路的设计中，路堑长度占冻土区全长的5%。在冻土地区应尽量减少路堑长度，宜尽快开挖成形，不能断断续续施工，并及时做好其附属工程。在施工中少刷或不刷边坡，跨年作业有利于路堑稳定，最好在秋末开挖成形，来年暖季回填。

4）路基排水。排水沟设置应与路基坡脚有一定距离，尽量减少排水沟对路基基底冻土的热作用，尽量加快地表水在排水沟的过水速度，减少排水沟积水时间。在路基施工过程中，也要注意临时排水设施的修建。

5）环境保护。路基工程中的取土、弃土、填方、挖方等必然要对多年冻土地区植被、地表水、层上水造成一定影响。为此，要严禁推土机大面积推土填筑路基，任意开辟施工便道，随意就近弃土，随意铲除草皮等做法，要优化路基工程设计，做好施工组织设计，合理安排各道工序的衔接，对冻土环境要进行实时监测。

（六）质量控制

（1）所选填料经实验室确认合格后方可使用。检测填料的物理性质和指标，主要是确定冻土的土质、温度和总含水率、土颗粒密度、天然容重、未冻水含量等指标，以确定冻土的工程分类和有关性质。

（2）当填料料源发生变化后，必须经实验室重新进行选定合格后方可使用。

（3）严格控制填料压实度，使压实度控制在规范规定范围内。

针对青藏公路工程的具体情况，应采用快捷、简单、高效的检测手段和方法，以满足机械化快速施工的要求，检测仪器还应适应低温环境。压实系数K作为路基压实控制的一个参数，在施工现场常常会与强度指标相矛盾，如当填料的含水率较高时，尽管通过增加碾压遍数可得到较大的压实系数，但荷载板试验指标却很小。轻型动力触探作为一种原位测试手段，不仅可以确定基床土表层的承载力，而且还能确定某一深度处土的强度，具有反映指标合理、数据直观可靠、易于操作掌握、检测速度快等优点。建议冻土路基的压实标准以地基系数K_{30}或轻型动力触探N_{10}控制为主，填土压实系数K和相对密度作为辅助控制标准，如图3-59所示，为地基系数K_{30}的概念及测试场景。压实过程中，还要注意控制填料的未冻水含水率和总含水率，填料中的未冻水-冰处于一种动平衡状态，当冻土中未冻水含量减少，则冻土的强度增加，压缩性降低，变形量减少。应尽量使路基填料的含水率接近最佳含水率。

地基系数K_{30}的概念

地基系数是表示土体表面在平面压力作用下产生的可压缩性的大小，是直观地表征路基刚度和路基承载能力的指标。地基系数K_{30}是用直径为300mm的刚性承载板进行静压平板载荷试验，取第一次加载测得的应力（q）-位移（s）曲线上当累计下沉量S为1.25mm时所对应的荷载强度δ_s（MPa），按照$K_{30}=\sigma_s/0.00125$计算得出的比值，单位为MPa/m。有的文件中用MPa/cm的，其换算如150MPa/m=150MPa/100cm=1.5MPa/cm。

图3-59 地基系数K_{30}的概念及测试场景

（4）注意接缝的施工质量，使接缝处平整、顺直。

（5）碾压后，应按规定的检查频率检查压实度和压实厚度。

（6）记录好压实度位置及代表的层数。

（七）环保措施

（1）为减少公路工程施工作业产生灰尘，应在施工区域随时采用抑尘措施，不出现明显的降尘、扬沙。

（2）施工废水、生活污水不得直接排入农田、耕地、灌溉渠和水库，严禁排入饮用水源。

（3）尽量保护高原绿色植被。因修建临时工程破坏了现有的绿色植被，应负责在拆除临时工程时予以恢复。

（4）对施工人员加强保护自然资源及野生动、植物的教育，在雇用合同中规定严禁偷猎和随意砍伐树木。

（八）资源节约

高寒、缺氧、低气压对人机效率具有严重的影响。据有关资料，在海拔4 001～5 000m之间气候对人机的影响见表3-30。

表3-30　高原气候影响系数

海拔高度/m	高原气候影响系数/（%）	
	工天系数	机械台班系数
4 001～5 000	32～39	60～70

针对高原冻土"高寒、缺氧"等特点，按以下原则进行设备选型配套以节约资源。

（1）最大限度采用机械化原则。

（2）经济、效能原则：不追求单台设备最先进，力求设备间匹配合理。

（3）施工机械要与施工方法配套，动力选型以电动为主。

（4）单机选型上要考虑质量可靠高效、经济合理、维修方便，组合配套时要考虑各设备间生产能力的匹配。

（5）既要考虑高原机械工效降低，设备配备的富余系数又不宜过大，关键设备备用系数一般采用1.44。

（九）应用实例

青藏公路格尔木—拉萨段整治改建工程第四合同段、第八合同段，技术标准二级。根据观测资料显示：该地区年平均气温-5.2～-3.6℃，极端气温分别为23.7℃和-37.6℃。年平均降雨量2 20.9mm，年平均蒸发量1 469.8mm，相对湿度平均为44.8%，最大风速23.0m/s，主导风向西风，平均雷暴日数年最多22d，最冷月平均气温-16.7℃。自然条件极其恶劣：空气稀薄，含氧量低，不足海平面的60%；具有独特的冰缘干寒气候特征；紫外线辐射强烈。其中低气压、低氧分压是其显著特点之一。施工单位进场后，调集了一批长期在川藏线施工，有着丰富高原冻土施工经验的技术人员，成立了专家小组，依托技术优势，狠抓技术管理和技术革新，对高原冻土路基施工进行了科研，编写了《高原多年冻土区路基施工工艺》。新工艺通过关键技术的创新，有效地控制了工程质量，同时降低成本，受到业主好评。从工程竣工后4年的使用情况来看，青藏公路格尔木—拉萨段整治改建施工工程是成功的，路基在使用过程中没有出现沉降和其他病害，编写的施工工艺合理可行，为今后冻土区公路施工提供了很好的借鉴。

青海G315线德令哈至大柴旦二级公路E1标段，路基累计长度19km。武通路桥工程局再次使用此工法进行施工。该工艺以破坏永冻土为关键点，施工单位进行全部机械化施工，全线分区段平行作业，区段内流水作业，加快了工程进度，并通过试验监测和检测，实现了工程质量的有效控制。实践证明，利用此施工工艺使多年冻土地区路基的施工规范化、标准化，经济效益非常突出。

4.隔热层铺设

隔热层材料应按设计要求的控制指标和拼接方式提前订制,保证施工顺利进行及隔热板的隔热效果,每个隔热层单块应采用同批次产品制作;施工前应对拟采用的隔热层材料抽样,进行必要的室内试验检测。

隔热层的铺设应在下垫层高程和压实度等达到规范要求后进行,并根据设计拼接方式进行拼接,直线段隔热板材料宜采用搭接方式,曲线段拼接困难时,宜采用直向积累、集中拼缝处理的方法进行铺设。采用同质不规则板材进行现场切割组拼,当相邻板材之间原有的搭接方式被打断时,应采用黏合剂对该处进行胶接。整个区段的铺设应顺滑自然,板材嵌挤紧密,不留空隙。如图3-60所示。

图3-60　隔热层铺设场景

全区段的铺设应满足幅宽要求,弯道处局部可适当加宽,全区段最小有效宽度应达到设计要求。

隔热层上填料的压实度应满足规范要求。施工机械不得直接碾压隔热板,应按照设计的最小压实厚度进行隔热层上填料摊铺,达到最小压实厚度要求后再用压路机压实。

5.片块石路基施工

片块石路基应选择洁净、耐冻、无风化、无水锈和裂纹的石料。石料的粒径应基本一致。

进行片块石路基填筑时,边坡码砌应采用硬质片块石,片块石间严禁用小石块填塞,保证通风空隙。人工进行路基边坡片块石码砌时,码砌高度应与设计高度一致。采用挖掘机配合施工时,应在不影响通风效果的前提下对边坡片块石进行规整修饰,应防止挖掘机将底部填土带起影响通风效果。

片块石的压实应采用重型振动压路机或冲击式压路机,碾压遍数应不少于8次,碾压的纵向行与行之间重叠应不少于0.5m,前后相邻区段重叠应不少于20m。片块石层表面应选用合适粒径的小石块进行找平。

压路机的线压力应与片块石的抗压强度极限相匹配,避免片块石破碎和挤压破坏骨架结构。压路机的最大接触应力应与片块石的允许最大接触应力相匹配,不得造成片块石表层破坏和出现裂纹或压实度不够。

片块石顶部沙砾层摊铺完后应采用压路机进行整平碾压。沙砾层的密实度宜按照中密要求控制，平整度应按照填土路基要求控制。

6.通风管安装

通风管尺寸必须符合设计要求，外观应平整光洁，承插口不得开裂或碰撞损伤。原地面基底处理应本着"宁填勿挖"的原则，减少对附近原地表的开挖。

通风管应采用反开槽法安设。开挖前路堤应填至通风管顶面设计高程以上不小于130cm的位置，压实度应按照路床以下填料要求控制，平整度应按照土质路基要求控制。

沟槽应采用开槽机或按标志桩进行人工开挖，沟槽的宽度和深度应大于通风管外径3~5cm，并设4%人字形横坡，淘底浮土应清理干净。淘槽底面铺设的中粗砂垫层应平整，厚度应满足设计要求。

通风管宜采用人工或小型起重设备安装，也可采用装载机配合人工安装。安装应平顺，不得碰撞接口或碰坏通风管。

通风管两端伸出路堤长度应满足设计要求，两端应取齐，通风管长度误差可在中间管节调整。通风管横坡应为4%人字形横坡。

安装通风管的淘槽可采用中粗砂回填，并用小型压路机或平板夯压实。

7.热棒安装

热棒安装前应对临时建筑、运输道路、水源、电源、照明、主要材料、机具及人员进行合理安排。热棒应外观良好，光滑无毛刺，焊缝平整，翅片不倒折，表面防腐层完好。热棒临时存放时，必须远离火源；露天存放时，宜进行覆盖，防止阳光直射。

（1）热棒应在路基施工结束、路基两侧边坡平整处理后用工程钻机安装。钻孔施工应符合以下规定：

1）钻机应采用地锚固定。当地层较复杂，钻孔特别困难，钻机震动较大时，应采用钢绳固定或支架支撑。

2）在易塌孔地层路段宜采用简便易行的护壁方法钻进，防止钻孔坍塌。

3）钻孔宜预留一定倾角，避免钻进时钻头下俯，开孔时可采用导向装置，液压给进加压，应慢速钻进，控制钻孔角度。

4）钻孔完成后应清理钻孔周边0.5m范围内的泥土和杂物，钻孔附近不应有阻碍热棒吊装的施工材料和杂物。

（2）钻孔施工完成后应及时起吊热棒进行安装；若不能及时安装时，应采取临时措施保护钻孔。热棒起吊应符合以下规定：

1）利用热棒本身顶部环形槽作为受力点进行起吊时，应根据热棒的长度，采取必要的防护措施，防止设备摇摆，吊车吊臂有效起吊高度应超出热棒长度1m。

2）吊装时严禁压伤或擦伤热棒及其上部的翅片部分。

3）应控制热棒的埋置角度与钻孔的直线夹角为0°，钻孔直线度偏差应小于5mm。

热棒吊装置入孔后，应及时用砂土密实回填，并进行现场清理。

[工程示例3-11]

热棒技术在多年冻土地层隧道施工中的应用

姜路岭隧道位于共玉高速，左线长2 925m，右线长2 845m，进出口均位于多年冻土区，进出口冻土段左线长575 m，右线长440 m。冻岩强度高，开挖后冻岩融化，裂隙张开，强度降低。融沉类型为融沉、强融沉。受反复冻融作用，开挖后初期支护极易变形。为了确保洞口段冻土围岩在开挖后洞身稳定及减少冻土层融化及冻土层上水对隧道施工的影响，采用热棒群尽早使冻土热融圈回冻，形成地下"冻土防渗幕"，同时降低冻土温度，提高冻土强度，在隧道洞身周边形成"冻土抵抗层"，以减轻冻结层上水的冻结压力对隧道冻土段内隔温层及防水层造成影响。

热棒制冷技术是一种利用液、汽相的转换对流循环来实现热量传输而制冷的，是一种采用天然冷量无须外加动力的制冷装置，是无源冷却系统中效果最好的装置。冷凝段的温度低于蒸发段的温度时，热棒就会启动工作。蒸发段的液体工质吸热蒸发成气体，在压差的作用下，蒸汽沿管内空隙上升至冷凝段，与管壁接触放出汽化潜热，冷凝成液体，在重力的作用下，冷凝液体工质沿管壁回流蒸发段再吸热蒸发（见图3-61）。如此往复循环，将地层中的热量传输至大气中，从而降低了多年冻土的地温。热棒具有单向传热的特点，大气中热量不能通过热棒传至冻土中。

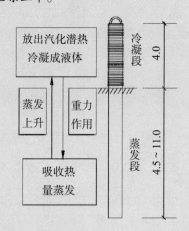

图3-61 热棒工作原理示意（单位:m）

1.热棒在隧道中的布置

热棒在隧道冻土地层中应用，主要是利用热棒对冻土地层进行温度控制，将其布设在隧道所处位置地表，蒸发段埋进冻土地层，宽度超隧道最大宽度外3m，纵向长度根据隧道洞口段冻土围岩长度进行控制。由于隧道洞顶标高存在差异，因此按照热棒平面布置图进行放点，图3-62所示为隧道左洞进口的热棒布置。蒸发段长度4.5~11.0m，根据现场测量结果确定。

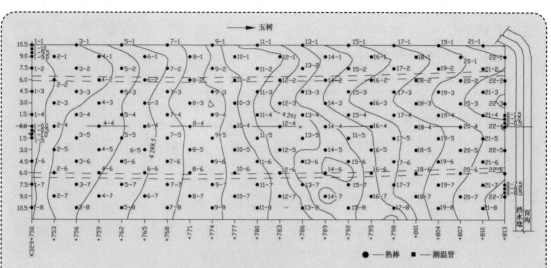

图3-62 姜路岭隧道左洞进口侧地表热棒及测温元件平面布置

所采用热棒冷凝段长度2.5m。横断面布置以隧道中线为中心，奇数排热棒布设在隧道中线及两侧0m、3m、6m、9m处共7列。偶数排布设在距隧道中线向两侧1.5m、4.5m、7.5m、10.5m处共8列。排数根据隧道洞口段冻土围岩长度控制，热棒横断面布置图如图3-63所示。

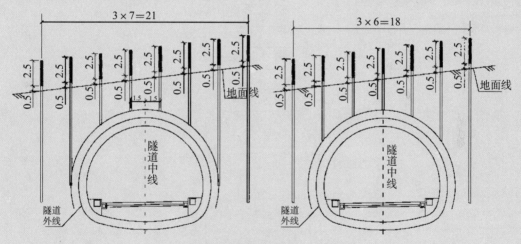

图3-63 隧道热棒横断面布置（单位：m）

热棒的布设间距根据修正的傅里叶方程计算，得到热棒有效传热半径为1.72m。为了使热棒制冷效果均匀，热棒工作形成的"冻土防渗幕"顶部在同一平面，尽量减少因冷却不均而形成高低不平的人为上限在暖季对冻结层上水的阻滞。结合青藏铁路和公路等工程热棒使用效果，热棒在平面上采用间距为3m的梅花形布置。

2. 测温元件的布设

测温元件分别布设在4个洞口热棒布设区。每个洞口布设2个监测断面。测温元件布设在每个洞口的同一排热棒，可设置在第一排或靠近后排处任意一排。每个监测断面对隧道中心线处拱顶和隧道外侧2处进行监测，每处设3个测温孔（分别距离热棒0.5m、1.0m、1.5m）。在测温孔内布设测温元件（测温元件采用热敏电阻，电阻间距0.5m）。具体布置参见图3-62。

3.热棒、监测元件及设备安装

热棒安装工艺流程如图3-64所示。其施工机械设备及仪器见表3-31。

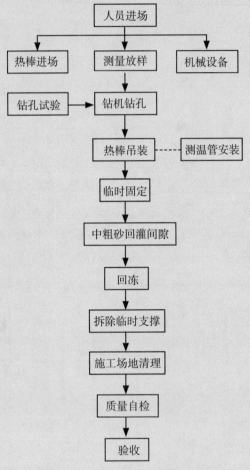

图3-64 热棒安装工艺流程

表3-31 施工机械设备及仪器

序号	名称	型号	单位	数量
1	电子经纬仪	徕卡702	台	1
2	水准仪	苏光	台	2
3	钢卷尺	50m	把	2
4	钻机	150B	台	4
5	吊车	12t	台	2
6	发电机	30kW	台	4
7	运输机	双桥车	辆	2
8	热棒加固件	Φ90mm	个	120

(1) 施工准备: ①施工组织设计报审, 对现场施工人员进行施工技术及安全交底;②施工前对热棒、测温管理设点进行准确放样, 对设计地表高程进行复测, 发现可能出现的地表高程变化情况, 及时调整相关方案, 保证施工的顺利进行; ③选择合适的热棒、测温管堆放场地, 存放地应紧靠施工现场, 尽量减少热棒的倒运; ④选择合适的起吊设备, 制作合适的辅助工具, 搬运、起吊安装不得损坏散热器及防腐涂层; ⑤选择合适的钻孔机械, 钻孔直径比热棒管壳大5~8cm; ⑥备好钻孔回填材料。

(2) 热棒施工: ①确定安装热棒的位置, 对机械安置点及钻孔位置的草皮进行移植养护。②钻孔直径108mm, 钻进方法原则上采用干钻, 视地层情况亦可加入少量冷水, 采用小循环钻进, 钻孔深度比设计深度大10~20cm。③钻孔完成后, 检查孔径和孔深, 将钻孔中泥浆清除干净。④钻孔检查符合质量要求后, 将热棒吊起插入钻孔, 检查垂直度合格后进行固定。⑤热棒固定用灌中粗砂填充热棒与孔壁之间的间隙, 采用水中沉沙法, 即先将冷水灌满热棒与孔壁间的空隙, 再将中粗砂慢慢灌入, 可分多次回填。施工过程中注意工具不要损坏热棒外涂层。可采用土工布对地表以上1.5m高范围进行包裹保护, 施工完后拆除。灌沙数量应与设计数量相符, 在回灌过程中孔中的水则会自孔内溢出。回灌必须饱满密实, 以减少蒸发段的热阻, 确保热棒工作效率。⑥固定热棒的支撑物在填料冻结后拆除。回填泥浆回冻时间一般为5~7d。⑦回填中粗砂冻结、热棒安装稳固后, 拆除支撑物。

热棒安装完成后(见图3-65), 对施工场地进行清理, 将施工垃圾清理远运, 集中处理或埋藏于地表以下, 复原地表原状。最后对热棒施工进行全面验收。

图3-65 热棒施工完成后现场照片

(3) 热棒棒身垂直度允许偏差: 棒身垂直度允许偏差为棒身长度的1%, 用经纬仪或吊线测量, 按100%进行全面检查。

(4) 热棒安装施工注意事项: ①热棒的结构、形状、规格及工作性能达到《热棒》(GB/T 27880—2011) 的有关要求。②热棒运至工地后, 进行外观检查和产品质量抽查。热棒的总长度、直径、散热器的类型及长度、表面防腐、反射涂层的颜色及质量应符合规范要求。热棒应整齐规则地堆放并覆盖。③热棒的制作工艺比较复杂, 壳体容器的密封要求十分严格, 稍有渗漏热棒将不能正常工作。在搬运和安装过程中, 防止碰撞, 保护防腐反射涂层。防腐反射涂层在施作过程中如有损坏, 及时补涂。④热棒的吊装采用软质吊索，安装过程中应注意防止碰撞、摩擦棒身，在起吊安装过程中对上部的散热片要防止损坏。⑤热棒安装孔钻孔时孔深要严格按测量交底进行，以防钻孔过深对隧道防排水系统造成破坏。⑥热棒安装固定到位后，应及时采用中粗砂对热棒与孔壁间的间隙进行回灌。⑦热棒安装好后，做好相关防护工作，防止后期工作损坏热棒。⑧监测元件与设备在热棒安装时同时埋入。⑨由于施工所在区域多年冻土区生态环境极为脆弱，施工时应采取草皮覆盖保护、临时移植养护等措施，同时严格限制临时工程活动范围，尽可能减少对多年冻土生态环境的破坏。热棒安装完成的区域须尽快清除钻渣等杂物，做到"工完、料净、现场清"。对无法避免而受到破坏的地表区域，天气回暖后要及时回植草皮，并进行覆盖养护。

（5）测温孔施工注意事项：①每个测温管均高于原地面20cm，以便后期埋设测温线及保护管。②测温孔的位置及深度均按照本方案的设计严格施作。③测温孔垂直度允许偏差为孔深的1%。④测温管埋设后，采用沉水法灌入中粗砂回填测温管与孔壁之间的间隙，此过程中严格控制质量，确保填饱满密实。延伸的测温管道要埋在地面以下，不得露出地面，管内分段设置毡垫，以阻隔空气流通，并将管口用棉纱封堵。⑤施工时严格限制临时工程活动范围，尽可能减少对多年冻土生态环境的破坏，天气回暖后要对施工破坏过的地表及时回植草皮，并进行覆盖养护。

4.总结

姜路岭隧道洞口冻土段通过采用热棒制冷技术，有效地减缓了由于隧道施工对冻土的热扰动影响。经过两个冬夏的观察，隧道初期支护及衬砌未出现变形破坏。施工时只是对暗洞洞口段多年冻土地层采用了热棒冷冻防护，对明洞明挖段边坡在以后的施工中可以考虑采用热棒制冷技术对冻土进行防护，热棒布设不能影响明洞开挖，以控制冻土开挖后的热融，确保边坡的稳定。

8.防护及排水工程

防护及排水工程基坑施工宜在基础所用建筑材料、机具和垫层所用沙砾全部备齐后开始；基坑开挖后，如果发现基础全部或部分埋在纯冰或含土冰层上，应进行特殊处理，基础完工后应立即回填夯实。

挡土墙施工宜避开暖季，采用不间断连续作业的方式。连续施工过程中基坑不得积水。高含冰量冻土地段挡土墙的施工宜选择在寒季进行，并应精心组织，连续作业，快速施工。基础施工完后，应立即回填，不得积水。

必须暖季施工时，应防止基坑暴露时间过长。基坑开挖完成后的暴露时间不宜超过15d，挡土墙总施工时间不宜超过50d。

渗沟宜在春融后至雨季开始以前施工。

六、沥青路面设计及施工

1.沥青路面设计的一般规定

沥青路面设计应考虑多年冻土地区气温低、降温速率快、昼夜温差大、日照强烈、紫外线辐射强、冻土路基不均匀融沉变形等特殊使用条件,以及有效施工期短、施工温度低、养生条件有限等特殊施工条件。沥青路面的老化如图3-66所示。

图3-66 沥青路面的老化

青藏公路实践表明,多年冻土地区特殊的施工与使用条件对沥青路面使用性能与使用寿命有显著影响,沥青路面实际使用年限比一般地区短,在6~10年之间。因此,多年冻土地区沥青路面设计年限可根据公路等级、交通量情况,较一般地区适当降低年限。故规范规定:新建二级公路沥青路面设计年限可为10年,改建可为6~10年。三级公路沥青路面设计年限宜为6~8年。

(1)结构组合设计。面层、基层的结构类型及厚度应与公路等级、交通等级及组成相适应,路面结构总厚度应满足防冻层厚度的要求。应充分利用当地的筑路材料,同时考虑特殊自然条件对路面材料的不利影响。

青藏公路研究表明,沥青路面吸热直接影响路基与冻土地基的温度,导致冻土上限下移,易在路基顶面产生较大不均匀沉降变形。通过青藏公路铺筑水泥混凝土路面和设置级配碎石层的沥青路面研究得出,采用辐射热反射能力强、吸热量小的表面层材料,设置导热系数小、隔热性能好的路面结构层,可以减小沥青路面吸热量度及其向下传递的热量。故规范规定:表面层宜采用反辐射热反射能力强的材料,主动降低沥青路面隔热性能;路面结构组合设计中宜采用导热系数小、隔热性能好的结构层,减少热量向下传递,主动改善路面温度状况;应合理设置隔热层,改善多年冻土地区沥青路面结构的水温状况,提高路面结构抵抗路基不均匀融沉变形的能力和抗反射裂缝能力。

(2)沥青面层。路面面层应提供平整密实、抗滑耐磨、稳定耐久的服务功能,具有良好的抵抗低温开裂、抗剪切、抗冻、抗疲劳的性能,具有良好的抗车辙、抗紫外线老化能力和低吸热性能。

沥青技术要求应重点强调抗低温和老化性能。表面层和中面层宜采用SBR或SBS改性沥青,下面层宜采用A级道路石油沥青。

面层混合料宜采用骨架–密实结构,上面层沥青混凝土可采取掺加纤维材料等措施,提高沥青面层的低温抗裂性能。混合料沥青用量宜在室内试验确定的最佳沥青用量基础上增加0.5~0.8个百分点,以提高面层沥青混合料的低温抗裂性和抗冻特性。

(3)基层、底基层。沥青路面基层应具有足够的强度、冰冻稳定性和抗冲刷能力,良好的应力扩散功能、抗裂性能和抗路基不均匀融沉变形能力。

根据青藏公路水泥稳定沙砾强度形成研究成果，温度对混合料强度形成有显著影响，模拟野外实际温度备件养生试件的抗压强度小于室内标准养生试件，且混合料设计强度越低，强度减小越多。因此，要求通过提高混合料抗压强度设计要求，降低特殊使用条件下抗压强度的减小幅度，保证混合料具有足够的承载能力。故规范规定：基层可采用无机结合料稳定类、沥青稳定类、粒料类等材料。用于多年冻土地区基层的水泥稳定粒料，标准养生7天无侧限抗压强度，应大于现行《公路路面基层施工技术规范》（JTJ 034）提出的抗压强度标准的高限值；模拟实际温度条件保湿养生的7天无侧限抗压强度，应达到现行《公路路面基层施工技术规范》（JTJ 034）抗压强度的低限值。

1）底基层应具有良好的抗路基不均匀融沉变形能力、良好的水稳定性和冰冻稳定性，可采用低剂量无机结合料稳定类材料或粒料类材料。

半刚性材料应进行抗冻耐久性评价。冻融试验应模拟实际使用中的最不利湿度状况，以10次冻融循环耐冻系数作为评价指标。

多年冻土地区半刚性基层材料干燥收缩主要发生于初期（1~3天），干燥收缩最不利阶段的混合料含水率大约在最佳含水率到半风干含水率之间。半刚性基层混合料配合比设计宜采用温缩抗裂指数I_t和干缩抗裂指数I_d控制混合料抗裂性能，温缩和干缩抗裂指数均应小于1。

2）用于多年冻土地区路面基层或过渡层的沥青碎石，应具有较高的力学强度和稳定性、良好的低温抗裂性能和抗冻性。

多年冻土地区沥青碎石混合料配合比设计采用大型马歇尔试验方法，采用针入度较大的沥青，目的是减轻温度应力的影响，减少低温断裂的可能。沥青碎石混合料配合比应采用大型马歇尔试验方法确定，试验条件宜为45℃水浴中浸泡50min，混合料空隙率宜为3%~5%。所用沥青25℃针入度宜为120~160（0.1mm）。

（4）垫层。设置沙砾垫层可以减小冻土路基不均匀融沉变形及其引起的路面结构附加应力，减轻路面吸热对路基温度状况的影响。故规范规定：多年冻土地区沥青路面必须设置垫层（垫层材料宜采用粒料。当粒料类材料缺乏时，也可采用无机结合料稳定类材料），垫层应具有良好的抗冻性、水稳定性、排（隔）水能力和隔温性能。垫层厚度宜大于20cm，并应满足路面最小防冻厚度要求。

[工程示例3-12]

共玉高速路面结构

共和—玉树高速公路是玉树地震灾后恢复重建总体规划"一纵一横两联"公路网中"一纵"的重要组成部分，起点在海南藏族自治州共和县恰卜恰镇，终点在玉树藏族自治州玉树县结古镇，全长634.8km，途经海南、果洛、玉树藏族自治州。共玉高速GYI-SGB3合同段内修筑有试验路段，试验路桩号为K629+800—K634+200，靠近清水河镇。试验路段与生产路段的面层结构相同，均为4cm AC-13C+5cm AC-16C结构，不同的是各个路面的基层、垫层结构不同,共玉高速路面结构见表3-32。

表3-32　共玉高速路面结构

桩号结构	面层	基层	底基层	垫层	基层结构
K629+800—K630+800		12cm ATB-25	24cm水稳碎石（4%水泥）	20cm级配沙砾	复合式
K630+800—K632+000		18cm ATB-25	18cm水稳碎石（2%水泥）		柔性
K632+000—K632+200	4cm AC-13C+5cm AC-16C	18cm ATB-25	18cm级配碎石	20cm级配碎石	柔性
K633+200—K634+200		18cm ATB-25	18cm土工格室加固级配碎石		柔性
K634+200—K635+200		水稳碎石	级配碎石	20cm级配沙砾	半刚性

为了对比分析试验段各路面结构以及相邻生产段路面结构的性能,选择K629+300—K635+200共5.5km路段作为研究对象(其中K629+800—K634+200共4.4km为试验段,试验段前后各500m、1 000m共1.5km为生产段)。分别选择3月(冻结)、7月(融化)、9月(饱水)、11月(初冻)四个时间点,采用病害统计、弯沉测量、钻芯取样等手段对各路面结构的性能进行检测对比。

1.病害检测分析

通过对试验路进行病害调查及统计,汇总四次调研所得的病害统计数据如图3-67所示。

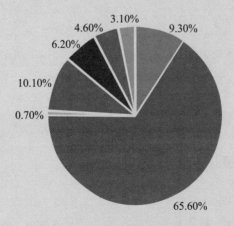

图3-67　试验路病害统计

调查统计发现，路面病害主要以变形、横向裂缝、泛油、麻面、坑槽、机械刻痕、油污为主，其中横向裂缝为路面主要病害，历次调查所占病害数量比例均在60%以上。由此可见，裂缝仍是青藏地区路面最主要病害，可以作为评价青藏高原地区路面合理结构的主要指标之一。

2.通过采用贝克曼梁法对试验路段进行测试

在试验段K629+800—K634+200及试验段前后各1km生产路段上每100m布置一个测点，选择2015年3月、7月、9月、12月份（对应多年冻土冻结、融化、饱雨、上冻状态）四个时间点进行检测得到弯沉数据，后经过处理得到代表弯沉L_r如图3-68所示。

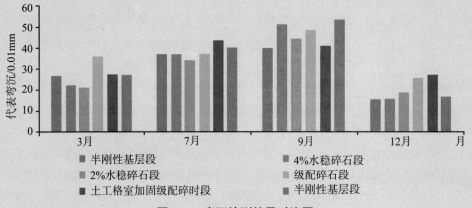

图3-68 弯沉检测结果对比图

通过分析弯沉检测数据，可以得出以下结论：

（1）在整个检测周期中，采用柔性基层路面结构（级配碎石基层路面结构，土工格室加固级配碎石基层路面结构，2%水稳碎石基层路面结构）的路段其弯沉整体大于采用半刚性基层路面结构的生产路段的弯沉值，这是因为半刚性基层相对于柔性基层本身就具有刚度大、承载力高的特点。而复合式基层路面结构承载力介于半刚性基层路面结构和柔性基层路面结构之间。四次检测中3月、12月路面弯沉与7月、9月相比整体较小，分析是由于7月、9月处于当地的高温多雨季节，路基处于解冻饱水状态，因此路基整体承载力降低，而3月、12月路基处于低温冻结状态，因此道路整体结构的承载力较高。

（2）3月、12月道路处于初冻、冻结状态，各路面结构弯沉均处于较小值。通过各结构横向对比可知，土工格室加固级配碎石基层路面结构由于土工格室对级配碎石起到了约束加固的作用，因此其弯沉值相对于级配碎石基层路面结构明显较小，说明了土工格室有显著的加固作用。2%水稳碎石基层路面结构试验段（K630+800—K632+000）和复合式基层路面结构试验段（K629+800—K620+800）路面弯沉相差不大，由路面结构可知，复合式基层路面结构基层厚度比2%水稳基层路面结构基层厚度大6cm，但由于实际施工时2%水稳底基层其施工效果明显好于后者，因此，两者在刚度、承载力上无明显差异。生产路段由于其基层和底基层均为半刚性结构，因此其路面较其他结构承载大、弯沉小。

（3）7月由于气温的升高，地温升高，冻土路基出现融化，道路处于解冻状态，路面结构内的含水率增高，路基承载力降低。分析数据可看出，复合式基层路面结构路段、半刚性基层路面结构路段和级配碎石基层路面结构路段的弯沉相差不大,其中复合式基层路面结构路段和半刚性基层路面结构路段由于路面结构排水性能差,导致结构内水分无法及时排出,使结构承载力下降,因此路面弯沉增大。而级配碎石基层路面结构由于其排水性能较好,因此路面弯沉变化不大。土工格室路面结构相比级配碎石路面结构,由于格室在约束级配碎石的同时也阻碍了内部排水,导致出现积水,使得结构承载力降低,弯沉最大。

(4) 9月后,路基路面经过了该地区的雨季,雨水向路基路面结构的入渗进一步降低了各类路面结构的承载力。复合式基层路面结构段由于雨水入渗致使承载力下降幅度大,路面弯沉显著增大。而由于裂缝数量很少,土工格室加固级配碎石基层路面结构整体性保持较好,因此结构内入渗水较少,承载力并没有明显减小,因此弯沉最小。

3.钻芯取样分析

为进一步探寻不同路面结构裂缝存在的状态及产生的原因,在3月的调研中进行了钻芯取样。分别在4种不同结构试验路段进行钻芯取样,试验路每种不同结构段取一个芯样,试验路两侧生产路段各取一个芯样,共取6个芯样。芯样的取点选择在路面横向裂缝相对较大处。各芯样状况及分析见表3-33。

表3-33 芯样状况及分析

序号	桩号	路面状况	路面结构	芯样状况	芯样分析
1	K564+090	大面积修补	半刚性基层路面结构		只能取出面层,基层(水稳碎石)没有成形,无法取出
2	K629+615	横向贯通裂缝	半刚性基层路面结构		取出的面层芯样裂缝宽度越到表面越小,结合道路为新修道路且通车时间短而温差大的特点,可推测为温度应力引起的半刚性基层的反射裂缝
3	K630+150	横向贯通裂缝	复合式基层路面结构(4%水稳碎石)		面层和ATB-25上基层分离。从取出的芯样看,越到表面,裂缝的宽度越大,推测裂缝由上向下发育,为top-down裂缝(自上而下的纵向裂缝)
4	K631+010	横向贯通裂缝	低剂量(2%)水泥稳定碎石基层路面结构		面层和ATB-25上基层黏结较好,可将其整体取出。从取出的芯样看,越到表面,裂缝的宽度越大,推测同样为top-down裂缝
5	K632+330	横向贯通裂缝	级配碎石基层路面结构		整体性较好,越到表面,裂缝的宽度越大,裂缝还未扩展到ATB-25上基层,可推测为面层受拉产生裂缝破坏

续　表

序　号	桩　号	路面状况	路面结构	芯样状况	芯样分析
6	K633+330	横向贯通裂缝	土工格室加固级别碎石基层路面结构		面层和ATB-25上基层分离。裂缝已经扩展到ATE-25上基层，由此可以看出，青藏地区不利的温度条件造成路面施工质量较差，在地区恶劣的温度条件下极容易发生裂缝
7	K634+330	横向贯通裂缝	半刚性基层路面结构		取出的面层芯样裂缝宽度越到表面越小，可推测为半刚性水稳基层的反射裂缝

通过分析钻芯取样的结果，可以看出，采用柔性结构的试验路段横向裂缝多为top-down裂缝，而采用半刚性基层结构的生产路段横向裂缝均为反射裂缝，且从芯样1看出，水稳半刚性基层由于环境恶劣，地区常年低温，风速大，水分蒸发快，水稳半刚性材料在养生阶段强度增长缓慢，往往造成水稳基层初期强度无法形成的现象。从芯样3，6看出，地区气温低、风速大的特点对ATB-25及面层的施工造成了较大困难，极易造成施工质量降低。

结合多次裂缝观测数据，可知在该多年冻土区，因半刚性基层开裂而产生的横向裂缝是路面裂缝的主要类型，而复合式基层、柔性基层路面的横向裂缝则主要为top-down裂缝。分析其原因，主要由于地区气温较低，温差大，沥青面层低温收缩受到约束，由此产生的应力超过了材料的抗拉强度，从而导致面层首先破坏。因此在沥青混合料材料选择时要着重注意其低温抗裂性。

综上所述，结合路面病害调查综合对比，级配碎石基层路面结构，土工格室加固级配碎石基层路面结构，2%水稳碎石基层路面结构相对半刚性基层路面结构具有良好的变形协调性和抗裂缝性能，路面裂缝数量明显低于半刚性基层路面，对多年冻土地区表现出较好的适应性。其中土工格室加固级配碎石基层路面结构的承载力相对于其他路面结构组合推荐柔性基层路面结构有明显提升。复合式基层路面结构在一定程度上结合了柔性基层路面结构和半刚性基层路面结构的优点，在多年冻土地区的适应性处于三种柔性基层路面结构和半刚性基层路面结构之间。

结论：柔性基层路面结构相对半刚性基层路面结构具有更好的变形协调性和抗裂缝性能，对多年冻土地区表现出较好的适应性；复合式基层路面结构次之；半刚性基层路面结构最差。土工格室加固级配碎石基层路面结构的承载力相对于其他柔性基层路面结构有明显提升。

2. 推荐的多年冻土区沥青路面设计方法

通过分析，在几种路面结构中，土工格室加固基层碎石基层路面结构作为优化后的柔性路面结构性能最优，对青藏高寒高海拔地区适应性表现最好。柔性基层路面结构结构承载力较低，更适应于交通荷载较低的多年冻土区。复合式基层路面结构对多年冻土区适应力相对较弱，但其结构承载力高，工程质量易保证，因此更适应于稳定不易退化的多年冻土区。半刚性基层路面结构对多年冻土区适应性差，可用于部分季冻区。其路面结构组合推荐图如图3-69所示。

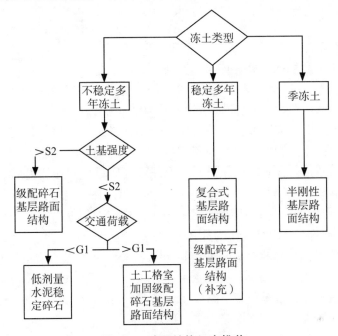

图3-69 路面结构组合推荐

图3-69中主要技术参数意义如下：

（1）土基回弹模量能够反映土基在弹性变形范围内抵挡变形的能力，是进行路面结构设计时的重要参数之一，直接影响路面结构的厚度的设计。若土基模量达不到设计要求，在进行路面设计和施工时，必须提前对地基进行处理。

通过查阅相关资料，青藏高原地区的土基回弹模量分布在20.5~77.0MPa之间，其中主要分布在25~65MPa之间。同时，由于青藏地区是我国冻土分布最广的地区之一，公路沿线穿越大面积的冻土区。而当路基填土采用冻土时，由于冻融循环引起土体强度的衰减，若土基回弹模量的设计值照搬规范提供的设计值或室内试验测得的值不尽合理，则有必要对其进行修正，所以在进行典型沥青路面结构时土基回弹模量E_0取值为30~65MPa之间。由此将青藏高原地区的土基强度等级进行划分见表3-34。

表3-34 土基等级划分

土基强度等级	E_0的取值范围/MPa
S1	30~40
S2	40~50
S3	50~65

（2）按照不同交通等级对基层或底基层产生大致相同的效应的划分原则，综合考虑未来青藏地区经济和交通发展情况对交通等级进行划分，见表3-35。

表3-35　交通等级划分

公路等级	交通等级	累计当量标准轴次/万次
高速及一级公路	G1	800~1 200
	G2	450~800
	G3	250~450

（3）多年冻土区高等级公路具体设计原则如下：

1）综合上述分析，对于地温在-1.5℃以上的不稳定多年冻土区如西大滩地区、沱沱河盆地、北麓河盆地等，宜采用柔性路面结构。其中土基强度较低（<S2）、交通荷载大（>G1）的路段选择土工格室加固级配碎石基层路面结构；土基强度较低（<S2）、交通荷载小（<G1）的路段选择使用低剂量水泥稳定碎石基层路面结构作为补充，并根据实地情况在施工中采取相应的工程措施进行保护，以保证工程质量。对于土基状况较好，强度足够（>S2）的地区选择采用级配碎石基层路面结构，既可以保证稳定性，又可以降低成本。

2）对于地温低于-1.5℃的多年冻土区，由于其稳定性较好，可以主要采用复合式基层路面结构，级配碎石基层路面结构作为补充。

3）对于部分施工温度条件较好的季冻区，从经济性及工程性的角度考虑，采用半刚性基层路面结构更为合适。

（4）不同路基条件和行车荷载下路面厚度推荐。

1）土工格室加固级配碎石基层路面结构见表3-36。

表3-36　土工格室加固级配碎石基层路面结构

交通等级	结构层名称	结构层材料	不同土基强度等级下的各结构层厚度/cm		
			S1	S2	S3
G1	面层	细粒式沥青混凝土	4		
		中粒式沥青混凝土	5		
		粗粒式沥青混凝土	6		
	基层	沥青稳定碎石	19~27		
		土工格室加固级配碎石	44~50		
	垫层	天然沙砾	20		
G2	面层	细粒式沥青混凝土	4		
		中粒式沥青混凝土	5		
		粗粒式沥青混凝土	6		
	基层	沥青稳定碎石	18~25		
		土工格室加固级配碎石	33~44		
	垫层	天然沙砾	20		

续 表

交通等级	结构层名称	结构层材料	不同土基强度等级下的各结构层厚度/cm		
			S1	S2	S3
G3	面层	细粒式沥青混凝土	4		
		中粒式沥青混凝土	5		
		粗粒式沥青混凝土	6		
	基层	沥青稳定碎石	14~22		
		土工格室加固级配碎石	25~37		
	垫层	天然沙砾	20		

2）低剂量（2%）水稳碎石基层路面结构见表3-37。

表3-37 低剂量（2%）水稳碎石基层路面结构

交通等级	结构层名称	结构层材料	不同土基强度等级下的各结构层厚度/cm		
			S1	S2	S3
G1	面层	细粒式沥青混凝土	4	4	
		中粒式沥青混凝土	5	5	
		粗粒式沥青混凝土	6	6	
	基层	级配碎石	27~32	18~27	
		低剂量水稳碎石（2%）	39~47	33~40	
	垫层	天然沙砾	20	20	
G2	面层	细粒式沥青混凝土	4	4	
		中粒式沥青混凝土	5	5	
		粗粒式沥青混凝土	6	6	
	基层	级配碎石	19~26	16~21	
		低剂量水稳碎石（2%）	32~45	27~41	
	垫层	天然沙砾	20	20	
G3	面层	细粒式沥青混凝土	4	4	
		中粒式沥青混凝土	5	5	
		粗粒式沥青混凝土	6	6	
	基层	级配碎石	14~25	13~20	
		低剂量水稳碎石（2%）	25~38	21~33	
	垫层	天然沙砾	20	20	

3）柔性基层沥青路面结构见表3-38。

表3-38 柔性基层沥青路面结构

交通等级	结构层名称	结构层材料	不同土基强度等级下的各结构层厚度/cm		
			S1	S2	S3
G1	面层	细粒式沥青混凝土		4	4
		中粒式沥青混凝土		5	5
		粗粒式沥青混凝土		6	6
	基层	沥青稳定碎石		17~23	14~20
		级配碎石		35~47	30~43
	垫层	天然沙砾		20	20
G2	面层	细粒式沥青混凝土	4	4	4
		中粒式沥青混凝土	5	5	5
		粗粒式沥青混凝土	6	6	6
	基层	沥青稳定碎石	17~25	14~20	11~17
		级配碎石	31~45	27~40	22~35
	垫层	天然沙砾	20	20	20
G3	面层	细粒式沥青混凝土	4	4	4
		中粒式沥青混凝土	5	5	5
		粗粒式沥青混凝土	6	6	6
	基层	沥青稳定碎石	13~21	10~16	8~14
		级配碎石	23~36	19~31	15~26
	垫层	天然沙砾	20	20	20

4）半刚性基层沥青路面结构见表3-39。

表3-39 半刚性基层沥青路面结构

交通等级	结构层名称	结构层材料	不同土基强度等级下的各结构层厚度/cm		
			S1	S2	S3
G1	面层	细粒式沥青混凝土		4	4
		中粒式沥青混凝土		5	5
		粗粒式沥青混凝土		6	6
	基层	水泥稳定沙砾		32~40	31~36
	垫层	天然沙砾		20	20
G2	面层	细粒式沥青混凝土	4	4	4
		中粒式沥青混凝土	5	5	5
		粗粒式沥青混凝土	6	6	6

续 表

交通等级	结构层名称	结构层材料	不同土基强度等级下的各结构层厚度/cm		
			S1	S2	S3
G2	基层	水泥稳定沙砾	33~41	31~36	30~32
	垫层	天然沙砾	20	20	20
G3	面层	细粒式沥青混凝土	4	4	4
		中粒式沥青混凝土	5	5	5
		粗粒式沥青混凝土	6	6	6
	基层	水泥稳定沙砾	30~36	29~33	28~31
	垫层	天然沙砾	20	20	20

5）复合式基层沥青路面结构见表3-40。

表3-40 复合式基层沥青路面结构

交通等级	结构层名称	结构层材料	不同土基强度等级下的各结构层厚度/cm		
			S1	S2	S3
G1	面层	细粒式沥青混凝土		4	4
		中粒式沥青混凝土		5	5
		粗粒式沥青混凝土		6	6
	基层	沥青稳定碎石		10	10
		水泥稳定沙砾		24~31	22~27
	垫层	天然沙砾		20	20
G2	面层	细粒式沥青混凝土	4	4	4
		中粒式沥青混凝土	5	5	5
		粗粒式沥青混凝土	6	6	6
	基层	沥青稳定碎石	10	10	10
		水泥稳定沙砾	11~25	8~18	8~13
	垫层	天然沙砾	20	20	20
G3	面层	细粒式沥青混凝土	4	4	4
		中粒式沥青混凝土	5	5	5
		粗粒式沥青混凝土	6	6	6
	基层	沥青稳定碎石	10	10	10
		水泥稳定沙砾	22~27	20~24	19~23
	垫层	天然沙砾	20	20	20

[工程示例3-13]

多年冻土区高等级公路合理路面结构的推荐示例

青藏地区某地拟修建一条高速公路，该地区处于冬冷干旱区，设计为双向四车道，路面宽为18m，拟采用沥青路面结构进行设计。设计年限为15年，年平均增长率为5%，交通量见表3-41。该公路主要穿越不稳定多年冻土区，对该条道路进行路面结构设计。

表3-41 交通情况表

丰田LC100	黄海DD680	北京BJ130	东风EQ140	黄河JN163	五十铃EXR181
3071	372	612	213	130	2

（1）确定交通等级。通过计算，该公路的累计当量轴次为2.73×10^6，根据上文中交通等级划分标准，该路段的交通等级为G3级。

（2）确定土基强度等级。土基回弹模量的值可根据查表法、承载板法、室内试验法和贝克曼梁法等方法进行确定。由于该路段位于多年冻土区，当采用室内试验法确定土基回弹模量值时，需要通过冻融循环试验对其进行修正。此例的土基回弹模量E_0为41MPa。根据土基等级划分标准，该路段的土基等级为S2，土基强度介于40~50MPa。

（3）结构组合方案的确定。经过工程勘测，该路段的多年冻土属于不稳定多年冻土，路基有冻胀和融沉现象。而由高寒高海拔地区高等级公路路面结构行为研究得出的结论，对于此类冻土地区采用柔性基层路面结构能够有效减少路面病害的发生，保证路面结构的使用性能。由于此段道路土基强度较高，交通量较小，因此综合各种因素选择普通级配碎石基层沥青路面结构更优。

（4）路面结构的确定。确定路面结构形式之后，即可从路面结构推荐表中进行设计。根据公路等级和交通等级，最终确定路面结构类型为G-R-3。根据土基等级S2确定出沥青稳定碎石的厚度为15cm，级配碎石厚度选择范围为19~31cm，同时由于累计当量轴次273万次，土基强度为41MPa，级配碎石层的最终厚度确定为23cm。所以该路段的路面结构为15cm的沥青面层+38cm柔性基层+20cm的垫层，路面总厚度为73cm。通过路基的潮湿类型、路基土类、道路冻深以及路面结构层的材料查询沥青路面设计规范中的最小防冻厚度表。

假设根据资料得知该路段的最小防冻厚度要求是70cm，路面结构满足最小防冻厚度要求。因此该路段最终路面结构为4cm细粒式沥青混凝土+5cm中粒式沥青混凝土+6cm粗粒式沥青混凝土+15cm沥青稳定碎石+23cm级配碎石+20cm的天然沙砾。

（5）材料选择。由于路段处于冬冷干旱区，在进行路面材料选择时应主要考虑材料的低温性能。为满足材料低温抗裂性能的要求，提高路面抗裂性能，可以选择针入度较高的沥青，同时针入度不宜过高以防止混合料出现松散，影响材料耐久性。综合以上因素，推荐选择针入度在110~140之间的沥青材料。10℃延度宜大于20，保证材料低温抗裂性。

旋转薄膜烘箱质量变化小于1.2%,以保证材料耐久性。有条件时可以选择使用SBR等具有更好低温抗裂性的改性沥青。

对于混合料集料的选择,应着重考虑集料黏附性以及压碎值等指标,黏附性要求在4级以上,压碎值小于30%,针片状颗粒含量小于20%。对于矿料级配类型,优先选择低温抗裂性、耐久性以及水稳定性更好的悬浮密实型结构。

3.沥青路面施工

(1)多年冻土地区沥青路面的特殊施工条件。

1)施工温度低。多年冻土地区常年低温,即使在路面的可施工季节,气温也较低。如五道梁地区6—9月的月平均气温在0~6℃之间,其中气温最高的7月日最高气温仅为11~20℃,且夜间经常出现负温。因此,多年冻土地区路面施工温度明显低于一般地区,满足现行规范规定的施工温度要求较为困难。

2)施工期短。多年冻土地区公路的最佳施工时间为每年的5—9月,而路面基层与面层的适宜施工时间为6—9月。即使在这几个月,多年冻土地区气温仍较低,日温差也较大,夜间往往出现负温,有效施工时间短。同时,多年冻土地区的降水又集中在7—9月,且雨雪无常,明显影响路面施工的连续性。因此,多年冻土地区沥青路面的施工期明显短于一般地区。

3)碾压成形困难。多年冻土地区气温低,加上多风、风大,热拌沥青混合料施工过程中的温度损失明显快于一般地区,使沥青混合料碾压成形困难。同时,多年冻土地区气候干燥,蒸发率高,使水泥混凝土面层、半刚性基层施工中水分损失比一般地区速度快,且损失量大,对水泥混凝土、无机结合料稳定材料的强度形成有显著影响。

4)养生条件有限。在多年冻土地区特殊的自然条件下,水泥混凝土、半刚性材料保温保湿养生难度明显大于一般地区,水分蒸发损失容易引起干缩裂缝,大温差使水泥混凝土板和半刚性板体内产生较大温缩应力,而频繁冻融循环将导致混凝土产生早期损伤。

(2)"规范"中的针对性施工措施。

1)沥青路面施工应考虑多年冻土地区温度低、施工期短、碾压成形困难、养生条件有限等特殊条件的影响。沥青路面面层应在暖季施工。

2)宜采取提高混合料出料温度、减小拌和机拌和仓出料口与运输车的高差、缩短混合料运输距离、加强运输车辆保温与覆盖、缩短运输车辆在摊铺机前方的待机时间等技术措施,保证沥青混合料摊铺温度。

3)应采取缩短施工工作段长度、适当增加摊铺层厚度、合理调整碾压速度、保证施工连续性等措施,严格控制混合料有效压实时间,保证沥青路面成形质量。

4)半刚性基层沥青路面在基层成形并检验合格后,应及时铺筑沥青混合料面层缩短半刚性基层暴露时间。

(3)材料技术要求:

1)沥青路面宜选择高标号的道路石油沥青,技术指标应符合表3-42的规定。

表3-42 道路石油沥青技术要求

指标		单位	沥青标号	
			130号	150号
针入度（25℃，100g, 5s）		0.1mm	120~140	140~160
针入度指数PI			−1.5~+1.0	
软化点（R&B） 不小于		℃	40	38
延度（5cm/min, 15℃） 不小于		cm	100	
蜡含量（蒸馏法） 不大于		%	3.0	
闪点 不小于		℃	230	
溶解度（三氯乙烯） 不小于		%	99.0	
密度（15℃）		g/cm³	实测记录	
TFOT（或RTFOT）后	质量变化 不大于	%	±0.8	
	残留针入度比 不小于	%	50	48
	残留延度（15℃） 不小于	cm	40	

上面层和中面层沥青混合料宜采用SBR或SBS改性沥青，技术指标应符合表3-43的规定。

表3-43 聚合物改性沥青技术要求

指标		单位	沥青标号	
			130号	150号
针入度（25℃，100g, 5s）		0.1mm	110~130	130~150
针入度指数PI			−1.2	
软化点（R&B） 不小于		℃	42	40
延度（5cm/min, 15℃） 不小于		cm	100	
闪点 不小于		℃	230	
溶解度（三氯乙烯） 不小于		%	99.0	
密度（15℃）		g/cm³	实测记录	
TFOT（或RTFOT）后	质量变化 不大于	%	±1.0	
	残留针入度比 不小于	%	50	48
	残留延度（15℃） 不小于	cm	70	

2）水泥稳定类材料可采用具有早强、抗冻功能的外加剂。多年冻土地区的低温和负温条件会明显影响水泥稳定类材料的强度形成，使混合料强度减小，不易形成板体。水泥化学外加剂可以调节水泥的水化过程、水泥的凝结和硬化时间，并与水泥进行综合作用，以满足不同条件下对混合料的工程要求。

（4）沥青混合料面层施工。考虑到低温抗裂性能、耐老化性能、抗冻性能是多年冻土地区沥青混合料的关键路用性能，因此根据多年冻土地区实践经验，调整了部分马歇尔技术指标要求，增加了控制低温抗裂和耐老化的路用性能新指标，以及抗冻性能的检验性指标。

面层沥青混合料配合比设计可分为目标配合比设计、生产配合比设计和生产配合比验证三个阶段，沥青混合料技术要求应符合表3-44的规定，应采用马歇尔试验方法测定沥青混合料稳定度、流值等指标。

表3-44 沥青混合料技术要求

技术指标	单 位	要求值
击实次数（双面）	次	75
空隙率	%	1.5～3.0
稳定度	kN	≥7.5
流值	mm	2～4
矿料间隙率	%	14～16
沥青饱和度	%	75～88
45℃车辙试验动稳定度	次/mm	≥1000
浸水马歇尔试验残留稳定度	%	≥80
-18℃冻融劈裂强度比	%	≥80
冻融循环飞散损失	%	1.0
短期老化后0℃蠕变速率（$0.1\sigma_f$）	1/($s \cdot MPa^{-1}$)	1.25×10^{-6}

注：1. 沥青饱和度和矿料间隙率指标采用有效沥青含量计算。
  2. 用集料有效密度计算混合料的相对最大理论密度，并以此计算空隙率指标。

普通沥青混合料摊铺温度应保证在130℃以上，改性沥青混合料摊铺温度应保证在140℃以上。热拌沥青混合料出料温度、储料仓储存温度、运输到现场温度等施工温度应考虑运输、摊铺、碾压过程中的温度变化，参考试验路段试验结果进行控制。有条件时，宜采用保温运输车运输沥青混合料。

沥青混合料在摊铺后初压前的热量损失极大，而初压后其冷却速率大大降低。因此多年冻土地区沥青面层施工时，混合料摊铺后应立即碾压。

（5）半刚性材料基层、底基层。半刚性材料基层、底基层混合料应采用专用厂拌设备，中心站集中拌和，拌和设备应能自动计量各种材料用量。拌和生产能力应与摊铺、碾压设备相匹配。混合料拌和含水率宜根据多年冻土地区高蒸发率和水分损失情况适当加大。

多年冻土地区气候干燥，蒸发量大，如不洒水湿润，半刚性基层或底基层摊铺前，下卧层表面往往处于干燥状态。模拟湿度养生下的强度形成研究得出，下卧层表面湿度状况对基层强度成形有明显影响，摊铺混合料中的部分水分将被下卧层吸收，参与混合料强度形成的水分减少，导致下部混合料的强度降低。

通过修筑试验路段对各种洒水方案进行对比，洒水车雾状洒水湿润的均匀性好，推荐采用洒水车进行雾状洒水。

1）水泥稳定类混合料施工作业时间应根据日气温变化合理确定。水泥稳定类混合料，从混合料拌和开始至碾压结束宜在2h内完成，最迟不得超过水泥初凝时间。混合料宜采用养生薄膜下铺设黑色或深色织物双层吸热保温养生，或采用黑色养生薄膜吸热保温养生，也可采用覆盖草袋、薄膜、厚砂等保温措施，提高混合料养生温度。混合料养生时间不应少于7d，养生结束后应尽快铺筑面层或封层。掺外加剂的混合料，养生期可根据混合料强度形成试验结果适当缩短。水泥稳定类材料施工宜采取下列技术措施，保障混合料的强度，提高混合料的抗裂能力：①严格控制施工级配，保证混合料设计抗压强度；②在混合料中掺入适宜水泥外加剂；③采用吸热覆盖措施，提高养生温度；④采取有效措施封闭施工；⑤基层施工前对垫层充分洒水湿润；⑥沥青面层与基层连续施工。

2）粒料类材料基层、底基层。粒料类材料作为散体材料，其强度与侧向约束密切相关，侧向约束越强，压实越易达到密实，整体承载能力越强。试验路段修筑与观测得出，级配碎石施工前预埋路缘石，可以保证级配碎石压实均匀性与密实程度。因此，要求粒料类材料结构层施工前，采取预埋路缘石、安装侧模板等侧向支撑措施，保证碾压成形质量。

级配碎石宜采用沥青混凝土摊铺机或其他碎石摊铺机摊铺，二级以下公路可用自动平地机或摊铺箱摊铺混合料。级配碎石摊铺后应在接近最佳含水率条件下及时碾压；混合料碾压含水率偏低时，应根据实测含水率，用喷雾式洒水车补充洒水。

粒料类材料粒径大且易松散，碾压过程中易出现碎石破碎和松散推移现象，确定适宜压实厚度，选择合理碾压设备与工艺，才能确保碾压质量。采用振动压路机和胶轮压路机联合交替碾压可以达到良好的碾压效果。通常，压路机的吨位越大、振动频率越高、振幅越大，对压实越有利，但同时碎石的破碎越严重。因此，压路机吨位、振动力应综合考虑。

为避免松散推移和碎石破碎，一般开始时宜采用静压，使混合料成形并具有一定的密实度；再用弱振、强振和胶轮碾压，使结构层内部密实，降低空隙率；最后用静压，使结构层从内部到表面更加密实。因此，初压时宜采用慢速静压。复压时速度由慢速逐渐提高，目的是避免结构层密实度较低时碾压引起松散推移。故规范规定：级配碎石碾压宜先采用钢轮压路机慢速静压，使混合料成形并具有一定的密实度；再用振动压路机和胶轮压路机碾压，碾压速度宜先慢后快，先弱振后强振，使结构层内部密实，降低空隙率；最后用钢轮压路机慢速静压。

[工程示例3-14]

多年冻土区路面主要病害形式

2008年6月，中科院寒旱所会同青海省公路科研勘察设计院对G214线姜路岭—清水河段路面病害进行了一次较为详尽的调查（在本次病害调查前，2004年刚刚完成路面的整治工作）。本次调查分别分段总结给出了水泥混凝土路面和沥青路面病害状况（根据冻土类型进行分段），路面病害的统计是通过计算不同病害的面积占该路段总面积的百分率表示。纵、横缝病害率是利用裂缝贯穿的长度乘以缝的宽度所得面积占该路段的总面积的百分率,主要病害类型如图3-70所示。

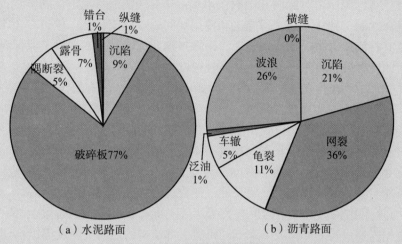

（a）水泥路面　　　　　　　（b）沥青路面

图3-70　G214线路面主要病害形式

（1）通过对G214线姜路岭—清水河段路面使用状况的踏勘得出,沿线沥青路面的病害率为4.86%,水泥混凝土路面的病害率为12.93%,水泥混凝土路面的病害率要明显大于沥青路面的病害率。因此可以得出在G214线多年冻土区沥青路面的适应能力强于水泥混凝土路面。

（2）通过分析得出多年冻土区路面病害程度的分布规律：水泥混凝土路面整体上呈现出富冰以上冻土路段略大于少冰、多冰冻土路段,两者差别不显著;而沥青路面随含冰量的增加变化显著,富冰以上冻土区明显大于少冰、多冰冻土区,少冰、多冰冻土区明显大于季节冻土区,呈现出明显的分区现象。

（3）沉陷率病害分析表明,沿线大部分地区水泥路面的沉陷率基本均小于沥青路面的沉陷率。因此,在部分多年冻土区采用水泥混凝土路面可在一定程度上提高路基路面的热稳定性,从而可以降低路面的沉陷破坏率。但由于水泥路面脆性大,其纵向断裂和破碎板病害比较严重。

七、桥涵设计及施工

1.规范中"桥涵设计"的相关规定

（1）一般规定。在多年冻土地区常流水的涵洞均存在着较为严重的工程病害,对横向排水影响较大且难以根治。因此,对于多年冻土地区常流水的河沟宜以桥梁跨越。

融沉、强融沉或融陷多年冻土地段,桥梁地基宜采用保护冻土的设计原则;不融沉和融化后基础沉降量不超过容许值的弱融沉多年冻土地段,桥涵地基宜采用容许融化的设计原则。桥梁基础还应进行抗冻胀稳定验算。

高含冰量冻土地段的特大桥宜采用钻孔桩基础,必要时可进行基桩荷载试验,检验其承载力。桥梁墩台基础的埋置深度应满足基底强度、稳定性验算及冻拔力的要求。桥梁桩基础宜适当加深，将桩基嵌入多年冻土内一定的深度或穿透冻土层，防止基础产生变形，并应进行冻胀力作用下的稳定性验算。

涵洞设计应考虑冻胀力对涵洞基础的作用和水热对涵洞地基稳定性的影响，采取相应的工程措施，确保涵洞基础在涵洞工程施工和使用期间处于稳定状态。位于高含冰量冻土地段的涵洞应根据其径流量大小、径流期长短，采取换填非冻胀性土、埋设工业保温材料、设置挡水板等相应的防融沉、防冻胀措施，必要时宜以桥代涵。

（2）桥位。过水桥桥位宜绕避多年冻土地段，不能绕避时，宜在低含冰量多年冻土段通过。

桥梁涵洞宜结合天然沟渠单独设置，不宜采用截水导流工程合并设置桥涵。对径流明显的地区，桥涵工程宜顺水流方向设置，不得改变水流方向。

山前区变迁性河流地段，应设置与桥梁连接的导流工程。

对于存在冰锥、冻胀丘、流冰、融冻泥流及上限较深的高含冰量冻土等现象的桥梁，桥梁孔径及桥下净空除应满足正常水文要求外，还要适应加大跨轻和桥下净空。

（3）桥梁上部结构。桥梁结构形式宜采用简支梁（板）结构，桥梁上部宜采用预制成形构件，并根据需要设置变形缝或伸缩缝。桥梁上部结构的混凝土强度等级不宜低于C30。

桥梁支座应保证能够在恶劣的环境条件下按设计要求传递上部结构荷载，适应上部结构变形。不宜采用橡胶支座。桥梁护栏杆宜采用钢筋混凝土墙式护栏。

（4）桥梁基础。

1）桥梁基础宜选用桩基础。桥址处分布有盐渍土化冻土、冻土泥炭层时应采用桩基础。

钻孔灌注桩适用于各类地温分区及各种岩性的冻土基础，钻孔打入桩、钻孔插入桩适用于年平均地温低于-1.0℃的多年冻土地基。

钻孔灌注桩基础设计应结合桥址处的工程地质条件、冻土地温、冻土含冰量等因素综合考虑。当位于高温冻土区时，桩基础设计应考虑冻结和融化两种状态，并留有一定的安全度，低温稳定区冻土宜按冻结状态设计。桩基础设计应进行冻拔力作用下的桩基稳定性验算。

当季节融化层为冻胀土时，桩基承台或系梁底宜高出地面，其值应根据冻胀土的厚度确定，且不宜小于0.3m。流冰严重的河道承台顶面可适当降低。

2）工程地质简单、持力层良好的中小桥涵也可采用明挖浅基础。易发生冻胀隆起、融化下沉等地段不宜采用明挖浅基础。按照保护冻土原则设计的明挖基础，基底宜铺设厚度不小于0.3m的粗颗粒土垫层，并分层夯实。必要时可在基底设置隔热保温层，并进行防冻胀处理。不衔接多年冻土地段，可将明挖基础埋置于季节冻结层中。当季节冻结层为冻胀土时，基础应置于冻结线以下不小于0.25m处；对于不冻胀或弱冻胀土，不宜小于冻结深度的80%。

3）无冲刷时，桥台锥体坡面铺砌基础的埋置深度应不小于1.25m；当地基的季节融化层为冻胀土时，基础及埋入地面以下的坡面铺砌两侧宜换填粗粒土。

桥台背后及锥体均应填粗粒土，桥台背后范围填土的压实度应与相邻路基压实度相同。坡面铺砌宜采用砌筑混凝土预制块件，厚度应不小于20cm，并应在坡面上预留泄水孔。

（5）桥梁基础及下部抗冻防护。桥梁扩大基础宜采取换填粗粒土或在基础表面涂抹润滑油脂的措施防治冻害。桥梁桩基础宜采取设置钢套管的措施防止冻害，也可采取在季节融化层内嵌入多年冻土层一定深度设置永久护筒，在护筒外涂渣油的措施防止冻害。

冻胀丘分布地带，桥梁承台宜采用高桩承台。在一般冻土地带，宜将承台底面以下换填为粗粒土，或设置工业保温隔层材料缓冲层。

墩台主体结构不宜采用浆砌片石材料。应在冻土上限至流冰面以上0.5m墩身加设护面钢筋或钢护筒，必要时可设置破冰棱。墩台及基础、承台与土接触部位宜设置涂沥青保护层。

基底的季节融化层为冻胀土时，混凝土桥墩台底部宜配置钢筋，并加强承台与桩的连接钢筋，避免土体冻胀导致基础、承台破坏或分离。

桥梁扩大基础和桩基础混凝土均宜采用低温早强混凝土，掺加的外加剂不应对钢筋产生腐蚀。

[工程示例3-15]

多年冻土区涵洞的地温观测

小涵洞测线布设位置与大涵洞相同，但在现场打孔过程中，由于大粒径填料较多，小涵洞阴坡涵顶处两侧测线无法进行成孔，所以在小涵洞顶部设置四个水平测试孔。如图3-71所示，S1，S2，S3，S6测温孔为水平布置，其中S1，S2，S3测温孔位于小涵洞南侧（阳坡），S6测温孔位于小涵洞北侧（阴坡）。如图3-71（d）所示，S4，S5，S7，S8为涵壁外侧斜向下布置的测温孔，其中S4，S5测温孔位于小涵洞南侧，S7，S8测温孔位于小涵洞北侧。小涵洞温度传感器测温孔位置的布置如图3-71所示（注：S1表示小涵洞第一个温度测试孔）。

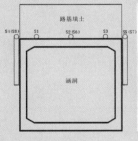   

（a）小涵洞温度传感器测试孔布置图　（b）现场成孔作业图（洛阳铲）　（c）现场成孔取土图　（d）现场完成的测试孔

（e）测量温度传感器各测节点间距　（f）绑扎完成的温度传感器　（g）标记成孔位置　（h）PVC管钻孔作业图

图3-71　多年冻土区涵洞温度测试场景

（i）涵洞侧壁温度　　（j）涵洞顶部温度　　（k）FLUKE 287低温　　（l）涵洞顶部温度现场
　　传感器埋设　　　　　传感器埋设　　　　　　万用表　　　　　　　　测试图

续图3-71　多年冻土区涵洞温度测试场景

　　据上述每个测温孔传感器个数及设置间距，将温度传感器绑扎在一起制成温度测线。为了埋设位置的准确性，将制成的测线放入直径为50mm的PVC管中。根据每个孔位的编号在PVC管上做好标记，以免在埋设过程中出现混乱。为了消除PVC管壁对管内外土体水热交换的影响，在PVC管上每个传感器对应的位置处上下各10cm的范围内用钻头为3mm的电钻成孔，具体过程如图3-71所示。在保证PVC管在运输、埋设过程中不至破坏的前提下尽可能增加孔的数量。将传感器在管中的位置确定后，将二者用胶带固定，保证PVC管在运输、管内填土和埋设过程中温度传感器位置不会改变，从而提高监测的精度。

　　将制好的测温管内填充路基填筑所用的粉砂土，在填充过程中通过敲打测温管外壁使其尽量密实。然后将测温管放入事先打好的测孔中，并用粉砂土回填，在回填时采用部分回填并用木棒捣实的方法，使回填的粉砂土达到相对密实状态。同时将温度传感器测试线整理成束放入塑料袋内，并用虚土掩盖，防止测试线由于光照引起老化及施工可能造成的破坏。

　　温度传感器为电阻式温度传感器，通过采用FLUKE 287高精度数字低温万用表对其电阻进行单点测试，然后通过温度传感器标定曲线获得其温度值。由于每次监测时间较长，在冬季大气温度过低时，用保温棉将万用表主机包裹，防止万用表的测试精度受外温影响。

　　（6）涵洞结构设计。涵洞类型的选择应根据涵位冻土特征、上限深度、涵洞地基设计原则、路基填土高度、施工季节、施工条件等因素综合分析确定。

　　涵洞宜选用能适应一定变形的封闭型结构，在反复冻融作用下，发生基础不均匀冻胀与融沉，引起结构变形时，不会产生结构破坏和功能失效，可采用钢筋混凝土圆管涵、矩涵、箱涵和盖板涵以及金属波纹管涵等。

　　排洪涵洞可按照无压涵洞设计。涵洞宜按原沟床设置，涵底纵坡不宜小于1.5%，沟底不宜下挖或提高，常年径流的涵洞宜加大纵坡。

　　高含冰量地段，宜采用拼装式金属波纹管涵或钢筋混凝土圆涵、矩涵；低含冰量地段可采用钢筋混凝土圆涵、矩涵、箱涵。金属波纹管涵顶面最小填土厚度不得小于0.6m。

　　多年冻土地区不宜使用平行设置的双孔涵洞、有压涵洞以及各种类型的浆砌片石涵洞；涌冰特别严重的河道，可采用上下结构的双孔涵洞。

　　涵洞孔径除应满足排洪及维修的要求外，还应考虑冰塞、冰锥的影响，并适当增大孔径。

涵洞应每隔2.0~4.0m设置一道沉降缝，沉降缝材料宜选用改性沥青麻；对径流长、径流量大的涵洞，必要时可采用膨胀橡胶等材料；沉降缝应加强防冻、防渗漏措施。

[工程示例3-16]

G214线沿线冻土区涵洞常见病害及选型

（1）翼墙与涵身的脱开倾斜。如图3-72所示。由于冻胀、融沉及水平土压力等原因导致翼墙与涵身间轻微脱开或倾斜，约占涵洞的20%，调查发现维修过程中采用水泥砂浆塞缝（刚性），翼墙与涵身间由于冻胀融沉等引起的不协调变形会导致修补处再次裂开甚至越裂越大，应考虑柔性防护，即采用具有大变形能力的填塞材料进行填缝；翼墙与涵身的脱开倾斜破坏主要发生在 K409+200—K427+850 花石峡段和 K543+900—K578+100 查拉平段，调查中发现了少量严重脱开倾斜的翼墙，这些挡墙基本上已失去挡土作用，约占3%，必须重建。重建过程中翼墙基础应与涵身基础具有同样深度，原工程做不到导致翼墙破坏。

图3-72　G214线盖板涵翼墙与涵身的脱开倾斜

（2）翼墙与涵身的挤压开裂破坏。如图3-73所示。调查中发现有翼墙顶端小面积的断裂或是破碎，约占涵洞总数的5%，根据初步分析应该是在冻融循环作用下翼墙基础不均匀冻胀，或是涵身基础不均匀冻胀，或是二者同时不均匀冻胀导致翼墙与涵身、帽石的挤压，由于越往上横截面越小，而挤压越严重，尤其涵身与帽石的挤压，从而导致顶端的挤压开裂或破碎，调查中发现翼墙与涵身平齐而不与帽石接触这样的结构形式可以较好地避免这一破坏现象。

图3-73　G214线盖板涵翼墙与涵身的挤压开裂破坏

翼墙被挤坏主要发生在 K409+200—K427+850 花石峡段和巴彦克拉山段，这种较严重的病害，光从堵缝、抹面层面上进行解决是不够的，必须很好地处理洞口处冻胀融沉问题。

（3）涵洞洞身塌腰、横向开裂。如图3-74所示。涵洞的塌腰、错牙、漏水时有发生，约占涵洞总数的10%。原因无非两点：一是不均匀的反复冻融变形引发整体性涵体开裂；二是在原接缝处或分体处的不均匀变形逐渐发展。涵洞基础一般为分段设置，也有少量整体式。由于基础短，涵洞基础在回冻前一般埋置在季节活动层中，且施工过程中对冻土温度场的扰动，使大量热量进入冻土土层，多年冻土融化，承载能力降低。寒季冻胀、暖季融沉，寒季的基础在这种强大的冻融作用下，涵台混凝土的强度小于融化下沉产生的强度，最终导致涵台开裂，涵洞则产生塌腰、错牙、开裂、漏水、倾斜等破坏。若分段基础涵洞的变形缝处理不当，会导致水的潜热传递到多年冻土层内，改变地基土的水热平衡，导致接缝或分体处变形不均，使涵台下沉开裂进一步扩大，更加剧了涵身的破坏。

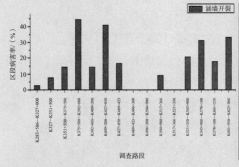

图3-74　G214线盖板涵涵洞洞身塌腰、横向开裂

洞身塌腰、开裂病害现象主要发生在 K375+500—K392+600 苦海滩段和花石峡—玛多段（K409+200—K489+453），针对这样的破坏，关键是填缝堵漏，防止水继续渗漏引起冻土的融化，导致更大的开裂和下沉，引发恶性循环。涵台间产生不均匀沉降，如果涵顶路基对行车影响不大，而且这种不均匀沉降缝不再加剧时，采用柔性填塞，防止渗漏水即可（即只处理不均匀沉降处的裂缝）。

（4）变形缝开裂。如图3-75所示。花石峡—玛多段（K409+200—K489+453）、野牛沟—查拉坪（K543+900—K578+100），此路段也是多年冻土地区调查路段，盖板涵变形缝开裂约占涵洞总数的30%。连接处两端如果不均匀沉降严重，那么会沿着变形缝脱开或是错位以及纵贯裂缝。涵身竖向裂缝一般是由于涵底基础不均匀冻胀和融沉造成的涵身变形缝开裂，这种裂缝在此次调查中比较显著。

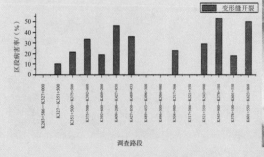

图3-75　G214线盖板涵变形缝开裂

盖板涵的病害主要发生在花石峡段、玛多段和巴彦克拉山段。具体如图3-76和图3-77所示。冻土地区盖板涵虽然是刚性结构，整体性能比较好，但对于这些路段，涵洞的破坏使公路也产生相应的破坏，路面开裂、沉陷以及跳车，路用性能不理想。

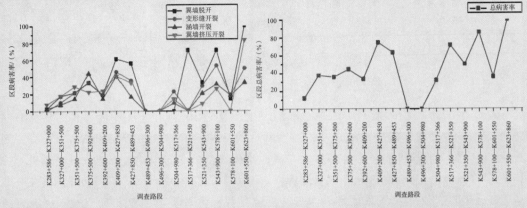

图3-76　G214线盖板涵病害率与路段关系图　　图3-77　G214线盖板涵各调查区段总病害率

（5）波纹管涵洞口锈蚀：在调查中我们还是发现了不少中度甚至重度锈蚀的波纹管涵，约占波纹管涵总数的65.4%。究其原因主要有两点：一是水流中夹带泥沙或碎石等杂质对管道的冲刷，导致防腐层的破坏；二是水质问题，可能某处的水中含有较强的腐蚀性物质，如图3-78所示。

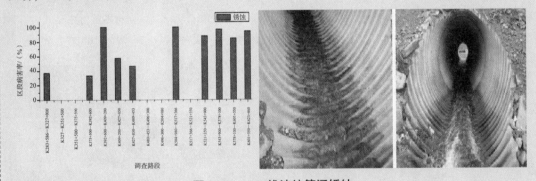

图3-78　G214线波纹管涵锈蚀

波纹管涵的锈蚀为涵洞的不可恢复性破坏，对涵洞的强度和承载能力有影响，沿线野牛沟—清水河（K504+980—K623+860）锈蚀问题比较严重。防锈蚀可以采用先打磨掉锈蚀部分，然后再涂上防护材料的方法进行解决。针对不同的气候、水文条件，应该采用不同的防锈蚀措施进行修复，以保证修复的效果。

（6）波纹管涵洞口护坡破坏。如图3-79所示。波纹管涵的护坡是保证洞口通畅的重要部分，但护坡破坏却是一个普遍的问题，尤其以浆砌片石护坡破坏较为严重。浆砌片石护坡的破坏主要是由于冻胀融沉的不均匀性导致的护坡凹凸不平甚至脱落，水泥混凝土护坡的破坏主要是冻胀引起的开裂、破碎，这些破坏约占调查波纹管涵总数的44.7%。

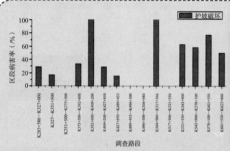

图3-79　G214线波纹管涵护坡破坏

沿线红土坡—花石峡段（K392+600—K409+200）、查拉坪段（K578+100—K601+550）护坡破坏问题比较严重，对于护坡的防护，提倡采用干砌片石，最好是采用抛石护坡。抛石护坡主要是由碎石堆砌而成，空气在缝隙中形成对流，以便保持路基下冻土温度场的稳定，同时阻止外界热量进入。抛石护坡修筑完成后，碎石间的缝隙使空气在冬天形成循环，使路基内热量与外界保持对流交换，与外界具有同样的温度，并且在夏天抛石护坡则成为"天然隔热层"，能够有效阻止外来热量的侵入，保证路基下多年冻土层的坚固性不会因施工而受到影响，在修建之前，在抛石护坡铺一层保温材料效果会更好。

（7）波纹管涵涵洞塌腰。如图3-80所示。涵洞塌腰现象，虽然不影响涵洞的排水，但对于道路的正常使用会产生一定影响，涵洞塌腰越严重，说明路基沉陷越大，相应的道路会形成凹槽、开裂及跳车现象。这些破坏约占调查波纹管涵总数的36.2%。

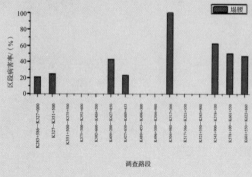

图3-80　G214线波纹管涵涵洞塌腰

涵洞的塌腰现象属于不可恢复现象，在公路建设当中，尽量选取强度较高、适应变形能力的材料，另外，涵洞塌腰同时也说明了波纹管涵适应路基变形的能力，涵洞的局部破坏不至于对道路产生太大影响，增加了道路的使用寿命，体现了波纹管涵的优势。具体如图3-81和图3-82所示。

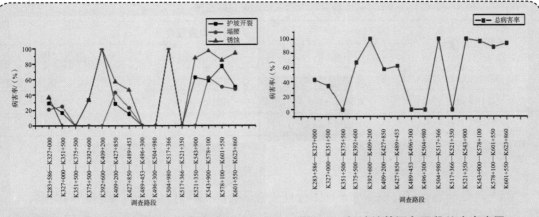

图3-81 钢波纹管涵病害率与路段关系图　　图3-82 钢波纹管涵各区段总病害率图

结论：通过对青藏公路、青康公路G214线、青藏铁路3条经过多年冻土区，但条件各有不同的进藏线路上涵洞的应用情况进行调查、分析、研究发现如下：

1）在季节冻土区，钢筋混凝土盖板涵和金属波纹管涵同样适用。但在多年冻土区，由于钢筋混凝土盖板涵的病害发生率要远远大于金属波纹管涵，所以推荐使用金属波纹管涵。

2）金属波纹管涵在多年冻土地区的使用可以减小冻土对涵洞工程的冻胀影响，降低因涵洞出入口破坏而影响涵洞正常使用的概率，较好地保证了路基的稳定性。在设计时应结合地貌、降水情况，设计合适的管径，以免发生积冰现象。

3）对于金属波纹管涵的腐蚀生锈，应该在施工前做好金属波纹管的防锈处理。只要在施工前做好波纹管内、外壁的防锈处理，完全可以保证金属波纹管涵在设计年限内的正常使用。

4）金属波纹管涵作为一种新技术、新结构的涵洞，出于谨慎的考虑，青藏铁路没有大规模使用。但这并不代表金属波纹管涵在多年冻土地区不能大规模应用。在青藏公路、青康公路G214线金属波纹管涵被大规模使用后效果良好，说明金属波纹管涵在多年冻土区有着良好的应用前景。

（7）涵洞基础。涵洞基础选择应与冻土地基类型相适应，与涵洞类型相匹配，减少对多年冻土的扰动与破坏；在浅埋完整基岩或弱风化基岩上，可将基础直接设置于天然岩面上。

强融沉、强冻胀及不良冻土地段，当按容许融化的原则设计可能产生不均匀冻融变形时，应采用钢筋混凝土基础，并采取相应的防冻措施，基础埋深按现行《公路桥涵地基与基础设计规范》要求确定。

强融沉、强冻胀及不良冻土地段，按照保护多年冻土原则设计的涵洞，不宜采用砂石换填（砂石料的导热性能好，用砂石料换填对保护多年冻土不利）。根据施工需要，可在基坑底面铺设碎石垫层，其厚度不宜大于0.3m；当地基为高温冻土时，基底与基坑周围还应进行保温处理。基础埋深按表3-45考虑。

表3-45 涵洞基础埋置深度表

涵洞径流特点	基础埋置深度		
	中间段	过渡段	进出口段
间歇性径流	$0.5h_t \sim 0.6h_t$	$0.7h_t \sim 0.8h_t$	$1.1h_t \sim 1.2h_t$
小径流	$0.7h_t \sim 0.8h_t$	$0.9h_t \sim 1.0h_t$	$1.1h_t \sim 1.2h_t$
径流期长、量大	$1.1h_t \sim 1.2h_t$	$1.3h_t \sim 1.4h_t$	$1.6h_t \sim 1.8h_t$

注：h_t为多年冻土天然厚度上限（m）。

涵洞基础埋置深度应根据冻土的工程地质特征、涵洞的过水情况、涵洞结构类型、孔径与设计原则等因素确定。涵洞基础可根据涵洞轴向的融深变化，分段采用不同的基础埋深，宜按中间段、过渡段、出入口段分段确定基础埋深。设置于高温冻土或含土冰层地基上的涵洞，可采用短桩基础（据有关文献，短桩是指长度在3～10m、桩径在200～450mm的预制或灌注钢筋砼桩）。

高温高含冰量多年冻土地区，可采取主动冷却涵洞地基的措施，在涵洞基础一定范围内设置热棒，降低冻土温度。

金属波纹管涵基础埋置深度应根据管径和地质条件确定。基础材料宜采用沙砾，厚度宜为管径的0.5～0.55，最小厚度不应小于0.6m，最大厚度不宜大于1.5m；沙砾中含泥量不宜大于5%，最大粒径不宜超过50mm，压实度宜为85%～90%；涵管两侧的填土宜采用含泥量不大于8%的粗粒土，压实度应与同一深度的路基填土相同。

（8）涵洞进出口。涵洞进出口可采用一字墙加锥坡或八字墙等形式。

进出口高差比较大的涵洞，洞口应设置急流槽、跌水井等设施。

涵洞进出口端翼墙应考虑水平冻胀力的影响，宜按挡土墙设计。

金属波纹管涵进出口类型应根据涵位水文地质条件确定，宜选用比路基坡脚宽度长0.3m的裸管式洞口。

涵洞进出口的端翼墙基础埋深应与进出口段涵节相同。

（9）附属工程。高含冰量冻土地段桥涵附属工程应遵循多填少挖的原则。当为冻胀土时，宜采用砌筑块石或混凝土预制构件铺砌，铺砌长度及厚度根据沟槽水流情况确定。附属设施所挖除的沟床与涵洞出入口铺砌段宜设置保温铺砌层。

当桥位上游有冰幔时，宜设置封闭式导流堤。导流堤的设计高度应根据河流冰幔及壅冰的影响确定。

与桥涵相连的防护工程基础可置于季节融化层或多年冻土中，埋深应根据多年冻土地区明挖基础的有关规定确定。当季节性融化层为冻胀土时，应每隔2～5m设一道沉降缝。

2.规范中"桥涵施工"的相关规定

（1）一般规定。桥涵工程的明挖基础，按保护冻土原则设计的桥涵地基，宜选择5月底以前和10月初以后施工，基础施工应减少基坑暴露时间，按允许冻土融化原则设计的桥涵地基，宜选择在5月底至10月初施工。

桥涵工程的钻孔打入桩、钻孔插入桩基础施工可不受季节限制，钻孔灌注桩宜在寒季施工。暖季施工应加强对冻土的保温措施，快速施工。

结构物和圬工体寒季施工时应综合考虑混凝土配合比、原材料温度、拌和时间、养生温度等影响，采取保温措施。

桩顶段永久性钢护筒的周围应设置沥青涂层或换填粗粒土，减小季节融化层在每年冻融过程中对桩基产生切向冻胀力的影响。

混凝土应具有良好的早强、低温、负温强度增长性能。处于侵蚀环境的混凝土应采用相应的耐腐蚀混凝土。

桥涵施工前应进行现场核对与调查，必要时进行补充地质勘察，并根据工程类别冻土环境编制施工组织设计，合理规划生产和生活临时设施。

（2）钢筋。钢筋加工宜在暖季进行。预应力钢筋用锚夹具等，应根据施工季节的气温提前进行低温性能试验。

钢筋在运输加工过程中应防止撞击和刻痕。负温条件下使用的钢筋相关检验频率应在现行《公路工程质量检验评定标准 第一册 土建工程》（JTG F80/1）规定检验频率的基础上提高5%～10%。

钢筋张拉设备、仪表和液压工作系统的油液应根据环境温度选用，并在使用温度条件下进行配套校验。

预应力钢筋张拉温度不宜低于−15℃。当温度低于−20℃时，不得对低合金HRB335和HRB400钢筋进行冷弯操作。

钻孔桩和墩柱受力钢筋的接头在室外焊接时，宜采用电弧焊，焊接环境温度不得低于−20℃，并应采取防雪挡风措施。

每批钢筋正式焊接前，必须进行现场施工条件下的焊接性能试验，合格后方可正式开工。

钢筋低温电弧焊宜采用分层控温施焊，热轧钢筋焊接的层间温度差宜控制在150～350℃之间，KL400钢筋焊接的层间温度差可适当降低。

热轧HRB335和HRB400钢筋多层施焊可采用回火焊道施焊，每层回火焊道的长度可比前一层焊道的两端各缩短4～6mm。

（3）混凝土浇筑与养生。制备混凝土的水泥宜采用硅酸盐水泥和普通硅酸盐水泥等材料，并符合现行《通用硅酸盐水泥》（GB 175）的规定，不得使用矾土水泥；钢筋混凝土现浇细薄截面结构、装配式结构的接头和孔道灌浆可采用硫铝酸盐水泥。

混凝土所采用的集料应清洁，不得含有冰雪和冻土块及其他易冻裂物质。所采用的外加剂和掺合料应满足低温与抗冻性能的相关要求。

混凝土寒季施工时应合理确定配合比，加强混凝土搅拌、浇筑及养生的工艺控制，采取相应的保温措施。浇筑的混凝土在未达到受冻临界强度前不得受冻。

混凝土寒季施工应严格控制入模温度、浇筑温度，加强收缩裂缝、冻痕及养生保温措施有效性的检查。

（4）基坑开挖。明挖基础基坑开挖宜在寒季施工，必须暖季施工时应采取遮阳防雨措施，必要时应搭设防雨棚。基坑顶应设置挡水埝，严禁地表水流入基坑。应及时排除冻结层上水和冻土本身融化水。基坑排水不得污染环境。

桥涵明挖浅基础进行基坑开挖前，应将施工所用的各种材料全部备齐。基坑开挖宜快速施工，严禁拉槽式开挖。基坑开挖可采取"爆破一次成形，机械化快速开挖"的施工工艺。爆破宜采用防水防冻性能好的乳化炸药，不宜采用甘油类炸药，爆破钻孔应采取有效措施防止钻孔塌孔、回淤回冻。

开挖后应检查基础地质情况，全部或部分设在纯冰或含土冰层上的基础应调整基础埋置深度或改变基础类型。沙砾垫层施工前，应将积雪、融雪水或雨水及基坑内淤泥、松软湿土彻底清除。

基底下季节融化层较薄时，可采用挖除季节融化层，回填沙砾石料的方案进行处理，回填沙砾石料的厚度应大于0.3m。

基坑开挖尺寸宜每侧比基础或承台尺寸大0.5m。

基坑开挖边坡坡率应根据气温、地温以及土的类别确定。暖季施工冻土出现融化时，边坡坡率应按照最不利条件确定，必要时应加强支撑与保温措施。

基坑开挖弃土应及时清运至设计指定的弃土场，不得妨碍开挖基坑及其他工作，不得污染环境。存留回填基坑所需的填料应集中堆放，料堆坡脚距坑顶缘的距离不宜小于基坑的深度。

明挖基础基底应按设计要求铺设碎、砾石类土垫层并夯实；按保护冻土原则设计的明挖基础，基底应按设计要求设置保温层，防止浇筑基础时引起基底融化。

基础施工完毕应及时回填封闭基坑，必须间歇时，应采取措施防止热量侵入。回填前必须排除积水，清除冰块等杂物，回填应分层夯填密实，基坑回填土表面应设防水层，并在汛期到来之前施工完毕。

[工程示例3-17]

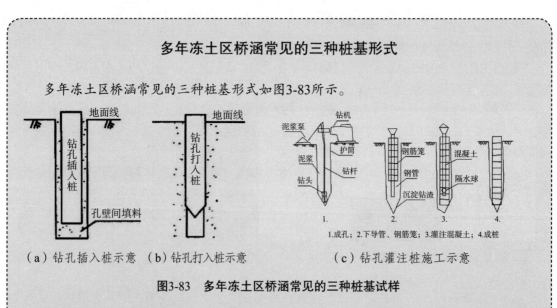

多年冻土区桥涵常见的三种桩基形式

多年冻土区桥涵常见的三种桩基形式如图3-83所示。

（a）钻孔插入桩示意　（b）钻孔打入桩示意　　（c）钻孔灌注桩施工示意

图3-83　多年冻土区桥涵常见的三种桩基试样

从青藏公路桥梁工程及昆仑山桩基试验场的试验结果来看，90%的桥梁基础采用钻孔灌注桩（如清水河桥、沱沱河大桥、楚玛尔河大桥等），钻孔灌注桩的承载力明显高于插入桩和打入桩，承受荷载的能力为灌注桩＞打入桩＞插入桩，见表3-46。

第3章 多年冻土区公路修筑技术

表3-46 国内多年冻土地区桩基试验研究基本情况

	大兴安岭	青藏高原									
	劲涛	五道梁		清水河		楚玛尔河			昆仑山口		
年平均地温/°C	-4.0	-1.5~-1.0	-1.3~-1.0	-1.1~-0.6	-0.6~-0.4	-0.7~-0.4	-1.5	-1.0	-1.5	-1.0	-2.0
冻土厚度上限/m	0.4~0.6	2.4~2.5		2.0~2.5		1.5~2.0			1.5~2.0	2.0~2.5	1.4
桩类别	灌注	打入	插入	插入	灌注	打入	插入	插入	插入	插入	灌注
桩径/m	0.26	0.4	0.3	0.55	0.65	0.55	0.4	0.55	0.3	0.38	0.5
桩长/m	6.5	6.9	8.0	8.65	8.5	11	—	—	7.5	5.0~6.5	7.0~7.5
回冻时间/d	2~8	23	6	15	—	—	7~11	10~15	15	15	45~50
极限荷载/kN	60~80	30~53	90~140	60~100	180~220	50~60	7~11	10~15	25~80	60~180	
地基系数/(t·m⁻¹)	3500	3000	2300	2000	2500				304×10⁵	529×10⁴	

在2001年青藏线冻土试验段桥梁桩基础的施工中,选用了BG25型、R622HD型旋挖钻机和冲击钻机。通过施工实践,总结出旋挖钻机施工成孔进尺快,孔壁规则光顺,定位准确,且为干钻法成孔,对冻土的热抗动较小,可大大减少孔壁坍塌现象,可大幅度减少对冻土地基热抗动的影响。对桩径为1.0m的桩而言,其影响半径约为3m,且地温在Ⅰ、Ⅱ区的大直径桩为76~82d基本回冻,处于Ⅲ、Ⅳ区时回冻较快,约需要50d,与保护多年冻土的设计原则相吻合。

（5）钻孔灌注桩施工。钻孔灌注桩施工宜采用螺旋钻机干钻法成孔（见图3-84），条件允许时，也可采用人工挖孔的方法成孔，不宜采用普通冲击钻机成孔。桩基成孔应减少施工对冻土地基的热扰动，使桩基施工完成后桩基周围的冻土快速回冻。

桩基施工场地布置应减少对原地表和地基土的热扰动，宁填勿挖。地基土松散或比较潮湿时，可采取在钻机下垫before厚钢板或木板等措施，防止地基沉降导致钻机倾斜变位。

图3-84　螺旋钻机示意

钻孔施工护筒宜选择铜护筒，钢护筒应埋设至冻土天然上限顶面以下0.5m，以保证上限范围内基桩光滑圆顺。采用融化法埋设护筒时，融化范围不得大于护筒外径。护筒埋置深度不应小于施工期间最大融化深度。

钻孔施工应根据地质条件选用不同的钻头形式。当钻进过程中发生钻杆摇晃、遇到漂石或岩层等情况时，应立即提钻检查并处理。钻孔达到设计深度后可采用旋挖钻头进行清孔。钻进过程中应及时清运孔口周围积土，并采取措施防止地表水流入孔内。

采用泥浆护壁施工时，泥浆温度应根据施工现场环境条件通过试验确定，宜在保证钻孔过程中泥浆不冻结的前提下降低泥浆温度。地温较低不易塌孔的地段，泥浆的用量可仅根据浮渣的要求确定。

泥浆净化循环措施应考虑多年冻土环境保护的要求，桩基础施工过程中的废浆及废渣应妥善处理，不得污染环境和扰动冻土的热平衡。

在−20℃以上的条件下，对钻头进行现场焊接维修时，应采取相应的技术措施。在−20℃以下的条件下不得进行钻头现场焊接维修。

钻孔施工应连续进行，因故停机时应提升钻头。有钻杆的钻机，应将钻头提离孔底5m以上，其他钻机钻头应提出孔外。

钻孔达到设计高程时应检查成孔质量及孔底沉渣等情况，成孔检查合格后应及时进行下道工序，间歇时间不宜过长。

采用螺旋钻成孔，浇筑混凝土时孔口应采取保护措施，防止孔口泥土掉入孔内引起缩径。浇筑混凝土应连续进行，并保证其密实。

钻孔灌注桩混凝土宜采用低温、早强、耐久混凝土。高温、高含冰量冻土地段混凝土浇筑时，入模温度不宜高于5℃。

[工程示例3-18]

低温、早强、耐久混凝土的相关理念

多年冻土区桥涵及混凝土常见病害如图3-85所示,故引入低温、早强、耐久混凝土。

（a）融沉引起的涵节沉降　（b）混凝土结构表面的冻融剥蚀　（c）混凝土结构表面的冻融剥蚀

图3-85　多年冻土区桥涵及混凝土常见病害

低温、早强、耐久混凝土是我国自行研究开发并成功应用于青藏铁路工程建设中的一项新技术,就是掺用中国铁道科学研究院等单位研制的DZ外加剂（高效减水,早强,防冻,引气,细化水泥石孔结构,降低混凝土的水化热）,搅拌出的混凝土强度确保混凝土灌注24h内防止被冻。

为了保证青藏高原严寒干燥多风等恶劣条件下各种混凝土构件的寿命,高原耐久性混凝土应达到如下指标:①抗冻融循环性能,混凝土的抗冻融循环次数不少于300次。②抗渗性,混凝土的抗渗等级应不小于S12。③护筋性,混凝土砂浆中的钢筋不得锈蚀。④抗裂性,混凝土表面非受力裂缝的平均宽度不大于0.2mm。⑤混凝土的抗氯离子渗透性,混凝土抗氯离子渗透值≤1 000C。⑥耐腐蚀性,混凝土耐SO_4^{2-}的极限浓度为2 000~10 000mg/L。⑦耐风蚀性,暴露于大气中的混凝土,其砂浆的磨损率不大于0.5kg/m^2。⑧抗碱–骨料反应性能,符合设计规定。

表3-47　DZ型低温、早强高性能混凝土系列外加剂的适用范围

型号	适用工程部位	适用最低环境温度	掺量（内掺）
DZ–1型	中等及以下硫酸盐及镁盐型侵蚀环境中的钻孔灌注桩、隧道衬砌等	–5℃	10%
DZ–2型	中等及以下硫酸盐及镁盐型侵蚀环境中的承台、墩台、涵洞衬砌、隧道衬砌等	–10℃	10%
DZ–3型	中等及以下硫酸盐及镁盐型侵蚀环境中的承台、墩台、涵洞衬砌、隧道衬砌等	–15℃	10%

混凝土的养护包括温度和湿度两个方面,其养护的具体指标要求如下:
（1）应严格控制混凝土的养护温度,不低于混凝土外加剂规定的最低适用温度。
（2）环境温度低于–5℃时,应采取临时保温养护措施,直至混凝土的强度达到临界抗冻强度,并不得对混凝土洒水,并且混凝土带模进行包裹养护。混凝土的最低环境温度为0~10℃时,其临界抗冻强度为5MPa,-15~-10℃时为6.5MPa,-20~-15℃时为10MPa。

(3)当新浇筑的混凝土与流动的地表水或地下水相接触时,应采取临时防护措施,直至混凝土达到50%以上的设计强度为止。当环境水具有侵蚀作用时,临时防护措施应延续到混凝土达到75%以上的设计强度且龄期28d以上。

(4)混凝土拆模前,应定期测定浇筑后混凝土表面和内部的温度,其温差应符合设计要求。当设计无要求时,温差不宜超过15℃。

(5)采用外部热源养护的混凝土,当环境温度低于0℃时,养护完毕后,应待混凝土冷却至5℃以下才可拆除模板。拆模后,参考上述方法继续养护至60d以上。

(6)在新浇筑混凝土的强度未达到5MPa以前,不得在其表面来往行人或架设上层结构用的支撑和模板等设施。

(7)在有正、负温交替变化环境中的混凝土,不得使用混凝土养护液。

(8)混凝土养护:混凝土结构拆模后,表面温度与环境温度之差不宜大于15℃,若大于15℃,应迅速对混凝土采取有效的保温措施,并同时采用帆布或塑料布等材料覆盖混凝土表面,继续进行养护。针对本项目工程结构物的实际情况,对不同的养护措施进行了探索:一是采用内部用塑料布实体包裹,外部用专门根据台帽、墩身尺寸定制的棉帆布套从顶到地面严密包裹[见图3-86(a)],并定期进行洒水,保证混凝土养护温度和湿度;二是采用内层用塑料布包裹保湿,中间层用棉被包裹保温,外部用防止水分蒸发的布类材料包裹严密,做到上下不通风,并定期洒水的保温、保湿的养护方法[见图3-86(b)]。包裹养护时间都在两个月以上。

(a) (b)

图3-86 混凝土包裹养生的两种方式

(9)为防止混凝土在水泥未水化完全时,强烈的太阳紫外线照射引起水分过度蒸发及模板内壁混凝土表面引起麻面、开裂,特在阳光照射面设遮阳棚。

[工程示例3-19]

多年冻土区防止桩基础冻胀的相关措施

在工程建设中，采取以下措施防止桩基础冻胀：

（1）为避免桩基础受到法向冻胀力，将桩基础嵌入多年冻土天然上限以下一定深度。

（2）将钢制护筒埋入多年冻土上限以下至少0.5m，护筒内径比桩径大10cm，并于护筒外围涂以渣油，成桩后不拆除护筒，减少外表面的亲水程度。

（3）尽量采用高桩承台，冻胀严重地区采用钻孔扩底桩。

（4）在护筒外侧、低桩承台底部采用渣油拌制粗颗粒土回填。

采用这些措施，能有效地减小切向冻胀力，降低冻土对护筒的上拔冻胀力，如图3-87所示。

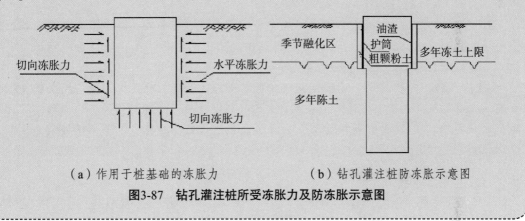

（a）作用于桩基础的冻胀力　　（b）钻孔灌注桩防冻胀示意图

图3-87　钻孔灌注桩所受冻胀力及防冻胀示意图

[工程示例3-20]

冻土地区桥梁钻孔灌注桩施工关键技术

布哈河特大桥位于青藏线DK273+907处，全长763.46m，桥址地貌为布哈河一级阶地区及河床，为钻孔灌注桩基础，冰期封冻期最长为172d，最短为136d，平均为152d，最大冻结深度为2.99m。为避免法向冻胀力影响，桥墩承台防冻胀耐久性设计，混凝土抗冻等级不低于F300。

（1）该桥防冻胀设计措施。

1）为避免桩基础受到法向冻胀力，将桩基础嵌入多年冻土天然上限以下。基础形式采用钻孔灌注桩，嵌入多年冻土天然上限以下或最大冻结深度以下一定深度，用多年冻土与桩体间的冻着力抵抗季节冻土层产生的法向冻胀力。

2）护筒埋入冻土上限以下至少0.5m，成桩后不拆除护筒，并在护桶壁涂抹油渣涂层，在地基土与桩基之间形成滑动层，降低外表面的亲水程度，从而降低冻土冻胀对桩的上拔力。

3）位于冻胀土地区的钻孔桩承台，当桥墩较高，且无美观要求时，承台底置于地面以上0.3m（高桩承台），以消除巨大的冻胀力；为减小低桩承台基础承受巨大的冻胀力，承台侧面及桥墩身与土接触部分涂1cm厚的油渣涂层。

4）位于多年冻土区的桥梁工程现场浇筑的混凝土均采用低温、早强、耐久混凝土。墩台身和承台混凝土结构均配置护面钢筋，防止混凝土表面冻融开裂剥落，确保多年冻土区混凝土结构物的质量。

（2）钻孔灌注桩施工关键施工技术。

1）干法钻孔快速施工。按照保护冻土、减少热扰动的原则，冻土区桥梁灌注桩的钻孔施工提倡使用旋挖钻机干法施钻，快速成孔，成孔后快速灌注，避免孔壁热融坍塌。

2）桩基回冻问题。桩基工程施工改变了地基的热平衡条件，施工活动产生的各种热量——钻孔的摩擦热、回填料的热量、灌注桩混凝土的水化热等，使桩基地温场急剧变化，引起桩周围地基土一定范围升温及融化。

3）耐久性混凝土技术。为保证铁路高原冻土地区混凝土的施工质量，提高混凝土的长期性和耐久性，混凝土材料除了应具有良好的低温、负温早强性能外，还必须具有优越的抗冻融破坏、抗碱–骨料反应破坏、耐硫酸盐和镁盐腐蚀破坏、抗氯离子侵蚀及抗风蚀破坏能力。

（3）钻孔灌注桩施工技术工艺。

1）施工准备。首先测量放样，测量放样遵循"由整体到局部的原则"，先放样墩台位，再由墩台位控制桩定出桩位，桩位放样时在桩的前后左右距中心2m处分别设置护桩，以供随时检测桩中心和标高。钻孔场地布置尽量以填代挖，以减少对原地表的开挖引起的热扰动。钻机底座下发动机散热部分铺设聚苯乙烯泡沫塑料隔热板，以减少对地基土的热侵入，影响地基土的热平衡。

2）钻机就位。采用德国宝蛾旋挖钻机成孔，钻机利用自行走移动系统就位，钻头与桩位的对位误差要小于2cm。

3）埋设护筒。护筒一般采用5~6mm厚的钢板卷制，内径比桩径大10cm，护筒埋至多年冻土上限以下0.5m。钻机就位后，先用比护筒直径大一级别的螺旋钻头施钻，钻至冻土上限以下0.5m深度后停钻，安放护筒。安放前，护筒外表面涂满10mm厚渣油。护筒准确就位后，其外侧与孔壁所形成的孔隙用渣油拌制的粗颗粒土回填密实。

4）泥浆拌制。钻孔泥浆采用优质黏土，采用制浆机制浆，存入钢制泥浆池中。现场设容积为$6m^3$（2m×3m×1m）的泥浆池、沉淀池各一个，串联并用。考虑到高原环境保护的需要，钻孔桩所需泥浆不得随意就地排放，不得就近挖坑作泥浆池。

5）钻孔。钻孔前，纵横调平钻机，保持钻机垂直稳固。开钻前将钻头着地，进尺深度调整为零。钻进时原地顺时针旋转开孔，然后以钻斗自重、钻杆自重加以液压力作为钻进压力，初钻压力控制在90kPa左右，钻速先慢后快，逐渐正常。不同地质条件采取不同类别的旋挖钻机钻头进行施工。当钻斗被旋转挤满钻渣后，停止下压及回旋，逆时针方向转动动力头，稍向下送行，关闭钻头回转底盖。上提钻斗时缓慢进行，避免钻头碰撞孔壁。提离孔口后，钻机自身旋转至自卸车处，用动力头顶压顶杆，将底盖打开，倾卸钻渣。然后关闭底盖，旋回孔位，对准孔位慢慢将钻斗放至孔底钻孔，重复进。

6）清孔。当钻至设计标高后，经岩样确认已进入设计桩基地层后停止钻进并及时清孔，清孔采用换浆法。将钻具提起约30cm，钻头不停转动，泥浆循环不断进行。干式钻孔用筒式钻头清孔。

7）钢筋笼制作与安装。钢筋笼在桥位的钢筋加工场或加工棚制作。端面比较平整时，采用预热闪光焊；端面不够平整时，采用闪光-预热-闪光焊工艺。焊后热处理完毕，让其在环境温度下自然冷却，焊后未冷却的接头严禁碰到冰雪。钢筋焊接时，主筋内缘应光滑，钢筋接头不得侵入主筋净空内。钢筋笼下端应整齐，用加强箍筋全部封住不露头，使混凝土导管能顺利升降，防止与钢筋笼卡挂。在其上、下端及中部每隔2.5m距离于同一横截面上对称设置4个直径为6mm的钢筋耳环，确保钢筋的保护层厚度。

（8）灌注混凝土。采用导管法灌注桩基混凝土。混凝土在拌和站集中搅拌，用混凝土输送车运至现场。应尽快进行混凝土灌注，减少成孔的闲置时间。桩基混凝土采用低温早强耐久混凝土，由于灌注混凝土时输入冻土的热量较大，因此混凝土入模温度一般控制在0～5℃范围内。

导管接头为法兰盘加锥形活套式，直径为250mm，分节长度为2m，底节长为4m，漏斗下可配短节。导管要求内壁圆顺、内径一致，使用前需进行试拼、试压，不得漏水，并编号及自下而上标示尺度。导管在吊入孔内时，其位置应居中、轴线顺直稳步沉放，防止卡挂钢筋骨架。

灌注混凝土前，复测沉渣厚度合格，然后进行灌注。每根桩混凝土灌注要连续进行，不得中断，混凝土和易性、坍落度控制在18～20cm内。灌注混凝土应连续进行，并尽可能缩短拆除导管的间隔时间。灌注过程中要经常用测锤探测孔内混凝土面位置，及时调整导管埋深，要保证导管埋置深度在任何情况下不得小于1m，一般控制在2～6m，灌注过程中设专人经常测量导管埋置深度，做好记录。

（6）钻孔插入桩施工。钻孔插入桩宜采用螺旋钻机成孔，受水文条件限制不能采用螺旋钻机成孔时，可选用循环回转钻机或冲击反循环钻机。钻孔插入桩孔径宜比预制桩径大5～10cm。

预制桩混凝土宜采用低温、早强、耐久混凝土，并根据施工现场环境采取相应的养生措施，保证预制桩混凝土的质量。

钻孔完毕经检查合格后应尽快插桩，在暖季当钻孔与插桩间隔时间较长时，应采取措施防止缩孔、塌孔。

钻孔插入桩施工宜采用先插桩后灌浆的施工工艺，桩周空隙应采用黏土砂浆回填密实。黏土砂浆中黏土与中细砂的比例宜为1∶8，含水率应小于22%。黏土砂浆的温度应根据现场施工环境选择，宜控制在0～5℃。应采取措施保证黏土砂浆的填充饱满、密实。

空心桩插入到位后应按设计要求进行回填，并按设计要求埋入连接钢筋。

插入桩应准确测量定位，预制桩插入到位后，在桩周空隙回填料基本回冻前，应采取措施临时固定桩顶，保证预制桩在孔内的正确就位。

[工程示例3-21]

多年冻土区钻孔插入桩施工技术

青藏铁路是世界上海拔最高的高原冻土铁路，其涵洞、站场、房建大量采用插入桩基础。近两年的施工实践证明，钻孔插入桩是冻土地区小型结构物基础的较好选择形式。

青藏高原冻土的特点是，多年冻土区冻土厚度自地面以下深达100～150m。按其特点把冻土分为两层，上面一层叫冻融层，即随着季节的不同，这一层土会发生冻结和融化的交替变化，是一层不稳定结构的冻土；下面一层叫永冻层，即这一层冻土是永久冻结的、稳定的，不随气温的变化而变化的。两层冻土的分界面叫冻土上限，冻土上限随气温不同发生上下移动，决定了两层土的厚度不是一个定数，也就是暖季冻融层厚度增加，永冻层厚度减小；寒季则反之。

青藏高原多年冻土区冻融层厚度为2～3.5m，结构物施工及使用热扰动可使其增厚1m左右。为避免冻害，基础要选深度较大的结构形式，使基础的大部分插入永冻层中，利用永冻层对基础稳定、强大的握裹力，抵抗冻融层产生的不稳定的冻胀力，保证结构物稳定。对于小型结构物，深基础形式种类少，桩基础成为最佳选择。钻孔灌注桩由于混凝土凝固过程水化热对冻土扰动过大，加之小结构物桩径小、桩短、桩密度大，易形成整体热扰动，造成大融沉，不宜采用。钻孔插入桩基础既具深基础特点，热扰又小，因而在青藏铁路被广泛采用，其施工工序如图3-88所示。

（1）钻孔插入桩设计。钻孔插入桩是将预制好的钢筋混凝土桩插入已做好的孔内，在桩与孔壁之间的环形缝中灌筑水泥砂浆或黏土砂浆，回冻后形成整体基础。一般多用于小型结构物基础，设计桩长为5～8m，桩径为40～60cm，间距为1～2m，孔径比桩径大15～20cm。如青藏铁路DK1136+563段1～1.5m矩涵基础，桩长为6.5m，桩径为40cm，间距为1.2m，共60根，涵址冻融层厚度2.5m，测试施工热扰使冻融层增加到3.3m，桩体插入永冻层3.2m。

（2）成孔机械的选择。根据多年冻土区施工经验，成孔首选旋挖钻，次选螺旋钻，再选冲击钻，其他钻型则难以适应。选择钻型的原则是要求对冻土扰动最小、成孔效率高、成本低、环保效果好。经过实际比较，旋挖钻和螺旋钻均为干法成孔，对冻土扰动很小，被大量选用，但旋挖钻的缺点是投入大、机量少；螺旋钻的缺点是面对一些坚硬的冻土、冻岩，转矩不够、钻头强度不够，打不动。如青藏铁路风火山地区DK1146+100—DK1164+300，地质上层为1m覆盖土，下为泥岩夹砂岩，石质破碎、坚硬，裂隙冰发育，插入桩施工开始选用螺旋钻，效率很低，钻头损坏严重，后改用旋挖钻和冲击钻。冲击钻是最普通的钻机，孔内泥浆不循环，扰动不大，也可选用；缺点是掏渣及泥浆池对环保不利，不符合青藏高原环保铁路的原则，必须环境保护措施到位，如配钢制泥浆池、掏渣池等，方能使用。

（3）桩体预制。桩体分为圆桩和方桩两种，采用C30钢筋混凝土，一般在工地集中预制。冻土区气温很低，青藏高原最低气温-41℃，预制厂必须对混凝土原材料加温、保温，混凝土成品采用蒸汽养生。同时，通过加外加剂研制低温、早强、耐久混凝土，确保桩体混凝土质量。

（4）插桩。待成孔验收后，用吊车将制好的桩插入孔内，孔口用定位器固定桩位，等待灌浆。

（5）灌浆。灌浆的目的是填塞桩体与孔壁之间的缝隙，回冻后与桩体形成整体冻结基础。原材料必须经过加温，按配合比机械拌和，入灌温度保证在20℃左右，否则，灌料会在下沉过程中冻结成块造成不密实，影响回冻质量。

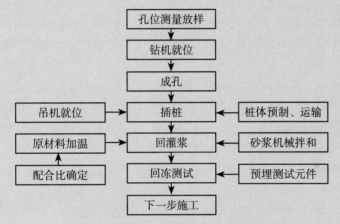

图3-88 钻孔插入桩施工工序流程图

（6）施工季节的选择（施工注意事项）。冻土地区各项工程施工季节的选择非常重要，钻孔插入桩应选择寒季或寒暖交替的季节施工，其优点如下：一是地表冻融层冻结，场地坚硬，便于施工；二是灌浆后回冻快，短期可冻结成整体基础；三是暖季即将到来，便于基础上部混凝土施工。另外，暖寒交替季节也可施工，但要等到来年暖季才能施工上部混凝土，暖季则是不利于钻孔插入桩施工的季节。

（7）桩基回冻测试（施工注意事项）。插入桩在不同的冻土地区施工，开始必须选择部分代表性桩进行回冻测试，以确定各地段回冻时间，即确定各地段上部混凝土的施工时间。测试的方法：在插入桩体从下到上分段安装测温元件，定期观测，当温度到负温时表示已回冻，与当地地温相同时方可继续施工。青藏高原冻土地温在-2～-0.5℃，回冻时间寒季须1个月左右，暖季3～4个月。

（7）钻孔打入桩施工。钻孔打入桩施工宜采用螺旋钻机成孔，钻孔过程中应保持钻杆垂直，防止钻杆晃动引起扩大孔径。

钻孔打入桩钻孔直径宜比预制桩径小5cm，钻孔深度应大于桩的入土深度。

钻孔打入桩的施工顺序应根据水流、地形、土质、桩架移动等因素确定。

钻孔打入桩桩尖应开孔，以减少打桩阻力，防止回弹。空心桩打至设计高程后应用混凝土回填，并按设计要求埋入连接钢筋。

钻孔打入桩宜采用桩尖高程控制法施工，并进行承载能力校核。应通过现场试验确定打桩相关参数。

（8）钻孔扩底桩施工。钻孔扩底桩宜采用机械式扩孔钻头进行桩基底部扩孔，扩孔应根据孔的设计形状从小到大逐步进行，扩孔产生的钻渣可采用旋挖钻头取出。

当桩周为黏性土、砂类土、碎石类土，且处于地下水位以下，干法作业不能保证孔壁稳定时，可采用湿法钻孔作业。

桩基施工完毕后，应按设计要求进行桩基防冻胀处理；承台施工完成后宜对桩周地温进行监测，待桩周地基土回冻后方可加载。

桩基施工完后应进行超声波无损检测和桩基钻芯检测。超声波无损检测的频率宜为100%，桩基钻芯检测的频率宜为3%。采用超声波无损检测发现有缺陷的桩基础应进行钻芯检测。

（9）墩台。当桥涵基础为桩基础时，墩台身施工宜在桩侧土体回冻后进行。

墩台身混凝土应在整个截面内一次连续浇筑，雨雪天气施工应采取遮蔽措施，混凝土终凝前不得泡水。当采用覆盖保温时，模板外和混凝土表面覆盖的保温层应采用吸水性小的材料，不宜将保温材料直接铺盖在潮湿的混凝土表面。

存放构件的场地应平整坚实，并设防排水设施。应采取措施，防止冻胀、融沉造成构件损坏。

墩台柱吊入基杯内就位时，应在柱四周采取加固措施，确保柱身竖直度及平面位置符合设计要求；浇筑接头混凝土时应采取密封防水措施，防止拼接接头进水。

寒季安装墩台柱和帽梁应考虑温差影响，宜在阳光照射时进行校正。各构件固定支撑校正后应立即固定。

柱身与墩顶安装完成并检查符合设计要求后，基杯空隙与帽梁槽缘处可采取浇筑砂浆等措施进行密封防水处理，严防拼接接头进水，待砂浆硬化后可拆除支撑。

（10）涵洞。钢筋混凝土拼装式涵洞管节宜在预制构件场集中预制。位于径流量大、径流期长的地段，高含冰量冻土及不良冻土地段的涵洞明挖基础的基坑开挖，应符合基坑开挖的规定。拼装式涵洞管节拼装应根据预制管节的重量选择适宜的起重机械，管节安装应位置准确、基础稳固。应根据设计要求同步设置完成沉降缝，沉降缝内应填充具有防水、防冻胀性能的填料。应加强沉降缝的防水处理。

金属波纹管涵进行基坑开挖前，应完成涵身管节及洞口主体部件和基础材料备料等工作并经检验合格。

金属波纹管管节应连接紧密，不得漏水。

金属波纹管涵基础材料应采用一定级配的天然沙砾，最大粒径不应超过50mm，粒径0.075mm以下粉黏粒含量不得超过5%。应采用压实机械分层碾压密实，压实度不应小于85%。

涵洞基础侧面应回填粉黏粒含量不大于8%的沙砾土，并分层夯实，压实质量标准与相同高度处路基一致。

涵洞进出口与河床接头处宜设置双层浆（干）砌片石铺砌，防止冲刷。铺砌应结合涵洞地基进行保温处理，铺砌下宜加设保温层。

金属波纹管涵宜采用反开槽法施工，开挖槽宽应满足设计要求，方便管侧填土夯填。

涵洞基底及两侧非冻胀性沙砾石土换填厚度应不小于0.3m；对于高含冰量冻土等不良冻土地基，涵洞基底宜设置XPS保温层，厚度宜为5～10cm，保温层宽度应与基础宽度一致。

径流量大、径流期长的河沟，地表沼泽化地段，高温冻土及高含冰量冻土等不良地段的涵洞基础，宜在寒季快速施工。

（11）梁板预制与安装。制梁台座宜设置在融区或低含冰量多年冻土地区，采用钢筋混凝土结构，台座的基础类型应根据冻土地基条件、使用时间和冻土处治所采用的设计原则选定。先张法制梁台座在构造上应满足张拉、浇筑等工艺的要求，还应进行张拉各阶段的强度和稳定性验算。梁板预制混凝土拌和宜采用自动计量拌和站，混凝土宜采用输送泵或混凝土输送车运输。

制梁宜选择在暖季施工。寒季施工时宜采用蒸汽养生，配备的蒸汽锅炉和养护罩等设备应满足施工要求。

拆除侧模和端模，应在梁体混凝土强度达到设计强度的50%，混凝土表面温度与环境温度之差不大于15℃，且能保证构件棱角完整的情况下进行。

预应力钢筋管道压浆过程中及压浆后48h内，结构混凝土的温度不得低于5℃。

在室外进行封锚混凝土施工时，应加强梁端的保温养护措施，直至新浇混凝土或水泥砂浆抗压强度达到设计强度的75%。

架梁在暖季施工时，应合理确定施工组织方案。按保护冻土原则设计的桩基础，应在地基回冻后再架梁。

架梁在寒季施工时，应考虑高原缺氧、严寒、气压低、风沙大对架梁设备动力、结构、启动的可靠性及施工稳定性的影响。

架桥机拼接时间应根据工期、季节、工序进度统筹规划，落梁安装支座和焊接联结板宜在暖季施工。

必须在严寒天气进行联结板焊接时，应采取低温条件下的焊接工艺。脚手架应有防冻、防滑设备，保证施工人员安全。

（12）桥面拼装结构接头施工。拼装式构件接头宜选择在暖季施工，寒季施工应针对混凝土体积小、表面系数大、配筋密等特点，采取密封防水、防冻保温等相应措施。

焊接和浇筑接头混凝土，应在构件安装就位，并经过校正，位置准确后施工。

拼装式结构中承受内力的接头和接缝，混凝土强度等级宜比构件混凝土强度等级提高两级；不承受内力的接缝宜采用混凝土或水泥砂浆浇筑，其强度等级不应低于结构构件混凝土强度。接头或接缝的混凝土或水泥砂浆，必须捣实浇筑，并宜采取早强和微膨胀措施。

采用湿法连接构件接头时，预埋构件可采用间隔流水焊或分层流水焊方法连接。浇筑混凝土或砂浆前，应将结合处的表面加热到正温，并在养护过程中保持适当温度。承受内力的接头混凝土，无抗冻设计要求时，其养护结束时的强度应不低于设计强度的75%。

（13）防水层及沉降缝。防水层及沉降缝宜在暖季施工，寒季施工时应根据使用的材料确定控制施工气温的界限，宜选择无风、晴朗天气施工，可利用日照条件提高面层温度。施工期间，宜在迎风面设置活动的挡风装置。

防水层的垫层应牢固坚实，表面无凹凸、起砂、起鼓、油污现象，积雪、残留冰霜和杂物等应清扫干净。铺设防水层前，垫层表面应平整、干燥。

垫层施工的环境温度不得低于-5℃，当环境温度低于-5℃时，应按寒季施工处理。

防水层施工采用的涂料、玻璃丝布、合成纤维布或无纺布等材料应满足当地寒季气温条件对材料的要求，涂料与胎体材料应有足够的黏结力。

热沥青防水层施工采用的沥青，应根据现场温度条件进行改性处理。

沉降缝施工应采用适应当地气候、水文地质特点的防水、防冻材料。

（14）附属工程。高含冰量冻土地段的桥涵附属工程施工应遵循快速施工、减少基坑暴露时间的原则，所挖的沟床应按设计要求铺砌保温层。

桥涵台背及桥台锥体应填筑卵砾石土或碎砾石土，并分层填筑，分层压实，压实标准与路基相同。

桥台锥体坡面混凝土预制块铺砌应符合设计要求，并按设计在铺砌面上设泄水孔，锥体基础开挖应符合基坑开挖的有关规定。

小桥桥下及涵洞进出口铺砌宜进行保温处理；当为冻胀土时应采用砌筑块石或混凝土预制块铺砌，厚度及长度应符合设计要求，铺砌以外的水沟应与天然水沟顺接。

导流工程基础应分层填筑、压实，其位置、高度、长度及填料应符合设计要求，坡面可采用回填基坑开挖时移出的草皮或砌筑混凝土预制块铺砌。

桥涵附属工程施工完成后应及时清理施工垃圾，确保桥涵的排水畅通。

3.以桥代路

相关文献研究以桥代路的设置主要受到自然条件及冻土条件的制约，为了更经济、合理地设置以桥代路工程，如图3-89所示，遵循下述原则：

（1）路基工程在通过大面积的积水坑、热融滑塌、冻融泥流、热融湖（塘）等不良地表、地质条件路段时，采用桥梁形式通过。

（2）公路工程的修筑从自然保护区穿越，根据地形、地貌，有必要设置连续的桥梁工程，以减小公路工程对野生动物迁徙的影响，从而起到保护高原生态环境的作用。

（3）现有的多年冻土区特殊路基处理方案，在高温（-1.0～-0.0℃）、高含冰量（饱冰、含土冰层）多年冻土区，病害治理效果并不明显。在有些极高温（-0.5～-0.0℃）或含冰量极大的多年冻土区，特殊路基在施工完成后很快就产生了病害，特殊路基根本不可能在设计年限内保证路基的稳定性。随着公路等级的提高，高速公路条件下，更宽的路基以及更高的稳定性，在高温高含冰量多年冻土采用以桥代路形式通过，可以有效地保证路基工程的稳定性及耐久性，具有很高的应用价值。

图3-89 青藏铁路"以桥代路"场景

八、环境保护与景观

1.一般规定

多年冻土地区公路应按全面、协调、可持续发展的原则,进行环境保护总体规划,加强生态环境、冻土环境的保护。

多年冻土地区公路应采取有效措施保护或充分利用地表植被和表土资源。

多年冻土地区公路工程设计及施工方案对多年冻土有影响时,宜进行多方案的比选,选用对多年冻土扰动较小的方案。

多年冻土地区公路环境保护设施应因地制宜、技术可行、经济合理,可根据交通量增长情况分期实施(因为多年冻土地区一般交通量较小,所以环境保护设施可根据交通量增长情况进行科学布设,采用分期实施的方案)。

多年冻土地区公路施工应制定相应的环境保护细则,落实环境保护设计的工程内容,并根据需要采取临时的环境保护措施,重点加强施工扬尘、水土流失及破坏植被等的预防和处理。

多年冻土地区公路改(扩)建时,应对原有工程的环境保护设施及改(扩)建过程中可能引发的环境保护问题进行评价,并提出相应对策。应对旧路面和防护工程等拆除废料进行处理,宜采用废料再生利用等措施,加强回收利用,减少废弃,节约资源。

2.冻土环境保护

多年冻土地区地表植被资源和表土资源均是长期形成的难以恢复的自然资源。研究表明,地表植被对保护冻土的作用明显,而土壤荒漠化或地表积水等均对冻土环境保护不利,同时,表土是地表植被赖以生存的物质基础。因此,多年冻土地区公路建设应加强地表植被和表土的保护与利用。多年冻土地区公路施工应采取有效措施,加强公路两侧地表和路基边坡地表植被的保护,保存表土,保护现有天然林、人工林及草地,加强对多年冻土的生存环境保护,并符合以下规定:

(1)宜控制扰动面积,减少对草地及地表结皮的破坏,保护现有植被和腐殖土,预防土地沙化。

(2)需要剥离高原草甸(或天然草皮)的,应妥善保存,及时移植利用,如图3-90所示。

（a）保护草皮，施工后移植回原处　　（b）取土、弃土场使用完毕后，应进行土地整治，覆土恢复植被

图3-90　草皮的保护

多年冻土地区公路设计与施工宜采取有效措施，减少水对多年冻土的影响，并符合以下规定：

（1）宜采取设置坡面径流排导和路侧排水工程等措施，减少坡面和路侧水渗流对多年冻土的影响。

（2）公路经过温泉或其他地下水丰富路段时，宜加强侧向排水和防渗措施，减少侧向水中储热对多年冻土的干扰。

（3）宜回填整平公路两侧存在的地表洼地，排除积水，并形成向外的横坡，减少或避免地面径流流向路基。横坡坡度不宜小于2%。

（4）在雨季进行路基挖方施工时，宜采取保护覆盖措施，加强临时排水，减少降雨对多年冻土的干扰。

3.水土保持

多年冻土地区公路水土保持设施应因地制宜，合理布设，注重实效；应贯彻坚持水土保持工程与公路主体工程相结合，永久工程、临时工程并重，预防为主、防治结合的原则，兼顾施工期和运营期的水土保持工作。

多年冻土地区公路建设取土、弃土前应将表土集中保存，用于取土、弃土完毕后恢复植被。丘陵、山包宜分级取土，弃土宜按设计分级填筑弃放，避免形成高陡边坡。取土场、弃土场应设置专用便道，严禁乱开便道。否则就会产生如图3-91所示的问题。

图3-91　就近取土导致路基融沉

多年冻土地区取土场、弃土场使用完毕后，具备植被生长条件时宜在其上种植适宜的植物，并符合以下规定：①取土完毕宜整平取土坑、回填表土，种植适宜的植物；②弃土、弃石结束后，宜及时进行绿化或复垦；③恢复植被宜选择水土保持效益明显的乡土、耐寒植物。

多年冻土地区公路弃土场应根据需要设置拦挡设施，先挡后弃；支挡工程宜采用柔性防护，减少工程的冻融病害。

多年冻土地区取土场、取料场、弃土场及周围宜设置完善的排水系统，并符合以下规定：①取土、取料形成的边坡宜根据边坡高度、岩土条件、环境条件和气象因素等，采取有效的截、排水措施。②位于沟谷、坡地的弃土场，周边有汇流条件时，宜采取截、排水措施，利用地形和天然水系将水流引出。应做好出口位置的选择和处理，防止出现堵塞、溢流、淤积、冲刷和冻结。③拦截山坡或边坡上流向弃土场水的截水沟应设置在弃土场5m以外，截水沟、弃土场汇集的水可用排水沟引入周围排灌系统。④排水沟与原有沟渠应顺畅连接，易受水流冲刷的排水沟宜根据需要采取防护、加固措施。

临时占地，具有复垦条件时宜进行复垦、种植作物或作为林草场。

4.生态环境保护

多年冻土地区公路路线宜远离野生动物聚集和频繁活动的地区，绕避草原腹地，沿山脚布设，减少对野生动物和植物的干扰。多年冻土地区公路对需保护的野生动物、野生植物产生影响时，宜提出保护方案，如图3-92所示。

图3-92　生态环境保护：野生动物出没路段根据需要设置动物通道

重点保护野生动物出没的路段宜设置预告、禁止鸣笛等标志，可根据需要设置动物通道。动物通道应在深入分析、研究野生动物迁徙、饮水、采食习惯的基础上，合理确定位置。

多年冻土地区公路施工期间宜明确并落实各类野生动物的保护措施；在野生动物繁殖迁徙季节，对需保护的野生动物产生影响时，施工单位宜暂停施工，减少对野生动物安全迁徙的影响。

多年冻土地区公路通过天然林地时，不宜砍伐公路用地范围以外小影响行车安全的林木。多年冻土地区公路通过湿地时宜采取有效措施对湿地进行保护。

5.景观绿化工程

多年冻土地区公路建设可充分利用独特的区域社会环境和原有的自然生态景观及资源，景观建植应与周围的自然生态景观相协调。

多年冻土地区公路景观绿化应因地制宜，坚持宜林则林、宜草则草、宜荒则荒的原则。

多年冻土地区公路绿化、植被恢复等采用的植物种类不应侵占原生态种群系统。

多年冻土地区公路施工扰动地段植被恢复，可采取掺加保水剂和凝结剂、客土喷播、覆盖等措施。

[工程示例3-22]

青藏铁路相关环保措施

青藏铁路起自青海省格尔木市，止于西藏自治区首府拉萨市。格拉段全长1 142km，其中格尔木（含）至南山口（含）改建线路31.75km，南山口至拉萨段新建线路1 110.25km。沿途经过海拔4 000m以上地段960km，连续多年冻土区550km以上，铁路翻越唐古拉山最高点海拔5 072m。

沿线共设置桥梁676座，共159.7km（其中特大桥69座，共82.1km）。为了减少对多年冻土、湿地、自然保护区的分割影响，全线桥梁中以桥代路的为191座，共97.8km（其中特大桥50座，共66.3km）。

本工程环保工程主要包括路基边坡等水土保持措施、野生动物保护措施（通道、标志牌、通道附近植被恢复）、临时占地植被恢复、污水处理措施等，见表3-48和表3-49。

表3-48 青藏铁路环保工程汇总表

项 目	
一、野生动物保护	
1.动物通道	33处
2.通道附属设施	全线7处"缓坡通道"两端和10处"桥梁缓坡通道"单侧设置司机警示牌一个
二、生态保护与水土保持	
1.路基坡面防护	干砌片石、浆砌片石、骨架、网喷砼和植草护坡等
2.挡土墙	片石砼、钢筋砼、浆砌片石挡土墙
3.挡渣墙	隧道弃渣挡墙
4.风沙路基防护	约84km
5.草皮移植	唐南段草皮移植
6.绿化	站场绿化
7.湿地保护	加筋挡墙、抛填片石、基底换填渗水土等
8.措那湖路段	采取防护排架和竹排覆盖等措施控制爆破，路基采取加强浆砌片石防护措施
9.临时占地恢复	取、弃土场、临时便道植被恢复

续表

项 目	
三、水污染防治	拉萨站SBR装置，拉萨西站、马乡站、羊八井站、当雄站、羊八井隧道进出口守护、三岔河特大桥守护、昆仑山隧道守护、拉萨河特大桥守护、拉萨河轮休基地的强化MCR装置，那曲站、安多站的MBR+膜过滤装置，沱沱河站、三江源特大桥守护点的MBR+电催化氧化装置
四、固体废物处理	格尔木和拉萨站设垃圾转运站并配备运输车辆，6个中心站配备垃圾收集、清运设施

表3-49 环境影响因子的识别及筛选矩阵图

工程		因子								
		自然保护区	野生动物	特殊生态系统	植被	冻土环境	地质灾害	水环境	景观	固体废弃物
建设前期	勘察设计	●	●	−△	−△	−△	−△	−△	−△	−△
施工期	路基工程	−●	−●	−●	−●	−●	−△	−●	−●	−△
	站场工程	−○	−○	−○	−●	−●	−△	−●	−△	−△
	隧道工程	−○	−●	−○	−○	−○	−●	−○	−○	−●
	桥涵工程	−△	+●	−△	−△	−△	+●	−△	−○	−○
	取弃土（渣）场	−●	−●	−●	−●	−●	−△	−●	−●	−●
	施工便道、场地和生活营地	−●	−●	−●	−●	−●	−○	−●	−●	−●
	沙石料场	−●	−○	−●	−●	−●	−△	−●	−●	−●
	人为活动	−●	−●	−○	−○	−○	−○	−○	−○	−○
运营期	运营加剧的人员干扰	−○	−○	−○	−○	−△	−△	−△	−△	−○
	运营意外事故	△	△	△	△	△	●	△	△	△

注：●较大影响；○一般影响；△轻度影响；+有利；−不利；无＋−号为潜在影响。

沿线经过戈壁、河流、湿地、冻土、草甸多种地形地貌，为线路运行安全和保护脆弱的生态环境，根据不同的地质情况采取了不同的保护措施。对线路经过的流动沙丘和可能引起沙漠活化的地段，采用石方格、卵砾石覆盖及立式沙障等防护措施，共计约82km。如图3-93所示。

图3-93　石方格网沙障和高立式沙障

路基边坡采用工程防护与植被防护相结合的保护措施。施工期严格控制破土面积，对不具备植草条件的荒漠地带、高寒草原地带路基边坡，采取了干砌片石、混凝土骨架或挂网喷射混凝土护坡等工程防护措施；宜于植草的安多以南地带，采取人工种草和草皮回铺措施，恢复路基边坡及临时用地的地表植被，如图3-94所示。

（a）骨架护坡　　　　　　（b）措那湖湖边沙袋防护　　　（c）冲击钻成孔设置泥浆沉淀池

图3-94　路基边坡防护及泥浆沉淀池

工程产生的施工弃渣优先用于路基回填中，无法使用的尽量弃于取土坑内，再根据地表情况适当采取平整、挡墙、植草等恢复措施。

对冻土和湿地尽量进行绕避，无法绕避则尽量采取以桥代路的方式通过，或对冻土采取片石气冷路基、散热棒路基以及碎石护坡等工程措施，湿地采取加筋挡墙、抛填片石、填筑渗水材料等工程措施加以保护。冻土区排水隔水措施是保证工程结构物稳定性的重要环节，挡水埝和土护道是冻土区采用的主要措施。另外，涵洞基础的选择主要考虑混凝土施工中水泥水化热对涵洞基底多年冻土的热扰动。大量采用拼装式涵洞基础，并在施工中采取措施最快的开挖基坑和吊装基础，最大限度地减少对冻土的热扰动，如图3-95所示。

（a）DK1824取土场植被恢复　　（b）风火山隧道进口弃渣防护工程　　　（c）绿色草皮水沟

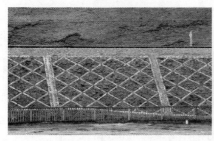 

（d）植草路基边坡　　　　　　（e）风火山隧道弃渣场草皮回铺

图3-95　弃土场及各种植被恢复措施

在青藏铁路建设中，实施了坡面防护、风沙路基防护、冲刷防护、挡土墙、隧道弃渣防护等工程措施和路基坡面绿化、草皮水沟、路基平台绿化、取弃土场植被恢复、站区绿化等水土保持植物措施。青藏铁路建设扰动土地治理率达98.7%，水土流失治理度达98.1%，植被恢复系数达94.6%，植被覆盖率达11.1%，拦渣率达99.65%，土壤流失控制比为1，完成了水土保持方案确定的防治任务。

本章参考文献

[1] 中华人民共和国交通运输部. 多年冻土地区公路设计与施工技术细则（JTG/TD 31-04—2012）[S]. 北京：人民交通出版社, 2013.

[2] 房建宏, 李东庆, 徐安花, 等. 多年冻土地区特殊路基工程措施应用技术 [M]. 兰州：兰州大学出版社, 2016.

[3] 张坤, 李东庆, 陶坤, 等. 多年冻土区高等级公路特殊路基长期降温效果研究[J]. 冰川冻土, 36, 2014（8）：976-986.

[4] 刘戈, 汪双杰, 袁堃, 等, 复合措施在多年冻土区宽幅路基建设中的适用性[J]. 公路, 2016（3）：12-17.

[5] 李金平, 章金钊, 盛煜. 冻土区水泥和沥青路面病害分布规律探讨[J]. 公路交通科技, 2010, 27（7）：18-24.

[6] 黄喆. 青藏高寒高海拔地区合理路面结构研究[D]. 西安：长安大学, 2017.

[7] 王志华. 青海省S308线曲麻莱—不冻泉段多年冻土特征研究[D]. 西安：长安大学, 2015.

[8] 章金钊. 青藏公路多年冻土区路基设计原则与设计高度的演进[J]. 公路, 2006（10）：54-58.

[9] 何庆明. G219线（狮泉河至日土段）改建工程中冻土病害的防治[J]. 科学技术与工程, 2011, 26（9）：6490-6493.

[10] 高明, 李向全, 王振兴, 等. 高寒多年冻土地区公路病害的成因及防治[J]. 公路, 2014（7）：75-77.

[11] 房建宏. 青藏高原东部多年冻土区高速公路建设适应性对策研究[D]. 北京：北京交通大学, 2017.

[12] 奚家米, 张世雷, 陈建兵, 等. 青藏高原高温多年冻土区片块石通风路基应用研究[J]. 公路, 2015（5）：26-33.

[13] 田敏哲. 热棒技术在多年冻土地层隧道施工中的应用[J]. 铁道建筑, 2014（5）：32-35.

[14] 任少强. 多年冻土区钻孔插入桩施工技术[J]. 铁道标准设计，2003（5）： 32-33.
[15] 符进, 谢前波, 祁海云. 青藏高原多年冻土区涵洞工程现状综述[J]. 公路, 2014（3）: 28-32.
[16] 王晓黎, 陈频志, 吴少海. 青藏铁路桩基础形式的研究及应用[J]. 中国铁路, 2003（1）: 66-68.
[17] 崔广义. 多年冻土地区涵洞使用状况调查及维修加固方案分析 [D]. 西安：长安大学, 2013.
[18] 汪双杰, 周文锦. 青藏公路沿线环境演化及环境保护对策[J]. 公路, 2005（1）: 37-41.
[19] 唐玉丽. 冻土地区桥梁钻孔灌注桩施工关键技术探讨[J]. 山西建筑, 2010, 36（7）: 337-338.
[20] 程昊, 青藏铁路格（尔木）唐（古拉山）段建设生态保护及植被恢复技术研究 [D]. 合肥：合肥工业大学, 2009.

第4章 盐渍土地区公路修筑技术

基本要求

1. 了解青海省盐渍土分布情况及各种危害现象。
2. 了解盐渍土地区公路的修筑技术、公路路基路面设计施工注意事项、大直径袋装混凝土施工技术、涵洞修筑技术以及透水模板等混凝土防腐蚀技术。

4.1 盐渍土公路概述

一、盐渍土的定义

盐渍土是不同程度盐碱化土的总称。在公路工程中一般指地表下1.0m内土中易溶盐含量平均大于0.3%的土。当土中易溶盐含量均大于0.1%时,就会对公路水泥制品、黏土制品、钢材制品产生严重腐蚀,有条件时应采取防护措施。盐渍土地区地貌如图4-1所示。

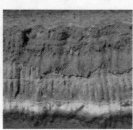

图4-1 盐渍土地区地貌

盐渍土的三相组成与一般土有所不同,液相中含有盐溶液,固相中含有结晶盐,固相结晶盐和液相盐溶液变化将导致盐渍土工程性质的千变万化。在工程实践中最有意义的是含盐量与含水量的变化,引起的物理力学性质变化,表现出盐胀、翻浆、溶陷和腐蚀等公路病害,其土分组成见表4-1和图4-2。

表4-1 盐渍土的相与一般土相的对比

盐渍土	颗粒+难溶盐+易溶盐+盐溶液+气体	四相:盐溶液相、固相、盐晶相和气相
一般土	颗粒+水+气体	三相:固相、液相和气相

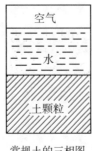
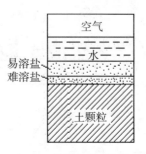

常规土的三相图　　　　盐渍土的三相图

图4-2　土的组成

盐渍土地基通常在岩土工程中归入特殊地基。国内外研究资料表明，高含盐量地区特别是在高地下水位地区，盐分能降低路面强度、减弱封层作用，从而导致路面的破坏。破坏类型主要表现为天然路面的不规则变形，沥青面层起皮、脱落、网裂和坑洼，基层材料中盐分聚集导致面层盐胀破坏、翻浆、腐蚀等，如图4-3所示。

图4-3　盐渍土地区公路路面病害及桥墩腐蚀

二、盐渍土的地域分布

1.盐渍土在全国的分布

依据《中国1:100万土地资源图》土地资源数据集，中国盐渍土面积为$3\,630.53\times10^4$公顷，占全国可利用土地的4.88%，西部六省区（陕、甘、宁、青、蒙、新）共有盐渍土$3\,630.53\times10^4$公顷，占六省区可利用土地面积的9.4%，占全国盐渍土面积的69.03%。其中，新疆盐渍土面积最大，占可利用土地面积的19.75%，占全国盐渍土总面积的36.8%。其次是内蒙古、青海、甘肃和宁夏，见表4-2和图4-4。

表4-2 中国西部六省盐渍土地面积及占农林牧土地面积的比例

省区	盐渍化面积/10^4公顷	盐渍化占可利用土地/(%)	各程度盐渍化面积/10^4公顷		
			轻盐渍化	中盐渍化	重盐渍化
内蒙古	763.07	7.56	465.56	154.26	143.25
陕西	35.08	1.87	35.08		
甘肃	103.79	3.54	21.18	62.86	19.75
青海	229.84	5.09	43.82	186.02	
宁夏	38.50	7.87	17.02	17.43	4.05
新疆	1 336.11	19.75	537.35	527.52	271.24
西部六省	2 506.33	9.4	1 119.51	948.09	438.29
全国	3 630.53	4.88	1 793.98	1 352.12	484.42

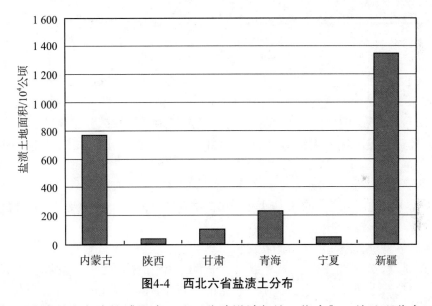

图4-4 西北六省盐渍土分布

根据新疆公路学会主编的《盐渍土地区公路设计与施工指南》，从地理分布区域看，盐渍土可分为沿海盐渍土区和内陆盐渍土区两大类。内陆盐渍土又可以分为半湿润、半干旱盐渍土区和干旱、过干旱盐渍土区两个亚区。

沿海盐渍土区，主要分布在江苏北部和山东、河北、辽宁等省的沿海平原地区，主要是氯盐渍土。

内陆盐渍土区中包括：①半湿润、半干旱盐渍土亚区，主要分布在松辽平原以西的东北西部、内蒙古东部和黄河以北的黄土高原地区靠近河道平原的低洼以及灌区附近。②干旱、过干旱盐渍土亚区，较广泛地分布在我国西部新疆、青海、宁夏、甘肃北部和内蒙古中西部、西藏北部的山前洪积扇、冲积扇、扇缘绿洲、灌区附近和湖盆洼地等。由于气候干旱，蒸发强烈，地形封闭，有利于盐分的积聚，这一亚区面积最大，盐渍化类型多种多样，盐渍化程度差异悬殊，是防治公路盐渍化危害的重点区域。

2.盐渍土在青海省的分布

根据多年勘察的研究资料显示,青海境内盐渍土主要分布于柴达木盆地西部及西宁、平安河湟谷地湟水河南岸山前倾斜平原带,其形成与大陆抬升古海洋逐渐干涸,低洼地带的聚集、蒸发作用有关。

(1) Ⅰ区:以西宁南山区、机场等为代表的青海东部河谷阶地及低山丘陵地区。地层为黄土或黄土状土,水位埋深一般大于15m,此类地区土层含盐量一般大于0.3%,小于1%。大量工程实例表明,这类地区一般不存在盐胀问题,黄土也显示为湿陷特征,无溶陷表现。也就是说,这类土层虽然按规范应确定为盐渍土,但其并不表现出盐胀、溶陷性状,仅可能对建筑材料产生一定程度的腐蚀。这类地层在有经验的地区可按一般湿陷性黄土对待。

(2) Ⅱ区:以西宁东出口、平安西南区为代表的青海东部山前倾斜平原区。地层以黄土状粉质黏土为主,地下水位埋深一般在3~5m,此类地区土层含盐量一般大于0.3%,小于1.3%。尤其Na_2SO_4含量不超过1%,按规范可不考虑盐胀性,但事实恰恰相反,这类盐渍土的盐胀性状表现异常突出。区内轻型建构筑物大都受到盐胀作用影响,甚至破坏。

(3) Ⅲ区:以东台、西台、老茫崖等为代表的柴达木盆地腹地带。地层以粉质黏土、粉土、粉细砂为主,地下水位大部分地区大于15m(盐湖带除外),这类地区地层一般为超氯盐渍土,Cl^-含量最高达453 008(mg/kg)。Na_2SO_4含量一般均大于1%,按相关规范及现有文献资料,这类土应属典型盐渍土,应同时具备强盐胀、强溶陷性,但通过数千件原状土样溶陷试验发现,这类土不具备溶陷性。老茫崖地区浸水试验也验证了这一结论。同时,区内大量轻型建构筑物也均未产生盐胀破坏,仅个别地段门阶、散水偶见不明显似胀裂迹象。

(4) Ⅳ区:以冷湖、格尔木、新茫崖为代表的柴达木盆地腹地外围地区。地层以沙砾类土、粉土为主,地下水位3~6m或大于15m,这一地区的试验数据及工程实践经验与规范基本吻合。

青海柴达木盆地公路盐渍土分布状况:

(1) 盆地腹部和低洼积盐严重处,以及干涸的盐湖或盐滩,以氯化物盐类为主,并有硫酸盐氯化物盐渍土和岩盐(重氯盐)。它主要分布在青新、敦格、当冷、当黄、茶冷和冷湖支线等公路沿线。

(2) 在敦格公路当金山至大柴旦路段、老茫崖至花土沟路段和当冷公路沿线,属细砾石荒漠(又称戈壁)地带,土质多为含砾低液限黏土,含盐量较轻,一般填筑的公路路基土壤,含盐量为2%~8%,其中氯化物盐类占65%~90%,硫酸盐类仅占10%~30%。

(3) 埋藏在盐壳或盐盖下层的硫酸盐富集层,明显的半透明结晶块或者白色粉末露现,主要成分为硫酸钠(亦称芒硝)。在我省露现的硫酸盐富集层,以冷大公路K40—K110路段最为突出。青新线K707,K770和K787附近的硫酸盐含量较大,敦格线察尔汗盐桥南堤至格尔木近郊路段,断续局部地夹杂分布着硫酸盐成分。

在盆地含盐量大于10%的典型路段,垂直剖面各层次含盐量1m深度内统计大致分布情况见表4-3。

表4-3 含盐量分布情况

深度/cm	0~5	5~25	25~50	50~75	75~100
含盐量/（%）	60~90	8~13	5~15	4~10	5~7

三、盐渍土地区的主要公路病害

1.松胀

硫酸盐渍土中的硫酸盐（通常指硫酸镍基硫酸镁）随着温度变化，其自身体积也在变化，因而引起土体积发生变化。由于昼夜温度升高、降低反复作用而产生硫酸盐渍土填筑的路基边层周期性体积变化，这部分土体结构被破坏而松胀。此外，夏季气候炎热，地温升高，土中含硫酸钠的溶液经土的毛细管上升至地面，继而水分蒸发后，留下无水的盐结晶，久而久之在土的表层形成一层污雪状的松散层，这一过程也会使路基表层土体处于松散状态。

松胀现象时路肩及边坡失稳，且易被风吹蚀；路肩上脚踏下陷，行走不便，给养路工作带来困难。

松胀程度与土中含硫酸盐的多少、土的类型以及当地气候、水文条件有关。此外，深度还与路堤的阳坡和阴坡有关，例如同一地段阳坡松胀深度为10~20cm，阴坡仅为5~10cm。松胀深度也随地区差别而有所不同，一般是在30cm以内。在G315线的有些地段其松胀深度超过30cm。

2.盐胀

公路由于盐胀的破坏作用，路面周期性地发生鼓包、波浪和开裂。因碳酸盐具有遇水膨胀的特点，所以用碳酸盐渍土填筑的路堤，当浸水和淋溶时，土将很快地转变成亲水性显著的柱状碱土，而这种碱土塑性强，渗透系数小，往往造成边坡溜踏、路肩泥泞等病害。除了碳酸盐的膨胀性外，硫酸盐的膨胀性也不可轻视。硫酸盐渍土昼夜间随温度的升高和降低而产生复杂的周期性的体积变化，土体结构破坏、变松，这种现象仅限于路基的表层。硫酸盐渍土的膨胀受季节性的温度变化影响，即秋后温度降低，因其较深范围土层中硫酸盐吸水结晶，体积增大，促使土体体积膨胀（即为盐胀现象）。硫酸盐渍土填筑的路基，由于季节性温度变化引起的体积变化，引起年复一年的盐胀，不仅使路基和路面基层松胀，强度下降，而且还使路面不均匀隆起，导致路面变形破坏和使用品质急剧下降，严重影响了公路交通和路面的使用年限。

3.冻胀和翻浆

含盐的水比不含盐的冰点低，但冬季含盐水在冰点以下也将冰结，所以盐渍土仍然产生冻结现象。当路堤在冬季受到冰结作用时，水分经常是由温度较高的土层向温度较低的土层方向移动，以致在临界冻结深度聚冰层附近就发生水分聚集的现象。聚集的水分来自基地的地下水，通过其毛细管作用而上升。形成冰冻的土层中具有大小不同的冰粒或冰层，使其体积大大超过了土原有孔隙和含水体积，即冻胀现象。至春季融冻时，上层冰粒首先融化，而下层一时尚未融化，则上层的水分无法下渗，致使上层填土中的含水量超过液限，加之列车通过时的挤压、冲击作用，因而使路基出现翻浆。因硫酸盐的晶体在春融时脱水，延长翻浆时间，再加上硫酸盐的吸附性钠离子的膨胀作用，路面就泥泞不堪。翻浆现象是以水的存在为基础，因此在治理中要将排水与隔水并举，主要是把路面汇水及流向路基的水引离路基范围，并及时排走。

4.溶蚀和退盐

盐渍土路基受雨水冲洗，表层盐分被溶解后随雨水下渗，造成退盐作用，结果使路基变松，土体由盐土变成碱土，增加了土的膨胀性和不透水性，降低了路基的稳定性。降水量小的地区，路肩出现许多细小冲沟，降雨量大的地区，路基本体内形成孔洞，小孔洞的直径约为10cm，大的达1.5～2.0m，这些孔洞会导致路基严重下沉，危及行车安全。闻名于世的青海万丈盐桥位于青藏高原北端，青海柴达木盆地的中南部G215线 K563—K596路段，全长33km，公路跨越察尔汗盐湖中部，盐湖路基由岩盐或重盐渍土填筑而成，基底遇淡水后极易发生盐溶，从而形成孔洞，孔洞露出地表称为明洞，否则称为暗洞。暗洞在车辆载荷的作用下，会产生突然的塌陷，危及行车安全。

盐渍土路基病害见表4-4。

表4-4 盐渍土路基病害一览表

盐渍土类别	病害类型	病害特征	病害产生原因
硫酸盐渍土	松胀	一般表层范围内，土体疏松，足踏下陷，路肩变窄，边坡失稳	土中硫酸钠含盐量超过，在昼夜气温变化影响下时而吸水结晶体积膨胀，时而脱水体积缩小，反复相变，致使土体密度减小，结构破坏，产生松胀现象
硫酸盐渍土	盐胀	深部土体膨胀，一般距地表左右，个别以下，致使路面季节性隆起，坡脚产生纵向裂缝	土中硫酸钠含盐量超过，在季节性气温变化影响下，引起路堤深部土体中硫酸钠吸水结晶、体积膨胀，一般高塑性土较低塑性土膨胀快且膨胀量大
碳酸盐渍土		路基土体松软，边坡坍塌，路肩泥泞不堪	易溶的碳酸盐含量超过，因吸附性钠离子作用，使土的分散性增强，呈现过高的膨胀性、塑性及遇水崩解性
各种盐渍土	冻胀、翻浆	土体冻胀，路面隆起，土质松软，路基下沉，翻浆冒泥	在一定低温条件下，盐渍土同样冻结，当土的含水量大于塑限，且水分补给来源充足，形成层状冰，致土体膨胀，温度回升后冰层消融，含水量增加，土质松软。硫酸盐渍土因盐晶脱水滞缓延长翻浆时间；碱性盐渍土因Na⁺作用，路面更为泥泞不堪
氯盐、碱性盐渍土	溶蚀	路肩及边坡冲沟累累，路堤内有大小不一的孔洞，路基沉陷	氯盐溶解度大，不受温度的影响（除氯化钙外），极易淋失；碱性盐渍土遇水崩解，抗冲蚀能力差
各种盐渍土	基床病害	各种形状的道踏槽、道踏囊等	由于路堤填土中含水量高，土质持水性强，水分不易散失，土体长期处于软塑状态

5.盐渍土对桥涵及构造物的腐蚀

盐渍土具有腐蚀特征，因其含盐量多，而呈现不同的腐蚀特性和腐蚀等级。盐渍土的腐蚀性主要分为两大类：一是化学腐蚀，即土中的盐与建筑材料发生反应而引起的破坏作用；二是物理结晶性腐蚀，即具有一定矿化度环境水，在毛细作用下，从潮湿一端进入墙体，由暴露在大气中的另一端蒸发，墙体孔隙中的溶液浓缩后结晶膨胀造成建筑材料的破坏。

（1）氯盐的腐蚀破坏作用。盐渍土中的氯盐大都以NaCl为主，此外还有KCl、$CaCl_2$、$MgCl_2$、NH_4Cl等，全为易溶盐，溶解度很高，在水溶液中离解为Na^+、Cl^-。Cl^-对金属有强烈的腐蚀作用。对钢筋混凝土而言，Cl^-主要是渗透到混凝土中对其内钢筋产生腐蚀，钢筋锈蚀发展可使混凝土开裂、脱落，致使结构破坏。

Cl^-进入混凝土中引起钢筋锈蚀存在一个"临界值"。通常认为，进入混凝土中的Cl^-浓度达到$0.3 \sim 0.6 kg/m^3$时，钢筋便开始生锈；当达到$1.0 kg/m^3$时，钢筋锈蚀程度可将混凝土层胀裂。Cl^-进入混凝土中的速度除与混凝土质量有关外，主要取决于环境中Cl^-的浓度。在强盐渍土中，钢筋混凝土结构物（包括电线杆、预应力混凝土管等）可在2～5年内出现钢筋腐蚀破坏。

实践证明，在以氯盐为主的盐渍土地区，钢筋混凝土结构破坏的主导原因是Cl^-引起的钢筋锈蚀。

在一定条件下，氯盐也能损害混凝土。如在干湿交替的条件下，氯盐产生结晶腐蚀；当温度变化时，氯盐能产生晶变膨胀，即在低于$-0.15℃$时，NaCl将以$NaCl \cdot 2H_2O$形式存在，自身膨胀30%，如果是在混凝土孔隙中，则能损伤混凝土的强度。据悉，在受冻融循环作用时，含氯盐的混凝土更易受破坏。

（2）硫酸盐的腐蚀破坏作用。硫酸盐的腐蚀破坏作用，有别于氯盐，其主要破坏对象是混凝土本身。虽然硫酸盐也对钢筋有腐蚀作用，但同等量的危害能力仅相当于氯盐的1/4。硫酸盐与混凝土中的水泥水化物起化学反应，从而引起混凝土的微观或宏观破坏。以硫酸盐为主的盐渍土地区，经常发生类似破坏，多见于盆地内的水泥混凝土路面、桥梁、涵洞及构造物等。

此外，硫酸盐渗入混凝土中，在干湿交替的条件下，发生结晶（吸水）也能引起体积膨胀，称作结晶侵蚀。当温度变化时，硫酸盐发生晶变，伴之以体积膨胀。

（3）青海省盐渍土对桥涵及构造物的腐蚀情况调查。对德香高速公路及青海相似工程展开腐蚀病害的调查与分析，调研腐蚀对桩身混凝土所造成的损伤程度。对盐沼泽环境或其相似环境（如滨海盐环境）下的桥梁病害进行调查分析，结果见表4-5所示。

表4-5 结构腐蚀病害调查

腐蚀环境区域	调查对象	对象构造物	腐蚀情况	已受腐蚀年限/年
滨海盐渍土腐蚀区	大港油田	钢筋混凝土支架、电杆	结构发生裂缝，裂缝最宽处达到15mm，混凝土大量起鼓、剥落，构造物主筋起皮、分层、体积膨胀，主筋截面缺损	20

续 表

腐蚀环境区域	调查对象	对象构造物	腐蚀情况	已受腐蚀年限/年
滨海盐渍土腐蚀区	瑞安飞云江大桥	桥墩立柱、桥墩承台	少部分桥墩立柱混凝土保护层缺失,出现孔洞,墩内主筋暴露并生锈;承台混凝土表面覆盖大量贝壳类海洋生物,承台上有数条沿纵向中心线的裂缝	19
青海盐渍土腐蚀区	青海海西州高速公路公路构筑物	结构物混凝土、混凝土制品、桥梁、涵洞	混凝土石子外露,轻敲即溃,表面剥落,严重者钢筋外露受腐蚀,混凝土失去原有强度;桥梁钢筋混凝土柱保护层被破坏,有些地方钢筋外露,有的甚至被锈蚀;"旱桥""旱涵洞"的基础及桥墩出现不同程度的腐蚀破坏,花岗岩里程碑也受到不同程度的腐蚀	3
	兰海高速公路沿线	桥梁桩基	全桥24根桩基半数存在钢筋保护层腐蚀剥落、钢筋露筋等严重病害,腐蚀最严重的桩体直径仅剩1.26m,其余为1.28~1.42m不等。桩径极限减少量为24cm	14
青海盐沼泽、盐湖腐蚀区	察尔汗至格尔木高速公路沿线	电杆	电杆架设1年后,电杆底部1~2m处出现不同程度的裂纹现象,裂纹宽度小于0.5mm,长度不大于0.5m。4年后,整个下段杆约6m长均出现裂纹,钢筋锈蚀物从裂纹中析出,最大裂纹宽度大于3mm	4

在相似盐沼泽环境与滨海盐环境结构腐蚀病害调查基础上,对德香公路沿线混凝土构筑物进行调查,发现工程沿线上,已建造一年的公路界碑,在不同的环境下均发生严重腐蚀剥落现象。如图4-5(a)所示,在土体腐蚀盐类与环境干湿作用的条件下,临近地表处发生混凝土大块剥落,钢筋外露;如图4-5(b)所示,在水体中腐蚀盐类作用下,整个公路界碑已被腐蚀完全,只剩钢筋结构,腐蚀特征显著。

(a) (b)

图4-5 工程沿线公路界碑腐蚀状况

对青海境内相似盐沼泽环境区域内的桥涵进行调查发现，盐沼泽区部分盐湖区桥梁及有些"旱桥""旱涵洞"的基础及桥墩出现不同程度的腐蚀破坏，桥涵下部结构常见的病害主要有混凝土裂缝、混凝土缺失、钢筋锈蚀等。图4-6（a）所示为一废弃的涵洞，在盐沼泽区内水体与土体所含盐类的侵蚀下，涵顶发生腐蚀现象，生成黄褐色腐蚀产物并伴有混凝土表面起皮，在相关棱角处，混凝土大面积脱落，局部有裂缝产生。图4-6（b）所示为一位于铁路下部的涵洞，其在腐蚀环境的作用下洞身混凝土已存在剥落现象，涵顶有裂缝生成。

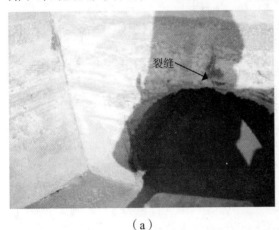 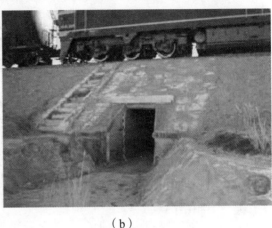

（a） （b）

图 4-6　废弃涵洞腐蚀

图4-7所示为桥梁下部结构墩柱发生的腐蚀现象。可以明显看出，在水流侵蚀区，桩柱混凝土由上至下产生不同程度的剥落现象，混凝土砂浆完全脱落，骨料出露，见图4-7（a）；剥落厚度最大达20cm，此时，混凝土保护层已被侵蚀，钢筋外露，见图4-7（b）。

（a） （b）

图 4-7　桥墩腐蚀

图4-7所示为混凝土电杆在盐湖地区大气环境条件下的破坏情况，电杆的裂缝宽度普遍达到1.0～2.0mm，钢筋保护层空鼓开裂严重，保护层脱落，钢筋出露，且出露钢筋锈蚀程度严重。

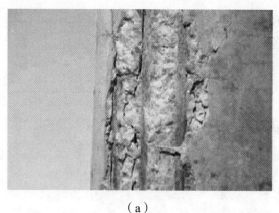 

（a） （b）

图4-8 混凝土电杆腐蚀

四、盐渍土的工程分类及盐胀性、溶陷性评价

1.盐渍土的工程分类

盐渍土的含盐性质，一直根据氯离子（Cl^-）、硫酸根离子（SO_4^{2-}）、碳酸根离子（CO_3^{2-}）、碳酸氢根离子（HCO_3^-）含量的比值，按表4-6分为氯盐渍土、亚氯盐渍土、亚硫酸盐渍土、硫酸盐渍土和碳酸盐渍土。

表4-6 盐渍土按含盐性质分类表

盐渍土名称	Cl^-与SO_4^{2-}含量的比值	$CO_3^{2-}+HCO_3^-$与$Cl^-+SO_4^{2-}$含量的比值	备注
氯盐渍土	>2		氯化物
亚氯盐渍土	2～1		硫酸盐氯化物
亚硫酸盐渍土	1～0.3		氯化物硫酸盐
硫酸盐渍土	<0.3		硫酸盐
碳酸盐渍土		>0.3	

根据新疆公路学会主编的《盐渍土地区公路设计与施工指南》，盐渍土按其盐渍化程度和含盐性质对公路工程危害性分类，按盐渍化程度分弱、中、强、过四类，按含盐性质分氯盐渍土、亚氯盐渍土、亚硫酸盐渍土、硫酸盐渍土四类，见表4-7。

表4-7 盐渍土工程分类

盐渍土类别	土层的平均含盐量（以质量百分数计）			
	氯盐渍土	亚氯盐渍土	亚硫酸盐渍土	硫酸盐渍土
弱盐渍土	0.3～1.5	0.3～1.0	0.3～0.8	0.3～0.5
中盐渍土	1.5～5.0	1.0～4.0	0.8～2.0	0.5～1.5
强盐渍土	5.0～8.0	4.0～7.0	2.0～5.0	1.5～4.0
过盐渍土	>8.0	>7.0	>5.0	>4.0

2. 盐渍土的盐胀性评价

根据《盐渍土地区公路设计与施工指南》3.4.1，盐渍土的盐胀性是评价公路路基盐胀特征的重要内容，一般以路基土体的盐胀率 η 为评价指标。试验证明，路基土盐胀率的大小能较好地反映本地区的公路盐胀破坏程度。盐胀率小于1%时路面平整、无裂纹，无盐胀破坏现象（为非盐胀性）；盐胀率在1%~3%时，路面上可看见少量裂纹，有轻微盐胀产生（为弱盐胀性）；盐胀率在3%~6%时，路面有较明显的裂纹和盐胀现象（为中盐胀性）；盐胀率大于6%时，路面有明显鼓包、裂纹、盐胀率越大破坏越严重（为强盐胀性）。

在野外勘察中盐胀率不便观测时，可根据路基土体或填料中硫酸钠含量 Z 进行盐胀性评价。Z 是评价路基路面在盐胀条件下工作状态的一个指标，不能认为是路基土容许含盐量的指标。不同等级公路盐渍土路基盐胀性指标见表4-8。

表4-8 盐渍土路基盐胀性指标

公路等级	高速公路、一级公路	二级公路	三、四级公路
盐胀率 η/（%）	<1	1~2	>2~4
硫酸钠含量 Z/（%）	$Z \leqslant 0.5$	$0.5 < Z \leqslant 1.2$	$1.2 < Z \leqslant 2$

3. 盐渍土的溶陷性评价

盐渍土地基土体中的结晶盐，遭水浸时会产生溶解而使地基变形，因此在公路设计阶段应对沿线盐渍土地基做出溶陷性评价。一般以地基土的溶陷系数为评价指标，在实际中常以地基溶陷量来衡量。研究表明，在干燥和稍湿地带的盐渍土才具有溶陷性，潮湿地带一般不会有溶陷问题。不同等级公路盐渍土地基溶陷性指标见表4-9。

表4-9 盐渍土地基溶陷性指标

公路等级	高速公路、一级公路	二级公路	三、四级公路
溶陷系数 δ/（%）	<1.5	1.5~3.5	>3.5~7.0
溶陷量 Δ/cm	<7	7~15	>15~32

[工程示例4-1]

察尔汗盐湖地区盐渍土浸水溶陷对路基施工的影响及防排水措施

1. 察格公路概况

察尔汗—格尔木高速公路是察尔汗盐湖区域修建的第一条高等级公路，也是我国第一条在内陆盐湖上修建的高速公路。G215线察尔汗盐湖至格尔木高速公路工程（简称"察格高速"），位于青海省海西州格尔木市境内，是国家高速公路网—柳（园）—格（尔木）公路（G3011）中的重要路段，是青海省"三纵四横十联络"公路主骨架网的重要组成部分，其盐渍土分布情况如图4-9所示。

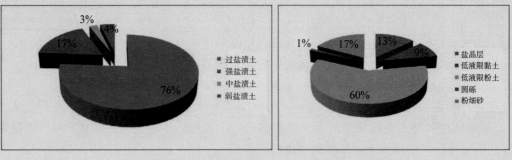

图4-9　G215线盐渍土路段特征、土体类型分布图

2.试样的基本性质

现场土样取自察尔汗盐湖—格尔木高速公路（G215线），取土深度为10.7~11m。该地区地表盐渍土含盐量可达到90%以上，深层土体含盐量一般大于6%，属于强、过盐渍土。盐分主要为氯化钠、氯化钾、氯化镁、氯化钙和氯化铵等，含有少量硫酸盐，属于氯盐型盐渍土，个别地段为亚氯盐渍土。土的类型主要以粉土和黏土、粉质黏土、砂类土为主，厚度可达到20m以上，且液限都很低。为了掌握典型天然盐渍土的盐渍化程度、液限、塑限、土样类别、最优含水率、最大干密度，进行了室内物理力学性质试验。试验包括易溶盐分析、界限含水率试验、颗粒分析试验、击实试验。试验土样基本参数表4-10~表4-12。

表4-10　试样粒径分析

土样	颗粒（mm）组成（按质量分数）/（%）				
	2~0.5	0.5~0.25	0.25~0.074	0.074~0.002	<0.002
低液限黏土	3.03	8.03	45.24	40.78	2.92

表4-11　试样易溶盐各离子含量

土样	离子含量/（%）						总含盐量/（%）
	CO_3^{2-}	HCO_3^-	Cl^-	SO_4^{2-}	Ca^{2+}	Mg^{2+}	
低液限黏土	0.003 3	0.013 4	2.201 6	0.281 1	0.405 7	0.055 3	9.610

表4-12　试样基本参数

土样	液限 ω_L/（%）	塑限 ω_P/（%）	最优含水率 ω/（%）	最大干密度 ρ_{dmax}/（g·m^{-3}）	盐渍土类别
低液限黏土	21.9	13.8	11.0	1.82	氯盐渍土、过盐渍土

3. 盐渍土溶陷试验方案及方法

（1）试样的制备。该试验所取土样为扰动土，经过长时间的风干，含水率降低，需进行增湿试验。将试样统一进行烘干处理，烘干时间加长，大约为10h。把烘干后的土样看作单位"1"，这样比较方便加水控制土样的含水率。将经过精确计算的水加入烘干后的土样中，充分拌匀后装入塑料袋闷料一昼夜，然后试样按照重型击实法成形，并达到要求的压实度。由于无法有效判断击实后的余土高度，本试验分3层均匀击实，并用脱模器将土样推出，然后将环刀刃口向下放在土样上，将环刀垂直向下压，边压边削，直至土样伸出环刀为止，削去两端余土并修平。

（2）单轴压缩试验。由于盐渍土具有不稳定的结构性，所以这类土浸水后，盐分溶解并随着水流迁移，土体在自重或附加压力作用下导致结构破坏，产生附加变形。为了研究盐渍土浸水溶陷后对施工的影响，需进行单轴压缩试验，并改变了常规单轴压缩试验的方法，模拟出现场浸水后施工的情景。试验期间用淡水自上向下浸湿试样，并不断换水，以便盐分充分溶解。

试验设备：浮环式压缩仪。

试样尺寸：截面积为50cm^2，高度为2cm。

试验方法：单轴压缩试验，采用单线法。虽然双线法由于只需取两个环刀试样，与单线法取5个试样相比较为容易，但是由图4-10和图4-11可以看出，从整个试验过程的角度出发，单线法比双线法更为容易，其结果较之双线法更为精确，对比起来更加一目了然。另外，本试验旨在研究过盐渍土浸水溶陷对路基施工的影响，主要是通过试验数据分析试样在200kPa时加水然后再加至300kPa和直接加至300kPa加水的区别，可采用单线单点法，这样只需两个试件便能完成所需的研究目标，从试件数量和试验控制的角度讲也大大降低了难度，更有利于试验的精确。按照《公路土工试验规程》（JTG E40—2007）中的相关规定，无论是单线法还是双线法，试样在加水后直至沉降最终稳定，其稳定标准为每3d变形不大于0.01mm，这样更使试验周期加长，而双线法本身试验历时就长过单线法，故双线法的试验周期将远远大于单线法，不利于对试验进度的控制。综合以上因素，故选取单线法进行溶陷试验研究。

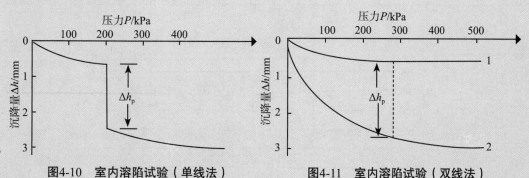

图4-10　室内溶陷试验（单线法）　　图4-11　室内溶陷试验（双线法）

常规试验为对试件卸掉预加荷载后，立即加上第1级荷载50kPa，在之后10min，30min和1h的时候分别读取百分表的读数，以后每1h读一次数，直至沉降稳定为止。沉降稳定的标准为每1h变形量不超过0.01mm。然后再加第2级荷载100kPa，而后依次加第3级、第4级、第5级荷载。每级荷载下试件都必须达到沉降稳定方能加下一级荷载，其稳定标准与第一级荷载相同。最后自试样顶面加水、读数，直至土样沉降稳定。

本试验为了模拟现场浸水后施工的情形，选择在试件荷载加到200kPa并沉降稳定后即加水使土样加剧溶陷最终至沉降稳定，然后再将荷载加至300kPa，这样与常规溶陷试验进行对比，更能证明盐渍土地区浸水溶陷后对施工的不利影响。为了使试验更具有对比性，试验采用的试样基本性质是相同的，即取自同一个施工段，且易溶盐各离子含量基本相同，并具有相同的初始含水率、含盐量、室内温度（20℃）、预加荷载、加荷等级等影响因素。

加荷等级：加载过程中，考虑到荷重率对压缩变形规律的影响，实际工程的加荷速率，以及加荷大小，再根据现行《公路桥涵地基与基础设计规范》中给出的黏性土容许承载力值表格，得知该盐渍土的容许承载力为300kPa，故采用加荷等级为50kPa，100kPa，150kPa，200kPa和300kPa。

预加荷载：规范规定施加1kPa作为预压荷载，而实际上1kPa的预压荷载根本不能保证试样与仪器上下各部件之间接触良好，所以本试验采用吊盘（约为7.5kPa）作为预压荷载。

（3）试验结果整理。

1）常规试验。对盐渍土样先加至最后一级荷载（300kPa），然后再注水，具体试验参数见表4-13，压力与沉降量的关系曲线如图4-12所示。

表4-13 盐渍土溶陷试验结果

压力/kPa	50	100	150	200	300	浸水
总变形量/mm	0.625	1.072	1.260	1.520	1.878	6.842
仪器变形量/mm	0.045	0.075	0.093	0.110	0.129	0.129
试样变形量/mm	0.580	0.997	1.167	1.410	1.749	6.713
试样高度/mm	20.0	20.0	20.0	20.0	20.0	20.0
压缩后试样高度/mm	19.420	19.003	18.833	18.590	18.251	13.287

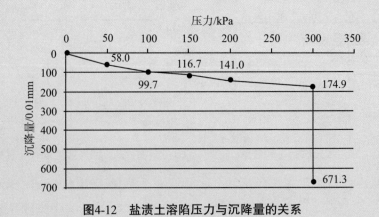

图4-12 盐渍土溶陷压力与沉降量的关系

计算溶陷率的公式为

$$\delta = \frac{h_P - h_P'}{h_0} \times 100\% \qquad (4-1)$$

式中，h_0 为盐渍土原状土样的原始高度，即20mm；h_P 为压力 P 作用下稳定变形后土样的高度；h_P' 为压力 P 作用下浸水溶陷变形稳定后土样的高度。由表4-12，根据下式计算可得出溶陷率：

$$\delta = \frac{h_P - h_P'}{h_0} \times 100\% = \frac{18.251 - 13.287}{20} \times 100\% = 24.82\%$$

2）模拟试验。对土样先加至倒数第二级荷载（200kPa），然后注水，具体试验参数见表4-14，压力与沉降量的关系曲线如图4-13所示，计算公式同常规试验中的一样。由表4-14经过计算可得出溶陷率

$$\delta = \frac{h_P - h_P'}{h_0} \times 100\% = \frac{18.471 - 11.581}{20} \times 100\% = 34.45\%$$

表4-14 盐渍土溶陷试验结果

压力/kPa	50	100	150	200	300	浸水
总变形量/mm	0.600	1.087	1.268	1.638	8.528	8.763
仪器变形量/mm	0.036	0.066	0.088	0.109	0.109	0.120
试样变形量/mm	0.564	1.021	1.180	1.529	8.419	8.643
试样高度/mm	20.0	20.0	20.0	20.0	20.0	20.0
压缩后试样高度/mm	19.436	18.979	18.820	18.471	11.581	11.357

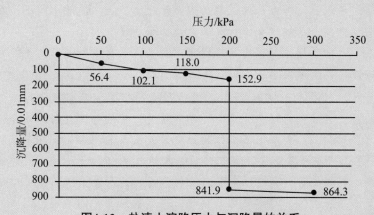

图4-13 盐渍土溶陷压力与沉降量的关系

（4）试验结果分析。

1）从图4-12和图4-13可以看出，两种试验方法中，盐渍土随压力变化以及浸水产生溶陷的变化趋势是一样的，都是随着压力的增大而沉降增加，浸水后在一定时间段内均产生剧烈沉降。

2）除浸水段剧烈沉降之外，加载段的变化规律为：第一级荷载下溶陷的变化范围比较大，接近0.6mm，后面几级荷载下的沉降变形则相对趋于平缓。

3）试件浸水产生剧烈溶陷，在压力不变的情况下，其沉降量呈一条直线急剧下降。因为土样的浸水时间很长，截止沉降稳定，一共用去了43d的时间；浸水量也很大，在试验过程中由于水分进入土体和蒸发的原因，盛水筒中的水平线会不断降低，但是在筒中水快要覆盖不到试件顶部的时候，都会人为往筒内添加淡水至快要溢出盛水筒，因此可以近似看作在整个浸水过程中，整个试件都是完全浸泡在水中的，这就使得土样中的易溶盐能够充分溶解或随着自由水流失，严重破坏了土样的整体结构性，在土体自重压力和外部荷载的作用下产生剧烈溶陷。由于该试验土样为过盐渍土，土中盐含量很高，想充分溶解易溶盐所花的时间就会很长，其沉降量也会很大；当盐分充分溶解后，溶陷也将会终止而趋于0。

4）常规试验中压力从200kPa增至300kPa到沉降稳定的过程中，沉降量变化值为0.339mm，而模拟试验中浸水溶陷稳定后压力增至300kPa到沉降稳定的过程中这一变化值为0.224mm，明显小于常规试验。导致这种差异的原因是：模拟试验中的沉降量更大，可以理解为其沉降更充分，相比较而言，由于溶陷造成其土颗粒间的黏结力更强，排列也更加紧密，稳定后在相同条件下可供沉降的范围将变小；而常规试验的这一加荷过程是在浸水之前，本身可供沉降的范围相对较大，土颗粒间的排列也没有浸水后的土样那么紧密。

5）对比图4-12和图4-13后不难发现，常规试验中的土样浸水后的沉降量最终达到了6.713mm，而模拟试验中的土样浸水后的沉降量最终达到了8.419mm，两者沉降量相差1.706mm；另外，模拟试验所得出的土样溶陷率为34.45%，远远大于常规试验中得出的溶陷率24.82%，两者相差甚大。这是因为常规试验是在300kPa压力作用下沉降稳定以后加水，而模拟试验则是在200kPa压力作用下沉降稳定以后加的水，土颗粒在荷载作用下重新排列，由于前者浸水以前施加在试件上的压力大于后者，土中孔隙率减小，颗粒排列更紧密，土体的密实度更高，压缩性降低，沉降量便小于后者。此外，浸水时间的不同也会导致上述情况的发生。由于模拟试验比常规试验先浸水，土样中的易溶盐更能充分溶解，破坏了土体的结构性，溶陷增大。

（5）盐渍土路基浸水溶陷对路基施工的影响。从上述两个试验对比分析的情况便可以看出，在盐渍土区域进行路基施工，浸水后盐渍土中的易溶盐与水结合，易溶盐晶体溶解，破坏了土层结构，大大降低了土体的强度，使土层溶陷加剧，在本试验中沉降量达到了8.643mm之多。在察格高速公路施工路段，盐渍土的含盐量是相当大的，某些地段土的含盐量甚至高达43%之多，有的还出现岩盐层，能轻易看见土中的盐。对于这种高含盐量的土体，其溶陷相当厉害，浸水之后必然会引起路基大面积的不均匀沉降，甚至产生塌陷，对工程造成严重的影响。

4.盐渍土地区路基施工的防排水措施建议

由试验结果可以得出，在盐渍土地区进行路基施工尤其需要注意浸水对盐渍土层的不利影响。特别是在雨季降水量比较多的情况下，路基施工前必须设置完善的防排水设施。

> 加强地表排水和降低地下水位，可以有效防止雨水浸泡路基，也可以结合取土，在路基上游扩大取土坑平面面积，使之起到蒸发池的作用，蒸发路基附近的地表水；亦可在路基上游做长大排水沟以拦截地表水，降低地下水位。防排水设施应结合当地农田排灌系统综合考虑，合理布设桥涵，做好边沟、排水沟、截水沟和取土坑的设计，使水流畅通，保证路基两侧不积水。高速公路工程中不应设路侧取土坑。地面排水困难，地下水位较高，或公路两侧有农田排碱、渠灌的路段，应在路基一侧或两侧设截水沟，以降低地下水位或截阻农田排灌跑水。截水沟距路基坡脚不宜小于5m，沟深低于地表1.0m以上，沟底宽 $0.8\sim1.0\text{m}$。

4. 盐渍土地区公路设计

盐渍土的地表特征：一般地表有石膏、龟裂土、蓬松土、盐霜、盐壳、盐盖等。盐霜之下松软、浮土较厚者多为硫酸盐渍土，地表较密实、结硬壳者多为氯盐渍土或碳酸盐渍土。盐渍土地区公路选线原则如下：

（1）盐渍土地区公路在选线之前，应根据自然地理位置、地形、地貌、工程地质环境等，认真做好调查研究工作，合理确定路线通过方案。对于有可能遭受洪水浸淹的低洼地区，以及经常处于潮湿或积水的强盐渍土、过盐渍土或盐沼地带、大范围的硫酸盐渍土地带，路线应尽可能绕避，不能绕避时，应考虑以最短的距离通过。

（2）在一般盐渍土地区或小面积岛状零星分布的盐渍土地带，路线应尽可能选择在地势较高、含盐量较小、地下水位较深、地表排水便利和通过距离较短、距渗水性土产地较近的地段。

（3）在盐渍土分布范围较大、含盐量较高，且地质条件较复杂的地区，应对路线方案和相应的工程措施进行深入细致的研究，在多方案论证、比选的基础上，选定最优路线方案。

（4）对于改建工程，如原路线平纵指标能满足设计要求，应尽可能采取措施加以利用。

5. 盐渍土路基勘察

首先是进行调查、测绘，收集沿线有关自然条件、构造物受盐渍化病害影响的程度和治理经验等资料，并通过挖探、钻探等现场勘探方法和室内试验，查明沿线不同类型盐渍土的分布范围、含盐特征，以及地面水、地下水等情况，分析其可能产生的病害，如盐胀、溶蚀、冻胀及翻浆等。对调查选定的路基填料取土场，通过勘察取样进行易溶盐试验，查明土场内土料的特性。

勘察阶段，沿路线纵向设置勘探点，一般间距不超过1 000m。在盐渍土地表特征有明显变化路段，应按200～500m距离加设勘探点。对有代表性的勘探断面，在其横断面方向应设置不少于3个的勘探点。勘探深度一般控制在地下水位以下，以能取出水样为度；当地下水位埋藏较深时，探坑深度宜为2～4m。除常规土工试验外，还应进行毛细水上升高度、速度的试验及易溶盐试验。

4.2 盐渍土地区公路线性设计

盐渍土地区的公路设计包括路线方案比选、路线设计、路基及防治工程设计等，路基及防治工程设计应与路线方案比选及路线设计基本同步进行。因为路线方案的优劣，很大程度决定了路基及防治工程的工程量大小及难易程度。

在盐渍土地区，为了满足排水要求，保证公路路基稳定，路基应有一定高度。路堤是盐渍土地区公路路基的基本横断面形式，应尽量避免挖方断面。

（1）在地下水位高、地表土质盐渍化程度较强的路段，采用无边沟、无取土坑的断面形式，如图4-14所示。

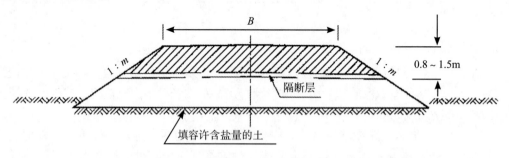

图4-14 无边沟和取土坑、设隔断层路基横断面

（2）在地表无积水、土层为弱盐渍化程度的路段，采用设取土坑或边沟的断面形式，如图4-15所示。

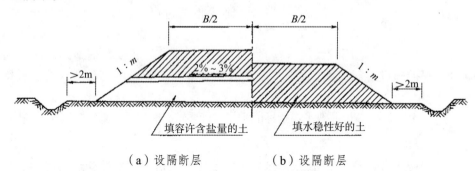

（a）设隔断层　　　　（b）设隔断层

图4-15 设取土坑或边沟路基横断面

（3）在有长期浸水或湿盐土地段，采用有护坡道和深排（截）水沟的断面，如图4-16所示。

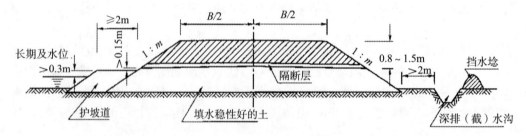

（a）长期浸水路段，设护坡道　　　　（b）湿盐土路段，设深排（截）水沟

图4-16 设护坡道和深排（截）水沟路基横断面

（4）利用风积沙或河沙填筑的路基断面形式，如图4-17所示。

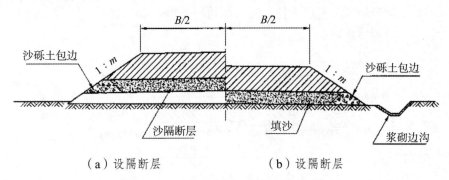

图4-17 填风积沙或河沙路基横断面

（5）在潜水、泉眼或软弱地基路段，路基应作特殊设计。潜水、泉眼处可用盲沟处理；软土层厚度小于3m时，可采用抛石、换土等处理方式，如图4-18所示。

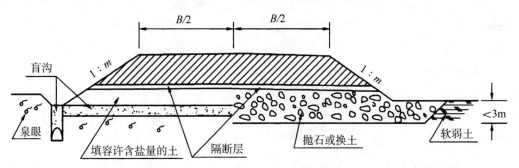

图4-18 抛石、盲沟路基横断面

（6）路线通过重盐渍土区，低洼沼泽湿地，地基土层含有淤泥、泥炭厚度大于3m时，对高速、一级、二级等干线公路，可采用砾（碎）石桩加固处理，如图4-19所示。

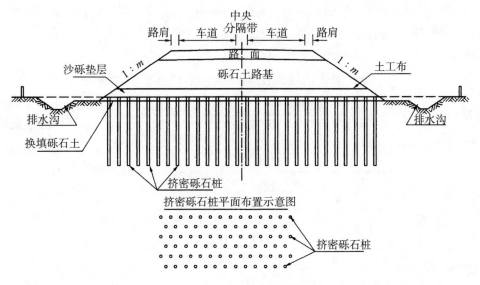

图4-19 砾（碎）石桩加固软弱地基

（7）在受地形、纵坡限制不得不出现挖方时，应将挖方断面敞开，设置矮路堤（见图4-20）。同时，根据当地水文地质条件，对路床进行处理，如超挖后回填渗水性土，或者设置隔断层等，并做好排水设计。

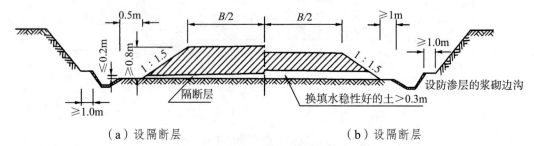

图4-20 路堑路基横断面

盐渍土地区的公路改建工程，总原则是在勘察设计时，首先应该考虑如何充分合理地利用原有公路，只有在经过深入调查比较与分析论证，认为利用原有公路（全部利用或部分利用）不经济不合理时，才可以废弃或挖除重建。另外，必须重视路基排水设计，做到排水畅通，不致因排水不良使土中盐分发生不利变化。

1. 平面线形设计

根据盐渍土分布范围、盐渍土类型及盐渍化程度，在路线走廊范围内通过方案比较，合理确定路线平面方案，尽量绕避盐渍土范围。无法绕避时，选择盐渍化程度较轻的地段通过。

2. 纵断面设计

盐渍土地区公路宜以填方路堤通过，当受条件限制采用路堑时，应根据当地水文地质条件适当超挖并回填渗水性土或设置隔断层。

为使路堤不受冻害和次生盐渍化的影响，应使路堤高度大于最小填土高度。不宜单纯采用提高路基的方法来保证稳定性，由于路基高度高，占地多，用土量大，往往不经济，当前普遍采用在路堤内设置隔断层的方法。设隔断层的路堤，其最小高度应满足隔断层埋设位置的要求，同时隔断层底面应高出地面不小于20cm。不设隔断层的路堤，一般地段路基最小高度见表4-15。

表4-15 盐渍土地区不设隔断层的一般地段路基最小高度

土质类别	高出地面/m		高出地下水位或地表长期积水位/m	
	弱、中盐渍土	强、过盐渍土	弱、中盐渍土	强、过盐渍土
砾类土	0.4~0.6	0.6~1.0	1.0~1.2	1.1~1.3
砂类土	0.6~1.0	1.0~1.3	1.3~1.7	1.4~1.8
黏性土	1.0~1.3	1.3~1.6	1.8~2.3	2.0~2.7
粉性土	1.3~1.5	1.5~1.8	2.1~2.7	2.3~2.8

注：1. 表列弱、中、强、过盐渍土是指地基土原来的盐渍化程度。

2. 表列高出地面与高出地下水位或地表长期积水位的两个高度应同时满足。

3. 在地下水位埋藏深度大于3.0m的地带，路基最小高度可参照表列高出地面高度取值。

4. 氯盐渍土及亚氯盐渍土可取低值。

5. 高速公路、一级公路应按表列数值乘以系数1.5~2.0，二级公路乘以系数1.0~1.5。

设隔断层的路基，根据公路等级不同，隔断层以上的路基填料应按表4-16相应的0~80cm层位的规定控制；隔断层以下的路堤填料，硫酸盐渍土及亚硫酸盐渍土可按表4-16层位150cm以下的规定控制；氯盐渍土及亚氯盐渍土，在干旱、过干旱区不受地下水影响的，填料的含盐量可不作限制，其他盐渍土区也按表4-16层位150cm以下的规定控制。

表4-16 盐渍土用作路基填料的可用性

公路等级	高速公路、一级公路			二级公路			三、四级公路	
填土层面（路面底面以下）/m	0~0.8	0.8~1.5	1.5以下	0~0.8	0.8~1.5	1.5以下	0~0.8	0.8以下
氯盐渍土及亚氯盐渍土								
弱盐渍土	×	○	○	○	○	○	○	○
中盐渍土	×	▲1	○	○	○	○	○	○
强盐渍土	×	×	×	▲2	▲2	▲3	▲3	▲2
过盐渍土	×	×	×	×	▲3	▲3	▲3	▲3
硫酸盐渍土及亚硫酸盐渍土								
弱盐渍土	×	▲1	○	○	○	○	▲1	○
中盐渍土	×	×	×	×	▲1	○	▲2	▲2
强盐渍土	×	×	×	×	×	×	×	×
过盐渍土	×	×	×	×	×	×	×	×

注：1. 表中○—可用，▲—部分可用；×—不可用。其中，▲1：除粉土质砂（砾）、黏土质砂（砾）以外的粗粒土可用；▲2：水文、水文地质条件好时可用；▲3：过干旱地区经论证可用。

2. 土质路堑的路床作换填设计，换填料的含盐量应符合表中路床层位0~80cm的规定。

3. 路基边坡与防护

盐渍土地区路堤边坡坡度，应根据填料的土质和盐渍化程度，按表4-17确定。

表4-17 盐渍土地区路堤边坡坡度

土质类别	路堤边坡坡度	
	弱、中盐渍土	强过盐渍土
砾类土	1:1.75~1:1.50	1:1.75~1:1.50
砂类土	1:1.75~1:1.50	1:1.75~1:1.50
粉质土	1:2.00~1:1.50	1:2.00
黏质土	1:2.00~1:1.50	1:2.00

注：路侧长期积水的路堤，自地面到积水位以上50cm的边坡坡度，砾类土与砂类土应为1:2，粉质土与黏质土应加设护坡道，否则其边坡坡度宜放缓至1:3。

土质路堑边坡高度较小不设防护时，应在边沟外侧设置宽度不小于1m的平台，路堑边坡坡度视土质和含盐程度而定，一般不宜陡于1:1.25。高速公路、一级公路如不得已用盐渍土填筑的路堤,应增设护坡道或对边坡坡面加以防护。防护结构应是带孔或透气性的。二级及二级以下公路路堤边坡坡面可根据具体情况采取必要的防护措施。

4.路基处理

盐渍土地区的公路路基处理,一般包括基底处理和路堤本身处理两大内容：①基底处理,视地表盐渍化程度和软弱土层的深度,分表层、浅层和深层三种不同情况处理；②路堤处理,主要对新建或改建路基采用隔断、换填、改善排水条件等措施,保证路床处于干燥或中湿状态,其稳定性不受盐分、水分的影响。

（1）基底处理。

1）基底表层处理。对路堤基底（包括护坡道）范围内表层盐霜、盐壳、高含盐土、腐殖土等和植被及其根系必须严格清除,清除表土深度应根据试验确定,一般不小于30cm。清除后的基底应做成双向或单向3%左右的外倾横坡并按规定回填,严格压实。

2）基底浅层处理。在重盐渍土地带的过湿路段、池塘、水坑等软弱地基,软弱土层厚度在3m以内时可作浅层处理,以提高地基承载力,消除盐渍化土层对路基的危害。这类基底宜采取排水、挖除软弱土层或高含盐土层,换填非盐渍化渗透性好的砂或沙砾的措施,对软塑、流塑淤泥可采用抛石排淤等措施。挖除换填深度应经过详细调查而定,以达到换填后路堤基底承载力符合设计要求为度。必要时可在换填土体内或地表铺设土工格栅等材料,增强换填土体的强度。一般情况下,高速公路、一级公路换填厚度不宜小于1.0m,其他公路不小于0.8m。

3）基底深层处理。路线通过重盐渍土区、低洼沼泽湿地,地基土层含有淤泥、泥炭,承载力小于100kPa,软弱土层厚度大于3m时,高速公路、一级公路以及二级干线公路路基基底应作深层处理。处理方案应针对当地工程地质、材料供应、投资环境、工期要求和环境保护等因素,结合现场勘探测试资料综合论证比选而定。对高速公路、一级公路基底的处理措施,常见的有砾（碎）石桩、砂桩等。这类散体桩是通过置换、挤密作用与桩间地基土构成复合地基,提高软弱地基的强度和承载力。桩径一般为40~50cm,桩长与桩距应按建筑物对复合地基的允许变形和承载力要求,通过计算确定。

（2）隔断层。隔断层设在路堤内定深度处,以隔断向上迁移的水分和盐分,是防止路基盐胀、翻浆等有效的路基处理措施,也是盐渍土地区降低路基高度常用的做法。路线通过中、强盐渍土区,特别是硫酸盐渍土地段,受地面水或地下毛细水影响的路基,标高受限制的挖方路堑,或改建工程被利用的原有路基含盐量超限等路段,路基设计与处理时应考虑设置隔断层。

隔断层类型的选用,应根据公路等级、材料来源、盐渍化程度和气象、地质、水文等条件结合路线纵坡设计,经过技术经济比选后确定。隔断层按其材料的透水性能可分为透水性隔断层与不透水性隔断层两大类。透水性隔断层材料有砾（碎）石、砂、风积沙等,不透水隔断层材料有复合土工膜、土工膜、沥青砂等。为了利于排水,隔断层应设不小于2%的横坡,但最大不应超过5%。具体情况如下：

1）砾（碎）石隔断层,适用于地下水位较高或降水较多的强盐渍土地区新建的二级以上公路。隔断层厚度为30~40cm,上下设反滤层,两侧用砾类土包边。砾（碎）石最大粒径为50mm,粒径小于0.5mm的含土量不大于5%。反滤层宜采用具有渗透功能的土工织物,其物理力学性能应符合表4-18的规定要求；也可以采用中、粗砂,含泥量应不大于3%,厚度为10~15cm。

表4-18 用于隔断层的土工合成材料物理力学性能指标表

技术指标	单位	渗水性土工织物	复合土工膜（二布一膜）	土工膜	聚乙烯防渗薄膜	聚丙烯淋膜编织布
膜厚	mm		≥0.3	≥0.3	0.18	
总厚	mm	≥2.7				0.34
单位面积质量	g·m²	≥300	≥600	≥300		≥150
渗透性		透水≤0.21mm	耐静水压≥0.6MPa	耐静水压≥0.6MPa	不透水	不透水
断裂强度		≥9.5kN/m	≥10kN/m	≥12MPa	≥10MPa	11.5纵/9.25横
顶破强度（圆球）	N			≥250	≥50	≥665
CBR顶破强度	kN	≥1.5	≥1.9			
撕裂强度		≥0.24kN（梯形）	≥0.32kN（梯形）	≥40N/mm（直角）		430N/cm²
断裂伸长率	%	≥50	≥50	≥300	≥300	15~20
剥离强度	N/cm		>6			
经纬密度	根/100mm					40/40

2）风积沙或河沙隔断层，适用于缺乏砾石材料而沙材丰富的沙漠边缘、河道下游地段的新建、改建公路。隔断层厚度视路基土质、水文、地质等条件和隔断层材料颗粒组成，根据毛细水上升高度计算而定，最小厚度不宜小于60cm，砂中粉黏粒含量应小于5%，含盐量应符合路床填料相应标准。压实度应符合表4-19的相应规定。砂隔断层两侧应用砾（砂）类土包边，其顶宽不小于30cm。

表4-19 盐渍土地区路基压实度

压实范围	压实度/（%）	
	高速公路、一级公路	其他等级公路
路面底面至隔断层顶面	≥96	≥96
隔断层底面至底面	≥96	≥96

3）复合土工膜隔断层，是目前较理想的隔断层材料。在中、强或过盐渍土地区修建次高级路面以上的公路宜采用复合土工膜隔断层。复合土工膜应具备抗渗、耐腐蚀、抗老化和耐冻性能以及相当的强度。复合土工膜品种很多，用作隔断层的一般可为二布一膜、一布一膜，其物理力学性能应符合表4-18的规定要求。在盐渍土地区二级以上公路，优先推荐采用二布一膜，二布一膜隔断层一般可不设上下保护层；一布一膜隔断层可只在有膜的一面设保护层。但铺设在细粒土内的复合土工膜隔断层，其上、下应各设厚度不小于20cm的砂或沙砾排水层。排水层最大粒径60mm，粉黏粒含量不超过15%。下排水层底埋置深度应大于当地最大冻深。

4）土工膜隔断层，适用于强、过盐渍土地段新建或改建公路，其中聚乙烯防渗薄膜、聚丙烯淋膜编织布（耐久性差）只宜在三、四级公路上使用。土工膜隔断层应设上、下保护层，保护层材料为砂或含细粒土砂，其粉黏粒含量应小于15%。隔断层如设在粗粒土内，保护层厚度可为8~10cm；如设在细粒土内，保护层兼起排水作用，厚度应不小于20cm。

隔断层铺设位置应满足上路堤上层不受下部盐分、水分的影响，以保证路床的强度和稳定性，同时不致过多增加工程造价和施工难度。为保证路床填土质量及稳定性要求，新建高速公路及一级公路的路堤隔断层应设在路床之下，同时应满足最大冻深的要求；二级及二级以下公路，路堤隔断层顶面位置应控制在路肩边缘以下0.8~1.5m处，同时满足冻深要求，并高出地表长期积水位或地面20cm以上；在路基换填与隔断措施综合处理的改建路段，隔断层顶面的位置应在换填下缘或其层间下部；挖方路段隔断层位置应在新铺路面垫层以下至少30cm，或边沟流水位20cm以上。

盐渍土地区路基由于清表、换填等产生的废方处理，应在有利于水土保持、防止次生盐渍化和环境污染的前提下，进行专项设计；原则上应设置弃土场集中堆放。弃土场应选在距公路至少100m以外的低凹处和含盐量高的荒地上，必要时应采取防水、防渗措施。

[工程示例4-2]

盐渍土路基处理的示例

在填筑路基前应彻底清除盐渍土，禁止利用盐渍土填筑路基，并提高该段路堤填土高度，设置垫层及隔断层，加强路基边坡防护，完善路基排水设施等综合处治措施，保证公路工程不受其腐蚀破坏。依据《盐渍土地区公路设计与施工指南》，结合盐渍土的分布特性、工程等级、重要程度，主要采取了以下措施。

1.挖除换填法

（1）换填法是解决盐渍土路基问题的常用有效方法，它从根本入手清除路基段盐渍土，从而消除盐渍土对路基稳定性的破坏。换填施工适用于一般中等程度以下盐渍土地段。如图4-21所示，采用盐渍土Ⅰ型处理方式，根据盐渍土的埋深，清表0.3~1.0 m后换填透水性良好的沙砾，换填土层设外倾3%横坡。

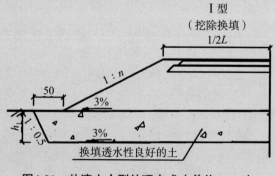

图4-21 盐渍土Ⅰ型处理方式（单位：cm）

（2）施工特点：①从根本入手，清除病源；②适用性强。

（3）缺点：挖除换填法虽然从根本入手，清除病源、适用性强，但是在料场稀少、盐渍土埋深过厚及地下水位高的地段，这种方法会增加运距、增加开挖及换填土方量，并且在地下水位高的盐渍土路基段质量很难保证。

（4）适用范围：①表皮盐渍土或含盐层浅（小于1 m）的盐渍土路基；②料场丰富、运距短的盐渍土路基。

2.隔断法

隔断法是在路基填筑层之间铺设一层防止水分、盐分渗透路基的隔离层，起到隔离作用。防水土工膜就是一种常用的隔离材料。

（1）当路基高度小于不设隔断层的路基最小填土高度时，采用盐渍土Ⅱ型处理方式（见图4-22），即在Ⅰ型的基础上，在上或下路床底设置一层两布一膜防水土工布，护坡道外设置土质排碱沟，断面为60 cm×100 cm（底宽×深）的倒梯形，内外侧坡率为1∶0.5。

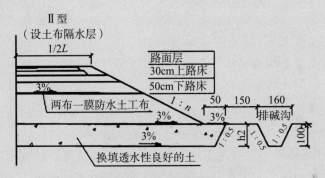

图4-22 盐渍土Ⅱ型处理方式（单位：cm）

（2）位于挖方或者低填处理的盐渍土段落采用盐渍土Ⅲ型处理方式（见图4-23），在低填浅挖处理的基础上，在下路床底铺设一层两布一膜防水土工布，外侧边缘位于边沟底部。

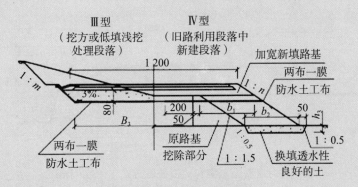

图4-23 盐渍土Ⅲ型和Ⅳ型处理方式（单位：cm）

（3）新旧路拼接处理。

1）新旧路拼接段的盐渍土段落采用盐渍土Ⅳ型处理方式（见图4-23），新建加宽部分地表清表30cm后换填透水性良好的沙砾土，将旧路路基翻松30cm，整平后重新进行压实。在旧路翻松压实层顶铺设一层两布一膜防水土工布,一侧伸入旧路削坡后边缘内2m,另一侧铺至新建路基边坡处。

2)隔离层法适用于盐渍土层超厚及高水位引起的反盐段盐渍土路基施工。这种方法降低了盐渍土超厚段路基的开挖及填筑量,减少了投资;高水位盐渍土段路基应用这种方法可大大减少盐渗透路基的数量,从而保持路基稳定不受破坏。

3.加强路基防排水

(1)盐渍土中盐分晶体颗粒和土体颗粒共同形成盐渍土的受力骨架。在水的作用下,盐渍土的受力骨架很容易失稳。路基的防排水可以有效地避免外界水侵蚀路基,从而保持路基内干燥的稳定环境。

(2)青海外界的水分来源主要依靠降水,降水主要分降雨和降雪两种形式。

(3)地表防排水:普遍的做法是通过在路基坡脚以外合理修筑排水沟、截水沟、排盐沟排除地表雨水及地表融化的雪水,以保证路基底部土体及路基坡脚免受水盐侵蚀。

(4)路基边坡防护:新疆地区冬季风大多雪,在路基两侧,尤其是背风侧易形成大量的积雪,积雪覆盖于路基边坡及坡脚,融化后雪水会慢慢侵入路基,若积雪段落正处于盐渍土路基段落,盐渍土遇水将会造成路基的病害。在以往公路设计中盐渍土段路基未见关于堆积雪融化对盐渍土路基破坏的防护措施。借鉴新疆红淖三铁路关于路基防护工程的设计原理,来进一步解决路基边坡堆积雪融化对盐渍土路基的危害,从而达到更好地对盐土路基进行防护的目的。

4.修筑护坡道

(1)在盐渍土路基的两侧修筑宽度不小于1.5 m的护坡道,护坡道的修筑高度应不小于防水土工布铺设层的高度,并在护坡道坡脚设置15 cm厚的黏性土夯实层,如图4-24盐渍土Ⅴ型处理方式所示。

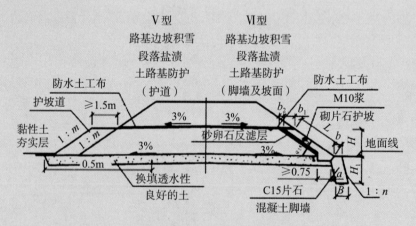

图4-24 盐渍土Ⅴ型和Ⅵ型处理方式(单位:cm)

(2)盐渍土挖除后的换填层+坡脚黏性土夯实层+护坡道+防水土工布隔断层包裹路基形成了一个封闭的保护层。在这个封闭的保护层阻断外界水分、盐分,使路基基底土方的平衡状态不被破坏。如图4-25所示。

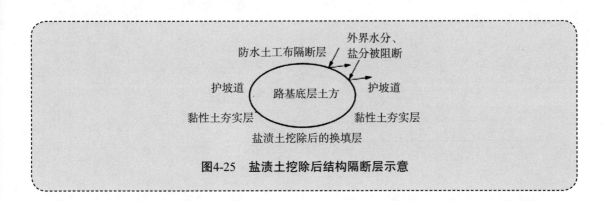

图4-25 盐渍土挖除后结构隔断层示意

5）防护脚墙及坡面防护。

在路基易产生积雪的边坡侧，修筑脚墙及浆砌片石坡面，脚墙埋置于原地表以下，顶面与原地表平齐，坡面修筑的垂直高度应不小于防水土工布铺设层的高度。如图4-24盐渍土Ⅵ型处理方式所示是坡面修筑顶面与防水土工布铺设层平齐的情况。对路基边坡坡率1∶1.5和1∶1.75两种情况的脚墙及坡面的结构尺寸进行了说明，脚墙基础浆砌片石护坡尺寸见表4-20。

表4-20 脚墙基础浆砌片石护坡尺寸

单位：m

H	d	a	b1	b2	C	b	B	备 注
1.0	0.35	0.17	0.63	0.27	0.25	0.44	0.71	边坡坡率1∶1.5
1.5	0.35	0.17	0.63	0.27	0.25	0.44	0.71	
2.0	0.35	0.17	0.63	0.27	0.25	0.44	0.71	边坡坡率1∶1.5
2.7	0.35	0.17	0.63	0.27	0.25	0.58	0.85	
3.0	0.35	0.17	0.63	0.27	0.25	0.72	0.99	
3.5	0.35	0.17	0.63	0.27	0.25	0.86	1.13	
4.0	0.35	0.17	0.63	0.27	0.25	1.00	1.27	
1.0	0.35	0.15	0.71	0.30	0.26	0.35	0.60	边坡坡率1∶1.75
1.5	0.35	0.15	0.71	0.30	0.26	0.35	0.60	
2.0	0.35	0.15	0.71	0.30	0.26	0.35	0.60	
2.7	0.35	0.15	0.71	0.30	0.26	0.48	0.73	
3.0	0.35	0.15	0.71	0.30	0.26	0.60	0.85	
3.5	0.35	0.15	0.71	0.30	0.26	0.73	0.98	
4.0	0.35	0.15	0.71	0.30	0.26	0.85	1.10	

盐渍土挖除后的换填层+脚墙+浆砌坡面+防水土工布隔断层包裹路基形成了一个封闭的保护层。这个封闭的保护层阻断外界水分、盐分，使路基基底土方的平衡状态不被破坏，如

图4-26所示。

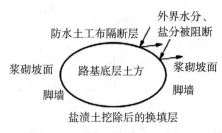

图4-26 盐渍土挖除后保护层示意

与护坡道的方法相比，混凝土浆砌脚墙及坡面防护更经久耐用、防护效果更好、减少后期维修费用，适用于技术标准要求较高的路段施工。需要注意的是，在施工盐渍土段落脚墙及坡面时，应在混凝土及砂浆中加入抗盐腐蚀的相应添加剂，避免结构物受腐蚀。

[工程示例4-3]

青海省盐渍土路基处理

（1）格尔木—老茫崖二级公路：本项目公路沿线约有198km路段存有轻重程度不同的盐渍土，原设计采用挖除盐壳、增设土工布隔离等处治方案，工程实施过程中经专家论证认为盐渍土表面盐壳系多年形成，具有一定的强度，不宜挖除，应对表层做适度碾压后直接填筑路基材料，并采用增加沙砾垫层厚度作为隔断层来取代土工布隔断层。

（2）大柴旦—察尔汗高速公路：本项目全线分布有不同种类的盐渍土，其中K555+500—K561+500段为盐渍化砂性土，土质潮湿，地下水位较高，设计采用复合土工膜隔断层；K561+000—K562+300段为岩溶塌陷区，设计采用明挖回填加铺土工格栅的方案，换填的沙砾层厚度为2~3m，同时在K561+000—K562+150段右侧路基坡脚外2m处设3m宽、2.7m深的蒸发沟，蒸发沟底深度大于换填沙砾底，且与换填沙砾层连通，使换填沙砾层内的地下不饱和潜水和浅层承压水能流入蒸发沟，从地勘资料来看，该段地下水混合水位埋深0.8~2.7m，承压水无喷涌现象，换填地表已疏松的盐盖，避免了地下不饱和潜水和承压水再溶蚀地表盐盖，提高了地基稳定性；K562+000—K594+500段为万丈盐桥段，设计采用隔断层＋盐岩填筑方案，其中K590+950—K592+900段采用砾石桩加固地基，K592+900—K594+500段直接用沙砾填筑路基和3m宽的反压护坡道；K594+500—K600+500段为盐渍土软弱土段，设计采用强夯置换砾石墩方案，同时对路堤填筑采用等载预压处理（预压期6个月），以减少工后沉降。

目前上述两项目，路基情况较好，未出现因盐渍土处理不当而产生的路基病害。

5.路基排水设计

根据《盐渍土地区公路设计与施工指南》,盐渍土地区路基排水设计的原则如下:

(1)盐渍土地区路基必须设置完善的纵横向排水设施。应合理布设桥涵,做好边沟、排水沟、截水沟和取土坑的相互配合设计,使水流畅通,自成体系,不影响路基稳定。在农垦区还应结合当地农田排灌系统综合考虑,全面合理地布设排水系统。

(2)高速公路、一级公路路侧不设取土坑;二级及二级以下公路,需要在路侧设置取土坑时,取土坑底部应高出地下水位至少1.0m,坑底横坡外倾2%~3%,内缘距路基坡脚应不小于2m,纵坡应小于0.3%。排水困难的地段应在取土坑外设挡水埝。

(3)地面排水困难、地下水位较高或路旁有农田排、灌沟渠的路段,应在路基一侧或两侧设排(截)水沟,以降低地下水位或截阻农灌跑水。排(截)水沟距路基坡脚应不小于2m。

(4)荒漠盐滩,不占用耕地的路段,为克服排水困难,提高路基稳定性,可设反压护道或蒸发池排除地表水。蒸发池边缘距路基坡脚宜大于10m,每个池的容量不宜超过300m³,蓄水深度不应大于1m,必要时池底与四周宜做防渗处理。

(5)路基两侧植树,有助于加速水分蒸发,降低地下水位,改善环境。

6.盐渍土地区公路改建设计

应详细调查原有公路的使用状况,划分沿线盐渍土路段及其病害程度。对原有路基土质的含水量、密实度、含盐性质、含盐量及其路侧地表排水、地下水变化等情况,应按勘察要求调查试验,分析病害成因并对原有公路做出评价。

改建工程中,对原有公路的利用或舍弃,应视公路等级、原路状况、占地、环保等进行技术经济方案比选、论证后确定。一般原则:①修建高速公路、一级公路宜另辟新线,必须占用原有公路的路段,一般只利用其线位;②改建为二级公路或三、四级公路,应尽量利用原有公路的线位和路基路面及桥涵等可用资源,采取合理措施提高其强度和稳定性。

改建工程中利用原有公路的路段,应尽可能避免挖除原有路面。当改建设计的路基标高受到限制时,或原有路面下土基中硫酸钠含量超过1.2%以上,或路基含水量高、密实度严重不足的路段,应对原有路面采取必要的挖除或翻修处理,以保证改建设计质量。一般路段不应挖除老路,宜尽量利用原有路面作为新建路面的垫层或隔断层的一部分。

改建拓宽路段,路基加宽应充分考虑原有公路的线形、路基高度、桥涵及防护构造物状况,分段采用一侧或两侧加宽措施。加宽处新老路基应很好衔接,防止产生不均匀沉陷。开挖台阶后按表4-15填土要求分层填筑。

7.干涸盐湖地段公路设计

青海察尔汗盐湖(面积约为5 800km²)是我国最大的干涸盐湖。"察尔汗",蒙古语的意思是"盐泽"。察尔汗盐湖为内陆封闭高浓度现代湖盆,四周受昆仑山、阿尔金山、当金山、祁连山环绕,得不到海洋湿润气候的调节,属于典型的大陆性气候,表现为多风、干燥少雨、温差大等特点。区内最高气温为35.5℃,最低气温为-28.4℃;年平均相对湿度为23%;最大风速为40m/s;年平均降水量约为25mm,最小降水量不足10mm(1965年),日最大降水量为13mm(出现在1969年9月24日);年蒸发量高达3 490mm,为年降水量的130倍以上。多数湖面受强烈蒸发作用结晶成干硬盐壳,仅有部分区域有高矿化度水滞留成湖。干涸盐湖区域地表盐壳厚0.2~0.6m,盐壳以下为结晶盐粒,结构松散,再往下逐渐胶结紧密。盐晶空隙之间全部充满卤水，水位距地表0.2~0.8m。盐层厚度自湖心向南北两端逐渐变薄，厚度为10~18m，最厚为23.5m；青藏铁路部分地段岩盐层最厚达17.7m。地下水表层潜水，水位一般在1~2m；第二层承压卤水层，水头高度一般为2~5m，部分路段地下水较浅，挖坑见水。岩盐遇淡水或低矿化度水极易溶解，导致地基沉陷，工程病害较为突出。

图4-27　察尔汗盐湖地区地质结构

（1）公路选线设计。

1）盐湖地区公路修筑应注意尽可能避免路堑的形成，以选用适当高度的路堤形式为好。因为盐湖湖水和地层内晶间卤水、低矿化度的承压水位升降幅度的波动，促使易溶盐淋溶脱盐和积盐聚集频繁地移动变化，给公路路基强度带来不少的危害，且岩盐类材料一般又被视为似均质而各向异性的黏弹性体，在一些部位上固结度很差，盐溶蚀及盐析出等易变形是影响工程稳定性的首要因素。这是必须给以充分重视的。

2）在盐湖地区对原有公路充分利用，路基填料就地采集利用岩盐类材料为宜。以盐桥公路数十年运营的实例，足够证明在一般岩盐和晶间卤水材料的养护条件下，路基能够承担中、低级道路交通能力。在修建高等级公路的过程中仅路基部分需要采用加固方案，在满足强度和稳定性前提下，公路路面以上部分可以同一般地区公路进行设计。

3）在盐湖中心附近，对微地貌的选择要予以比较、论证，应尽可能减少和避免晶间卤水、承压潜水直接渗透的影响，稍高的地形不会导致水的溶蚀岩盐，从柴达木盆地情况来看，却往往也是硫酸盐类富集区的显露处，例如格茫公路乌图美仁和冷湖地区黄瓜梁附近等地，常见有芒硝（元明粉）副产品矿藏，它是公路盐胀病害隐患之物，因此可充分利用氯化物盐类的微地貌集聚地形、地下水位较低的盐滩地形为好。

4）盐湖地区水对岩盐的溶蚀，直接影响着公路路堤稳定性。20世纪50年代修筑盐桥原有公路时，限于资金和技术条件，往往选用较平坦的干盐滩，该处经常干旱无水，又是地势较低的洼地块。路堤高度往往小于1m，直接受大气降水溶蚀，一般的溶洞或溶孔对于行驶的车辆影响不大，仍然可以畅通无阻，一旦受暴雨洪水的淹没和冲刷，溶蚀坑洞就会中断交通。因此，路基设计横断面除采用护坡道工程外，局部受洪水侵袭迎水面一侧应增设坡脚护堤工程，从而防止或减轻洪水对公路路基底的溶蚀。

5）为了防范盐湖地区常年性大小流量的洪水再度出现，危及公路，应尽量利用格尔木河已建成的导流工程，加设分流措施，减少集中冲刷公路。盐湖地区公路局部建筑在排水不畅的低洼地区，地下潜水位和晶间卤水位较高，应重视修建必要的排水系统（包括迎湖水面的拦截工程），保护公路工程免遭大面积的淡化溶蚀。

（2）公路防排水设计。岩盐公路大部分病害，如盐溶、冻胀、路基下沉等，主要是因为水的影响。做好岩盐公路防排水，要从预防地面水侵入和地下水上升两方面综合考虑。地面水主要为大气降水和附近湖泊的洪水，地下水包括地下潜流及岩盐层底低矿化度水的毛细上升带来的水分。在治理中要把路面汇水及流向路基的水引离路基范围，并及时排走；当地下水位较高时，要采取工程措施降低水位或抬高路堤。同时设置隔离层来隔断地下水上升的渠道。据调研，盐湖地区公路的防排水措施可以归纳为图4-28。

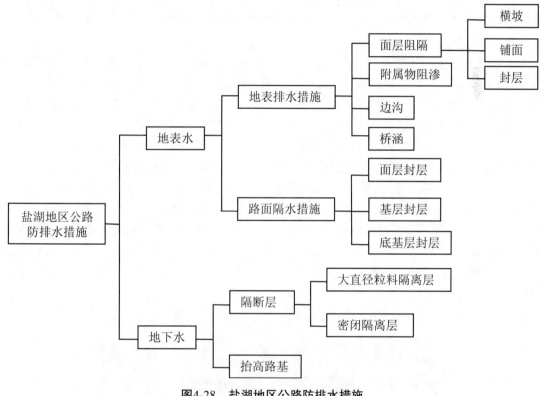

图4-28 盐湖地区公路防排水措施

1）路基排水系统设计。

a. 设置大边沟（梯形土质边沟或浆砌边沟），可机械施工。

b. 设置纵向排水沟截流导流，纵向排水沟底坡不宜小于0.5%。可将取土坑连通，形成纵向排水系统，取土坑的坑底离最高地下水位不应小于0.15m，取土坑的坑底向路堤外应有2%~3%的横坡和不小于0.2%的纵坡。

c. 当排水困难地段或取土坑有被水淹没可能时，应在路基一侧或两侧取土坑外设置高0.4~0.5m、顶宽1.0m的纵向护堤，拦截漫流水侵入路基或冲刷边坡。

d. 过干旱地区的盐湖公路，地形需要时，可按每公里设置1~2处的频率设置横向排水沟。

e. 盐湖地区，不宜将地表排水沟与降低地下水位的排水沟合并使用，地下与地表排水沟渠必须采取防渗措施。

f. 盐湖地区不宜采取渗沟排除地下水，以免引起盐分积聚，影响路基的使用功能。

2) 路面排水设计。路面表面排水的主要任务是，迅速把降落在路面和路肩表面的降水排走，以免造成路面积水。路面排水设计应遵循下列原则：

a. 降落在路面上的雨水，应通过路面横向坡度向两侧排走，避免行车道路路面范围内出现积水。

b. 在路线纵坡平缓、汇水量不大、路堤较低且边坡坡面不会受到冲刷的情况下，应采用在路堤边坡上设置横向漫坡的方式排除路表面积水。

c. 在路堤较高、边坡坡面未做防护而易遭受路面表面水流冲刷，或者坡面虽已采取防护措施但仍有可能受到冲刷时，应沿路肩外侧边缘设置拦水带，汇集路面表面水，然后通过泄水口和急流槽排离路堤。

d. 设置拦水带汇集路面表面水时，拦水带过水断面内的水面，在高速公路及一级公路不得漫过右侧车道外边缘，在二级及二级以下公路不得漫过右侧车道中心线。

另外，当路基横断面为路堑时，援向排流的表面水汇集于边沟内。当路基横断面为路堤时，可采用两种方式排除路面表面水：一种是让路面表面水以横向漫流形式向堤坡面分散排放；另一种方式是在路肩外侧边缘设置拦水带，将路面表面水汇集在拦水带同路肩铺面（或者路肩和部分路面铺面）组成的浅三角形过水断面内，然后通过相隔一定距离设置的泄水口和急流槽集中排放在路堤坡脚外，如图4-29所示。排水方式的选择，主要依据表面水是否对路堤坡面造成冲刷危害而定。在汇水量不大、路堤不高、路线纵坡不同、坡面耐冲刷能力强的情况下，应优先采用横向漫流分散排放的方式。而在表面水有可能冲刷路堤坡面的情况下，则采用将路面表面水汇集在拦水带内，通过泄水口和急流槽集中排放的方式。修筑拦水带和急流槽时应先做经济分析，拦水带可由沥青混凝土现场浇筑（见图4-30），也可由水泥混凝土预制块铺筑而成。

图4-29 陕西某新建沙漠公路沥青混凝土拦水带与急流槽

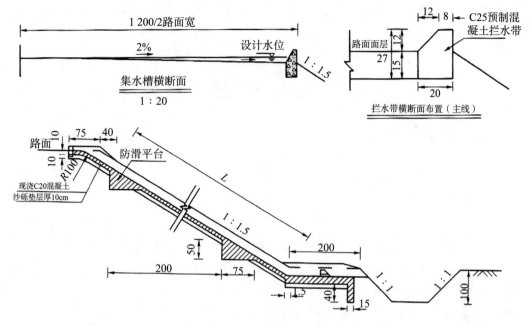

图4-30 格茫线重盐碱土路段试验工程路面防水设计

路面防水的其他措施有：①路面结构封层等；②路肩硬化以防止水分下渗，如铺设2cm沥青表面等。

3）防水设计。

a. 设置隔断层防水。土工布隔断层：采用土工布隔断毛细水和下渗水对路基的影响，是一种有效的方法。土工布作为防水隔断层材料，具有防渗效果好、施工工艺简单、运输方便、经济等优点。土工布可以为单层或双层铺设，一般要求单位面积质量宜为300～500g/cm²，强度要求见表4-21（环境条件较差时取Ⅰ级，一般情况取Ⅱ级，铺设条件良好时取Ⅲ级）。

表4-21 土工织物强度基本要求

测试项目	强度值/N					
	Ⅰ级		Ⅱ级		Ⅲ级	
	伸长率<50%	≥50%	<50%	≥50%	<50%	≥50%
握持强度	≥1400	≥900	≥1100	≥700	≥800	≥500
撕裂强度	≥500	≥350	≥400	≥250	≥300	≥175
刺破强度	≥300	≥350	≥400	≥250	≥300	≥175
CBR顶破强度	≥3500	≥1750	≥2750	≥1350	≥1000	≥950

土工布设置位置根据需要不尽相同。如果是为了防止地表水、降水通过面层下渗，土工布应设置在面层和基层之间；如果是为了隔断毛细水的上升，则一般设置在路基和垫层（或底基层、基层）之间，或者埋置在路基一定深度中（地下水位以上），这种埋设方法一般不

会有结构层层间不连续问题，而且可以发挥土工布的强度特点，改善道路结构的受力状况，如图4-31所示。

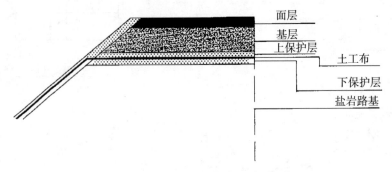

图4-31 土工布铺设位置图

土工布的设置位置还应满足在路肩边缘以下0.8~1.5m，深度应大于当地最大冻深，并高出边沟最大水位20cm以上。挖方路段应设在路面垫层以下至少30cm，并应加深加大边沟，确保隔水层高出边沟的水位。

为了便于排水，土工布隔断层应设1.5%~5%的横坡。土工布上下应设一定厚度的中粗砂保护层，厚度通常为5~10cm。

砂石材料隔断层：砂石材料具有良好的透水性，在路基中能隔断地下水的毛细上升途径。另外，在路基工程中，设置的砂石材料毛细水隔断层也可作为硫酸盐类路基变形的缓冲层，使土中硫酸盐类盐胀变形得到缓冲，保持地基表面的平整。

砂石类隔断层应设置在路基垫层下面。若隔断层材料为砂类，隔断层底面应高出边沟水位20cm以上，厚度不宜小于40cm，粉、黏粒含量应小于5%，砂的总含盐量应小于0.3%，腐殖质含量应小于1%，直接铺筑在砂类隔断层的路面厚度不应小于最小防冻厚度。

砾石类隔断层适用于地下水位较高和降水较多地区的二级以上公路，隔断层厚度为30~40cm，上下设反滤层，反滤层宜采用具有渗透功能的土工织物，也可采用中粗砂及细砾，含泥量不大于3%，厚度为10~15cm。隔断层两侧用砾类土包边，砾石类隔断层顶面位置应在路肩边缘以下不小于80cm处，底面应高出路边长期积水位20cm以上，并设双向外倾不小于1.5%的横坡。砾石类最大粒径为50cm，粉、黏粒含量应小于5%。

b. 抬高路基防水。在一些地下水位较高的路段，地下卤水易通过水的毛细作用上升到上部路基体内而对岩盐路基造成溶蚀，形成地下暗洞，严重影响路基稳定，最简易的处理办法就是抬高路基，可以有效地防止毛细水上升，从而防止形成溶洞。对于一些可能会受洪水侵蚀的路段，采取同样的方法也是可行的。填筑的岩盐路堤最小高度可以按下式计算：

$$H \geqslant h_1 + h_2 + h_c + h_k \qquad (4-2)$$

式中，H为路肩设计高度（m）；h_1为冻前地下水位高度（m）；h_2为毛细水上升高度（m），通过多组盐湖地区岩盐样品的毛细水上升高度试验，确定卤水在岩盐颗粒中的毛细水上升高度大约在0.35m；h_c为临界冻结深度（m）；h_k为安全高度值（m），一般采用0.5m。

在地下水位较高时，如果采取抬高路基的方式，最好设置护坡道。其设置目的是加宽边坡横向距离，减小边坡平均坡度，从而保护路基边坡稳定。护坡道宽度w视边坡高度h而定，$h \leq 3.0m$时，$w=1.0m$；$h=3 \sim 6m$时，$w=2.0m$；$h=6 \sim 12m$时，$w=2 \sim 4m$。护坡道一般设在挖方坡角处，边坡较高时也可设在边坡上方及挖方边坡的变坡处，护坡道填料仍为当地岩盐。当岩盐地表下存在饱和盐水时，宜按式（4-2）设计路堤高度，同时采用设有取土坑及护坡的路基断面，如图4-32所示。

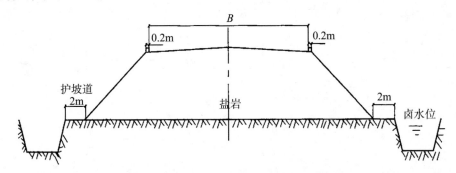

图4-32 饱和卤水路段的路基横断面形式

为与饱和卤水路段的路基进行比较，绘出了一般岩盐公路的路基横断面图形（见图4-33），一般岩盐公路路堤高度宜取0.5～0.8m。另外，可能受洪水影响的路段，路基设计标高应为最大洪水位加0.5m，路基宽度应按设计每侧加宽0.2m，边坡1∶3～1∶1.75，不设边沟、取土坑。

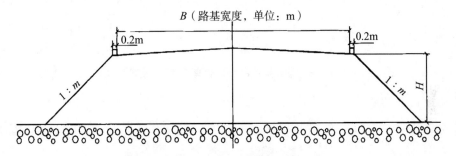

图4-33 一般岩盐路基横断面形式

（3）路基边坡防护。岩盐路基边坡防护的目的，一是防止边坡受雨水侵蚀，二是防止岩盐路基产生盐胀、冻胀变形导致边坡破坏。岩盐路基的防护设施，主要有框格防护、干砌片石护坡、编织袋护坡等。这类防护设施，不承受外力作用，必须要求坡面岩盐填土整体稳定牢固。简易防护的边坡高度与坡度不宜过大，边坡坡度般不陡于1∶1.5～1∶1。地面水的径流速度不超过2.0m/s为宜，水亦不宜集中汇流。雨水集中或汇水面积较大时，应有排水设施相配合，如在挖方边坡顶部设截水沟、高填方的路肩边缘设拦水带等。

在盐湖地区冻胀路段采用框格防护，应减缓路基边坡坡度于1∶1.25，并在框格的交点处，打入0.5～1.0m长的固定桩或钢筋。干砌片石护坡要求坡面稳固，先垫以砂层，然后自下而上平整地铺砌片石，片石应逐块嵌紧且错缝，护面厚度一般不小于20cm，干砌要勾缝。必要时改用浆砌，应先进行排水、疏干或在护坡背后采用砾石和沙砾等作为填料，护面顶部封闭，以防渗水。图4-34所示为格茫线重盐碱土公路试验段边坡防护措施。

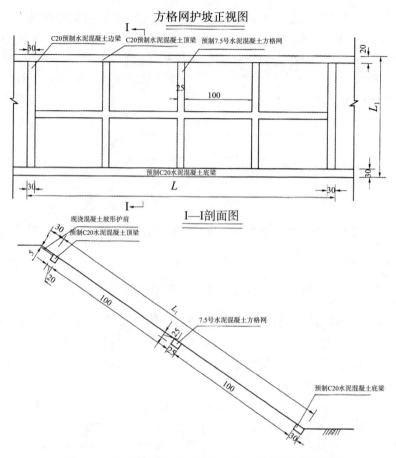

图4-34 格茫线重盐碱土路段试验工程边坡防护措施

8.盐湖地区公路路基工程设计

路基宽度为行车道路面及其两侧路肩宽度之和。路面宽度根据设计通行能力及交通量大小而定，一般每个车道宽度为3.50~3.75m，技术等级高的公路及城镇近郊的一般公路，路肩宽度尽可能增大，一般取1.3m，并铺筑硬质路肩，以保证路面行车不受干扰。

（1）一般路基工程设计。盐湖地区公路路基的断面结构及相关设计标准，青海省相关科研课题提出以下设计基本原则：

1）盐湖地区公路的路基高度应以满足路基防水要求为主要设计依据。一般岩盐公路路堤高度宜取0.5~0.8m。

2）在盐湖地区溶洞、溶塘、溶沟等发育不良地段，路基应做特殊处治。若溶洞、溶塘、溶沟尚在发育，且范围较大，应考虑绕避，或查明潜水流向与盐溶强度，采取砂石材料填筑、设反渗层等措施；对不再发育的溶洞、溶塘、溶沟，应查明地表以下2m内的沟穴位置，分不同情况，予以处理。

a.含溶洞路基处理。在盐溶路段挖除盐壳，将明洞用片、卵石或盐盖填塞，并回填沙砾材料，分层夯实至原地面高度。暗洞用声波监测仪或地质雷达探测，暗洞顶面距地表1.0m以内者应挖开后与明洞同样处理，如图4-35所示，距地表超过1.0m者，应根据洞穴埋藏深度及范围作特殊处理。

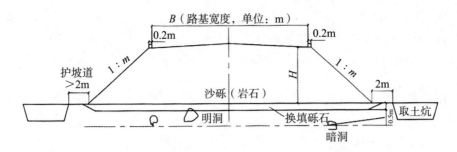

图4-35　含溶洞路基断面形式

b. 溶塘处理。挖除溶塘水位以下1.0~1.5m深度内的基底岩盐层，填筑片卵石0.5m，再填筑沙砾，其厚度宜高出地下水位0.5m。路基可填筑沙砾或风积沙，如图4-36所示，边坡1:2.0~1:1.75，分层压实。边坡坡面喷洒卤水防护，结晶层厚度≥2cm。

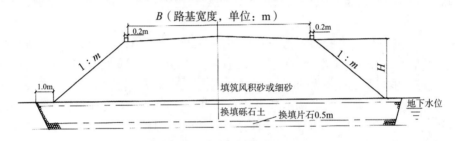

图4-36　溶塘路基断面形式

3）干涸盐湖的路基填料，可就地取用岩盐，岩盐填料粒径应小于30cm。路基填土须分层压实，每层厚度不超过30cm。岩盐天然含水量一般为0.8%~5.0%，而其最佳密度1.70g/cm³时的含水量为11%~12%，因此用岩盐填筑路基必须在取土前喷洒卤水才便于挖取填筑。碾压路基压实宜选用重型压路机或冲击压路机，碾压时喷洒卤水宜按2~3kg/m²进行控制。岩盐路基压实度检测应采用重型击实标准，由于岩盐路基压实后采用环刀法或灌砂法较难检测，推荐采用核子密度仪法检测。压实密度路床不宜低于95%（重型压实标准），低、中级公路不宜低于90%，无路面的盐盖公路0~30cm压实密度不能小于97.5%。

4）用岩盐填筑路基时，现场CBR值不宜小于8%。

5）岩盐的土基回弹模量E_0值应通过现场实测法、室内试验法等综合进行确定。不具备试验条件时，可按40~50MPa进行选取。

6）干涸盐湖上修建高速公路、一级公路或二级干线公路，建议提前修筑试验路工程，正确决定公路设计的技术方案和处置措施，并应分期修建。

（2）特殊路基处治技术研究。盐湖地区岩盐经过常年的沉积，在地表形成一层坚硬的盐胶结块。大量试验认为，盐壳的承载力足够满足路基承载力的要求，但是岩盐遇淡水或低矿化度水产生岩溶，导致岩盐路基体内会形成溶洞，严重危及行车安全。因此，必须在溶洞发育路段采取路基加固。青海省内常见加固方法必选如下：

1）盐湖地区路基填料（岩盐）来源丰富方便，且属于非耕作区，而反压护道施工方法简易，因此首选反压护道方法。但是岩盐路基最忌淡水或是低矿化度水的侵蚀，故选用防水土工布保护路基，以防止水的侵蚀。

2）盐湖区换土不可取：其一，因为盐湖地区面积很大，只有各种岩盐或重盐渍土。更适合用作路基的填土，只有离盐湖60km的格尔木有非盐渍土，若换填非盐渍土，运费造价相当高。其二，即使用非盐渍土填筑完毕路基，由于岩盐的次生盐渍化，换填土迟早也会变成盐渍土。

3）使用各种桩体加固路基，须要进行充分的室内外试验。在松散岩盐地段，可能会产生比较好的处治效果。

4）岩盐不同一般土体的重要特性是其饱和卤水风干过程中，存在复杂的相变反应。岩盐颗粒相互胶结，形成强度很高的岩盐块体。因此，可利用岩盐的这个特性及当地特殊的气候条件——蒸发量大、日照时间长，对含孔洞的岩盐路基进行化学灌浆加固。

5）斜孔灌注法是盐湖路基加固的有效措施，但相关研究较少。斜孔灌注法，即先打桩孔于路肩，然后灌入桩体材料，其中饱和卤水渗入路基体内，在当地特殊的干旱气候条件下，路基体内的饱和卤水很快就会风干，使岩盐产生相变，路基岩盐胶结，强度会明显提高。

6）灌注法加固和挤密桩加固为路基加固的两种方法，目前处于试验研究阶段。灌注法浆液配置为黏土、岩盐细料过1mm筛，加入饱和卤水，浆液密度取1.90g/cm³左右较为合适；挤密桩填充桩孔的材料为生石灰和沙砾（其体积比取6∶4较为合适）。

（3）盐湖地区公路路面结构推荐形式。盐湖地区一般公路路面可按现行《公路沥青路面设计规范》进行结构组合设计。设计计算时，土基回弹模量E_0取30MPa，沥青混凝土回弹模量E_1在弯沉计算时取500MPa，半刚性基层拉应力验算时取200MPa，沥青贯入式回弹模量E_1取700MP，水泥稳定沙砾回弹模量E_2取1 500MPa，级配砾石掺灰回弹模量E_2取300MPa，天然沙砾回弹模量回弹模量取200MPa，化学处治土回弹模量E_4取600MPa，水泥稳定沙砾极限抗压强度取0.50MPa，级配砾石掺灰极限抗压强度取0.35MPa，化学处治土极限抗压强度取0.20 MPa。

根据国内外研究，并结合地区经验和实际，盐湖地区高级、次高级公路的路面型式推荐如下：

1）路面面层，一般为沥青混凝土类，并出于对交通量和经济条件的考虑，常采用沥青表处、沥青贯入式、沥青封层等形式，修建高级路面（高速、一级、二级公路）时，一般采用沥青混凝土路面面层。由于岩盐的腐蚀性，水泥混凝土类路面形式在盐湖地区一般不使用。

2）路面基层，主要采用半刚性基层。对于易发生盐胀、冻胀等工程病害的岩盐路基，需要较大抗弯强度的路面结构层抵抗路基的变形，以避免道路发生胀裂破坏或产生较大变形和较多裂缝。半刚性基层材料板体性较好，可以提高路基的抗变形能力，达到减少病害的目的，尤其在交通量大、重载车多的盐湖地区道路采用该法更为适宜。半刚性基层形式一般为级配砾石（碎石）掺灰或水泥稳定沙砾（碎石）层，较高等级公路宜采用水泥稳定碎石（或砾石）类。也有一些经济较不发达地区在当地交通量较小的情况下，考虑造价因素，采用级配碎（砾）石作为基层的，该种形式不能避免病害的发生。

3）防渗层，防止降水、地面水经过路面渗入路基。防渗层一般采用土工材料或黏结层，在降雨量较大地区使用。土工布设置在面层和基层之间或者基层和底基层之间，黏结层设置在面层和基层之间。

4）底基层，一般宜采用大直径的颗粒类材料，如级配碎（砾）石、天然沙砾和卵石基层等。

5）垫层，一般为天然级配沙砾或者天然砂。

应该指出的是，防渗材料层、底基层、垫层和隔离层并不一定同时存在。推荐盐湖地区几种高级、次高级公路的路面形式如图4-37所示，设路面宽12m。

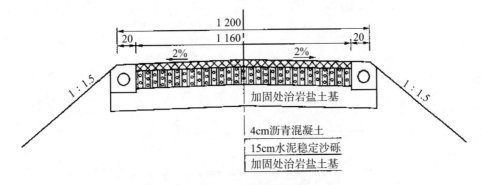

（a）路面结构图Ⅰ

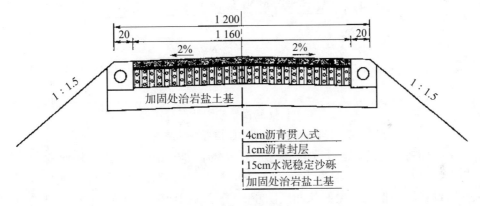

（b）路面结构图Ⅱ

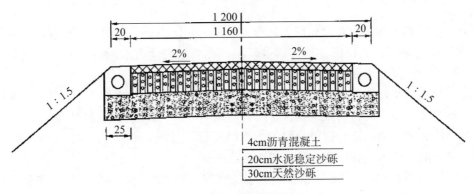

（c）路面结构图Ⅲ

图4-37 盐湖地区推荐路面结构

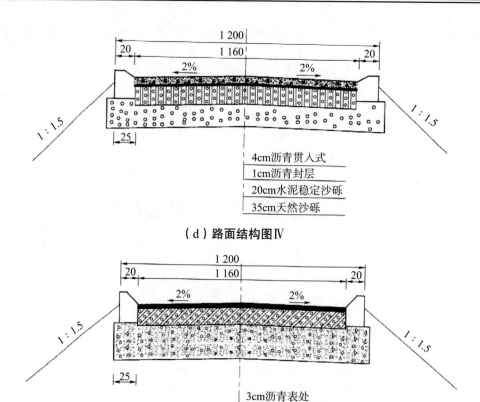

(d)路面结构图Ⅳ

(e)路面结构图Ⅴ

续图4-37 盐湖地区推荐路面结构

结构Ⅰ、Ⅱ采用加固处治后的岩盐土基作为路面垫层，不设置其他的砂碎石垫层结构。其中，结构Ⅰ为沥青混凝土面层，适用于作高级路面；结构Ⅱ的面层沥青贯入式4cm+1cm沥青封层的形式，力图从面层防止大气降水和地表水的下渗，适用于作次高级路面。结构Ⅲ、Ⅳ、Ⅴ均为砂碎石路面垫层，但面层和基层形式有些不同，各自适用于不同等级的路面。

此外，由于盐湖地区分布面积广，且很大一部分地区由于受地理、气候等条件的限制，属于经济欠发达地区，人口稀少，交通量较小，在满足交通需求的条件下，就地取材、减少投资，修筑中、低级的路面，即以当地超规范标准的岩盐为主要铺路材料，加之碎石、石灰、一定浓度的卤水修筑而成。该技术主要依据青海省公路科研勘测设计院多年来在海西柴达木盆地重盐渍土地区的科研成果以及青海省修筑与养护公路的实践经验，依据这种思想修筑而成的中级路面（适用三、四级公路）主要形式有级配砾（碎）石路面，低级路面（适用于四级公路）的主要形式有盐砂土路面和纯盐路面等。

（4）路面设计。土基回弹模量受当地水文状况、土质类别、路堤高度、路基处理措施等条件的影响。强、过盐渍土和潮湿地段路基应进行综合处理，以保证路基的强度和稳定性。高速公路、一级公路的土基回弹模量值应大于35MPa，其他公路的土基回弹模量值应大于30MPa。对低于上述回弹模量的土基，应采取措施使其达到要求。

[工程示例4-4]

> **青海省交通建设科技项目"西宁南绕城高速公路盐渍土填料路用性能研究"**
>
> 通过向弱、中盐渍土中添加一定比例的沙砾，能改善土体级配，提高强度，大大增强盐渍土的路用性能，使其达到公路技术指标的要求。当K25+000土样的土砂配合比达到1：0.3，K18+400，K21+400和K32+570土样的土砂配合比达到1：0.6时，所有土样的回弹模量均大于40MPa，承载比均大于3%，满足了设计规范强度的要求，可以用作路堤填料；1：0.3的土砂配合比即为K25+000土样的最优土砂配合比，而1：0.6即为K18+400，K21+400和K32+570三种土样的最优土砂配合比。该研究成果能合理地利用盐渍土挖方，有效地解决了盐渍土作为路堤填料的设计及施工中存在的问题，达到节约资源、降低工程造价的目的。
>
> 盐渍土地区的土基回弹模量E_0值应通过现场实测法、室内试验法，结合查表法或关系换算法确定。不具备实测或试验条件时，在干旱与过干旱区，表4-22可供参照选用。
>
> 表4-22 盐渍土地区E_0参考值
>
> 单位：MPa
>
> | 土质类别 | <0.074mm细粒含量/(%) | E_0 干燥 | E_0 中湿 | E_0 潮湿 |
> |---|---|---|---|---|
> | 砾（砂） | <5 | 85~150 | 65~115 | 55~80 |
> | 细粒土砾（砂） | 5~15 | 70~130 | 60~95 | 45~75 |
> | 粉土质砾（砂） | 15~50 | 55~105 | 50~85 | 40~70 |
> | 黏土质砾（砂） | 15~50 | 55~105 | 50~85 | 40~70 |
> | 粉质土 | >50 | 40~45 | 30~40 | 25~30 |
> | 黏质土 | >50 | 35~40 | 30~35 | 27~30 |
> | 风积沙 | <10 | 90~120 | 70~90 | 60~70 |
>
> 注：1.盐渍土地区路基经设置隔断层或换填处理的，其土基回弹模量应根据隔断层上的路基填料或换填的填料厚度及下层土基状况综合分析后确定。填料厚度等于或大于1.0m时，可按填料所属土组选值。
>
> 2.利用风积沙作路基填料或路基隔断层材料，其回弹模量按沙漠腹地与扇缘半固定沙丘风积沙中含粉黏粒含量不同而选取。沙漠腹地粉黏粒含量小于10%时，E_0值可达90~120MPa；扇缘地带风积沙粉黏粒含量10%~15%时，E_0值为15~75MPa。

（5）结构组成与材料。路面结构可由面层、基层、底基层、垫层组成。半刚性基层具有板体性良好和承载能力较大的特点，对抑制盐胀变形，保持路面平整有良好的作用。盐渍土地区二级及二级以上公路应优先选用半刚性基层的路面结构方案。半刚性基层厚度一般小宜小于20cm，在土基回弹模量较小或原有路面弯沉值差异较大的路段，厚度宜适当增加；高速公路、一级公路盐渍土路段宜采用路基全宽式半刚性基层，分上、下层铺筑。

水泥稳定沙砾或级配砾石基层的集料中，易溶盐的钠盐含量应按表4-23规定拌制；水泥稳定沙砾基层的水泥剂量及其抗压模量值宜通过试验确定，但水泥剂量不应大于6%。

表4-23 路面基层集料易溶盐容许含量

盐类名称	NaCl	Na_2SO_4	Na_2CO_3
容许含量（以质量分数计）	<3.0	<0.25	<0.5

（6）推荐结构。盐渍土地区路面结构应考虑防止水的危害。在潮湿地带低填路堤或挖方路段，宜设置沙砾垫层或隔断层，以隔断毛细水进入底基层。对高速公路、一级公路路面基层表面应设置沥青下封层，其他公路必须喷洒透层沥青。干旱地区可参照表4-24和表4-25进行选定。

表4-24 路面推荐结构

公路等级	高速、一级公路	二级公路		三级公路	
设计累计标准轴次（万次/车道）	>400	200~400	100~200	10~100	
一般地基 $E_0>35MPa$	沥青混凝土面层；水泥稳定集料基层；天然沙砾底基层	沥青混凝土面层；水泥稳定集料基层；天然沙砾底基层	沥青混凝土面层；水泥稳定集料基层；天然沙砾底基层	沥青表处（或沥青混凝土）；级配砾石基层（或水泥稳定集料基层）；天然沙砾底基层	
潮湿软弱地基 $E_0\leq35MPa$	沥青混凝土面层水泥稳定集料基层；灰稳定集料底基层；或天然沙砾底基层	沥青混凝土面层；水泥或二灰稳定集料基层；石灰土或天然沙砾底基层；沙砾或风积沙垫层	沥青混凝土面层；二灰稳定集料基层；石灰土或天然沙砾底基层；风积沙或砾石土垫层	沥青表处；级配砾石基层；石灰土或沙砾底基层；风积沙或砾石土垫层	沥青表处；水泥稳定集料基层；天然沙砾底基层；风积沙或砾石土垫层

表4-25 西北省（区）设计部门采用的路面面层、基层厚度表

公路等级	厚度/cm		备注
	沥青混凝土面层	半刚性基层	
高速、一级公路	10~15	20~34	
二级公路	4~8	20~25	
三级公路	3~4	15~18	若为级配型基层，厚度为10~15cm

4.3 盐渍土地区桥梁修筑技术

一、盐渍土地区公路桥涵及构筑物防腐蚀技术

1.概述

除了环境水中硫酸盐和氯盐对水泥石的强烈化学作用之外,在结构的干湿变化部位,由于叠加了盐类结晶膨胀物理破坏的因素,大大加速了混凝土的破坏进程。因此,盐渍土地区的公路建设除须遵循有关规定和规范之外,还须对混凝土的防腐性能给予高度关注,采取特殊对应措施,减轻乃至根除腐蚀对公路构筑物的破坏作用。

盐渍土地区公路桥涵及构造物防腐蚀技术研究分为三部分:①适用于盐渍土地区公路桥涵及构筑物的耐盐腐蚀自密实混凝土;②适用于盐渍土地区公路桥涵及构筑物表面的防腐涂料;③适用于盐渍土地区公路桥涵及构筑物的防腐结构物。

(1)自密实混凝土:免振捣自密实混凝土是一种具有高性能和较好耐久性的高性能混凝土,用化学外加剂分散作用代替了机械振捣作用,制备时通过外加剂、胶接材料和粗细骨料的选择与掺配和精心的配合比设计,使混凝土产生流动,同时采用一定比例的活性掺料,保证了混凝土的密实性,提高了防止盐分侵入的能力,使得结构的耐久性得到提高。

(2)防腐涂料:在混凝土表面应用的涂层,能够有效阻隔盐渗入混凝土中,避免钢筋混凝土被腐蚀。混凝土属于强碱性的建筑材料,采用的防腐涂料应具有良好的耐碱性、附和性和耐腐蚀性。底层涂料应具有良好的渗透能力,表层涂料具有不少于10a的抗老化性。如图4-38所示。

图4-38 防腐涂料修复桥墩

(3)防腐涂层结构物:具有附着、透气、防盐侵入及装饰功能的一体化结构物。

2.防腐必要性的判定与勘察

盐渍土地区公路构筑物是否需要采取防腐措施,应根据公路所经路段的地区、含盐数量和种类、已建水泥混凝土砌筑体防腐蚀技术调查等因素综合确定。

（1）已建水泥混凝土砌筑体腐蚀现状调查。公路所经路段各行各业所建水泥混凝土砌筑体是否存在盐腐蚀病害，应成为欲建公路是否应采取特殊防腐措施的主要依据之一。混凝土受腐蚀与否的鉴别方法主要靠表观、颜色、锤击等来鉴别。新鲜的水泥砼颜色呈灰白色、致密、坚硬；受腐蚀的水泥砼颜色异常、疏松，用小锤敲击时剥落比较严重，表面粗化、露石，沿配筋方向有条状鼓突，开裂或变色。

（2）桥涵以及构筑物腐蚀路段的资料收集。已明显发生腐蚀的路段和具有发生病害及环境破坏趋势的路段，应首先在室内收集原路段设计前的勘测资料、设计资料以及路段现状的勘测资料，收集的内容见现行的《公路工程地质勘测规程》及《铁路工程水文勘测设计规范》，具体包括各类型盐渍土的分布范围、含盐特征、地下水、地面水及公路破坏状况，植物生长情况等。当收集的资料不能完整地反映道路病害及环境破坏路段的工程地质时，应根据规范补做勘测。

（3）桥涵以及构筑物腐蚀路段的勘测。为有针对性地制定道路构筑物防腐措施，必要时应对路段进行勘测。勘测可采用开挖探坑、取土样或水样检测以及路段路用性能、排水状况、环境情况调查的方式进行。其取样地点及频率如下：

1）对设置水泥混凝土等构件（水泥混凝土路面、构筑物、支档结构等）之路段均应进行以防腐为目标的检测。

2）对路表明显发生病害的路段，挖除破坏处面层及垫层后，取路基顶部、路基顶部以下20cm，40cm，80cm处土样各3份，同一水平面的土样间隔不小于1m。

3）对道路构筑物明显发生盐蚀的路段，取构筑物旁地表、地表以下20cm，50cm处土样3份（开挖后，取土处有明水浸泡时，还应取该位置水样一份），同一水平面的土样间隔不小于1m，地表水样间隔不小于1.5m。

桥涵以及构筑物腐蚀路段的勘测要求与内容如下：

1）路侧土样，须取未扰动土；每份土样不少于100g，水样不少于300mL。

2）取样试验检测的内容。

一般土：含盐量、含盐种类、密度。

细粒土：含盐量、含盐种类、密度（毛细水上升高度、毛细水上升速度）。

其中，毛细水上升高度和速度两项可根据病害情况确定是否需要检测。一般情况下，当病害路段屡修屡坏时，在最不利季节应取样检测。

3）水中构筑物设置点，须测取水中含盐量、含盐种类，溅浪（洪水频率5%）影响高度。

3.盐渍土地区公路构筑物的腐蚀治理技术

盐渍土地区公路构筑物的腐蚀是易溶盐的侵蚀作用引起的，切断盐分与混凝土接触的途径，就能有效阻止或延缓公路构筑物的腐蚀进程。根据工程经验，归纳了盐渍土地区公路构筑物防腐技术的三字方针——"隔、阻、缓"：隔即隔断盐分与混凝土以及钢筋的直接接触途径；阻即阻止盐分向混凝土内渗透的速率；缓即减缓混凝土和钢筋的腐蚀速率，保证设计年限内的使用质量。对硫酸盐和氯盐盐渍土地区的公路桥涵及构筑物防腐蚀措施按照表4-26和表4-27施行。

表4-26 硫酸盐地区公路构筑物防腐措施应用表

部 位	措 施					
	土中硫酸根离子含量/（mg·kg^{-1}）			水中硫酸根离子含量/（mg·L）		
	3 000~12 000	12 000~24 000	≥24 000	200~600	600~3000	3 000~6 000
地下水位或明水常水位以下稳定区	自密实防腐水泥混凝土或普通水泥混凝土+防腐涂层；≥20mm钢筋保护层	自密实防腐水泥混凝土或普通水泥混凝土+≥20mm防腐砂浆+防腐涂层；≥20mm钢筋保护层	自密实防腐水泥混凝土或普通水泥混凝土+≥30mm防腐砂浆+防腐涂层；≥30mm钢筋保护层	自密实防腐水泥混凝土或普通水泥混凝土+防腐涂层；≥20mm钢筋保护层	自密实防腐水泥混凝土+≥20mm防腐砂浆+防腐涂层；≥20mm钢筋保护层	自密实防腐水泥混凝土或普通水泥混凝土+≥30mm防腐砂浆+防腐涂层；≥30mm钢筋保护层
地下水毛细作用区	自密实防腐水泥混凝土+防腐涂层；≥25mm钢筋保护层	自密实防腐水泥混凝土+防腐涂层；≥30mm钢筋保护层	自密实防腐水泥混凝土+防腐涂层；≥40mm钢筋保护层	自密实防腐水泥混凝土+防腐涂层；≥30mm钢筋保护层	自密实防腐水泥混凝土+防腐涂层；≥40mm钢筋保护层	自密实防腐水泥混凝土+防腐涂层；≥50mm钢筋保护层
洪水及溅浪作用区				自密实防腐水泥混凝土+防腐涂层；≥30mm钢筋保护层	自密实防腐水泥混凝土+≥20mm防腐涂层+防腐涂层；≥40mm钢筋保护层	自密实防腐水泥混凝土+≥30mm防腐涂层+防腐涂层；≥50mm钢筋保护层
风蚀作用区	自密实防腐水泥混凝土或普通水泥混凝土+≥20mm防腐砂浆；≥20mm钢筋保护层	自密实防腐水泥混凝土+≥20mm防腐砂浆；≥25mm钢筋保护层	自密实防腐水泥混凝土+≥30mm防腐砂浆；≥30mm钢筋保护层			

表4-27 氯盐地区公路构筑物防腐措施应用表

部 位	措 施					
	土中氯离子含量/(mg·kg^{-1})			水中氯离子含量/(mg·L^{-1})		
	150~750	750~7500	>7500	100~500	500~5000	>5000
地下水位或明水常水位以下稳定区	自密实防腐水泥混凝土或普通水泥混凝土+防腐涂层；≥20mm钢筋保护层	自密实防腐水泥混凝土或普通水泥混凝土+≥10mm防腐砂浆+防腐涂层；≥20mm钢筋保护层	自密实防腐水泥混凝土或普通水泥混凝土+≥20mm防腐砂浆+防腐涂层；≥30mm钢筋保护层	自密实防腐水泥混凝土+防腐涂层；≥20mm钢筋保护层	自密实防腐水泥混凝土+防腐涂层；≥20mm钢筋保护层	自密实防腐水泥混凝土或普通水泥混凝土+≥30mm防腐砂浆+防腐涂层；≥30mm钢筋保护层
地下水毛细作用区	自密实防腐水泥混凝土+防腐涂层；≥25mm钢筋保护层	自密实防腐水泥混凝土+防腐涂层；≥30mm钢筋保护层	自密实防腐水泥混凝土+防腐涂层；≥40mm钢筋保护层	自密实防腐水泥混凝土+防腐涂层；≥30mm钢筋保护层	自密实防腐水泥混凝土+防腐涂层；≥40mm钢筋保护层	自密实防腐水泥混凝土+防腐涂层；≥50mm钢筋保护层
洪水及溅浪作用区			自密实防腐水泥混凝土+防腐涂层；≥30mm钢筋保护层	自密实防腐水泥混凝土+≥20mm防腐涂层+防腐涂层；≥40mm钢筋保护层		自密实防腐水泥混凝土+≥30mm防腐涂层+防腐涂层；≥50mm钢筋保护层
风蚀作用区	自密实防腐水泥混凝土；≥20mm钢筋保护层	自密实防腐水泥混凝土+≥20mm防腐砂浆；≥25mm钢筋保护层	自密实防腐水泥混凝土+≥30mm防腐砂浆；≥35mm钢筋保护层			

（1）原材料要求。

1）水泥。配置耐久性混凝土一般选用品质稳定的硅酸盐水泥、普通硅酸盐水泥或矿渣硅酸盐水泥，水泥的强度等级不宜低于32.7。水泥中的C_3A含量不宜超过8%，水泥细度（比表面积）不宜超过350m^2/kg，游离氧化钙含量不宜超过15%，尽可能采用C_2S含量较高的水泥。

2）集料。粗集料：应质地均匀，压碎值不大于10%，吸水率不大于2%，针片状含量不大于10%，级配符合要求。

细集料：颗粒分布均匀的中细砂。

氯盐腐蚀产生作用下的混凝土，不宜采用抗渗性能良好的岩石，如花岗岩、砂岩等。当采用盐渍土地区生产的天然砂石材料时，必须用清水将石料冲洗干净。

3）施工用水。混凝土的拌和用水不得采用含有盐分的当地河水，而应该采用饮用水。

粗、细集料堆积的场地必须进行稳定处理，保证不混入场地表层的泥土，防止土中易溶盐附着集料表面以及增大含泥量。

（2）自密实混凝土的施工。研制的自密实防腐蚀混凝土，能有效阻止水和土壤中的盐分侵入混凝土。自密实混凝土施工方法简便，在浇筑时仅靠材料自身重力，无须振捣即可自动流平、密实成形；脱模后混凝土表面平整、光滑、气孔少；成形密实、均匀，硬化后无原始裂缝，密实性高，耐久性好。

1）基底处理。由于自密实水泥混凝土的流动性较大，同时对基底处理及模板支挡的要求均较严格，要求基底开挖及所有直接接触混凝土的部分均应平整、密实。

2）模板。模板必须牢固竖立，模板与模板之间、模板与基底之间不能留有大于2mm的缝隙，以防止浇筑时漏浆。

3）钢筋。防腐蚀钢筋保护层厚度应大于5cm，保护层定位块不允许有负误差。

钢筋应该绑扎牢靠，并稳定地安置在模板中间，以防止浇筑时移位而导致的保护层厚度减小。

严重氯盐侵蚀条件下的钢筋应采用涂层防护，并注意绑扎时不损坏涂层。

所有的锯口端面及绑扎造成的涂层破损面均应采用研制的防护涂层予以覆盖。

当没有条件采用涂层防护钢筋时，绑扎前应对普通钢筋采取除锈除盐措施。

4）混凝土拌制：①混凝土最小水泥用量应满足规范要求；②自密实防腐混凝土的拌制较多，必须按照配比要求，精确称重，准确添加；③防腐蚀混凝土必须搅拌均匀，有条件时尽量采用机械拌和；④防腐蚀混凝土的拌和时间必须予以保证，至少应比常规拌和时间延长50%，以保证混凝土的拌和均匀性。

5）混凝土浇筑。研制的自密实混凝土具有自动流平、密实成形的特征，因此对振捣无特殊要求，但在钢筋较密，或有突出、倒角等构筑物局部，应予特殊振捣。

6）养护。防腐蚀混凝土浇筑后必须立即覆盖，并洒水（必须用饮用水）养护，养护期不得少于14d，并必须保证混凝土表面湿润。

7）缺陷处理。浇筑后凡发现表面露筋、蜂窝、麻面、裂缝、粗化和露石等，均应采用防腐砂浆以及防腐涂层等进行必要的修补及防护。

（3）构筑物的表面防护。

1）对于可能发生腐蚀的结构物，提供两种表面防护：一是防腐水泥涂料及防腐砂浆；二是表面防护结构。

2）防腐涂料固化后能形成致密、坚韧的橡胶状涂层，有效抵御氯盐、硫酸盐等有害介质的侵蚀，耐紫外线、抗老化性强，能为盐渍土环境下的混凝土结构提供长久保护。

3）处于干湿循环区、溅浪影响区内的构筑物表面，必须采用涂料表面防护技术予以防护。

4）处于风蚀地区的构筑物表面，由于风沙中含有大量砂石冲击、磨蚀混凝土表面，含有大量盐分侵袭或附着在混凝土表面，因此必须采用防腐砂浆进行防护，防护层厚度不宜小于2cm。

5）防腐涂料用刷子涂抹达到规定的厚度要求，使得涂抹的表面形成致密、封闭、平整的曲面。涂抹涂料过程中，对于表面的小气孔应用涂料填补平整。

6）防腐砂浆。当构筑物表面必须采用防腐砂浆进行防护时，砂浆涂覆底面必须予以处理，清除混凝土层面的油污、泥土，采用饮用水充分湿润混凝土表面，当自密实混凝土表面过于光滑时，应予凿毛。特制的防腐砂浆分为干组分和水组分，砂浆干组分与水组分以规定的质量比进行拌和，施工便利，能有效防腐。特制防腐砂浆采用常规抹灰方法对构筑物表面进行抹浆修补。施工前要求控制防腐砂浆的配合比，修补后的表面应圆滑光洁，砂浆与构筑物表面结合紧密、不脱落。

对于涂抹厚度比较大的部位可以分多次薄层涂抹，防止由于厚度过大、防腐砂浆自重过大而导致表面出现拉伸裂缝和砂浆坠落现象。修补表面应尽量与设计外形一致。

[工程示例4-5]

> **察格项目弱盐渍土地区桥涵构造物防腐蚀的主要措施**
>
> 针对氯化盐吸湿性较强，吸水后盐分溶失，土质变软，分解腐蚀性加强的特点，采取设置隔水层措施，隔断毛细管水携盐上升；针对硫酸盐—芒硝低温条件下吸水结晶，盐胀问题突出特点，选用密度大的粗粒土或沙砾，回填基坑或台背；基础及墩柱骨料采用耐腐蚀的花岗岩、玄武岩；基础及墩柱水泥采用抗硫酸盐水泥；基础和墩柱采用C35～C40混凝土，箍筋保护层厚度不小于10cm；基础和墩柱部分主筋采用环氧涂层钢筋；限制拌和用水的含盐量；添加减水剂和引气剂，加强振捣，保证混凝土密实；提高基桩配筋率和主筋直径，降低结构最大裂缝宽度；小跨径桥梁和涵洞的墩台基础，在地基承载能力较强时，采用块石混凝土扩大基础，并选用耐腐蚀的石料。

二、公路大直径袋装混凝土灌注桩

青海省交通厅在察尔汗至格尔木高速公路的建设过程中，针对超强盐渍土地区混凝土结构腐蚀强烈的问题，组织开展"盐湖地区公路桥梁涵洞基础形式及耐久性研究"课题。"公路大直径袋装混凝土灌注桩施工法"在交通建设领域中属首次应用，而且注排法、大直径、长桩基的现浇袋装隔离工艺和技术在整个工程领域内也属首次应用，基本解决了盐湖等重盐渍土地区桥涵基础混凝土的耐久性问题，是桥梁防腐蚀技术方面的重大突破。

本工艺适用于强、过盐渍土等地层。工艺特点是：采用常规成孔方法成孔，钻孔过程中控制泥浆密度，防止塌孔。在孔内放置密封、防渗、抗老化并紧贴孔壁的防腐袋，然后在袋内下放钢筋笼并浇筑水下混凝土，形成将桩基混凝土与盐渍土环境完全隔离的钻孔灌注桩。

公路大直径袋装混凝土灌注桩的施工工艺相对于普通钻孔灌注桩的施工工艺，主要增加了成孔后下放防腐袋、袋内注浆袋外排浆两道工序，如图4-39所示。该工艺利用土工合成材料在盐渍土地基中耐腐蚀的特点，克服盐渍土环境下混凝土耐久性差、寿命预测缺乏规范依据的不足，而且能够为桥涵等构造物提供更高承载力。此技术能够基本解决超强盐渍土环境下混凝土耐久性和承载力的问题。

第4章　盐渍土地区公路修筑技术

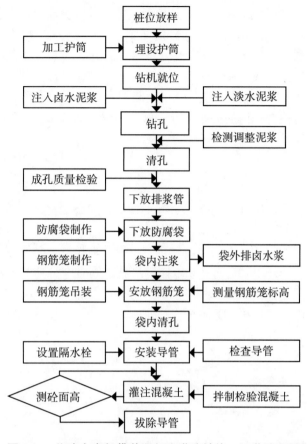

图4-39　公路大直径袋装混凝土灌注桩施工工艺流程图

1.施工准备

（1）场地平整。清除桩位处杂物，整平场地，测量放样，夯实加固场地，保证平整、稳固，确保施工中不沉陷、不倾斜、不移动。

（2）钢护筒埋设。

1）护筒埋设深度应视地质、地下水位、盐渍土竖向的分布确定。一般情况下，盐渍土在地表4~6m以下的含盐量相对地表超强盐渍土的含盐量降低较多。护筒埋置深度视地质情况而定，旱地护筒的埋置深度为1~2m，水中桩的护筒埋入水底黏土深度不小于1.0m，护筒顶面高出地下水位或施工水位1~2m，旱地高出地面0.3m，以防止杂物落入或地面水流入桩孔中。考虑承台埋深，护筒加工长度为3.5m。

2）护筒建议采用10~12mm厚度钢板加工。

3）按照要求加工护筒，护筒可采用挖坑埋设法，护筒底部和四周所填黏质料或现场土料等填充料必须分层夯实。

4）护筒中心与桩中心误差不超过50mm，护筒顶高出泥浆循环出口，护筒高度宜高出地面或承台基坑0.30m。当钻孔内有承压水时，应高于稳定后的承压水位2.0m以上。

5）护筒埋设前，必须检查排浆口、排浆系统安装时的位置、高度及排出方向，方便施工，减少环境污染。

6）成桩后，护筒应与设计桩头平齐，即确保其伸入承台中且深度不小于10cm。

7）护筒埋设时以桩中心为圆心、以护筒半径为半径制圆，圆弧线向外80～100cm人工开挖，挖至埋设深度，利用桩位护桩，采用十字交叉法校正、定位，吊放护筒就位，使护筒与施工桩外围为同心圆，人工或机械轻微下压护筒使其固定，并保证其顶面水平，偏位不大于5cm，垂直度偏差不大于1%。然后用人工将其外侧黏土分层夯实，保证其底脚不漏水、不坍塌。在夯实过程中随时检查护筒的平面位置，如有偏位立即调整，直至其外部夯实、护筒平稳，埋置深度宜为2～4m。

2.泥浆制备

泥浆的作用是保护孔壁，悬浮钻渣，冷却钻具。同时，利用袋内外泥浆相对密度差，采用注浆排浆法使布袋全部展开。制作泥浆宜用黏土，或添加水泥、粉煤灰、火碱、膨润土等材料制取泥浆。袋外泥浆及袋内泥浆均采用泥浆池制备。泥浆池应本着就近布置、大小合理、便于循环的原则挖设。袋外泥浆池需硬化，不得就地挖掘，防止泥浆对桩基附近盐渍土地基产生溶陷等影响。袋外泥浆池需要采取防渗措施，同时应将其置于相对密闭环境中。

泥浆池体积不小于单桩施工要求用量的2倍，储存泥浆体积不小于单桩施工用量的2倍。袋外泥浆采用现场孔内水，也可就近取同水质水制作，袋内使用的泥浆采用水质符合工程要求的淡水或饮用水。如图4-40所示。

图4-40 泥浆池的准备情况

袋外泥浆相对密度还应考虑地下水矿化度对制备袋外泥浆相对密度的影响，建议其相对密度根据用途控制在地下水相对密度的1.08～1.25倍，即1.15～1.30，施工时可由施工承包商根据地层和地下水水质情况自行配制及调整。

清孔后，孔内袋内泥浆的相对密度建议控制在地下水相对密度的1.08倍以内，即小于1.15。袋内注入的袋内泥浆相对密度应考虑清孔后孔内袋外泥浆的相对密度，建议控制在清孔后孔内袋外泥浆相对密度的1.05～1.1倍，可根据排浆顺利情况由施工单位自行调整。

为减小泥浆对环境的污染并减少远距离运送淡水，袋外泥浆及袋内泥浆均应循环使用，设置泥浆循环净化装置。泥浆制备采用造浆机制浆，其指标见表4-28和表4-29。

表4-28 造浆机制浆性能指标

性能指标	指标值	
	一般地层	易塌地层
相对密度	1.10~1.20	1.20~1.40
黏度/(Pa·s)	18~24	22~30
静切力/Pa	1.0~2.7	3.0~5.0
含砂率/(%)	≤4	≤4
胶体率/(%)	≥95	≥95
失水率/(mL/30min)	≤20	≤20
酸碱度pH	8~11	8~11

表4-29 钻孔过程中各阶段泥浆性能指标

性能指标	各阶段指标值			试验用品
	新制泥浆	循环再生泥浆	清孔泥浆	
相对密度	≤1.1	1.08~1.28	1.05~1.08	泥浆相对密度计
黏度/(Pa·s)	22~29	20~25	20~28	标准漏斗黏度计
失水率/(mL/30min)	≤10	14~16	≤10	滤纸、玻璃板
泥皮厚/mm	1.0~1.5	1.0~2.0	≤1	尺子
胶体率(%)	100	≥96	≥98	量筒
含砂率/(%)	<1.0	0.3~3	<1.0	含砂率计
酸碱度pH	8~10	8~9	8~10	试纸

3.钻孔

钻孔设备应考虑在钻孔、清孔完成后增加注排浆、下防腐袋等工序，需延长大约4~5h的时间，尽量选择沉渣厚度相对较小的设备。建议钻机正循环钻进成孔，反循环清孔。采用正、反循环钻孔均应减压钻进，即钻机的主吊钩始终要承受部分钻具的重力，而孔底承受的钻压不超过钻具重力之和（扣除浮力）的80%，反循环钻机的作业场景如图4-41所示。

图4-41 反循环钻机的作业场景

钻进过程中跟踪检查钻渣以了解地层,并根据地层情况调整泥浆相对密度及进尺速度。孔内泥浆应始终高出地下水位1.5m以上,并保持泥浆相对密度和黏度。钻进过程中每进尺5m,应检查孔位、孔径及钻孔倾斜度(小于1%),并及时调整。钻孔应连续施工,停顿时间不宜过长。当需要停止时,必须检查泥浆相对密度,并对孔内泥浆采取循环补浆措施。

4.钻孔内清孔

终孔后,经检查孔深、孔径、孔垂直度符合规范和设计要求后,配备足够的泥浆进行清孔。采用反循环法清孔,边抽取孔内沉渣和稠泥浆边补充泥浆,泥浆补充注入管插入孔底,定时检查泥浆相对密度及含砂率并掌握其变化情况。

施工中主要技术参数如下:

(1)清孔后桩底沉渣厚度:桩径≤1.5m时,沉渣厚度≤0.2m;桩径>1.5m或桩长>40m或土质较差的桩,沉渣厚度≤0.25m。

(2)清孔后孔内卤水泥浆的相对密度不大于1.15,黏度为17~20Pa·s,含砂率<2%,胶体率>98%。

检查孔深、泥浆相对密度、黏度和含砂率,满足规范和设计要求后报监理工程师验收。

5.检孔

当钻至设计高程时,终止钻进,用检孔器或超声波检测仪对孔径、孔形和倾斜度进行检验,合格后,钻机移位至下一孔位,自制测孔器式样及作业场景如图4-42所示。

图4-42 自制测孔器式样及作业场景

6.安装排浆管和排浆泵

由于桩基的长度比较长,在防腐袋内注入泥浆、排出袋外卤水泥浆过程中,为保证排浆通道顺畅、防腐袋内泥浆顺利下泄,需要将防腐袋贴附在孔壁,并在下放防腐袋前,在孔内布置排浆管。

排浆管直径、根数应根据桩径、桩长确定,原则上排浆管沿孔壁均匀布设,建议孔内布置1根排浆管。排浆管建议采用厚度5mm、直径10cm的普通钢管,并配备弯头和同径内丝接头。排浆管底部1.0m范围内梅花形设置圆孔,直径20mm。排浆管采用内丝扣连接,套丝长度不小于100mm,并保证排浆管不对布袋造成损伤。下排浆管场景如图4-43所示。

图4-43 下排浆管场景

7.防腐袋施工

(1)防腐袋的要求。袋装混凝土灌注桩所采用的防腐袋,是针对察尔汗至格尔木高速公路等超强盐渍土环境下修建桩基础的需要,利用土工复合材料具有的防渗、抗老化特点,制成的具有防腐蚀、抗渗透、强度高、耐磨损、耐低温、无毒性、寿命长、亲和力强、容易热压成一体等特点的复合高强防腐型材料。防腐袋将桩体的钢筋混凝土与盐渍土进行完全隔离,从而有效地解决盐渍土(盐湖卤水)对桩体材料的腐蚀性破坏,保证强腐蚀地区地下混凝土结构的耐久性。因此,防腐袋必须具备两个作用:一是要基本保持桩基与桩侧土相互作用的摩擦阻力以及防腐袋与混凝土的黏结力;二是要起到隔离、阻水防渗作用,达到桩基混凝土与桩侧盐渍土环境隔绝的目的。

防腐袋所用土工合成材料原材料必须符合《公路工程土工合成材料有纺土工织物》(JT/T 514—2004)、《公路工程土工合成材料 土工膜》(JT/T 518—2004)等相关标准的规定。

防腐袋产品为上端开口、下端密封的形式。防腐袋出厂前应进行100%的外观和充气检查。合格的防腐袋产品外表光滑、厚度均匀、无鼓包起毛、无划痕损伤、无油污,防腐袋成品质量还应满足表4-30的规定。

表4-30 防腐袋成品质量要求

序号	项目	质量要求
1	经度、纬度偏差	100mm内与公称密度的误差不允许缺2根以上
2	断丝	同一断面不允许有2根以上的断丝,同一断面断丝超过2根及以内者,100m^2内断丝不超过6处
3	蛛丝	不允许有大于50mm的蜘蛛网且100m^2以内不超过3个
4	接缝	①防腐袋直径<120cm时只允许1条接缝,直径≥120cm时允许2条接缝 ②不允许开口和断裂 ③接缝平整,不允许出现2mm^2以上的毛面及鼓包 ④搭接宽度不小于200mm
5	袋口	防腐袋袋口断口整齐,无撕裂及毛边
6	袋边	整条防腐袋不允许出现连续长度大于200cm的毛边及散边,不允许布边抽缩

一般情况下，防腐袋直径较设计桩径大10cm。防腐袋下料长度及出厂长度，需要考虑设计桩长、孔口工作长度、桩基孔内外水头高度、桩底绑扎及配重高度。察尔汗—格尔木高速公路专用防腐袋长度，根据本项目的地质情况、成孔设备及工艺，选取设计桩长$L+(2\sim4)$m，便于保护桩头，便于上部进行防水处理。

防腐布袋搭接宽度不小于200mm，接缝严密，黏结充分。为保证密封效果，防腐袋应采用工厂一次加工成形的合格产品，每条应标明出厂规格（包括直径、袋长），须附有出厂合格证明，同一批次须有表4-31规定的强度、抗渗性能等各个技术指标的试验报告。

表4-31 防腐袋主要技术指标

序 号	项 目	单 位	控制指标
1	单位面积质量	g/m²	≥900
2	厚度（单层布）	mm	≥0.8
3	拉伸强度（桩长方向）	kN	>100
4	拉伸率（桩长方向）	%	<30
5	拉伸强度（径向）	kN	>75
6	拉伸率（径向）	%	<30
7	梯形撕裂强度	N	>1500
8	圆球顶破强度	N	>10000
9	垂直渗透系数	mm/s	$\leq 8\times 10^{-11}$

防腐袋还应符合下列规定：①运输、存储过程中，建议防腐袋单个纵向折叠，避免径向折叠，同时远离尖锐器物及油污，确保防腐袋无污染、划痕或破损发生。②存储过程中，防腐袋不得长期暴露在阳光下，避免紫外线对土工材料寿命的影响。③运抵现场后，应逐条验收防腐袋的规格及外观，破损及油污等不符合设计要求者须立即进行清退或销毁。④防腐袋在使用前，应进行100%的充气检查，不得有任何渗漏现象。⑤现场发现破损或渗漏的防腐袋，不得现场修补及使用。⑥下防腐袋前，为方便操作，建议按照下料长度切割桩顶的多余长度。⑦防腐袋下端束口尽量选用强度高、延伸率小的塑料、麻绳或紧口卡带，避免使用质地坚硬的钢丝或钢绳绑扎，避免防腐袋施工及浇筑混凝土过程中尖头器物刺破防腐袋。⑧防腐袋下放过程中，不得随意拖拽，袋口应采取措施以避免地表盐渍土的污染。布袋桩布袋的无损检测及放置布袋的设施如图4-44所示。

（a）布袋桩布袋无损检测　　　　　　　　（b）放置布袋专用设备

图4-44 布袋桩布袋的无损检测及放置布袋的设施

（2）防腐袋采用"注浆排浆法"工艺进行施工。施工前将成品防腐袋摊开，检查防腐袋的质量、长度、直径、外观并进行充气试验等，质量满足要求后方可使用。将防腐袋均匀地缠在专用绞盘上。

在防腐袋底部加配重。配重材料为砾石或碎石，建议用防腐袋包裹并封口。根据桩长，配重质量宜为200~300kg，配重材料的绑扎不得损坏防腐袋，其直径不得大于桩基孔径的7/10，高度不宜大于80cm。配重表面应光滑，无毛刺。绑扎应牢固，绑扎用的铁丝或钢丝绳头进行防护处理，以防刺伤防腐布袋。

将防腐布袋袋口固定在定位卡具上，截掉多余的防腐布袋，袋口夹具与袋体间夹设橡胶垫，防止硬性损伤。

吊车起吊，人工配合将防腐布袋沉入孔中，确保配重完全沉至孔底后，用吊车将防腐布袋悬挂静置10~15min，将防腐布袋拉直，最后将卡盘固定在孔口。

孔口设置的孔口卡盘直径小于桩径10cm，并保证孔口卡盘及为水头差设置的可调高度操作台能在防腐袋沉至孔底后在孔口伸展。

开启注浆泵，从孔口向袋内注泥浆，使防腐布袋缓慢均匀撑开，袋内泥浆加至比孔内泥浆水头高1m，形成一定水位差，防腐袋外的泥浆靠自流差自流，袋外泥浆面缓慢降低，直至袋外泥浆全部排出，然后使防腐袋与孔壁紧密贴合，以利于钢筋笼的下放。注浆过程中随时检测防腐袋内外泥浆相对密度，仔细观测水高度及孔内泥浆排出速度。

拔出注浆管，观察袋内水位10~15min，若水位稳定，用防护好的检孔器检查防腐布袋撑开后的直径，当检孔器能沉至孔底后，防腐布袋安装结束。下布袋的场景如图4-45所示。

图4-45 下布袋的场景

8.袋内清孔

防腐袋内钢筋笼就位后,袋内如注入泥浆(见图4-46),尤其是泥浆相对密度大于1.05h,或注排浆时间超过3h时,袋内应进行清孔。

图4-46 布袋中注入泥浆场景

防腐袋内清孔采用反循环法,边抽取孔内沉渣和稠泥浆边补充淡水,补充注入管插入孔底。

清孔后桩底沉渣厚度:桩径≤1.5m时,沉渣厚度≤0.1m;桩径>1.5m或桩长>40m或土质较差的桩,沉渣厚度≤0.15m。

检查孔深、泥浆相对密度,满足规范和设计要求后报监理工程师验收。

如图4-47所示,布袋下放后,再次下测孔器检测成孔状态。

图4-47 布袋下放后,再次下测孔器检测成孔状态

9.钢筋笼加工

为保证桩内混凝土保护层厚度满足设计要求,同时方便施工,混凝土保护层预制块采用圆饼形,厚度为2~4cm。

钢筋堆放场地必须硬化或隔断,避免钢筋直接放置在盐渍土地基上,避免钢筋受风携盐等的影响。

钢筋笼加工尽量选择在相对密闭的工棚中进行,如图4-48所示,其宽度、长度、平整度等均应符合钢筋笼加工、运输要求。

 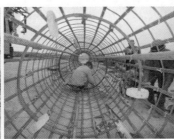 

图4-48　钢筋笼加工场景

钢筋笼螺旋钢筋宜点焊在主筋上且外侧焊缝应打磨尖刺状部分，焊点呈梅花形分布。若采用细轧丝绑扎，加工过程中应严格检查轧丝端头，确保其端头朝向桩内。

钢筋笼加工建议采用两节现场接长，以缩短就位过程中钢筋笼的焊接或连接时间。

钢筋笼不得采用钢筋定位，建议采用预制混凝土块或其他耐腐蚀材料。混凝土保护层圆饼形预制块的半径按下式计算：

$$R=d+d_s+0.5 \tag{4-3}$$

式中，R为混凝土保护层圆饼形预制块半径（cm）；d为保护层设计要求厚度（cm），建议取10cm；d_s为钢筋笼加劲钢筋外径（cm）。

混凝土保护层圆饼形预制块外轮廓不得存在明显棱角，预制时可包裹土工布，避免棱角对防腐袋的挤压破坏。混凝土保护层圆饼形预制块在加劲钢筋焊接成形前不少于3个，并利用主筋的间隔阻挡沿圆周均布。混凝土保护层圆饼形预制块起到保证保护层厚度的作用，同时在钢筋笼向孔内下放时形成竖向的滚轮。

钢筋笼在底部用直径与加劲筋相同的光圆钢筋点焊成与钢筋笼锥形头直径相同的闭合圆形钢筋，遮挡主筋形成尖刺状的钢筋头，并且在闭合圆形钢筋与主筋焊接完成后，用土工布绑扎底部加劲筋，减少安装钢筋笼时对防腐布袋的摩擦和挂伤。

钢筋笼锥形头底部焊接一块4～6mm厚的钢板，以缓冲第一盘水下混凝土浇筑时的冲击力对防腐袋底部束口的影响。钢板沿径向外侧应预留不少于3处直径为15～20cm的孔洞，钢板挖空率约为40%。

10.安装钢筋笼

安装钢筋笼前首先检查钢筋笼编号、顺序，人工配合吊车吊装钢筋笼，从孔中心垂直吊装钢筋笼慢慢下入孔中，如图4-49所示。

图4-49　在布袋中下钢筋笼

钢筋笼吊装安装入孔时，主筋也可采用直螺纹套管或挤压套筒连接，螺旋筋采用绑扎连接，其他环节采用常规接头方式连接。

钢筋笼焊主筋、螺旋钢筋连接完成后，在声测管中灌满水并焊接声测管。焊接前应确保卡口盘处未浸泡在泥浆中的防腐袋的潮湿，焊接过程中注意防止焊渣烧蚀防腐袋。

钢筋笼吊放安装须采取一定措施，以保证整个操作不碰撞防腐袋，并防止将泥土杂物带入袋内。钢筋笼在吊装过程中要保证垂直，以免钢筋笼变形散架。

11.灌注水下混凝土

（1）低渗透高性能混凝土。增强混凝土的防渗抗裂能力是提高混凝土防腐蚀性能的关键，建议超强盐渍土环境下使用低渗透高性能混凝土，提高混凝土耐久性。防腐袋内混凝土采用低渗透高性能混凝土，提高混凝土自身的防腐蚀能力，以确保桩基的耐久性符合构造物使用年限的要求。

采用的低渗透高性能混凝土的配合比，应统一采用经施工单位验证、总监理工程师办公室审批、各项指标满足设计要求的专用配合比。在天然卤水、盐渍土中6个月的抗腐蚀性系数不低于0.90，在天然卤水中的抗冻性（快冻法）达到D300，90d自然扩散法测定的自由氯离子扩散系数不大于$10 \times 10^{-8} cm^2/s$，低渗透高性能混凝土推荐配合比见表4-32。

表4-32 低渗透高性能混凝土推荐配合比

每立方米水泥混凝土的材料用量/（kg·m^{-3}）									
水泥	粉煤灰	矿渣	硅灰	砂	石子	阻锈剂	减水剂	引气剂	水
390	60	120	30	686	1074	13.2	12.26	0.3	186

低渗透高性能混凝土原材料及其要求如下：

1）水泥：①建议采用强度等级为52.7MPa的普通硅酸盐水泥。②不得使用立窑水泥，应避免使用早强、水化热较高和高铝酸三钙含量的水泥。③为防止碱集料反应（AAR）的发生，采用低碱水泥。④所用水泥的氯离子含量应低于0.03%。⑤水泥质量应稳定，实际强度应与其强度等级相匹配。⑥为控制混凝土温度裂缝的产生，混凝土生产时水泥温度不得超过60℃，避免使用刚出厂的新鲜水泥。

2）集料：① 集料应符合国家标准《建设用砂》（GB/T 14684）和《建设用卵石、碎石》（GB/T 14685）的技术要求。② 必须对集料进行潜在活性的检测，不得采用可能发生碱–集料反应的活性集料。③ 粗集料应进行岩石的抗压强度检验。岩石的抗压强度与混凝土强度等级之比不应小于2，且应选择耐腐蚀的、密实性较好的花岗岩或玄武岩等。④ 为提高混凝土的匀质性、抗渗性，粗集料采用碎石，建议最大粒径不超过25mm，表观密度不低于2 600kg/m³。⑤粗集料应质地均匀坚固，粒形和级配良好，吸水率低，空隙率小，松散堆积密度不得低于1 450kg/m³，空隙率小于45%。⑥粗集料压碎指标应不大于12%，针片状颗粒含量应不大于10%，硫化物及硫酸盐含量（按SO_3质量计）应小于0.5%。⑦粗集料最大粒径应不超过结构物最小尺寸的1/4、钢筋最小净距的3/4和保护层厚度的2/3。当设置两层或多层钢筋时，粗集料最大料径不得超过钢筋最小净距的1/2。泵送混凝土的粗集料最大粒径，碎石不应超过输送管内径的1/3。水下灌注混凝土的粗集料，最大粒径不得大于导管内径的1/6和钢筋最小净距的1/4。⑧粗、细集料中的含泥量应分别低于0.8%和2.0%，泥块含量均应低于0.5%。坚固性（硫酸钠溶液法）5次循环后的质量损失应小于8%，水溶性氯化物折合氯离子含量应不超过集料质量的0.02%。⑨不得使用人工砂，应选用颗粒坚硬、强度高、耐风化的天然砂，云母含量小于2%。细集料应选用Ⅱ级配区中砂，细度模数宜控制在2.7~2.9，严禁使用活性细集料。

3）矿物掺和料：①矿物掺和料应由生产厂家专门进行产品检验并出具产品合格证，其技术条件应符合国家标准《高强高性能混凝土用矿物外加剂》（GB/T 18736）的规定。②混凝土的粉煤灰（FA）掺和料必须选用组分均匀、各项性能指标稳定的低钙灰，符合《用于水泥和混凝土中的粉煤灰》（GB/T 1596—2005）规定的Ⅱ级以上标准，而且粉煤灰的烧蚀量不大于8%，需水量比不大于100%，三氧化硫含量不大于2%，其细度不得大于20%。③磨细高炉矿渣比表面积宜控制在380~450m^2/kg，矿渣需水量比不大于100%，烧蚀量不大于5%，符合《用于水泥和混凝土中的粒化高炉矿渣粉》（GB/T 18046—2008）规定的S96级以上标准。④硅灰的二氧化硅含量大于90%，烧蚀量不大于4%，氯离子含量不大于0.02%。

4）化学外加剂：①聚羧酸高效减水剂氯离子含量小于0.01%，推荐掺量为胶凝材料质量的0.5%~2.7%，适应的冬期施工温度不低于-15℃。②配合高效减水剂使用的消泡剂，掺量控制在减水剂质量的1%以内。③高效引气剂建议掺量为胶凝材料用量的0.05%左右。

5）水：①水的化学分析应按《公路工程水质分析操作规程》（JTJ 056—1984）进行。②水中不应含有影响水泥正常凝结与硬化的有害杂质及油脂、糖类、游离酸类、碱、盐、有机物或其他有害物质。③不得采用污水和pH小于5的酸性水。④水中的氯离子含量应不大于200mg/L，硫酸盐含量（按SO_4^{2-}）应不大于500mg/L。

（2）施工工序要求。严格按照施工规范进行混凝土配合比设计，必须测定砂、石含水率，将理论配合比换算成施工配合比。混凝土拌和采用强迫式拌和机，搅拌时间不少于1.5min。

混凝土由布置在附近的混凝土工厂供应，由搅拌车运送至桩位。灌注水下混凝土过程中，需要专用泥浆泵管将袋内泥浆回收至袋内泥浆池。

1）根据规范及现场实际情况计算出首盘水泥混凝土的用量，并根据首盘水泥混凝土选用料斗及灌注方式，确保首盘水泥混凝土灌入后导管下端口埋置深度≥1m。

2）水泥混凝土面升到钢筋骨架下端时，为防止钢筋骨架被水泥混凝土顶托上升，可采取以下措施：尽量缩短水泥混凝土总的灌注时间，防止顶层水泥混凝土进入钢筋骨架时水泥混凝土的流动性过小。当水泥混凝土面接近和初进入钢筋骨架时（1m左右），应保持较深埋管，并徐徐灌入，降低水泥混凝土的灌注速度，以减小水泥混凝土从导管底口出来后向上的冲击力。当孔内水泥混凝土面进入钢筋骨架底口4m以上时，适当提高导管，减少导管埋置深度（不得小于2m），以增加骨架在导管底口以下的埋置深度，从而增加水泥混凝土对钢筋骨架的握裹力。导管提升到高于骨架底部2m以上时，即可恢复灌注速度。

3）在灌注过程中，控制导管底口的埋置深度在2~6m为宜，要经常量测孔内混凝土面的高程，及时调整导管出料口与混凝土面的相对位置，并始终予以严密监视，导管应在无水进入状态下填充。导管提升时应保持轴线竖直和位置居中，逐步提升，如导管法兰卡钢筋骨架，可移动导管，使其脱开钢筋骨架后，移到钻孔中心，如图4-50所示。

图4-50　导管安装及混凝土的灌注

4）在灌注过程中，要防止水泥混凝土拌和物从漏斗处掉入孔中，以免使泥浆内含有水泥而变稠凝结，从而保证测深的准确性。

5）在灌注过程中，当导管内水泥混凝土不满（含有空气）时，后续水泥混凝土要徐徐灌入，不可整斗地灌入漏斗和导管，以免在导管内形成高压气囊而挤出管节间的橡皮垫，从而保证导管不漏水。

6）浇筑高度在5～10m时，应根据水泥混凝土的用量及孔内水泥混凝土上升高度重新计算桩基的水泥混凝土用量，并与拌和站联系，避免造成短桩或水泥混凝土的浪费现象。灌注的桩顶高程应比设计高出0.5～1.0m，以保证设计桩顶水泥混凝土质量，多余部分在下道工序施工前必须凿除。

7）灌注混凝土时溢出的泥浆应引流至排浆池，以防污染或堵塞河道和交通。

8）在灌注将近结束时，由于导管内水泥混凝土柱高度减小，超压力降低，而导管处的泥浆及所含渣土稠度增加，相对密度增大，如出现水泥混凝土顶升困难，可在孔内加水稀释泥浆，并掏出部分沉淀物，使灌注顺利进行。在拔出最后一段长导管时，拔管速度要慢，以防止桩顶沉淀的泥浆挤入导管，形成泥心。

9）混凝土的灌注要如实地填写记录。对浇筑中出现的问题，要及时找出原因并及时处理；对现场出现的事故要及时上报，同时应查明原因，制定合理的处理措施。

10）混凝土灌注将近结束时，应核对混凝土的灌注数量，以确定混凝土的灌注高度是否正确。

12.桩头破除及桩基检测

桩基混凝土浇筑完成后，因布袋内是淡水，在混凝土初凝前只需要清除桩顶表面的虚浆即可。根据现场的实际情况进行桩头破除，在开挖需破除桩基周围泥土时，注意控制开挖深度，避免因超挖而导致承台或系梁施工时进行基础处理、增加投入的现象。桩头破除采用空压机、风镐配合进行，在接近设计高程10cm时，采用人工凿除，并且由外向内凿，以免造成啃边，桩头顶面应该形成平面或凸面。在桩头破除时，如发现桩基钢筋笼偏位超出规范、设计要求，则需继续向下破除桩基水泥混凝土直至满足要求，并调整钢筋笼位置，按接桩的方式进行桩基的完善。当桩基水泥混凝土达到要求的龄期时，按规定对桩基进行检测。

4.4 盐渍土地区涵洞修筑技术

涵洞是公路的重要组成部分，平原地区每公里设置涵洞1~3座，山岭重丘区每公里设4~6座，其造价约占到桥涵总额的40%。选择适宜盐渍土地区特点的基础类型，对降低工程造价极为关键。

一、地基加固处理方法及设计要求

针对盐渍土地基承载力不足的特点，主要采用砾石桩加固处理，设计要求砾石桩加固后地基承载力不得小于300kPa。振动沉管砾石桩是指在软弱土地基中，通过一定的机械将砂、砾石等散体材料挤压入土孔中，形成密实的桩体，与桩间土共同承受荷载，从而提高地基的承载能力。采用砾石桩可以处理松散砂土、素填土、粉性土、淤泥质土、饱和黏性土等地基。

基础防腐蚀措施方案振冲砾石桩加固地基主要施工步骤如下：

（1）基础基坑开挖至基底设计高程以下20cm。

（2）振冲法施工砾石桩，砾石桩理论桩径50cm，成桩直径约为70cm，间距90~120cm，呈梅花形布置。

（3）对打入砾石桩后的复合地基进行强夯处理，先进行点夯，夯点正方形布置，并在夯点处回填沙砾，在点夯基础上进行满夯。

（4）铺设20cm厚的级配碎石并夯实，级配碎石上铺设双向土工格栅。

（5）砾石桩施工采用振动沉管法（逐步拔管法），施工顺序采用排桩法，即从一端开始逐步施工至另一端，或采用隔行施打的方法成桩。振动沉管砾石桩施工工艺流程如图4-51所示。

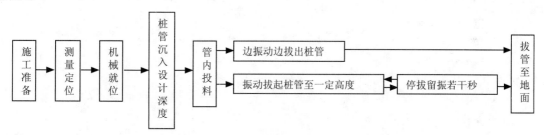

图4-51 振动沉管砾石桩施工工艺流程

二、涵洞基础的选型

（1）刚性扩大基础：是盐渍土地区公路涵洞最主要的基础形式，适用于岩层埋深非常深或非常浅的地质条件下，综合造价较低。

（2）短桩基础：适用于岩层埋深较深或冻土地质条件下，综合造价较高。桩基采用插入桩，桩径40cm左右，桩长不超过10m，桩底置于岩层或含土冰层以下的多冰或少冰冻土内。采用短桩基础的涵洞，在出入口应加强防渗漏水处理，出入口铺砌垂裙加深至天然上限以下50cm，同时加设防水板等材料，严防水流渗漏形成潜流，破坏涵洞底部填土。在盐渍土地区，桩体的防腐蚀措施运用布袋桩，施工费时。

[工程示例4-6]

茶格高速K640+080（B标涵洞）设计施工示例

（1）涵洞设计线位于路基中心线。涵洞护栏形式与路基段相同，均采用波形梁钢护栏。

（2）下部采用钢筋混凝土轻型桥台，扩大基础。支座采用GYZ150×28型板式天然橡胶支座。

（3）桥头搭板长度5m。

（4）设计荷载：公路Ⅰ级；桥址所处地区地震动峰值加速度：0.10g。

（5）涵台基础采用砾石桩处理，砾石桩处理后地基承载力不得低于300kPa。

（6）条形基础防腐蚀措施方案及振冲砾石桩［相关指标参照《公路软土地基路堤设计与施工技术细则》（JTG/TD 31-02—2013）的"粒料桩"］加固地基施工步骤如下：①涵台基础基坑开挖至基底设计高程以下20cm；②振冲法施工砾石桩，砾石桩理论桩径为50cm，成桩直径约为70cm，间距为90～120cm，呈梅花形布置；③对打入砾石桩后的复合地基进行强夯处理，先进行点夯，夯点呈正方形布置，并在夯点处回填沙砾，在点夯基础上进行满夯；④铺设20cm厚级配碎石并夯实，级配碎石上铺设双向土工格栅；⑤整个基坑铺设双层油毛毡；⑥铺设沥青浸泡防渗土工布一层；⑦施工条形基础，采用透水模板浇筑混凝土，脱模后涂抹3遍沥青，用沥青浸泡防渗土工布包裹；⑧根据计算沉降量决定是否进行预压以消除大部分的沉降量，控制地基工后沉降量不大于1/600；⑨施工运营期间每隔半年检查桥下是否存在积水，观察、检测混凝土的腐蚀情况并建立检测档案。

（7）台帽采用透水模板浇筑混凝土，脱模后涂抹3遍沥青防护，耳背墙、薄壁桥台采用透水模板浇筑混凝土，脱模后与空气接触部分采用渗透性防水层防护，与土接触部分涂抹3遍沥青防护，支撑梁采用与扩大基础相同的工艺施工。

（8）混凝土骨料采用密实性较好的花岗岩，采用C50高性能混凝土，并添加外加剂，加强振捣，保证混凝土密实。

盐渍土地区涵洞施工如图4-52所示。

（a）基坑开挖　　（b）基底静载试验　　（c）基底铺设碎石垫层及土工格栅、双层油毛毡及防渗漏土工布

图4-52　盐渍土地区涵洞施工

（d）基础钢筋绑扎　　　（e）安装透水性模板　　　（f）混凝土浇筑

（g）基础防腐处理　　　（h）墙身钢筋绑扎　　　（i）墙身混凝土浇筑

（g）墙身拆模　　　（k）混凝土覆盖土工布养生　　　（l）支撑梁施工

（m）台帽施工　　　（n）台背回填　　　（o）盖板吊装

续图4-52　盐渍土地区涵洞施工

[工程示例4-7]

德香公路砾石桩施工工艺及质量检验

德香公路砾石桩施工工艺流程如下：

（1）施工准备。振动沉管砾石桩施工前应做好如下准备工作：经审批的专项施工组织方案；整理场地，达到材料堆放整齐、设备摆放合理、电线电闸规范安全、路基边线清晰、各种标牌齐全；排水设施已完成；布点放样已完成；技术交底已完成；机械设备完好并就位；现场技术、安全环保、监理、检测等人员到位；地质核查已完成。

（2）铺设沙砾垫层、整平。场地整平应做好如下工作：当不需要铺设沙砾垫层时，整平场地应有利排水；建议铺设沙砾垫层，厚度为30~50cm，并形成有利排水横坡；路基两侧应做好临时排水设施，并通过排水沟、引水沟、截水沟等截断外部水，将路基内的水排出路基范围以外，也可采用水泵集水抽排水措施。

（3）放样定位。放样定位应做好以下工作：放样路基边线、中线；引测高程、坐标等控制点；对控制点妥善保护；桩位布点完成并有明显标记；砾石桩孔按等边三角形布置，依据设计要求，桩间距为150m，桩径为50cm。

（4）桩机就位。移动桩机及塔架，把桩机或桩尖对准桩位；桩机就位时，机架必须水平稳固；套管垂直对中，用吊锤进行量测；保证垂直度；施工顺序为先外排后里排，隔排、隔桩跳打。

（5）沉管。机械就位合格后，套管在自由状态下对正桩位；活瓣闭合，利用锤重及套管自重徐徐静压1~2m后开动振动锤振动下沉；振动锤工作频率一般按24.5Hz控制，稳定电压一般为380±20V；振孔器密实电流在80A左右作业；套管每下沉0.5m，留振30s，下沉速度控制在2~3m/min，管桩下沉到设计深度。

（6）投料。将料斗插入套管，向管内灌入一定量的沙砾料；沙砾料注入量应依据提管高度和充盈系数确定；砾石桩填充材料采用沙砾石等硬质材料，最大粒径不大于80mm，其中2~50mm粒径的含量不小于50%，填料含泥量小于5%。桩孔内填料总量不少于设计桩孔体积。

（7）拔管。启动振动锤，留振30s后将沉管提升1m；边振边拔，套管提升速度一般控制在1m/min；在提升的过程中，套管的活瓣式出料活门自动打开，沙砾料流入桩孔内。

（8）反插、挤密。将套管反插挤密10~30cm；加以振动并留振10~30s；利用振动和桩尖挤压使流出的沙砾料和周边土体密实；反插5次；套管内砾石全部投出。

（9）重复投料挤密。将砾石料灌入套管内，振动拔管；进行5次反插；管内砾石全部投出。

（10）成桩。重复工序（8）（9），提升套管高于地面，停止振动。

（11）砾石桩质量检验：参照《公路软土地基路堤设计与施工技术细则》（JTG/T D31-02—2013）的"粒料桩"检验标准，砾石桩质量检验标准见表4-33。

表4-33 砾石桩质量检验标准

	检验项目	检测方法和频率	规定值或允许偏差
1	桩距/cm	钢尺量（抽查2%）	±15cm
2	桩径/mm	查施工记录	不小于设计
3	桩长/cm	施工记录或探孔（抽查2%且不少于3点）	不小于设计
4	桩身竖直度	查施工记录	≤1.5%
5	灌石量	查施工记录	大于设计要求
6	桩身密实度	动力触探（抽查2%）	$N_{63.5}$≥5击（100mm）
7	地基地震液化性能	临界标准贯入锤击数或液化指数（不少于3点）	符合设计要求

4.5 透水模板

察格高速公路位于察尔汗盐湖中心地带，是重盐渍土地区，土壤中的氯离子对桥涵构造物混凝土的耐久性不利。在察格高速公路C合同段桥涵混凝土施工中应用了一种新工艺——混凝土透水模板。

我国对透水模板布有一定研究，并开发了可用于实际工程的产品，交通运输部颁布了标准《混凝土工程用透水模板布》（JT/T 736—2009），为透水模板技术的应用奠定了基础。

一、混凝土透水模板的定义及工作原理

混凝土透水模板是在传统的各种模板表面粘贴了一层透水模板布而成的模板，如图4-52所示。

透水模板布（CPF）一般由聚丙烯等原材料经特殊处理成长短不等的丙纶纤维丝，再经热纺黏工艺和表面特殊二次辊压处理而成，结构大致分为表层、中间层和黏结层。表层和中间层分别由细度为17~115dtex，110~313dtex纤维组成，其孔径分别为1~10μm和4~15μm，形成过滤层；黏结层与模板粘贴，由细度为212~414dtex纤维组成，该层孔径为10~30μm，具有透水、透气、保湿性能，充当排水层。

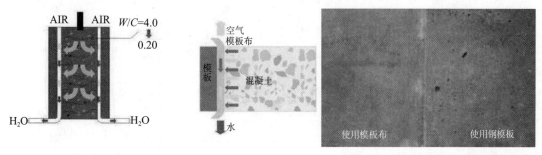

（a）透水模板工作原理　　（b）使用（不使用）透水模板布表观效果对比

图4-52 透水模板

（c）聚丙烯透水模板布　　　　　　（d）桥墩施工时使用的透水模板

续图4-52　透水模板

透水模板布使用效果如下：

（1）降低混凝土表面的气泡缺陷率，混凝土表面极大地减少了气泡、砂眼、砂线和裂纹等混凝土质量通病的出现，从而提高混凝土外观质量。

（2）降低混凝土碳化速率，CPF可以有效排出表层混凝土多余拌和水，降低表层混凝土的水胶比，提高混凝土的致密度，降低碳化速率。试验结果表明，与普通钢模板相比，使用CPF可以降低28d，90d龄期混凝土的碳化深度达到70%以上。

（3）提高表层混凝土回弹硬度使用，CPF表层混凝土的回弹硬度得到明显提高，据有关工程测试7d，28d的回弹值分别提高30%和15%左右。

（4）提高表层混凝土抗渗透性，CPF能提高混凝土的抗氯离子渗透能力及其影响深度。英国女王大学、清华大学进行联合研究，采用当前世界上最先进的测试实体结构混凝土抗渗性的设备PERMIT，测试结果表明CPF可以大幅度降低结构表层混凝土的抗氯离子渗透性，与普通钢模板相比，CPF可降低混凝土氯离子扩散系数80%左右。

（5）降低混凝土早期收缩性，使用CPF可以对混凝土结构保持高湿度养护，对混凝土早期收缩的影响规律与密封养护完全相同，其养护效果显著，与敞开养护相比，混凝土在早期72h的收缩大大降低。

（6）使用CPF能增加表面张力，确保涂料能更好黏附在混凝土表面。在涂料施工前，不必进行打磨，是表面处理时最理想的工况。

（7）使用CPF，操作简单，施工快捷，产品可重复使用，节省成本。

（8）使用CPF，不需要脱膜剂，方便脱膜，可以使用普通的廉价模板，模板因不需直接接触混凝土，所以周转的使用次数也会相对增加。

二、透水模板的主要施工工艺

混凝土透水模板的施工工艺与传统模板的施工工艺基本相同，有所区别的是增加了透水模板布的安装，使用过程中应注意以下几个问题。

（1）混凝土透水模板布的准备。

1）混凝土透水模板布应根据设计和质量要求选用质量检验合格的产品，相关标准见

《混凝土工程用透水模板布》（JT/T 736—2009）和《公路土工合成材料试验规程》（JTG E50—2006）等。

2）混凝土透水模板布的存放应远离油料存放地、钢筋焊接和切割现场，防止火花对其产生破坏，防止油污对其污染，确保材料免受物理破坏或灰尘、油污及其他污染。

3）透水模板布应储存在阳光照射不到的地方，防止质量受到影响。

（2）透水模板布的粘贴。

1）将透水模板布卷材平铺在光滑干净的物体上，按照支撑模板的尺寸进行裁剪。将支撑模板表面清理干净，均匀刷上胶水后将透水模板布平铺于支撑模板上，拉展，压平。为保证支撑模板四周与其他支撑模板接缝紧密，剪裁时可适当将透水模板布的尺寸放大一些，用透水模板布外包支撑模板四周。

2）透水模板布安装固定好后，不再使用脱模剂，同时应防止油垢对透水模板的污染。

3）透水模板布的四周应与空气保持畅通，以利于排水顺畅。

4）如果施工中条件允许，可在支撑模板安装加固好后再进行透水模的粘贴，这样可使混凝土构件的外观质量更好。

（3）透水模板的安装和混凝土浇筑。

1）透水模板的安装。

a. 清理模板。确保模板表面平整、洁净、无油污。先用钢丝刷对模板进行除锈（新模板除油），用水冲洗干净，再用干净的毛巾将模板表面擦拭一遍，确保模板表面没有脱模剂及其他杂物；检查模板的平整度，对不平整的部分进行校正。

b. 裁剪模板布。按照模板的尺寸，用剪刀裁剪好模板布，比模板多预留5~10cm，以利于排水和排气。

c. 涂（喷）刷胶水。在清理干净的钢模板上喷涂胶，要求均匀地将胶水喷在模板表面及四周，胶水用量为50~200g/m^2，需要穿孔的地方适当多涂。胶水颜色变透明时间视天气情况而定，这时才可粘模板布，如图4-53（a）所示。

d. 黏结、拉紧模板布。喷涂完后，即可黏结模板布。注意要把羊毛状的一面粘贴在钢模板上，光洁的一面朝向混凝土。

位置固定后，用手由中心推向两边，确保模板布牢牢粘贴在模板表面及四周，如有皱褶可即时揭起再铺，短时间内揭起再铺不会影响胶水的黏力。用碾辊在粘贴平整的模板布上碾压，以使模板布纤维与胶层充分接触，从而提高黏结力，如图4-53（b）所示。

模板四周也要涂胶水，确保模板布拉紧规定，如用木模板，可用钉子在四边加固，如图4-53（c）所示。

e. 拼接位置处理。拼接位置先将两张模板布重叠约5cm，在重叠中间处将透水模板布切断，轻轻将切下来的模板布拿走，小心地沿连接处往下压。在拼接位置多喷涂一点胶水，确保两边平整相接，避免浇筑时混凝土从中间渗入，如图4-53（d）所示。

f. 模板钻孔注意事项。如需要在模板布上开孔的，应在孔的四周多涂点胶水，避免浇筑时混凝土渗入模板布和模板之间。

g. 验收与检查。仔细检查模板布与模板是否紧密连成一体，确保表面没有皱褶或气泡。

使用透水模板的混凝土浇筑面颜色较深，所以在安装透水模板时应对构造物整体使用，以免成形后的构造物混凝土颜色不一致。

（a）涂刷胶水　　　（b）黏结模板布　　　（c）模板四周固定　　　（d）拼接位置处理

图4-53　透水模板的安装

2）混凝土浇筑。透水模板和大多数混凝土拌和物都是相容的，特别是对于和易性较好的混凝土，因其流动性更好，混凝土中的空气和水分更容易被透水模板排出，因此在使用透水模板时加强混凝土的和易性控制会使混凝土的质量和外观效果更好。施工实践证明，和易性差、比较干硬的混凝土与透水模板接触面由于起浆不足容易阻塞透水模板的排水孔，影响后续浇筑的混凝土的排水效果。

在使用透水模板进行混凝土浇筑时，为保证混凝土质量，混凝土应连续浇筑，这将有助于消除在分层浇筑中出现的混凝土颜色的变化。

在使用料斗对构造物进行浇筑时，容易出现混凝土浆飞溅。如果构造物浇筑时间长，飞溅的混凝土浆就可能黏结在透水模板上形成干巴，影响后续浇筑混凝土的排水。因此，在施工中应使用溜槽或串筒，防止混凝土浆飞溅到透水模板布上，确保透水模板布对后续浇筑的混凝土有良好的排水功能。

3）混凝土的振捣。混凝土的振捣与传统模板振捣工艺相同，不同之处是使用透水模板后由于混凝土伴随振捣内部多余的水和空气向模板方向流动，并通过透水模板排出，从而使混凝土内部的孔隙减少，达到混凝土密实的效果。因此，振捣时振动棒不能与透水模板接触，振动棒与透水模板之间的距离应不小于50mm，以防振动棒对透水模板造成破坏。

4）混凝土的养护。使用透水模板施工的混凝土养生与传统混凝土的养护工艺相同。但透水模板具有一定的保水性，施工过程中，混凝土浇筑完成后，在拆模时将透水模板布作为一种有效的覆盖物在混凝土表面多保留一定时间，对混凝土养护能起到较好作用。

三、使用透水模板应注意的问题

（1）在安装透水模板之前，支撑模板之间的接缝应使用合适的密封胶将其封好抹平，确保模板的大面平整度。

透水性模板布粘贴需工人耐心细心操作，速度要快，必须保证粘贴速度在 $5min/m^2$ 以上，粘贴模板布前需要做好相关准备工作。粘贴模板布时天气要干燥，避免高温时段或在烈日下粘贴模板布，因为气温过高容易造成胶水老化失去黏性，粘贴好的模板布容易出现气泡。

（2）透水模板布边沿应外包支撑模板，防止粘贴不牢在混凝土浇筑时导致透水模板、支撑模板分离形成褶皱，影响混凝土构件外观质量。

（3）透水模板布外沿应露出支撑模板边沿，确保混凝土中的水与空气能顺畅地从透水模板中排出。

（4）透水模板在安装和使用前应保持透水模板表面清洁，使用时不需要再刷脱模剂。

（5）透水模板有一定的厚度，在安装时应考虑其厚度，保证混凝土构件的结构尺寸。

（6）透水模板可以重复使用，但在重复使用前应将表面的混凝土浆清理干净。每次混凝土浇筑完拆除模板后，都要仔细检查模板布的颜色，如果模板布颜色发黑，说明水泥浆已经堵塞了透水层，则需要对模板布及时进行清洗或更换。

（7）透水模板布受太阳照射后易出现鼓包现象，用水喷湿后鼓包现象可消除。

（8）透水模板布是一种改性高分子聚合纤维材料，不易降解，使用后的废弃物易对环境产生不良影响。因此施工中应对使用后的废弃透水模板布进行回收处理，防止环境污染。

（9）模板布一旦出现破损现象，要及时将破损部分用刀割除，并将此处模板清除干净，重新喷涂胶水，然后用拼接方法粘贴新的模板布，如不更换将造成混凝土渗入模板布与模板之间，影响混凝土外观质量，同时减少模板布使用次数。

四、透水模板的其他应用

当前，透水模板布已广泛应用于各项工程施工：①桥梁隧道工程、城市高架桥；②高速铁路工程；③港口、码头；④水坝、闸门、船舶结构；⑤污水处理设备和处理箱；⑥其他需要精致表面的混凝土构件；尤其是环境比较恶劣的海港码头、跨海大桥、水工建筑物、撒除冰盐的路桥等，因其所处的气候、地理环境，特别是桥台、桥墩等部位一直处于海浪冲刷、冲蚀以及高浓度氯离子的恶劣环境，为提高混凝土结构长期耐久性，延长使用寿命，较多已建或在建的跨海大桥等工程均普遍使用透水模板布，如杭州湾跨海大桥、象山港大桥、青岛海湾大桥等。高速铁路工程除了一般跨江（海）桥梁等环境比较恶劣的地方使用透水模板布外，还有许多"弓形""穹顶""倒角"等部位，因容易聚集水、空气而形成气泡等表面缺陷，亦通过使用透水模板布有效解决此类问题。水利水电工程中，混凝土构件局部长期受到含砂的水流冲刷冲蚀作用，是影响混凝土结构耐久性的较大因素，使用透水模板布能提高混凝土表层的密度、硬度、耐磨性，能显著延长混凝土构件的使用寿命。

本章参考文献

[1] 罗友弟. 青海地区盐渍土分布规律及其盐胀溶陷机制探讨[J]. 水文地质工程地质，2010，37（7）：116-120.

[2] 郑扬. 盐沼泽腐蚀区桥梁桩基竖向承载特性分析及其防腐技术研究[D]. 西安：长安大学，2015.

[3] 李刚. 德香公路砾石桩施工工艺及质量检验[J]. 青海交通科技，2014（4）：22-27.

[4] 杨正荣，杜滨. 盐渍土路基设计[J]. 公路，2013（2）：33-35.

[5] 贾顺利. 大直径袋装混凝土灌注桩在强盐渍土地区的应用研究[D]. 西安：长安大学，2014.

[6] 齐凤超，刘文杰. 浅谈盐渍土地区路基设计与施工技术[J]. 铁道建筑技术，2015（8）：69-72.

[7] 尹睿捷，张留俊，曹松杰. 察尔汗盐湖地区盐渍土浸水溶陷对路基施工的影响及防排水措施[J]. 公路，2013（12）：40-44.

[8] 尹睿捷. 盐渍土溶陷性和经沙砾改良后的路用性能研究[D]. 西安：长安大学，2014：7-69.

[9] 房建宏，霍明章，金钊，等. 多年冻土及盐渍土地区公路工程技术[M]. 兰州：兰州大学出版社，2011.

[10] 付大智. 盐湖地区公路建设技术：察尔汗至格尔木高速公路工程建设纪实[M]. 北京：人民交通出版社，2014.

[11] 房建宏. 盐湖地区公路修筑技术[M]. 北京：人民交通出版社，2012.

[12] 王晓莉. 青海省盐渍土地区公路路基施工技术研究[J]. 青海交通科技，2014（5）：28-31.

第5章　青海省公路养护

> **基本要求**
> 1. 了解青海省公路养护的特点、基本情况，对多年冻土、盐渍土等地区的特殊养护技术有一定了解。
> 2. 了解青海省公路养护的相关规章制度。

5.1　公路养护的概念

一、我国公路养护规范体系

（1）《公路工程技术标准》（JTG B01—2014）；

（2）《公路技术状况评定标准》（JTG H20—2007）；

（3）《公路养护技术规范》（JTG H10—2009）；

（4）《公路养护安全作业规程》（JTG H30—2015）；

（5）《公路沥青路面养护技术规范》（JTJ 073.2—2001）；

（6）《公路水泥混凝土路面养护技术规范》（JTJ 073.1—2001）；

（7）《公路桥梁技术状况评定标准》（JTG/T H21—2011）；

（8）《公路桥涵养护规范》（JTG H11—2004）；

（9）《公路隧道养护技术规范》（JTG H12—2015）；

（10）《公路工程质量检验评定标准》（JTG F80/1—2004）。

二、公路养护分类

按养护作业范围和工作量划分，根据《公路养护技术规范》（JTG H10—2009），我国把公路养护分为小修保养、中修工程、大修工程和改建工程四类。

（1）小修保养：对公路及其沿线设施经常进行维护保养和修补其轻微损坏部分的作业。

特点：由养路道（渡）班（站）在年度小修保养定额经费内，按月（旬）安排计划，经常进行的工作。

（2）中修工程：对公路及其沿线设施的一般性损坏部分进行定期的修理加固，以恢复公路原有的技术状况的工程。

特点：通常是由基层公路管理机构按年（季）安排计划，并组织实施。

（3）大修工程：对公路及其沿线设施的较大损坏进行周期性的综合修理，以全面恢复到原技术标准的工程。

特点：是由基层公路管理机构或在其上级机构的帮助下，根据批准的年度计划和工程预算来组织实施。

（4）改建工程：对公路及其沿线设施因不适应现有交通量增长和荷载需要而进行全线或逐段提高技术等级指标，显著提高其通行能力的较大工程项目。

特点：是由省级公路管理机构，或地（市）级公路管理机构，根据批准的计划和设计预算，组织实施或招标完成的工作。

公路养护的一般内容见表5-1。

表5-1 公路养护的一般内容

工程项目	小修保养	中修工程	大修工程	改建工程
路基	保养： 1. 整理路肩、边坡，修剪路肩、分隔带草木，清除杂物，保持路容整洁； 2. 疏通边沟，保持排水系统通畅； 3. 清除挡土墙、护坡滋生的有碍设施功能发挥的杂草，修理伸缩缝、松动石块及疏通泄水孔； 4. 路缘带的修理； 小修： 1. 小段开挖边沟、截水沟或分期铺砌边沟； 2. 清除零星坍方，填补路基缺口，轻微沉陷翻浆的处理； 3. 桥头接线或桥头、涵顶跳车的处理； 4. 修理挡土墙、护坡、护坡道、泄水槽、护栏和防冰雪设施等局部损坏； 5. 局部加固路肩	1. 局部加宽，加高路基，或改善个别急弯、陡坡、视距； 2. 全面修理、接长或个别添建挡土墙护坡、护坡道、泄水槽、护栏及铺砌边沟； 3. 清除较大坍方，大面积翻浆、沉陷处理； 4. 整段开挖边沟、截水沟或铺砌边沟； 5. 过水路面的处理； 6. 平交道口的改善 7. 整段加固路肩	1. 在原路技术等级内整段改善线形； 2. 拆除、重建，或增建较大挡土墙、护坡等防护工程； 3. 大坍方的清除及善后处理	整段加宽路基，改善公路线形，提高技术等级
路面	保养： 1. 清除路面泥土、杂物，保持路面整洁； 2. 排除路面积水、积雪、积冰、积砂，铺防滑料、灭尘剂或压实积雪维持交通； 3. 砂土路面刮平，修理车辙； 4. 碎砾石路面匀、扫面砂，添加面砂，洒水润湿，刮平波浪，修补磨耗层； 5. 处理沥青路面的泛油、拥包、裂缝、松散等病害； 6. 水泥混凝土路面日常清缝、灌缝及堵塞裂缝； 7. 路缘石的修理和刷白 小修： 1. 局部处理砂石路的翻浆变形、添加稳定料； 2. 碎砾石路面修补坑槽、沉降，整段修理磨耗层或扫浆铺砂； 3. 桥头、涵顶跳车的处理； 4. 沥青路面修补坑槽、沉陷，处理波浪、局部龟裂、啃边等病害； 5. 水泥混凝土路面板块的局部处理	1. 砂土路面处理翻浆，调整横坡； 2. 碎砾石路面局部路段加宽、加厚，调整路拱加铺磨耗层，处理严重病害； 3. 沥青路面整段封层罩面； 4. 沥青路面严重病害的处理； 5. 水泥混凝土路面严重病害的处理； 6. 水泥混凝土路面接缝材料的整段更换； 7. 整段安装、更换路缘石； 8. 桥头搭板或过渡路面的整修	1. 整段用稳定材料改善土路； 2. 整段加宽、加厚或翻修重铺碎砾石路面； 3. 沥青路面整段封层罩面； 4. 补强、重铺或加宽铺装、简易铺装路面	1. 整线整段提高公路技术等级，铺筑铺装、简易铺装路面； 2. 新铺碎砾石路面； 3. 水泥混凝土路面病害处理后，补强或改造为沥青混凝土路面

续 表

工程项目	小修保养	中修工程	大修工程	改建工程
桥梁、涵洞、隧道	保养： 1. 清除污泥、积雪、积冰、杂物，保持桥面的清洁； 2. 疏通涵管，疏导桥下河槽； 3. 伸缩缝养护，泄水孔疏通，钢支座加润滑油，栏杆油漆； 4. 桥涵的日常养护； 5. 保持隧道内及洞口清洁 小修： 1. 局部修理、更换桥栏杆和修理泄水孔、伸缩缝、支座和桥面的局部轻微损坏； 2. 修补墩、台及河床铺底和防护圬工的微小损坏； 3. 涵洞进出口铺砌的加固修理； 4. 通道的局部维修和疏通修理排水沟； 5. 清除隧道洞口碎落岩石和修理圬工接缝，处理渗漏水	1. 修理、更换木桥的较大损坏构件及防腐； 2. 修理更换中小桥支座、伸缩缝及个别构件； 3. 大中型钢桥的全面油漆防锈和各部件的检修； 4. 永久性桥墩和桥面的修理和小型桥面的加宽； 5. 重建、增建、接长涵洞； 6. 桥梁河床铺底或调治构造物的修复和加固； 7. 隧道工程局部防护加固； 8. 通道的修理与加固； 9. 排水设施的更换； 10. 各类排水泵站的修理	1. 在原技术等级内加宽、加高、加固大中型桥梁； 2. 改建、增建小型桥梁和技术性简单的中桥； 3. 增改建较大的河床铺底和永久性调治构造物； 4. 吊桥、斜拉桥的修理与个别索的调整更换； 5. 大桥桥面铺装的更换； 6. 大桥支座、伸缩缝的修理更换； 7. 通道改建； 8. 隧道的通风和照明，排水设施的大修或更新； 9. 隧道的较大防护、加固工程	1. 提高公路技术等级，加宽、加高大中型桥梁； 2. 改建、增建小型立体交叉桥； 3. 增建公路通道； 4. 新建渡口的公路接线、码头引线； 5. 新建短隧道工程
交通工程及沿线设施	保养： 标志牌、里程碑、百米桩、界牌、轮廓标等埋置、维护或定期清洗； 小修： 1. 护栏、隔离栅、轮廓标、标志牌、里程碑、百米桩、防雪栏栅等修理、油漆或部分添置更换； 2. 路面标线的局部补画	1. 全线新设或更换永久性标志牌、里程碑、百米桩、界牌、轮廓标等； 2. 护栏、隔离栅、防雪栏栅等的全面修理更换； 3. 整段路面标线的画设； 4. 通信、监控、收费、供配电设施的维修	1. 护栏、隔离栅、防雪栏栅等增设； 2. 通信、监控、收费、供配电设施的更新	1. 整段增设防护栏、隔离栅等； 2. 整段增设通信、监控收费、供配电设施
绿化	保养： 1. 行道树、花草的抚育、抹芽、修剪、治虫、施肥； 2. 苗圃内幼苗的抚育、灭虫、施肥、除草； 小修： 1. 行道树、花草缺株的补植； 2. 行道树冬季刷白	更新、新植行道树花草，开辟苗圃等		

5.2 青海省公路养护的相关标准

2014年7月印发的《青海省公路局公路养护工程稽查管理办法（试行）》等11项制度，符合青海地域特点，以下筛选一些重要内容进行学习。

一、《青海省公路局公路养护工程管理办法（试行）》应知内容（部分）

第二条 公路养护资金主要来源有国家财政预算拨款资金、公路路网结构改造项目资金、公路水毁修复工程补助资金及公路赔补偿费及通行费。

第三条 公路养护工程资金，必须专项用于公路的养护和改造。做到专款专用，不得挤占和挪用。

第六条 各级公路养护管理部门，在公路养护工作中要贯彻"预防为主、防治结合"的方针，并向检测自动化、决策科学化、养护专业化、施工机械化的方向发展。

第七条 公路养护按其工程性质、技术复杂程度和规模大小，分为小修保养、中修、大修（含预防性养护）和改建工程。公路养护工程要坚持先设计（调查）、后施工的原则，严格实行设计（调查）审批制度。公路养护工程的管理除小修保养和应急抢险工程外，要全面实行项目管理委托责任制、招标投标制、工程监理制及合同管理制。

第八条 公路养护工程技术的编制、安排应遵循"先重点后一般、先干线后支线"的原则。对于国、省干线和具有重大政治、经济、国防意义的公路养护工程、抗灾抢险工程、应急保障工程等，须优先安排。养护工程计划应与养护管理系统、桥梁管理系统及实际路况相结合，科学合理地制定。

第十九条 各管养单位要高度重视桥梁、隧道的养护管理工作，落实桥梁养护工程师制度，严格执行《青海省公路局桥梁养护管理工作制度》《青海省普通干线公路危桥管理制度》《青海省公路局隧道养护管理制度》，对所辖公路桥梁、隧道按规定要求进行检查、评定、维修与管理。采取先进的技术措施，加大公路危桥的改造力度，引入科学的管理手段，不断提高管理水平。认真贯彻执行省厅《青海省公路桥梁管养安全事故责任追究制度》，加强桥梁的日常管理，提高工作责任心，防范发生责任事故。

第二十六条 公路养护的质量要求：保持路面整洁、横坡适度、行车舒适；路肩整洁、边坡稳定、排水畅通，桥涵构造物完好；沿线设施完善；绿化协调美观，保持公路及沿线设施处于一个良好的技术状况。

第二十八条 公路养护质量的考核，按照《公路技术状况评定标准》（JTG H20—2007）的规定执行，以公路技术状况指数MQI、公路优良路率作为衡量公路养护质量的主要指标。各管养单位应按省局规定的调查检测频率，每年及时组织进行辖区公路技术状况检测评定工作，为总体路况水平的掌控、养护质量计划指标的下达与考核提供依据，并逐步向自动化检测的方向发展。

第二十九条 日常公路养护质量检查按旬检查、月度检查、季检查、半年检查和年终检查四种方式进行。

一、旬检查：由公路段负责组织保养、工程进行定期检查，主要根据各工区（道班）上报的公路养护小修保养工程项目完成情况，检查养护工程计划执行情况，养护工程质量情况。

二、月、季、半年检查：由公路总段组织进行，主要检查公路段养护生产计划执行情况及养护工程质量与管理等情况。

三、年终检查：由省局、公路总段共同组织进行，主要对总段及总段下属各单位年度养护与管理情况进行全面检查，考核各级公路管养单位年度养护目标任务完成情况。

二、《青海省公路局公路突发公共事件应急预案》应知内容（部分）

1.4 适用范围

1.4.1 雨、雪、雾、风沙等恶劣天气、水毁、山体滑坡、道路塌方等原因引发国省干线公路出现严重交通中断或阻塞，需及时疏通；

1.4.2 公路、桥梁、隧道及其附属设施遭到严重破坏，丧失正常使用功能，须迅速抢修、恢复、加固；

1.4.3 对跨部门、跨行业的其他突发公共事件，按照上级应急指挥中心指令，在公路管理职责范围内执行相关要求。

3.1 运行机制

3.1.1 预防

依据我省国省干线公路所处地理位置实际情况，对夏季易发生滑坡、塌方、泥石流路段，冬春季公路易出现冰雪、风积砂等自然灾害的路段，随时注意观察天气变化，认真做好公路巡查，及早做好隐患排除工作，应急保障队落实好应急物资储备和应急演练，随时做好应急准备。

3.1.2 预警

公路应急保障中心随时要与当地气象部门保持联系，及时掌握本地区天气变化情况，准确预测所辖管养公路突发事件发生的可能性，建立预警机制，同时向社会公布值班电话。

3.1.3 预警分级及启动

按照其性质、严重程度、可控性和影响范围等因素，国省干线公路突发公共事件分为四级：

Ⅰ级（红色）特别严重：因公路突发事件导致或可能导致国省干线公路交通毁坏、中断、阻塞或者大型车辆积压、人员滞留，通告能力影响周边省份，抢修、处置时间预计在24小时以上的；因突发事件导致公路重要客运枢纽中断，造成大量旅客滞留，恢复运行有人员疏散预计在48小时以上的；需省政府出面协调的地方有关部门、武警部队等共同组织援救的；需要交通部协调外省进行援助的，拟发出Ⅰ级预警。

省局应急指挥中心负责向省交通运输厅上报拟发出Ⅰ级预警启动申请，由交通运输厅上报省政府和交通运输部，按程序决定启动Ⅰ级预警。

Ⅱ级（橙色）严重：因公路突发事件导致或可能导致国省干线公路交通毁坏、中断，或者大型车辆积压、人员滞留，抢修、处置时间预计在12小时以上；因突发事件导致公路重要客运枢纽中断，造成大量旅客滞留，恢复运行有人员疏散预计在24小时以上的，拟发出Ⅱ级预警。

省局应急指挥中心负责向省交通运输厅上报拟发出Ⅱ级骤然启动申请，由交通运输厅决定启动Ⅱ级应急预案。

Ⅲ级（黄色）较重：因公路突发事件导致或可能导致国省干线公路交通毁坏、中断，或者大型车辆积压、人员滞留，抢修、处置时间预计在12小时以内；通行能力影响范围在本地区内时，拟发出Ⅲ级预警。

总段应急保障中心负责向省局应急指挥中心上报拟发出Ⅲ级预警启动申请，省局应急指挥中心决定启动Ⅲ级预警，并报省交通运输厅备案。

Ⅳ级（蓝色）一般：因公路突发事件导致或可能导致省干线公路交通毁坏、中断，或者大量车辆积压、人员滞留，抢修、处置时间预计在5小时以内；或通行能力影响范围在本县内时，拟发出Ⅳ级预警。

总段应急保障中心负责向省局应急指挥中心上报拟发出Ⅳ级预警启动申请，省局应急指挥中心决定启动Ⅳ级预警，并报省交通运输厅备案。

三、《青海省普通干线公路桥梁隧道突发事件应急预案》应知内容（部分）

3.1 预防

各公路段负责省养公路桥梁隧道的日常养护维修、检查，了解隧道的现状和病害，及时消除隐患，防患于未然，建立公路桥梁隧道信息管理和技术档案系统，确保桥梁隧道正常使用。

依据我省普通国省干线公路所处地理位置实际情况，隧道进出口易发生浓雾、沙尘暴、冰雪等自然灾害，各级养管单位应随时注意观察天气变化，认真做好公路巡查，及时做好隐患排除及极端天气的车辆疏导工作。

应急保障队落实好应急物资储备和应急演练，随时做好应急准备。

3.2 预警支持

省局、总段应根据有关规定和技术规范，建立桥梁隧道信息管理系统和技术档案，实行定期和不定期检查，对有安全隐患的桥梁隧道进行专门检测，并采取相应的保障措施。

各级养管单位应随时与当地气象部门保持联系，及时掌握本地区天气变化情况，准确预测所辖公路桥梁隧道因天气原因发生突发事件的可能性，并采取相应的预防保障措施。

3.3 隐患处置

建立事故隐患报告，对发现的桥梁隧道险情要及时查明原因，在向上级有关部分报告的同时，要及时排除隐患，防患于未然。

4.1 分级响应程序

4.1.1 普通国省干线公路桥梁分级响应程序：

按照公路桥梁的损坏程度和事故性质分为一级事故、二级事故、三级事故三个级别。

一级事故：①跨铁路大桥、特大桥，以及特殊结构桥梁，因自然灾害、人为事故等导致桥梁安全受到严重威胁；②公路桥梁坍塌导致死亡和失踪人员3人以上的事故；③超出省级人民政府处置能力的需要处置的其他公路桥梁重大事故。

二级事故：除一级事故中规定以外的各类公路桥梁发生突然坍塌的事故。

三级事故：①公路桥梁中未坍塌，但桥面已出现沉陷、空洞，主体结构推动承载能力，随时可能出现坍塌事故，必须立即采取封桥断路措施的事故；②公路立交桥因超限车辆撞击上跨桥梁部位造成桥梁结构严重损坏的事故。

4.1.2 普通国省干线公路隧道分级响应程度：

按照公路隧道的损坏程度和事故性质分为一级事故、二级事故、三级事故三个级别。

一级事故：①因隧道内运输危险化学品发生严重泄露，致使隧道无法安全通行的；②隧道内发生火灾造成无法通行的；③发生严重影响隧道运营安全、并造成人员死亡、短时间难以恢复正常工作秩序的安全事故；④社会安全事件。

二级事故：隧道内发生特大交通事故或重大交通事故严重影响隧道运营安全，并造成人员严重伤害的安全事故。

三级事故：①隧道内发生小型交通事故，造成交通拥堵的，并造成人员受到伤害的安全事故；②隧道附属设施遭到破坏，丧失正常使用功能的。

4.2 预案启动

发生二级及以上事故，应急指挥领导小组应立即和省交通厅主管部门报告，同时应急指挥领导小组应启动本预案；发生三级事故，事故发生地管养单位应立即启动相应的应急预案，并向省公路局报告。

4.3 响应程序

（1）公路桥梁隧道事故发生后，养护单位应迅速核实情况，根据事故原因及处置情况，应立即逐级上报或通知省公路管理单位，并随时报告事故后续情况。公路桥梁隧道一旦发生一级事故，立即报告省交通厅，一般情况下，按紧急事件报告制度办理。

（2）事故发生地单位应立即启动应急预案，实施现场指挥，采取有效措施，尽力控制事态发展，以减少人员伤亡和财产损失。养护单位接到报告后，迅速赶赴现场，按照事故性质和现场情况实施抢险救援工作，同时与交警、路政管理部门协调、安排好交通疏导工作。

6.2 事故调查

要从规划、设计、施工、管理、养护维修等方面认真分析事故原因。重大质量安全事故高歌应严格遵守国务院《特别重大事故调查程序暂行规定》和省政府的各项规定。在事故调查的过程中，要根据事故类别进行分别调查，分为以下三类：

6.2.1 由于自然灾害等因素造成的公路桥梁隧道突发事件；

6.2.2 由于交通事故造成的公路桥梁隧道突发事件；

6.2.3 由于其他因素造成的公路桥梁隧道突发事件。

6.3 总结建议

负责整理审查所有的应急记录和文件资料；总结评价应急处置工作。

6.3.1 总结报告包括下列内容：

（1）发生事故桥梁、隧道的基本情况；

（2）调查中查明的事实；

（3）事故原因分析及主要依据；

（4）事故发展过程及造成的后果（包括人员伤亡、经济损失）分析、评价；

（5）采取的主要应急响应措施；

（6）事故结论；
（7）事故责任人及其处理意见；
（8）各种必要的附件；
（9）调查中尚未解决的问题；
（10）事故经验教训和建议。

6.4 交通恢复时限

为保障普通国省干线公路桥梁隧道安全运营，提高公路整体报务水平。对技术状况评定为四类、五类的桥梁，应对技术状况评定后一年内完成加固、改造工作，使其技术状况恢复到一类或二类；在危桥加固或发行工程实施前，要对桥梁病害进行监测、监控；对五类桥梁和严重危及车辆安全通告的四类桥梁必须立即关闭，对其他四类桥梁必须进行交通管制，以确保行车安全。

四、《青海省公路局公路桥梁养护管理和安全运行实施细则》应知内容（部分）

第五条 桥梁养管单位的主要职责：

一、公路局

（一）负责组织四类、五类桥梁的技术状况检测评定（特殊检查）工作。

（二）负责公路险桥、危桥的信息发布和阻断信息的报告工作。

（三）负责桥梁改造项目的上报和实施前期工作。

（四）负责公路桥梁数据录入和数据库更新的审核工作。

二、公路总段

（一）负责本辖区公路桥梁养护管理工作。

（二）负责审核本辖区内"桥梁基本状况卡片"技术资料，负责桥梁管理系统数据录入及数据库存维护更新工作。

（三）负责组织本辖区公路桥梁定期检查和应急检查工作，协助省局做好四类、五类技术状况桥梁的检测评定（特殊检查）工作。

（四）负责公路险桥、危桥的信息上报和阻断信息报告工作，并负责安全通行的落实工作。

（五）协助省局完成本辖区公路险桥，危桥改造的前期工作。

（六）负责管理和实施公路桥梁养护大中修、改建等工程。

（七）编制桥梁养护、维修、改建方案和养护对策与措施。

三、公路段

（一）负责管养路段公路桥梁的经常性检查工作，并协助总段进行桥梁的定期检查与评定工作。根据检查结果编制并上报桥梁养护维修建议计划，对需进行特殊检查的桥梁提出申请，协助总段编制桥梁养护、维修、改建方案和养护对策与措施。

（二）负责公司桥梁的小修保养和抗灾抢险工作，及时上报所辖路段桥梁受自然灾害和其他因素损坏的情况。

（三）负责建立所辖路段"桥梁基本状况卡片"资料。

（四）负责桥梁管理系统的数据录入和数据库更新工作。

第六条 省养中桥及以上公路桥梁做到"一桥一牌",明示桥梁信息。

第七条 桥梁信息调协内容包括桥名、路线编号、路线名称、桥型、养护单位、管理单、监管单位、联系电话等主要信息。

第八条 已建成公路按现有大、中桥设置;改建及新建公路需在桥梁建成时同步设置。

第十五条 公路桥梁养护实际公路局、公路总段、公路段三级负责制度。

(一)按职责权限公路局、总段分别设置专职桥梁养护工程师。

(二)按职责权限公路段设专(兼)职桥梁养护工程师。

第十六条 公路段专(兼)职桥梁养护工程师职责:

(一)负责管辖路段桥梁的经常检查,并记录检查结果。

(二)根据经常性检查结果,负责报告三类以上桥梁的病害状况,并协助上级做好桥梁定期检查及特殊检查工作。

(三)负责辖区内桥梁养护的质量检查工作。

(四)负责辖区内桥梁受自然灾害和其他因素损坏的情况调查和上报及抗灾抢险工作。

(五)协助路政大队在超重车辆通过,详细观测检查桥梁主要受力部件变化,同时做好现场记录及相关资料。

(六)对辖区内管养桥梁提出小修保养年度计划。

(七)参与辖区内桥梁养护大中修、改建工程的竣(交)工验收。

(八)负责桥梁管理系统数据录入及数据库更新的相关工作,同时归纳、整理、完善相关技术档案工作。

第十七条 公路总段桥梁养护工程师职责:

(一)安排桥梁年度定期检查计划和组织进行辖区内桥梁养护的定期检查工作,并对检查结果做出评价和分析。

(二)负责检查桥梁受自然灾害、突发事件造成的损害情况,并提出相应的检查报告。

(三)根据检查结果,提出改造方案和应对措施。

(四)负责需特殊检查桥梁的建议和申请。

(五)负责上报桥梁养护大中修、改建等工程项目的年度计划和实施方案。

(六)负责桥梁养护项目的监督检查和质量控制工作。

(七)参与桥梁大中修、改建工程的检查和竣(交)工验收工作。

(八)负责审核公路段桥梁养护年度计划工作。

(九)协助上级部门对辖区内桥梁的特殊检查工作。

(十)负责辖区内桥梁技术档案的补充、完善和保密工作。

(十一)负责公路段桥梁养护工程师的技术业务培训和考核工作。

(十二)负责桥梁管理系统数据审核维护及更新上报等相关工作,同时检查公路段桥梁相关技术档案编制情况。

第十八条 公路局桥梁养护工程师职责:

(一)组织实施全局公路桥梁养护技术管理工作,监督检查管养单位桥梁养护工程师职责履行情况。

(二)审核公路总段上报的桥梁养护工程计划项目及设计方案,制定桥梁养护工作计划,并负责指导和监督工作。

（三）负责复核四类、五类技术状况和监督工作。

（四）负责公路险桥、危桥的信息发布和阻断情况的报告工作。

（五）参与制定桥梁改造技术方案和对策措施。

（六）负责管辖内的桥梁技术档案管理工作。

（七）负责推进桥梁养护科技进行技术信息交流等工作。

（八）负责桥梁养护工程师的技术业务培训和考核工作。

（九）负责桥梁管理系统数据审核统计工作。

第二十四条 按桥梁技术状况评定等级不同技术状况桥梁分类进行处置。

一类桥：进行正常养护；

二类桥：进行小修工程；

三类桥：进行中修或预防性养护，应酌情进行交通管制；

四类桥：进行大修或加固，及时进行交通管制（限载、限速通过，当受损严重时，关闭交通）；

五类桥：及时进行加固改建或重建，同时进行交通管制或封闭交通。

第二十六条 公路段桥梁养护技术的档案包括以下内容：

（一）辖区桥梁基本状况；

（二）桥梁经常检查记录；

（三）上级单位对本辖区桥梁定期检查、特殊检查有关资料；

（四）辖区内已建成桥梁设计施工图、竣工图资料，养护维修加固资料；

（五）水毁及其他因素造成的桥梁损坏及修复情况资料；

（六）超重、大件运输情况资料。

第二十七条 公路总段桥梁养护技术档案包括以下内容：

（一）辖区内桥梁基本情况；

（二）桥梁定期检查评定记录；

（三）上级单位对本辖区桥梁特殊检查有关资料；

（四）辖区内已建成桥梁施工图、竣工图及交（竣）工验收资料；

（五）养护建议计划、维修加固、改建桥梁资料；

（六）桥梁维修加固或改建工程施工中的试验检测及评定验收资料；

（七）管养单位桥梁养护工程师人员的基本情况资料；

（八）水毁及其他因素造成的桥梁损坏及修复情况资料；

（九）超重、大件运输情况资料。

第二十八条 公路局桥梁养护技术档案应包括以下内容：

（一）辖区内桥梁基本情况；

（二）桥梁特殊检查评定记录，结构计算分析报告；

（三）辖区内已建成桥梁施工图、竣工图及交（竣）工验收资料；

（四）水毁及其他因素造成桥梁损坏及修复情况统计资料；

（五）养护建议计划，维修加固、改建桥梁资料；

（六）桥梁维修加固或改建过程中的试验检测及交（竣）工验收资料；

（七）桥梁维修加固中新材料、新技术推广应用及科研情况；

（八）管养单位和监管单位桥梁养护工程师人员的基本资料；

（九）桥梁养护工程师培训情况；

（十）超重、大件运输情况资料；

（十一）危桥改造工程计划及实施情况，交（竣）工验收资料。

五、《青海省普通干线公路预防性养护管理办法（试行）》应知内容（部分）

第三条 公路预防性养护是指公路养护部门在公路路基、路面、桥涵、隧道及其他沿线设施结构良好或病害、损毁发生初期，即对其采取前瞻性、预见性的手段和措施进行有效养护，延缓公路病害、损毁的发生或进一步扩大，从而达到延长公路使用寿命，保持公路完好率，提高公路技术状况和服务水平，降低公路寿命成本，延长公路大、中修期限目的的作业方式。

第六条 公路预防性养护应定期对公路技术状况进行检测和调查，及时掌握公路使用状况，严格按以下程序依次进行工作：

数据采集（检测）—数据整理分析和评价—提出养护建议及预防性养护方案—批准立项—设计—施工。

第七条 公路预防性养护的目标是在公路实际使用周期内路基工程的各项分类损坏程度控制在"轻"以上；路面工程的使用性能（PQI）指数保持在"良"以上；桥梁工程的技术状况等级在"二类"以上；隧道工程的评定等级为"无异常"；涵洞的评定等级为"较好"以上；沿线设施技术状况（JCI）为"良"以上。

第九条 实施预防性养护的时机判定标准如下：

（一）路基工程：当路基工程损坏程度达到"轻"或之前；

（二）路面工程：当路面损坏状况指数（PCI）、路面行驶质量指数（RQI）、路面车辙深度指数（RDI）、路面抗滑性能指数（SRI）达到"良""中"或之前，普通沥青混凝土路面使用年限达到3~5年，改性沥青混凝土路面使用年限达到4~6年时；

（三）桥梁工程：当桥梁检查评定等级 在"三类"时或之前；

（四）隧道工程：当隧道构造物评定为"有异常"时或之前；

（五）涵洞工程：当涵洞构造物评定为"较差"时或之前；

（六）沿线设施技术状况（JCI）为"中"时或之前。

第十一条 公路路基的预防性养护内容：

（一）采取填土加固、植物防护等措施，维修、加固路望肩、边坡，使其尺寸和边坡坡度符合要求；

（二）采取疏通、整修等措施，疏通、改善、铺砌排水系统，确保排水，进出水口良好；

（三）采取封闭、勾缝、注浆、加筋、加固、改变水流等措施，维护、修理各种防护构造物的裂缝、脱落、变形、冲刷等病害，保持结构及伸缩缝填料完好，泄水孔无堵塞；

（四）清除塌方，处理塌陷，检查险情，预防水毁，缩短阻车时间；

（五）观察、预防、处理翻浆、滑坡、泥石流等病害，及时做好防护抢修；

（六）有计划地局部加宽、加高路基、改善急弯、陡坡和视距，使用这之逐步达到支付宝的等级。

第十二条 公路路面的预防性养护内容：

（一）经常清扫行车道与硬路肩上的泥土和杂物；当设有中间带、变速车道、爬坡车道、应急停车带时,其上的泥土和杂物应及时清除干净;在水泥混凝土路面和其他粒料路面上,应经常保持路面的清洁。

(二)采取灌缝、降排水和运用整体封层、再生等技术措施,及时、经常地对沥青路面进行保养和修理,防止路面松散、裂缝和拥包等各种病害的产生发展,保持和提高路面的强度、平整度和抗滑能力,确保路面安全、舒适的行驶发性能和路面耐久性;

(三)及时填补或清除水泥混凝土路面各种接缝的填缝料出现缺损或溢出,并防止泥土、砂石及其他杂物挤压进入接缝内,影响混凝土路面板的正常伸缩;

(四)经常检查和疏通路基路面(包括路肩、中央分隔带)排水设施,防止积水,以保护路面不受地面水和地下水的损害;

(五)冬季降雪时,应注意把雪水和薄冰清除干净,防止水分渗进路面和造成滑车现象。

(六)对水泥混凝土路面、路肩和路缘石等的情况损坏,应查清原因,采取合适的材料和受益人措施进行修复,以保持路面具有各级公路所要求的使用状态和服务水平;

(七)防止因路面损坏和养护操作污染沿线环境。

第十三条 公路桥涵的预防性养护内容:

(一)及时、经常进行桥面铺装、排水系统、人行道、栏杆、护栏、防撞墙、伸缩缝、桥涵结构、墩台基础、锥坡、翼墙等设施的检查、保养、维修,保证桥涵外观整洁,桥面铺装坚实平整、横坡适度,桥头连接顺适,排水畅通,结构完全无损,标志、标线等附属设施齐全完好;

(二)采取除锈、更换、加固、油漆、表面处置等措施,对桥涵钢结构设施的锈蚀、脱落、褪色、变形等病害及时进行处理;

(三)应有对付洪水、流冰、泥石流和地震等灾害的防护措施,同时制定应急预案;养护作业和工程实施应注意保障车辆、行人的安全通行及环境保护。

第十四条 公路隧道的预防性养护内容:

(一)及时扫除隧道内垃圾,清除结构物脏污,清理(疏通)设施,保持结构物外观的干净整洁;

(二)定期结构检查,发现异常情况,掌握结构技术状况,判定结构物功能状态,确定受益人养护对策和措施;

(三)及时预防性的对结构物进行保养、维修,修复结构物轻微破损,经常保持结构物完好状态;

(四)及时清洗隧道内的标志、标线,对破损严重的标线及时补划,保持其清晰、醒目;

(五)机电设施以及其他有关设施要经常保持完好,发现损坏或丢失,及时修复或补换。

第十五条 公路沿线设施的预防性养护内容:

(一)路面各种标线、导向箭头及文字标记,应及时清洗和恢复,经常保持各种标线、标志完整无缺,清晰醒目,加强标线作用的突起路标,应无损坏、松动或缺失,并保持其反射性能;

(二)路肩外和中央分隔带内种植的乔木和花草,应及时浇灌、剪修,以保持路容整齐、美观,如有空缺或老化,应适时补植或更新,对病虫害,应及进防治,对影响视距和路面稳定的绿化栽植,应予以处理;

(三)经常清理排水沟,疏导涵洞,特别是土边沟,要经常清理水沟杂物,确保排水畅通。

5.3 高海拔地区对养护机械的要求

青海大部分面积处于高海拔地区,导致许多养护机械无法正常工作,需要进行相关技术改造。

[工程示例5-1]

> **对青海省现有沥青路面综合养护车的技术改进**
>
> 由于摊铺沥青混凝土拌和料路面具有平整度好、行车舒适、施工工艺相对简单、抗滑构造易于形成和施工时开放交通快等诸多优点,因此已在国内外公路施工中被广泛采用。青海省目前通车里程中,沥青路面已达20 000km以上,但沥青路面亦有对基层承载能力要求高、路面面层易于损坏及使用工艺较为繁杂的特点,近几年大吨位车辆逐年增加,超载车辆屡禁不止,对路面的破坏起了主要作用。在养护施工中,必须根据沥青路面的这些特点制定合适的施工工艺,才能使沥青路面的养护作业产生事半功倍的效果。20世纪90年代初,我国沥青路面基本实现了机械化养护作业,青海省近几年也基本实现了机械化养护作业,其中的关键设备就是路面综合养护车。近年来给每个公路总段购置了一台DFLH60BX路面综合养护车,由于它将沥青路面养护工程的基本工作装置集于一身,并能使用再生拌和料,而且具有自行功能,因此具有一机多能和机动性能好的特点。多年来,综合养护车的采用为青海省沥青路面的快速高质量养护发挥了重要的作用。
>
> 随着公路建设的不断发展,青海省公路养护的工作量也在逐年增多,尤其近几年,随着西部大开发,公路养护生产面临着巨大压力,有关方面每年投入大量的养护机械,对提高生产效率起了关键作用,笔者长期从事养护机械的使用及保养工作,发现许多问题。本文就DFLH60BX综合路面养护车存在的问题,分析并提出了解决方案,并对果洛公路总段现有的沥青综合养护车进行了改造,取得了满意的效果。
>
> 1.青海省DFLH60BX沥青路面综合养护车现状及存在的问题
>
> 青海省公路建设虽然有很大发展,公路养护机械逐年增加,但与公路建设速度并不吻合,近几年大量摊铺沥青混凝土路面建成,但配套的摊铺养护设备很少,每个公路总段只有一台路面综合养护车,虽然使用非常方便,可采用再生沥青施工,但青海省大部地区海拔高、气候寒冷,综合养护车使用起来存在不少问题,具体如下:
>
> (1)打火系统不点火。2008年夏季,果洛公路总段的沥青路面综合养护车到班玛公路段进行养护施工,工作过程中,此车经常打不着火,经分析发现此车电控系统为德国生产,国内市场无售,花巨资通过厂家购入电控模块后,打火系统还是不好用,耽误了不少工期,对生产影响很大。图5-1所示为DFHL60BX整车外形;图5-2所示为DFLH60BX工作装置系统,分析原因有以下几点:①高原缺氧,燃油不易点燃;②车辆自备发电系统,

高原缺氧动力不足导致发电电压达不到额定值220V，从而导致点火温度偏低或不打火。

图5-1 DFHL60BX 整车外形

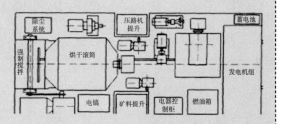

图5-2 DFLH60BX 工作装置系统

（2）喷燃器不喷油或断续喷油自行熄火。原因和（1）基本相似，但有时打着火后自行熄灭，分析原因发现：DFLH60BX 型德国进口模块，电压适应范围很窄，经测试电压波动范围在206～232V之间，尚能正常工作，而DFLH60BX 型车发电机为W4105柴油发电机，在高海拔地区，电压波动范围在180～240V之间，不能确保电控系统正常工作，其实测电压值见表5-2。

表5-2 实测电压值

单位：V

发动机输出电压	点火继电器线圈端	点火工作端	喷油继电器线圈端	喷油器工作端Ⅰ	喷油器工作端Ⅱ
180	0	0	0	0	0
205	0～24	0～205	0～24	0～205	0～205
220	24	220	24	220	220
232	24	232	24	232	232
240	0	0	0	0	0

（3）改进综合养护车温度控制。利用再生沥青拌料加热温度不易掌握，而加热基本温度往往高于100℃以上，所以沥青材料易于老化。而原路面病害部分的材料本已出现问题，同时再与新料混合后更难以掌握油石配比及强度指标，所以经加热修补后的部分易于损坏是必然的。故而对DFHL60BX 路面综合养护车的温度控制的改进是关键。

2. DFLH60BX路面综合养护车的改进

由于综合养护车存在问题的根源是进口模块与国产设备及青海省地理气候不适应，应从问题的根源入手逐一解决这些问题。首先检查发电机组是否正常，检查电气控制柜中各执行元件的操纵开关的动作是否有效、可靠，检查各接头、导线、点火工作装置、喷油工作装置是否完好，并在完好的基础上作业。

（1）确保喷油点火装置稳定工作。将进口模块4个直流继电器的控制点电压断开，分别接入4个图5-3所示稳压电路，改为直控后，由于有继电器致点火装置三端稳压LM7824的稳定工作，继电器不受模块控制，从而确保了喷油点火装置的稳定工作。

LM7824 是我国电子工业中稳压表现很出色的一个部件，成本低，装配简单。改进后的实测电压见表5-3，发电机在180～240 V之间时系统仍能正常工作。上述改进过程中可以独立制作4个控制电路：点火、喷油泵Ⅰ、喷油泵Ⅱ、供油泵，也可以用一组整流稳压，接出4个LM7824三端稳压块加以K1，K2，K3，K4进行控制，操作简便。

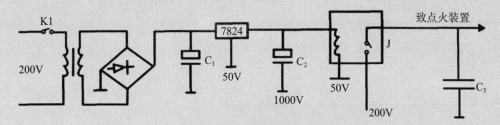

图5-3　稳压电路图

表 5-3　实测电压值

单位：V

发动机输出电压	点火继电器线圈端	点火工作端	喷油继电器线圈端	喷油器工作端Ⅰ	喷油器工作端Ⅱ
180	24	180	24	180	180
205	24	205	24	205	205
220	24	220	24	220	220
232	24	232	24	232	232
240	24	240	24	240	240

（2）加装废气涡轮增压机。由于发电设备的条件限制，电压控制相对难一点，在发电机组的发动机上也可以加以改进，就这台DFLH60BX综合养护车而言，对W4105柴油机加装了废气涡轮增压机，使其动力性能在高原地区达到了正常功率，故而发电机亦能正常工作，确保输出电压稳定。

（3）确保沥青拌和料的温度控制。由于喷油温度不易掌握，故而拌出的沥青拌和料的温度也难以控制，利用市售泛用型可调WSR温控器在烘干搅拌桶内设置温度感应塞，使WSR温控器触点串入喷油器Ⅱ 220V供电电路中可有效对温度加以控制且任意可调，确保了沥青拌和料的温度控制，达到了事半功倍的效果。通过以上改进，DFLH60BX型综合养护车再没有出现不点火，点火断续不喷油、不供油现象，而且温度控制良好，2009年此车在西久线拉脊山海拔3 800m路段多次施工，没有出现上述故障，工作状况良好。

3. 结语

高海拔地区，由于受条件限制，公路养护往往效率低，养护时间短，机械设备不相适应是很自然的，靠厂家提供维修和供配件也不现实和浪费时间、影响施工工期，如果能从根源上对养护机械加以改进，使其适应青海的地理环境特点，就可以提高养护质量，降低养护成本，从而使我国的养护机械不断完善发展。

[工程示例5-2]

路面快速检测技术——以青海省2016年度公路养护报告为例

1.检测道路基本情况

为及时了解和全面掌握青海省普通干线公路的路面技术状况及使用性能，客观分析青海省普通国省干线公路路面养护需求，提高养护工作和管理决策的科学性，受青海省公路局委托，公路养护技术国家工程研究中心（中公高科养护科技股份有限公司，简称"养护国家中心"）、青海省公路工程检测鉴定中心（简称"鉴定中心"）及青海省交通科学研究院（简称"省科研院"）对青海省普通国省干线公路开展了路面技术状况检测评定工作，根据现时路况对全省普通国省干线公路网进行了养护需求分析，通过不同养护方案的效果评估，分析了"十三五"期间养护规划，结合当前路况及历年投资情况，提出了2017年度养护建议计划。

本次检测评定共计25条普通国省干线，检评长度（上、下行均进行检测）总计12 842.115km。全省检测里程占青海省公路局管养的7 545.4km普通国省干线（除在建及保通里程）85.18%，未检测路段主要为砂石路面、改建路段及现场施工等。其中，普通国道5条，检评长度（上、下行合计）为5 867.440km，占比为45.69%，普通省道20条，检评长度（上、下行合计）为6 974.675km，占比为54.31%，具体见表5-4和图5-4。

表5-4 青海省普通国省干线公路技术状况等级构成及路面类型分类

单位：km

养管单位	检测长度（上、下行合计）	技术等级				路面类型	
		一级公路	二级公路	三级公路	四级公路	沥青路面	水泥路面
格尔木公路总段	1 803.006	0	1 803.006	0	0	1 803.006	0
果洛公路总段	1 571.524	0	631.680	764.490	175.354	1 541.058	30.466
海东公路总段	2 095.853	0	1 708.007	387.846	0	2 015.163	80.690
海西公路总段	2 667.012	18.206	2 507.924	140.882	0	2 667.012	0
湟源公路总段	2 360.840	0	2 032.300	327.122	1.418	2 345.680	15.160
青海收费公路管理处	2.638	0	2.638	0	0	1.358	1.280
玉树公路总段	2 341.242	0	1 652.576	688.666	0	2 319.728	21.514
总计	12 842.115	18.206	10 338.131	2 309.006	176.772	12 693.005	149.110

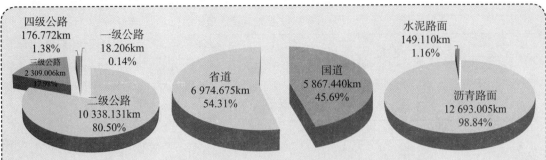

图5-4 青海省普通国省干线公路技术状况检测的路面构成

2. 检测依据的标准规范、检测指标及主要检测设备

本次路面技术状况检测评定和养护分析工作主要依据下列标准、规范和文件：①《公路技术状况评定标准》（JTG H20—2007）；②《公路沥青路面养护技术规范》（JTJ073.2—2001）；③《公路水泥混凝土路面养护技术规范》（JTJ073.1—2001）；④《公路路基路面现场测试规程》（JTG E60—2008）；⑤《公路路面技术状况自动化检测规程》（JTG/TE61—2014）;⑥《多功能路况快速检测设备》（GB/T 26764—2011）；⑦国家及交通运输部颁布的相关规范、规程、办法等。

本次路面检测指标主要包括4项：①路面破损；②路面平整度；③路面车辙；④公路前方景观图像。

检测设备采用目前国内先进的"多功能路况快速检测系统"（CiCS），如图5-5所示。它是我国第一套具有完全自主知识产权和世界先进水平的多功能路况快速检测设备，能在正常车流速度下，一次性完成路面破损状况、路面平整度和前方图像等多项技术指标的检测工作，其主要性能指标见表5-5，路面损坏自动识别系统（CiAS）如图5-6所示。

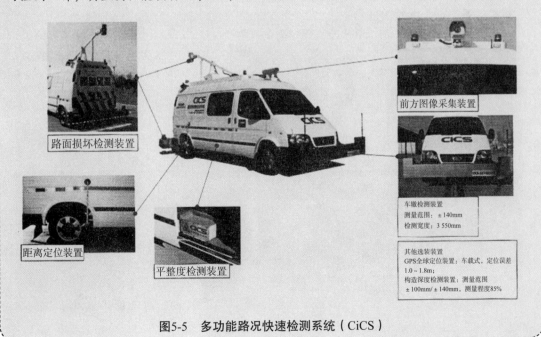

图5-5 多功能路况快速检测系统（CiCS）

表5-5　CiCS主要性能技术指标

序号	检测指标	技术性能
1	路面损坏	①检测宽度265cm，290cm，360cm，标准配置为265cm； ②图像分辨率：1±0.05mm（能够分辨的裂缝宽度）； ③识别精度：正常路面识别准确率达到《标准》要求的90%以上； ④图像处理：机器自动识别处理； ⑤图像储存：约2m一帧，每帧图像不小于2 048像素（纵向）×2 698像素（265cm横向），按JPG格式纵向连续存储
2	道路平整度	①检测指标：国际平整度指数（IRI）； ②相对高程测点准确度小于0.5mm； ③纵向测点间距不大于10cm； ④数据处理方式：实时处理并显示路面平整度
3	前方图像	①图像格式：以彩色图像按JPG格式储存； ②分辨率：不小于1 440像素（宽）×1 080像素（高）； ③检测频率50～100帧/km，可设定
4	路面车辙	①检测宽度：检测宽度≥350cm； ②传感器数量：13个激光传感器，非均匀对称分布，平均测点间距小于25cm； ③纵向测点密度不大于25cm； ④数据处理方式：实时处理
5	检测速度	1～100km/h，实际运营速度取决于路面状况、交通流量和线形条件

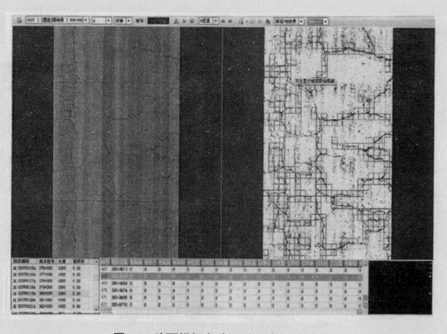

图5-6　路面损坏自动识别系统（CiAS）

3.检测评定方法

路面技术状况评定依据《公路技术状况评定标准》(JTG H20—2007),采用评定工具为公路养护技术国家工程研究中心(中公高科养护科技股份有限公司)开发的"公路技术状况评定系统"(MQI)。

沥青路面使用性能评价包含路面破损、平整度、车辙、抗滑性能、结构强度五项技术内容。其中路面结构强度为抽样评定指标,单独计算评定,评定范围根据路面大中修养护需求、路基的地质条件等自行确定。

路面综合使用性能采用PQI指标来表征,计算方法如下:

$$PQI = \omega_{PCI} \cdot PCI + \omega_{RQI} \cdot RQI + \omega_{RDI} \cdot RDI + \omega_{SRI} \cdot SRI \qquad (5-1)$$

PQI分项指标计算权重见表5-6。

表5-6 PQI分项指标计算权重

PQI权重系数	高速公路、一级公路		二级、三级、四级公路	
	沥青路面	水泥路面	沥青路面	水泥路面
路面损坏状况指数的PCI权重ω_{PCI}	0.35	0.50	0.60	0.60
路面行驶质量指数RQI的权重ω_{RQI}	0.40	0.40	0.40	0.40
路面车辙深度指数RDI的权重ω_{RDI}	0.15			
路面抗滑性能指数SRI的权重ω_{SRI}	0.10	0.10		

路面技术状况评价等级和评价标准见表5-7。

表5-7 路面技术状况评价等级和评价标准

评价等级	优	良	中	次	差
PQI	≥90	≥80,<90	≥70,≤80	≥60,≤70	<60
PCI	≥90	≥80,<90	≥70,≤80	≥60,≤70	<60
$DR_{沥青路面}$	≤0.4	>0.4,≤2.0	>2.0,≤5.5	>5.5,≤11.0	>11.0
$DR_{水泥路面}$	≤0.8	>0.8,≤4.0	>4.0,≤9.5	>9.5,≤18.0	>18.0
$DR_{砂石路面}$	≤1.0	>1.0,≤4.0	>4.0,≤9.5	>9.5,≤17.0	>17.0
RQI	≥90	≥80,<90	≥70,≤80	≥60,≤70	<60
$IRI_{高速、一级公路}$	≤2.3	>2.3,≤3.5	>3.5,≤4.3	>4.3,≤5.0	>5.0
$IRI_{其他等级公路}$	≤3.0	>3.0,≤4.5	>4.5,≤5.4	>5.4,≤6.2	>6.2
RDI	≥90	≥80,<90	≥70,≤80	≥60,≤70	<60
RD	≤5	>5,≤10	>10,≤15	>15,≤20	>20
SRI	≥90	≥80,<90	≥70,≤80	≥60,≤70	<60
SFC	≥48	≥40,<48	≥33.5,<40	≥27.5,<33.5	<27.5
PSSI	≥90	≥80,<90	≥70,≤80	≥60,≤70	<60
SSI	≥0.95	≥0.80,<0.95	≥0.69,<0.80	≥0.61,<0.69	<0.61

注:DR为路面破损率,为各种损坏的折合损坏面积之和与路面调查面积之百分比(%);IRI为国际平整度指数;RD为车辙深度(mm);SFC为横向力系数;SSI为路面结构强度系数,为路面设计弯沉与实测代表弯沉之比。

4.检测结果

本次检测评定中,青海省普通国省干线公路中沥青路面路况水平明显好于水泥路面,其中沥青路面的路面性能PQI均值为84.0,水泥路面仅为59.1,见表5-8。沥青路面的路面性能PQI优良路率为76.54%,好于水泥路面的7.69%;沥青路面的次差路率为9.26%,好于水泥路面的75.53%。PQI分项指标中,沥青路面的路面破损PCI均值为81.2,好于水泥路面的64.2,沥青路面的平整度RQI均值为88.1,好于水泥路面的51.6。

表5-8 各路面类型路面PQI及分项指标评定表

路面类型	路面性能PQI			路面破损PCI	平整度RQI	检评长度（上下行合计）/km
	均值	优良路率/(%)	次路率/(%)			
沥青路面	84.0（良）	76.54	9.26	81.2（良）	88.1（良）	12 693.005
水泥路面	59.1（差）	7.69	75.53	64.2（次）	51.6（差）	149.110

虽然水泥路面在本次检测中长度比例仅为1.16%,但水泥路面的路面性能PQI仅为59.1,评定为差等,建议应集中整治水泥路面路况较差路段,提升水泥路段的路况水平。

5.相应的养护对策

青海省普通干线公路沥青路面病害分布图如图5-7所示,青海省各管养单位平均每公里病害情况统计图如图5-8所示。

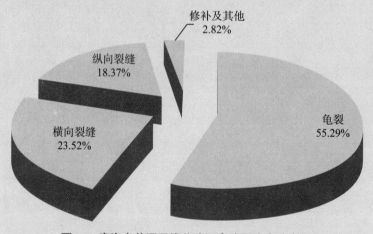

图5-7 青海省普通干线公路沥青路面病害分布图

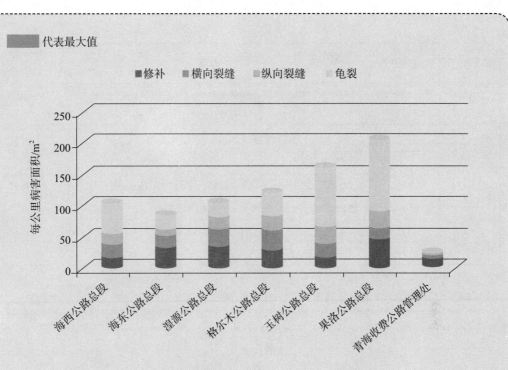

图5-8 青海省各管养单位平均每公里病害情况统计图

总结青海省公路养护的常见技术，分析梳理得到表5-9的结果。大、中修典型养护方案及养护单价参见表5-10。对各条路线的养护工作提出具体的指导策略，见表5-11所示。

表5-9 青海省干线公路沥青路面破损统计表

养管单位	每公里龟裂面积 /m²	每公里纵缝长度 /m	每公里横缝当量数 /条	每公里修补面积 /m²	PCI分值
海西公路总段	51.22	77.60	40.72	16.89	84.5
海东公路总段	24.73	43.79	32.48	35.02	83.1
湟源公路总段	23.61	88.63	54.32	34.92	81.1
格尔木公路总段	37.04	94.93	69.03	27.64	80.2
玉树公路总段	96.41	130.09	39.02	17.94	79.0
果洛公路总段	114.56	131.44	34.58	46.56	76.4
青海收费公路管理处	1.11	9.80	12.56	13.67	76.2
全省平均	55.79	92.67	44.77	28.48	81.0

表5-10 大、中修典型养护方案及养护单价表

路面类型	养护性质	养护方案	养护单价 元/平方米
沥青路面	预防性养护	微表处/薄层罩面/超黏磨耗层等+病害处理	30
沥青路面	中修	沥青混凝土罩面/4cm+病害处理	100
沥青路面	中修	沥青混凝土罩面/9cm+病害处理	170
沥青路面	大修	沥青混凝土罩面/4cm+二灰（水稳）碎石/20~25cm+病害处理	145
沥青路面	大修	沥青混凝土罩面/9cm+二灰（水稳）碎石/20~25cm+病害处理	180
沥青路面	大修	沥青混凝土罩面/9cm+二灰（水稳）碎石/20~25cm+垫层	210
水泥路面	中修	水泥路面换板20%/24cm	140
水泥路面	大修	水泥混凝土/24cm+二灰（水稳）碎石/24cm+病害处理	210

注：1.表中所列费用不包含路面大中修工程可能涉及的交通设施附加费用；
2.表中所列养护单价来自省公路局调研数据，调研时间为2016年；
3.养护费用测算时，各项费用按有效路面面积乘以所采用的大、中修及预防性养护方案的单价计算；
4.玉树地区为三江源保护区，无自采石料，材料费根据运距乘以系数1.2。

表5-11 各条线路对应的养护策略（以G109线部分数据为例）

路线编码	上下行	起点桩号	长度/m	PQI	PCI	RQI	养护类型	养护费用/万元	优先级别
G109	上行	0	1500	66	65.7	66.6	中修	90	B
G109	上行	1916	1000	60	66.3	50.0	大修	87	A
G109	上行	2313.142	858	88.9	87.5	91	预防性养护	12	C
G109	上行	2314	1000	90.5	89.4	92	预防性养护	14	C

注：优先级别分为A，B，C，D，E，F共6个级别，分别对应国道差等路段、国道次等路段、国道预防性路段、省道差等路段、省道次等路段、省道预防性路段，其养护的优先次序为A>B>C>D>E>F。

5.4 多年冻土地区公路养护

多年冻土主要分布在东北大、小兴安岭，青藏高原以及西部高山区（天山、阿乐泰山、祁连山等），占国土面积的22.3%，冻深在2m以上，有的可达数十米。季节冻土主要分布于东北、华北和西北地区，其冻结深度随气候条件而不同，一般为0.5~2.0m。

根据青海省公路科研勘测设计院与吉林省交通科学研究所编制的《多年冻土地区公路养护与维修技术指南》（交通部西部交通建设科技项目管理中心于2010年4月公布，属于震后交通基础设施重建技术系列指南之九），其相关条文对应的技术措施如下。

一、路基养护技术

1.路基病害

多年冻土地区路基病害的表现形式主要有以下几种：①路堑边坡坍塌；②路基底发生不均匀沉陷；③冻胀、翻浆；④路基、路面的开裂与变形、不均匀沉陷，如图5-9所示。

（a）路面坑槽与路基翻浆　　　　　　　（b）路基翻浆与不均匀沉降

图5-9 冻土地区公路病害示意

2.路基不均匀变形的防治方法

（1）增加路基热阻。增加路基热阻的主要方法有加高路基、隔热路基、保温护道。这几种方法治理路基的目的在于通过填土或其他隔热材料来减少热量向下伏土层传送。

加高路基可以提高热阻，这在若干年来国内外的道路工程中都得到了体现。但高路基应使沥青路面处于冻土路基的上、下临界高度之间。在合理范围内加高路基可以延缓下卧多年冻土层的融化，达到保护冻土的目的，在部分低温稳定冻土段有促使人为上限上升的作用。

隔热路基一般在路基由于纵坡原因不能采用加高路基时，或者通过比较比增加填土更加经济时采用。在东北多年冻土区路基填筑前采用当地塔头草对叠作为垫层，在一定程度上也有这种效果。

合理的路基断面形式对减少路基变形有重要影响。路基横断面形式应尽量采用路堤形式，不宜采用路堑或填挖结合形式。路堤的断面形式应当有利于堤内水分的排泄。一般状态下，如果基底人为上限略有升高，则路基填筑体的含水量年变化幅度不大，热稳定性较好。但由于路堤表面缺乏植被保护，土体夯实后密度较大，其导热性能也增加，融速、融深都大于天然地层，其中融深增大20%左右。路堤朝阳坡面的水平热流对堤身有加热作用，使朝阳坡面对路堤中心方向有热传导，容易加大路堤融深。因此有必要在阳坡设保温护道来减少水平热流的影响，护道尺寸一般取宽2m、高1m。

（2）增加散热方法。散热方法是一种特殊的设计，目的是使路基能够散热，在冷季有利于冻结，热季能减少热量向下传送。通风块石路基与热桩路基是这种方法的代表。

通风块石路基是在冷季利用空气作为冷源使下卧土层冻结，块石路堤采用大石块堆砌而成。由于块体之间存在的不连续界面使传热受到阻碍，并造成热流在传递方向上的不连续。而且块石之间空隙直径较大时，对流传热迅速增加。因此块片石堆体内以较大的空隙和较强的自由对流使得冬夏冷热空气由于空气密度等差异而不断发生冷量交换和热量屏蔽,其结果有利于保护多年冻土。用粗粒材料,特别是大块石作为路堤填料或路堑换填料有上述优点,可以充分利用冬季冷储量和夏季热空气密度上的差异来维持冻土上限的热平衡;保持冻土上限位置或促使上限上升。修筑块片石通风路堤对填料要求较高,在有条件的多年冻土地区可以采用,但要注意施工工艺以及修筑良好的排水设施,防止孔隙被细颗粒填充而失去应有的作用。

通风管路堤也是一种散热装置。通风管一般为20~50cm直径的波纹管,每节长15~30m,水平埋设于坡脚下。由于冷热空气的密度不同,在冬天,地面冷空气通过垂直桩进入地下管道,把管道中热空气带出来。夏天,管道中气温低于地面气温,这时空气对流停止。通风管系统在空气对流中是一个不可逆装置,国外用于解决路基两侧由于热融产生的融沉而引起的路面纵向开裂。但是由于其施工难度较大和造价较高的原因在我国多年冻土区不宜大面积推广。

多年冻土地区路基还可以采用热棒散热。热棒是一种气液两相对流循环的导热系统,其构造是一密封的管,里面充有介质。当冷凝器和蒸发器之间存在温差时,蒸发器中液体介质吸收热量,蒸发成气体,在气压差的作用下,蒸气上升至冷凝端,与较冷的冷凝器管壁接触,放出汽化潜热;同时,蒸气介质遇冷冷凝成液体,在重力作用下,液体沿管壁回流至蒸发段,再蒸发;如此往复循环。上述气液两相对流循环过程是连续的。只有当蒸发器温度低于冷凝器温度时,这种过程才停止。热棒的能量传递是通过潜热来进行的,它的热放率极高,在导热方面是结构钢的500倍。热棒周围温度下降幅度要比土体与空气间的温度差低6%以上。

(3)增加路基填筑体自身稳定性。增加路基填筑体自身稳定性的方法有选择适宜的路基填料,控制路基压实度与含水量,采用土工格栅(或土工布)来提高填筑体强度,加强两侧路肩的压实,放缓边坡坡率等措施减少路基不均匀变形。

(4)加强防排水设施。多年冻土地区防排水措施主要目的是防止地表水对路基的直接作用,减少水(特别是冻结层土水)对路基的渗流作用。在路基边坡防护与排水设施养护中,边坡铺设草皮是一种值得在适用地区推广的技术措施。

3.冻胀和翻浆的养护技术

当因各种原因造成了路基翻浆时,应根据不同情况采取治理措施。

(1)因路基偏低、排水不良而引起的翻浆,若地形条件许可,可采用浆砌片石护坡、挖深边沟和增加排水沟等方法进行治理,条件具备时应用沙砾石土重新翻修此段路基。

(2)路基土透水性不良、提高路基又困难时,可将路基上层40~60cm的土挖除,换填砂性土、碎(砾)石,压实后重铺路面。在翻浆严重路段应将翻浆部分软土全部挖除,填入水稳定性良好的沙砾材料并压实,然后重铺路面。

(3)设置不透水隔离层。在路基中可设置不透水隔离层。当路基宽度较窄,隔离层可横跨全部路基,称为贯通式;当路基较宽时,隔离层可铺至延出路面边缘外50~80cm,为不贯通式。

不透水隔离层所用材料和厚度:① 沥青含量为8%~10%的沥青土或6%~8%的沥青砂,厚度2.5~3.0cm。② 沥青直接喷洒,厚度为2~5mm。③ 用油毛毡(一般为2~3层)或不易老化的特制塑料薄膜摊铺(盐渍土地区不可用塑料薄膜)。

(4)为防止水的冻结和土的膨胀,可在路基中设置隔温层,以减少冰冻深度。厚度一般不小于15cm。

4.纵向裂缝养护技术

(1)对于轻微纵向裂缝(缝宽小于0.5cm),在养护时可以浇灌热沥青或乳化沥青,防止水分渗入;对于中等程度的纵向裂缝(缝宽0.5~2cm),可以采用灌浆处治技术。此种技术是将路面路基开挖后,将水泥、石灰等水硬性材料按一定的配合比与水混拌后灌入纵向裂缝缝隙内,然后按原路面结构回填。

(2)对于较大宽度(缝宽大于2cm)的纵向裂缝,而且变形还在不断加剧发展时,证明此段路基和路基下地基存在较大问题,这时应对变形严重的部分路基采用单层土工合成材料处置技术。此种技术是将路面路基开挖后,在用灌填材料填缝的基础上,在缝隙上面展铺一层土工合成材料(例如土工格栅和土工布等),用以阻止裂缝的扩展和反射,最后按原路面结构回填。

单层土工格栅处治结构施工顺序及工艺:

1)施工顺序:标出处置位置及范围→开挖基床→灌缝并填实→压实松软部位→铺设并固定土工格栅→回筑水稳基层→回筑沥青混合料面层。

2)工艺及要求:用石灰在路面上标出处置范围,并做好施工时的交通组织工作。

3)开挖基床:按照设计要求将原路基路面开挖台阶似的基床,台阶上应清理干净。基床开挖后,应及时进行下一步施工。同时应做好施工时的防雨、雪准备。

4)灌缝并击实:对台阶上显露的裂缝,应用同类路基土料填平并击实。

5)压实松软部位:当基床的压实度达不到规范要求时,应及时进行压实;压实时如果含水量不高,应洒水以保证在最佳含水量下压实。

6)铺设并固定土工格栅:根据设计要求铺设土工格栅,并在两端用铁皮和U形钉固定,U形钉间距50cm,距土工格栅末端10cm。

7)回筑水稳基层:按照基层施工技术规范、原基层材料类型和原基层材料配合比将基层回筑到原设计高度。

8)回筑沥青混合料面层:按照面层施工技术规范、原面层材料类型和原面层材料配合比将面层回筑到原设计高度。

(3)对于出现在路基中央部位的纵向裂缝,当程度较严重或路基较不稳定时,单层土工格栅已经不能满足要求,可以采用柔性枕梁处置技术。此技术是将路面路基开挖用灌填材料填隙后,在裂缝上面放入柔性枕梁之后按原路面结构回填。

通过对柔性枕梁处治结构的有限元分析可知,柔性枕梁处治结构在路基变形时容易在裂缝中心线附近或枕梁端部线附近产生反射裂缝,为了延缓反射裂缝的产生,可以在柔性枕梁处置结构的基层底面再加铺一层土工格栅,以防止反射裂缝的产生。此技术是将路面路基开挖一定深度后,先用灌填材料将缝隙填充至开挖深度,然后将柔性枕梁放入,搭在裂缝两侧,接着在上面铺设隔离层,再在上面展铺一层土工格栅,最后按原路面结构回填。

5.涎流冰养护技术

(1)将路基上侧的泉水、夹层和透水层的渗水,从保温暗沟(或导管)导流出路基外。如含水层下尚有不冻结的下层含水层,则可将上层水导入下层含水层中排出。具体做法是将泉水源头至路基挖成1m深沟，上面覆盖柴草保温材料，再修一小坝积水井（观察眼），路基下放导管（直径为30cm），管的周围用保温材料包裹，防止结冰，避免冰丘的形成。

（2）提高路基的高度，使其高于涎流冰面60cm以上。因受地形或纵坡限制不能提高路基时，可在临水一侧路外筑堤埂或在路侧溪流初结冰后，从中部凿开一道水沟，用树枝、杂草覆盖加铺土或雪保温，使水流沿水沟流动，避免溢流上路。如地形许可，可将溪流改至远离公路处通过。

（3）在多年冻土区，可在公路上侧10~15m以外开挖与路线平行的深沟，以截断活动层泉流；在冬季宜使涎流冰聚集在公路较远处，保证公路不受涎流冰的影响。

（4）根据涎流冰的数量，在公路外侧修筑储冰池，使涎流冰不上公路。

以上各种多年冻土地区路基养护对策对比分析见表5-12和图5-10。

表5-12 多年冻土地区路基养护对策的对比分析

措施	使用效果	造价分析	应用建议
抛碎石护坡	在多年冻土地区的填土高度小于3m的路基工程中采用等粒径或有一定级配的碎石护坡，可有效减缓多年冻土地区路基下冻土的融化速率，控制冻土上限下移，增加冻土地区路基的稳定性，对多年冻土起到很好的保护作用	7.2万元/100m（阳面铺设宽1m，高2m，阴面铺设宽0.8m，高2m）	宜在大、中修中使用
热棒	可有效地防止多年冻土退化和融化，降低多年冻土地基的温度，提高多年冻土地基的稳定性，尤其适用在地-气温差、昼-夜温差、年-气温差和风速都比较大的多年冻土地区	30万元/100m（两侧间隔4m，埋深7m）	造价较高，选择性使用
遮阳板护坡	在多年冻土地区，公路路基填土高度在3m以上时，采用遮阳板护坡效果比较明显，可有效降低地温，防止冻土融化，控制冻土上限下移，增加冻土地区路基的稳定性	12.5万元/100m（阳面铺设，遮阳板高70cm，路基高4m）	造价较高，维修成本较高，选择性使用
硅藻土护坡	由于硅藻土蓄水后才能充分发挥其热二极管的作用，所以适于应用在秋季降雨较多的多年冻土地区，或者改良硅藻土，提高硅藻土的持水能力，使其防护作用充分发挥	36万元/100m（阳面、阴面铺设，厚50cm）	造价很高，技术存在问题，有待进一步研究
反压护道	多年冻土地区东西走向的路基，容易产生热融沉变形，阴阳面变化差异较大，易产生路基纵向裂缝，这样的路基适于反压护道防护	4.8万元/100m（阳面、阴面铺设，宽2m）	宜在大、中修中使用
纵向通风管路基	多年冻土地区解决路基两侧由于热融产生的融沉而引起的路面纵向开裂	10万元/100m（阳面铺设，管径30cm）	宜在大、中修中使用
碎石路基	该措施适用于高温不稳定的多年冻土地区	9.6万元/100m（在路基垫层下铺设，厚120cm）	宜在大修中使用

（a）抛石护坡　　　　　　（b）热棒设置　　　　　　（c）遮阳棚设置

（d）硅藻土护坡　　　（e）纵向通风管护坡　　　（f）通风管路基

（g）应用于青藏铁路的U形块碎石路基新技术

图5-10　多年冻土区常见路基

[工程示例5-3]

多年冻土区公路路基病害处治

针对青藏公路K2966—K3360路段进行路基病害调查，调查结果见表5-13。从表中可以看出，该调查路段内典型的路基病害形式是内部纵向裂缝、不均匀变形和边坡疏松。

表5-13 青藏公路部分路段路基病害统计

桩号范围	路基病害特征	桩号范围	路基病害特征
K2966+400—K2970+050	路基变形明显，不均匀沉降严重，边坡疏松	K3101+640—K3102+150	路基右幅不均匀沉陷严重，伴有网裂
K3008+250—K3010+040	路基左幅有连续纵向裂缝，右幅有少许拥包	K3116+950—K3117+350	路基有不均匀沉陷、拥包和网裂
K3042+300—K3045+700	路基左幅有纵向重度裂缝，部分路段路面有中度裂缝、沉陷	K3154+128—K3154+560	路基纵向变形严重，最大沉陷深度达30cm
K3049+280—K3050+680	路基沉陷较小，路基两侧纵向裂缝发育	K3174+300—K3174+600	路基左幅有连续纵向裂缝，伴有沉陷，边坡疏松
K3054+200—K3054+600	路面纵向裂缝普遍较少，局部路段纵向裂缝严重，边坡疏松	K3186+900—K3187+200	路基左幅有连续纵向裂缝，伴有沉陷，最大沉陷约为20cm
K3057+200—K3057+800	路基纵向裂缝严重，边坡疏松	K3190+200—K3225+100	路基严重变形、沉陷，伴有纵向裂缝
K3084+150—K3084+550	路基不均匀沉陷较小，左幅分布纵向裂缝，右幅车辙严重	K3229+200—K3229+600	路基严重变形、沉陷，伴有纵向裂缝、横向裂缝
K3088+000—K3088+650	路基不均匀沉陷严重，伴有翻浆现象	K3264+000—K3264+450	路基严重变形、沉陷
K3093+000—K3094+250	路基有纵向裂缝、沉陷、网裂和翻浆现象，边坡疏松		

1. 病害形式

（1）纵向裂缝。纵向裂缝是与行车方向基本平行并伴有少量支缝的长直裂缝，如图5-11所示，宽为几厘米至几十厘米，长度从几米到几十米不等，多发生在距路边缘3~5 m的行车道内、紧急停车带或路肩部位。75%以上的纵向裂缝发生在路基高度大于2.5 m的路段，且阳坡路段多于阴坡路段。

（2）路基不均匀变形。冻胀、融沉及翻浆等病害导致路基不均匀变形破坏，表现形式为横向不均匀变形和纵向波浪变形，如图5-12所示。路基的横向不均匀破坏主要表现为路基、路面有深度大于3cm的竖向变形或路面下凹。青藏公路路基最大横向不均匀下沉变形从几厘米到几十厘米不等，最大处达到20cm。路基的纵向不均匀变形主要呈现波浪变形，波峰波谷非常明显，破坏路段从十几米至上百米不等，不均匀下沉的变形从几厘米至十几厘米不等。

(a) 5cm宽纵向裂缝　　　　　　　　(b) 20cm宽纵向裂缝

图5-11　纵向裂缝

(a) 横向不均匀变形　　　　　　　　(b) 纵向波浪变形

图5-12　路基的不均匀变形

（3）边坡的疏松。边坡疏松是青藏公路路基的一种典型病害形式，主要表现为边坡土体松散，降雨过后，边坡上会有小型的冲沟，如图5-13所示。青藏公路沿线普遍存在边坡疏松现象，边坡疏松将导致边坡局部坍塌、路基宽度变窄等破坏。

图5-13　边坡疏松

2.路基病害产生的原因

冻土地区路基病害产生的原因有内因与外因，内因是冻土的工程性质，外因包括特殊的气候条件和工程因素。

（1）冻土的工程性质。冻土对气候、水文和地表条件的变化极其敏感，具有融沉、冻胀等特殊的工程性质，而冻土的冻胀、融沉是土中水的冻结与冰的融化作用，是温度与水分综合作用的结果。多年冻土区路基可分为季节活动层和多年冻土层，地温、含水量和含冰量极大地影响季节活动层和多年冻土层的力学性能。路基修筑在季节活动层上，活动层的力学性质是影响其稳定性的关键因素。随着全球气候变暖，加之道路的修筑，使得多年冻土层上限下降，冻土转化为融土，这也是路基承载能力下降的关键因素。

（2）特殊的气候条件。青藏公路处于高海拔低温的气候区域，冻结过程与融化过程一样，均是周期气候的产物。青藏高原的降雨主要集中在每年6—9月，这种集中降水从路基的边坡下渗到路基内部（青藏公路路基排水是散排）。气候降温引起土体冻结，由于土体中水分的不均匀性和水分迁移通道的差异，冻结过程中路基土体产生的冻胀变形不均匀。随着气温上升，土体中的冰融化，含水量的增大使土体强度产生弱化，在行车荷载的作用下，被弱化的土层就会发生变形，而其下的冻土层却具有很高的强度，致使弱化土层产生水平向的变形，路面表现为融沉或翻浆现象。在气候周期变化下，路基土体常年处于冻胀和融化状态，结构疏松，承载能力下降极快。

（3）工程因素。道路的修筑过程，改变了原有的地表水热平衡状态。路基断面类型、路基填料和路面性质都是影响路基病害的原因。路基的断面类型指路基的高度、宽度以及排水设施等。路基高度和宽度的不同会引起热阻和热储差异；路基高度越大，会使得因阳坡面接收太阳辐射热而产生的热阻、热储的差异越明显。排水设施是否完备，决定着渗入路基水分的多少。路基填料性质直接影响路基承载能力和稳定性。沥青路面的铺筑增大了对太阳辐射能量的吸收，减少了蒸发耗热，致使路基内部地温增加，引发融沉现象。

3.多年冻土地区路基病害的处置措施

以青藏公路五道梁段为依托，分别针对纵向裂缝、路基不均匀变形和边坡疏松三大类病害提出整治措施。

（1）路基纵向裂缝的处置措施。青藏公路格拉段K3052+970.5—K3032+990.5处20m纵向裂缝严重，最宽处达到40多厘米，裂缝中心约距左路肩1.5m，路肩宽度为1.5m，左侧边坡坡长6.5m，坡度1∶1.5。整个路段处于凹形竖曲线最低端，路基填料为含有大量沙砾的红黏土，并含有一定量的碎石。纵裂一侧有长度约10m的过水涵洞，涵洞外侧垮塌，边坡整体平整略有冲沟。如图5-14所示。

（a）处置前原始边坡　　　　　　　　（b）处置前的纵向裂缝

图5-14　边坡及纵裂未处治前原貌

(c)路基填料　　　　　　　　(d)开挖后的路面结构

续图5-14　边坡及纵裂未处治前原貌

1)柔性枕梁结合凸榫式土工膜袋综合处治纵向裂缝的工作原理。柔性枕梁是把土工格栅内包裹强度高而松散的碎石形成类似于"碎石枕头"的整体(为防止碎石从格栅缝隙漏出,有时在碎石和格栅之间会增加一层土工布),或者说形成类似于"梁"而能承受弯矩的柔性结构来抑制纵向裂缝的发展,发挥两种材料各自的优势。其施工场景如图5-15所示。

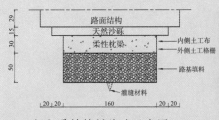  

(a)柔性枕梁处治示意图　　(b)路面结构开挖　　(c)铺设土工格栅

(d)柔性枕梁碎石回填　(e)土工合成材料反包缝合　(f)天然沙砾调整层铺筑

图5-15　柔性枕梁施工场景

凸榫式土工膜袋是向路基纵向钻孔,使钻孔横穿裂缝,然后在孔中横向穿入带有不规则孔的土工膜袋,通过高压泵向膜袋中注入水泥浆,并希望水泥浆在膜袋内形成长直水泥棒,并通过事先设计好的不规则膜袋孔形成不规则的凸起,这种不规则的凸起加大了水泥棒与钻孔内壁的摩擦力,防止裂缝远离路基而加大裂缝。该措施可以用来预防裂缝发生或者在轻微裂缝路段防止裂缝的进一步发育扩展。其施工场景如图5-16所示。

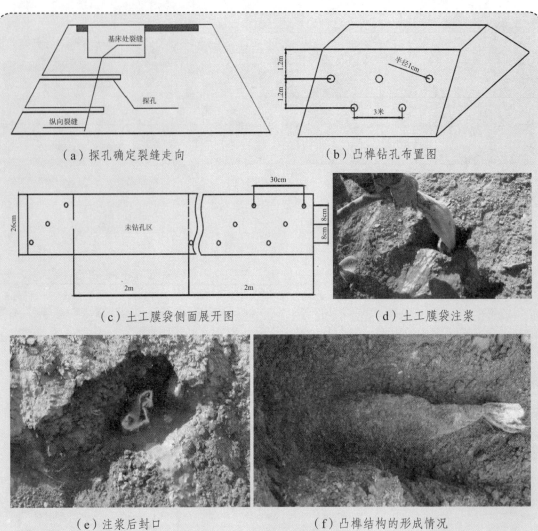

图5-16 凸榫式土工膜袋施工场景

柔性枕梁既有在平面上抗拉强度高的优势,又有在竖直方向上抗折性能好等特点,能起到桥联裂缝的作用。采用此种结构处治裂缝,在荷载应力作用下,裂缝宽度变化不明显,而且该结构具有良好的抵抗路基变形的能力。但柔性枕梁的不足之处在于:碎石粒径大于土工格栅网格的尺寸,当格栅绷紧后局部格栅承受拉力不均匀,当拉力超过格栅的抗拉强度时会造成格栅断开;柔性枕梁处治完毕一段时间后,原路面结构重铺的面层与老路面接触面上会出现两条反射裂缝;裂缝的继续发育可能会导致枕梁底部格栅由于拉应力增大而断裂。

鉴于此,采用凸榫式土工膜袋来加强抗裂效果。凸榫式土工膜袋利用高压注浆机把适当配比的水泥浆灌入多孔的土工膜袋中,使得在膜袋袋孔附近形成凸榫结构,增强与土体之间的摩阻力,将已变形土体与未变形土体良好地结合在一起,防止纵向裂缝扩张,从而确保路基稳定。

2)施工流程。具体的施工流程为:标出处置位置及范围→开挖基床→查明裂缝深度走向→钻孔取芯→放入土工膜袋→高压灌注水泥砂浆→封口→灌缝并填实→压实松软部位→铺土工格栅及土工布→连接并固定土工合成材料→回填碎石，压实→土工合成材料反包及固定→铺筑路基土料，压实→铺筑水稳基层，压实→铺筑沥青面层，压实→开放交通。

3）施工技术要点。

a. 查明纵向裂缝的特点。按照设计将原路基路面开挖成台阶式基床，以便查明纵向裂缝发育的长度、深度和宽度。

b. 边坡横向成孔。利用洛阳铲将钻孔内残留物清理干净，注意避免孔壁的砂或土粒掉落。

c. 土工膜袋入孔。利用小型钢钎将制作好的土工膜袋放入钻孔中，钢钎要水平缓慢推进，以免扰动孔壁的砂或土颗粒。

d. 高压灌注水泥砂浆。在合适的水灰比下均匀搅拌砂浆，在配砂浆时控制好稠度，过稠容易堵住压浆机，过稀不仅影响凸榫效果，而且过量的水分将加剧此处纵向裂缝的产生。

e. 灌缝并捣实。使用水泥砂浆对基床上开挖后露出的裂缝进行灌注并捣实。

f. 铺土工格栅及土工布。在挖好的基床上将土工合成材料（土工格栅在下，土工布在上）展铺在上面，预留反包长度和搭接长度，土工格栅和土工布的幅长方向均垂直于裂缝方向，纵横向的搭接宽度均须不小于20cm。

g. 回填碎石，压实。回填碎石的粒径不得大于碾压层厚度的1/2，每层填筑厚度不宜大于15 cm。使用小型静碾压路机进行充分压实，不宜使用夯式压实机械压实，以免砸坏碎石或破损土工合成材料。

h. 土工合成材料反包及固定。用土工布及土工格栅将回填的碎石包好，使其两端相互搭接并拉紧，应用延伸率较小的铁丝在搭接部位呈"之"字形穿绑，使土工合成材料与包裹的碎石形成一个整体，从而实现协同受力。

i. 按照原有路面结构铺筑基层和面层。

（2）路基不均匀变形处治技术。在青藏公路格拉段K3035+980—K3036段因为路基沉降严重并且已经造成路面破坏，路面平整度极差，最高处与最低处甚至接近了0.5m，所以拟在此段采用碎石桩技术加固路基，并重新铺筑路面结构，为了防止病害继续发生选择了片石结合防渗土工布处治边坡及坡脚的方式。图5-17所示为改路段因融沉引起的路基路面破坏情况。

（a）处置段路基沉降情况　　　　（b）降水后路面状况

图5-17　路基不均匀变形场景

（c）处置前左侧边坡原貌

（d）处置前右侧边坡原貌

续图5-17 路基不均匀变形场景

干拌水泥碎石桩是以碎石桩为基础发展并广泛应用起来的对于公路路基进行非开挖的一种快速加固技术，是按照预先设计好的排距和间距，在需要加固的路段采用钻孔机械在路面上按照设计的桩径和桩长钻孔的一种技术。钻孔过程中采用干钻的方式，在钻孔完成后将一定数量的按照一定配合比拌和的水泥和碎石混合体每次以适当的高度回填在已经形成的钻孔内并用重锤等工具夯击使之得到充分挤密。当填至约距孔口一定距离后用干硬性混凝土回填，最后用普通混凝土填充捣实并收光表面。

因为水泥在水化形成强度时会放出大量的热，带动周围土体温度提高，进而导致冻土融化，对于冻土路基来说反而是一种破坏。改进方法有两种：一是对干拌水泥碎石桩进入原地面线以下部分或者在冻土上限以上1m范围内采用未掺加水泥的碎石料；二是在碎石桩的下端一定范围内的碎石水泥混合物种掺加一定量的干冰来抵消水泥水化热。因为在该地区施工时间受到气候等影响非常大，所以采用干冰释放冷量来保证低温时，由于填料时间不确定，干冰的保存和运输等受到极大的限制，为保证工程的顺利开展，在本试验路中采用了在碎石桩底1m内碎石填料中未添加水泥的方案。

多年冻土地区路基的不均匀变形，主要原因是路基本体的含水率过多、冻土上限下移和冻土上限反复移动导致疲劳而引起的。选择CGMT（干拌水泥碎石桩），在排出路基本体水增加路面整体的强度和刚度的同时，增加了片石护坡和相应的排水设施相结合来强化效果，如图5-18所示。

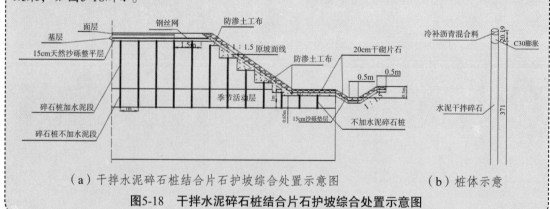

（a）干拌水泥碎石桩结合片石护坡综合处置示意图　　（b）桩体示意

图5-18 干拌水泥碎石桩结合片石护坡综合处置示意图

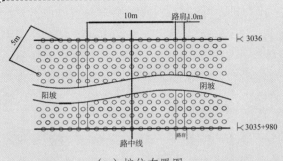

(c) 桩位布置图

(e) 现场成孔（钻头直径为13cm）

(f) 边坡防渗采用片石结合土工布

续图5-18　干拌水泥碎石桩结合片石护坡综合处置示意图

1）干拌水泥碎石桩的工作原理。干拌水泥碎石桩是应用水泥碎石混合料置换路基土体，对原路基土体具有挤密作用；水泥碎石混合料与路基内水分发生物理化学作用，吸收水分，降低路基的含水量；同时干拌水泥碎石桩与原路基土体组成复合地基，以达到提高路基承载能力、减缓路基变形的目的。

2）施工流程。干拌水泥碎石桩的施工流程主要包括桩位的设计及测放、成孔、填料的夯实、封孔及最终的罩面整平五个工序。

3）高寒地区不均匀变形处治技术要点。

a. 在进行干拌水泥碎石桩处置前，首先要进行现场平整度及不均匀变形测试。在采用钻机成孔的过程中，要严格控制成孔的尺寸、深度、垂直度，防止孔位偏差。

b. 成孔和孔内回填夯实的施工顺序为：在成孔过程中，要采用隔排隔桩跳打，且宜从里向外间隔进行，以起到挤密路基土的作用，成孔后要及时进行回填。

c. 在成孔的过程中很有可能会出现缩孔现象，因此可加入适量的水泥进行多次冲击，以保证成孔质量，并在成孔后立即回填。

d. 在桩身进行夯填前，首先要打底夯，并进行回填夯扩。

e. 由于在打桩及桩身回填的过程中会产生热量，或回填材料会带入热量，扰动多年冻土，因此，在回填过程中，前两次的回填料要采用液氮进行降温。

（3）边坡处置技术。该路段处于青藏公路五道梁段，路基填料是以黏性土为主并含有大量碎石和少量砂性土，该段处于长大下坡路段中下部，路基高度约为3m，两侧坡脚以外7m外有地表径流。曾因为路基沉降和路面损害重新铺筑，所以路面平整、路基暂时稳定，尚未有病害，仅两侧边坡因为处于长大下坡中下段且路拱横坡稍大而出现冲沟，阳坡侧路面有修补，拟采取干砌片石结合防渗土工布综合处置技术。

干砌片石结合防渗土工布综合处置技术，从理论上讲其工作机理同遮阳板路基类似，也是一种积极的保护路基的措施，在高路基处采用浅色片石能够有效地改善因为阴阳面吸热不均所引起的融化盘偏移所带来的纵裂。一方面，它不仅能够避免阳光直射路基边坡所带来的过量热辐射，可以降低路基地温；另一方面因为在片石下铺设了防渗土工布并在边坡坡脚修葺了边沟用于引导水流至路基范围之外，所以也切断了路基边坡的雨水补给，减少了带有融化潜热的雨水下渗而给路基下冻土带来的加速融化趋势；还有一方面有了片石护坡的保护，从路肩流下的成股水流对边坡的冲刷作用也会降低，降水后边坡表面一定范围内蓄积的水分在夜间气温骤降至负温后冻结并在阳光辐射下融化所带来的边坡冻融疏松问题也得到了一定的缓解。边坡地貌及片石护坡结构示意如图5-19所示。

（a）边坡冲刷情况　　　　（b）片石护坡结构示意图

（c）边坡台阶开挖　　　（d）土工布铺设图　　　（e）边坡片石铺砌

图5-19　干砌片石结合防渗土工布综合处置技术

片石结合土工布处理的方式能对边坡起到很好的保护作用，但片石来源受到环保的影响，运输极为不便，人工干砌工程量很大，且受到片石表面平整度的影响，大范围的采用还不是很现实，所以采用通过现场提前预制多边形多孔贫水泥块能够减少运输成本、增加铺砌效率、提高坡面平整度。

（4）边坡疏松处置技术。特殊的气候条件致使青藏公路沿线边坡密实程度较差，大气降水的渗入、温度周期变化产生的冻结与融化致使边坡疏松严重。随着边坡部分土体强度下降，瞬时强降雨后，坡面上会形成冲沟，路肩强度不足，当车辆荷载作用时就容易发生滑塌现象。K3003+750附近路基高度约为2m，阳坡土体疏松严重，有水沟冲蚀现象；鉴于此，采用在边坡挖除重填过程中拌入土壤固化剂进行回填的处置措施，本措施中选用了Toogood牌液体土壤固化剂（见图5-20）。

 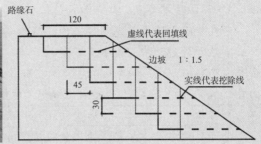

（a）多年冻土地区路基边坡疏松情况　　　　（b）边坡开挖示意图

图5-20　多年冻土地区路基边坡疏松情况及边坡开挖示意图

1）土壤固化剂加固边坡的工作原理。土壤固化剂是一种由多个强离子组合而成的水溶性化学物质，通过电化原理改变土颗粒双电层结构，使土体的胶质电离，失去表面阳性，产生一系列置换水反应和离子交换作用，改变土体表面电荷特性，增强土颗粒之间的结合能力，将土体的亲水性变为疏水性，同时使土易于压实，形成强度较高、结构稳定的整体。

2）施工流程。边坡疏松处治的流程为：标出处治位置及范围→开挖边坡→拌入土壤固化剂→土体分层回填、压实→边坡坡面的整形（见图5-21）。

（a）现场开挖拌和　　　　（c）边坡回填夯实现场　　　　（d）修整完边坡再在表面喷洒土壤加固剂

（e）处置效果图　　　　　　　　（f）处置后冻胀裂缝

图5-21　土壤固化剂处置边坡疏松

3）施工技术要点。

a. 在挖除重填之前先量好坡度、路基高度，进行准确放线，标出边坡的处置范围。

b. 在挖除过程中，由上至下逐级开挖，从路肩上开始，在距路缘石30cm处开挖第一层台阶，挖深30cm，第一个台阶宽度为120cm；紧接着开挖下一个台阶，从第一个台阶的根部向外45cm处开挖，台阶宽度也是120cm，把挖除土统一堆到路面上，以便后续回填。

c. 稀释土壤固化剂，土体中固化剂掺配率为0.014%；然后将稀释的固化剂和挖出的路基土进行人工拌和；再呈台阶状分层填筑并压实。

d. 修整边坡，并在边坡表面喷洒土壤加固剂。

4）结论：建议对于松散严重的边坡采用开挖后拌和重夯的方案，对于松散不严重的边坡采用直接喷洒的方案以起到预防作用，并降低成本。

二、多年冻土地区沥青路面高性能灌缝材料的现场试验

国道214线K416—K417段和吉林省长春市绕城高速公路 K0+000—K3+000 段试验工程。累计总长度为1 600m。吉林省和青海省室外试验完成后，分别进行了后期观测。总体上看开发研制的灌缝材料灌注的裂缝后期使用良好，在近两年来的观测时间内没有发生破损、脱落等现象，效果良好，从而保证了路面的使用功能。如图5-22所示。

图5-22 修补两年后的效果（黏性还很大）

通过沥青路面裂缝高性能灌缝材料的野外试验工程可知，灌缝材料达到了预期目标，与国外进口材料具有相同的使用效果，而且可以根据不同地区、不同温度条件下的使用进行配合比调整，满足不同的使用要求。

[工程示例5-4]

高海拔、寒冷地区沥青路面养护技术

1. 项目概况

针对高海拔、寒冷地区的气候特点，公路工程选择位于多年冻土地区具有代表性的国道227线青石嘴—扁都口段为调查对象。

该地区主要冻土分布为：大梁—峨博乡段，总里程为35km，路线经过的最高点为景阳岭垭口，海拔为3 766m，最低点峨博至祁连盆地，海拔为3 403m，高差仅360m，北坡平缓，南坡稍陡，在永安西河河源段有高差70m的陡坡段，局部地方还有峡谷陡崖。景阳岭垭口及北坡有6.1km属连续多年冻土区，两侧各有6.1km和6.2km不连续多年冻土过渡区段，冻土岛和非冻土岛交替穿插是该路段的一个特点，属于季节冻土区的路线长达16.6km。峨博乡—扁都口段，总里程为33.6km，路线穿过最高点山关岭垭口，海拔为3 688m，向北沿扁都沟而下，高差达800m，从山关岭垭口沿北高差300m段内是全线冻土最为发育的路段，表现为湿润型连续冻土段或冻土岛连续性强，厚层地下冰发育，冻土近期退化不明显，未来的变化也不会改变冻土大体格局，即冻土岛与非冻土岛穿插交替。更有特征的是，北迎风和南背风的差异，使冻土发育呈显著的差异也最为典型；山关岭南仅有干燥型冻土岛。

2. 沥青路面病害调查分析

（1）沥青路面病害调查类型。对选择的调查路段针对沥青路面典型病害，调查采用现场调查、钻芯取样和弯沉检测等方法进行，调查路段共4段，共计1 600m。调查发现沥青路面主要出现裂缝类、变形类、坑槽类、车辙类、松散类和泛油等病害。现场沥青路面发生车辙和龟裂的病害，如图5-23所示。

（a）车辙　　　　　　　　　　（b）龟裂

图5-23　沥青路面常见病害形式

(2）沥青路面病害发生和分布的规律。调查路段按三级公路进行设计、施工，路面基层15cm级配砾石掺灰，面层为3cm沥青表处。根据《公路养护技术规范》（JTG H10—2009）对病害进行统计。通过调查和数据分析，可以看出路面病害发生和分布具有下述规律：

1）沥青面层变形病害所占比例最大，占总损坏量的52%，其中波浪占29%，沉陷占23%，车辙和隆起所占比例很小，变形损坏有较明显的阴阳坡区别，一般阳坡明显较阴坡严重，表明变形类损坏与多年冻土及其变化直接相关。

2）沥青面层裂缝类损坏比率较大，占沥青面层总损坏量的36%，其中横向裂缝占14%。横向裂缝主要与基层干缩、温缩有关，纵向裂缝的发生与路基高度关系明显，数量和规模均随路基高度的增加而增加，裂缝主要分布于高路堤的路中线或路肩处，与多年冻土变化和一期整治加宽加高路基及新老路基施工衔接有关，网裂、龟裂多。

3）沥青面层松散类损坏占12%，大多数路段集料损失严重，中细集料散失，粗集料外露，表面粗糙出现小坑状，表明沥青与矿料间结合较差，结合料老化严重。

3.沥青路面病害发生的原因

通过以上分析，对高海拔、寒冷地区沥青路面病害的发生规律有以下认识：

（1）特殊的自然条件是各种病害产生的基本原因，长期低温和高辐射使面层过早老化和开裂，多年冻土融化沉陷导致路面波浪起伏；

（2）沥青混合料中集料级配较差，缺乏粗集料且主要为砾石，沥青用量偏少，沥青黏结力、抗老化能力低；

（3）低温和材料及施工等方面问题致使基层强度较低或呈松散状，导致路面病害加剧；

（4）地基密实度低，主要是冻土融化造成的，融化过程仍在继续，固结尚需时间，因此路面沉陷还将继续发生；

（5）纵向裂缝的发生和分布与路基高度关系密切，随着全线路基加高和时间的推移，纵向裂缝发生的数量和规模都将逐渐加大。

4.高海拔、寒冷地区沥青路面养护技术

（1）沥青路面裂缝修补材料的开发。我们调查了解了国内外有关路面裂缝修补材料的现状，并分别进行对比试验，观察进口灌缝材料的施工工艺及长期使用性能，分析不同时期灌缝材料的各种性能指标（延度、老化、黏结力、高低温性能等），并通过大量的基础试验工作（包括正交优化试验），已在实验室内初步研制出了适合寒冷地区路面的低温灌缝材料，与国外进口材料的性能相比相差不大，相关室内外试验正在进行，有关试验结果指标见表5-14。

表5-14 沥青路面灌缝材料基本试验指标

样品种类	实验结果						
	针入度（0.1mm）			针入度指数 PI	当量软化点 /℃	当量脆点 /℃	弹性恢复 /（%）
	15℃	25℃	30℃				
美国百和灌封胶	65	95	117	5.2	72.9	−72.6	98

续 表

样品种类	实验结果						
	针入度（0.1mm）			针入度指数 PI	当量软化点 /℃	当量脆点 /℃	弹性恢复 /（%）
	15℃	25℃	30℃				
美国Carfco灌封胶	70	111	128	5.3	70.9	−76.6	99
自制1型	70	106	131	3.9	63.8	−58.7	99
自制2型	83	137	174	2.7	53.8	−49.6	96
自制3型	55	87	106	3.6	65.7	−50.8	90
自制4型	83	135.5	175.5	4.4	60.5	−70	99
自制5型	78.2	121.7	145	5.8	70.7	−85.6	99
自制6型	75.8	117.7	130	6.6	78	−97.2	99

（2）沥青路面裂缝修补材料的应用性能分析。首先通过针入度、弹性恢复、延度等试验，可以初步得出自制的灌缝材料的各项技术指标与国外产品基本相当，部分指标甚至超过国外产品，尤其6型材料PI值已达到6.6，其当量脆点达−97.2℃，可见温度敏感性非常低，可以适应非常恶劣的环境。其次，美国的Carfco和百和灌缝胶是当前美国和加拿大等欧美发达国家普遍采用的路面灌缝材料，其路用性能相当优越，一次灌缝可以连续使用5年左右，国内很多高速公路都在引进试验应用，由于造价太高（为常规灌缝材料的8~10倍），很难在低等级公路上推广应用，因此适时开发具有同样品质的灌缝材料意义重大；最后，根据不同使用温度要求，调整各种材料的含量，或添加外掺剂，可以配制出不同温度类型的灌缝胶（温带型−10℃、寒带型−40℃、极寒带型−55℃）。

三、多年冻土地区路面坑槽冷补材料技术的现场试验

在国道214线K415—K416段和吉林省国道302线（长吉北线）K3+124~K3+186段进行了现场试验，如图5-24所示。

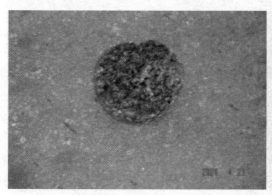
（a）3天取芯样件

（b）20天取芯样件

图5-24　试验路段取样示意

从后期取芯结果看出，冷补材料基本能够成形，整体黏结情况较好，但也有未成形芯样。到20天时，冷补材料基本成形，能够满足行车要求。

经过2年的使用，冷补材料修补的坑槽没有出现明显的损坏，与路表面黏结较好，路面比较完整，达到了预期的使用目标。如图5-25所示。

图5-25　冷补材料修筑两年后的使用情况

多年冻土地区冷补沥青混合料修补路面坑槽施工工艺要求如下。

1. 工艺流程

（1）坑槽开挖。在对路面局部破损修补前，应将破损处开槽成形。首先确定路面破损部分的边界和深度，按照"圆洞方补"原则，划出大致与路中心线（即行车方向）平行或垂直的开槽修补轮廓线（正方形或长方形），每边至少应进入完好路面10cm（即挖去路面松散、破碎的旧料直至坚实部分），并沿划好的修补轮廓线开挖坑槽，要求成形的坑槽壁面应尽可能保持与路平面垂直，坑槽底部平整、坚实，最后再将挖掉的旧料刨出坑槽。

对路面破损坑洞进行开槽处理时，应将坑洞内不坚固的、松散的壁面材料移走，同时还应将坑洞内的松散碎屑、旧料、杂物开挖出去，露出一个坚实、整齐的坑槽壁面和一个稳定、平整的坑槽底面，这不仅便于冷补混合料的摊铺及用量的确定，也有利于提高冷补混合料与坑槽壁面材料间的黏结能力。特别是坑槽壁面与路平面垂直，不仅有利于冷补混合料与原有路面的充分黏附，同时还可大大提高冷补混合料的压实效果，从而获得更好的修补效果。

坑槽的开挖通常可采用人工或小型机械设备来完成。用路面破碎机开挖坑槽，效率高、使用灵活，但在开挖坑槽时，易使周围路面材料遭到振松，借助切割机可以克服路面破碎机的这一开槽缺点。开槽前先沿划好的修补轮廓线切割出一个整齐的切割缝，再用破碎机将坑槽内旧料松散、破碎。

（2）坑槽清理。未清洁的坑槽壁面和底面与冷补沥青混合料的黏结性能会明显降低，易造成坑槽壁面接缝破损或冷补沥青混合料整块脱落，从而使修补坑槽出现再破损。为了使冷补沥青混合料与坑槽壁面和底面具有良好的黏附性，应当清理出坑槽的松散颗粒和其他残余物，并对坑槽壁面和底面采用凿毛处理，这样有利于提高摩擦阻力，使铺筑上的冷补沥青混合料同原路面结合得更牢固。

清理坑槽一般采用手动工具清扫。将坑槽内及四周的碎石、废渣清理干净，坑穴内不得存有泥浆、雨雪和冰块等杂物。对于高速公路、市政工程的修补,被修补的洞穴、沟槽应有整齐的切边,废渣的清除要见到固体坚固面为止。

(3)涂黏结层。沥青路面坑洞破损部分经过破碎机和切割机开槽成形后,在坑槽壁面和底面上可以看到裸露出的石料表面,若这时直接填入冷补沥青混合料,坑槽壁面和底面会因缺少黏结材料而导致冷补沥青混合料与原有路面材料之间的黏结力不足,从而形成明显的壁面缝隙,降低修补路面的抗水损害能力。因此,在给坑槽中摊铺冷补沥青混合料之前,应先向坑槽壁面和底面上均匀地喷洒一层黏结材料(热沥青或专用液体黏料),浸润坑槽内表面裸露出的石料,从而提高冷补沥青混合料与原有路面材料间的黏结效果。

乳化沥青、改性乳化沥青或液体沥青都可作为坑槽壁面的黏结层材料。由于冷补沥青混合料自身的特点是冷拌冷补,因此在环境温度10℃以上或修补坑槽比较大时宜采用乳化沥青为黏结材料,当温度在10℃以下或坑槽较小时宜采用液体沥青为黏结材料。

1)对于坑槽底面为基层表面时,应采用液体沥青(热沥青或专用液体黏结料)作为黏结层材料,主要因为液体沥青不仅可起到黏结层作用,还可起到透层的作用,其透入深度一般可达5~10 mm,固结稳定,十分理想。专用液体黏结料是由汽油、煤油、柴油等稀释剂回配到石油沥青中得到的,所以又称回配沥青或稀释沥青。对稀释用基质沥青材料的技术要求应符合《公路沥青路面施工技术规范》JTGF 40—2004的相关规定。经稀释的液体石油沥青仍应满足《公路沥青路面施工技术规范》JTGF 40—2004中对适宜透层油的中、慢凝液体石油沥青的技术要求。

根据资料及施工经验,专用液体黏结料最好采用煤油与沥青混合配制。配制时应注意煤油与沥青的比例。煤油稀释沥青作透层时,煤油的比例要适中。煤油比例过大,沥青含量就偏低,即使有足够的渗透深度,也不能达到透层油应有的效果。煤油比例过低,稠度大、黏度高,不利于渗透,因而残留于基层表面,这些浮油由于煤油的存在而软化点较低,将会对结合层产生不良影响。满足渗透深度的要求即可,尽可能少用煤油。为保证透层沥青洒布的充分与均匀,达到适宜的透入效果,在稀释度为30%的情况下,将洒布量控制在0.8~1 L/m,工程实际应用中宜偏大考虑,最终比例和洒布量应以路用试验结果为标准。

2)改性乳化沥青为SBS或SBR改性沥青经过乳化制得的,当采用乳化沥青或改性乳化沥青喷洒坑槽壁面或底面时,既可采用机械喷洒也可采用人工喷洒的方式。当修补的坑槽面积较大时,以机械为主,人工为辅;面积较小时,则可完全采用人工喷洒。不管采用哪种方式,都应使乳化沥青材料被均匀地喷洒在坑槽壁面和底面上,不容许在坑槽底部有乳化沥青淤积。应在破乳后进行混合料的摊铺,否则会影响冷补沥青混合料与原有路面材料的黏结效果。

无论喷洒液体沥青还是乳化沥青,坑槽内的杂物一定要清理干净,对于粉尘可用森林鼓风机吹走,尽量使表面骨料外露。液体沥青喷洒坑槽后可直接进行冷补沥青混合料铺筑,而乳化沥青喷洒后要等到破乳后才能进行混合料的摊铺,这样影响了冷补沥青混合料修补效率,所以本课题建议采用液体沥青作为黏结层油。

(4)材料摊铺。冷补沥青混合料通常采用人工方式进行摊铺。在摊铺以前,首先需要确定冷补沥青混合料的投料量,在确定冷补沥青混合料的投料量时,先行测量修补坑槽的尺寸,计算其体积,然后将修补坑槽的体积乘以混合料压实成形后的密度(约为2.36g/cm³)和松铺系数(一般为1.3~1.6),得出所需的混合料质量,最后将计量好的冷补沥青混合料投入到修补坑槽中进行摊铺，填满后坑穴中央处应稍高于四周路面并呈弧形。

因冷补沥青混合料自身特点，初期强度低，所以易产生车辙，为了克服这一缺点，冷补沥青混合料在摊铺时应注意以下三点：

1）如果在夏季或冷补沥青混合料储存时间要求短的情况下进行修补，可以适当将混合料中稀释剂用量减少。

2）冷补沥青混合料在修补坑槽时，松铺系数的选取应以混合料修补后高出原路面2~3cm为标准。这样随着往返车辆不断碾压，同时稀释剂不断地挥发，冷补沥青混合料会更加密实，强度会更高，最终修补面会与原路面相平。

3）如路面坑穴破损深度在5cm以上时，填补工作应以3~5cm为一层，分层填补、逐层压实。

（5）坑槽压实。在对坑槽进行压实时，首先对坑槽边缘压实，然后逐渐向中间移动压实，每次应重叠压实一定宽度，最后压实效果是中间出现弧形，这样便于行车对所修补混合料进一步压实，同时有助于将坑槽内的冷补沥青混合料向四周挤压，使其与修补路面的坑槽壁面压紧，还可以保证坑槽边的冷补沥青混合料不会落出坑外。

冷补沥青混合料的压实可根据实地环境决定采取最合适的压实方法。常用的压实方法如下：

1）人工压实。当修补面积较小时，通常采用此法，人工压实的工具主要是铁铲铲背或平底铝压板。

2）振动平板夯。振动压实是一种较好的压实方法，被压实的混合料之所以能变得密实，是由于在输入振动能量的激励下，混合料颗粒间发生相对运动而减少了压实阻力，同时在垂直压力的作用下使裹覆了沥青薄膜的矿料颗粒相互嵌挤而又重新排列，并将混合料空隙中的空气排出，从而使材料变得更加密实。对于小面积修补，这种方法较为经济、方便。

3）压路机。当大面积修补时，应使用压路机进行碾压，压实效果非常好。

（6）清扫。压实完成后可在表面均匀地撒上一层石粉或细砂，并用清扫工具来回清扫，使细料填满表面空隙。同时将坑槽周围剩下的冷补沥青混合料收回，同时将原有路面清扫干净。

2.注意事项

（1）将待修补的病害或坑槽的四周进行规则开槽，并将坑内的废料、泥浆、水、冰块等杂物清除干净，保证冷补料摊铺到坚固的基础上。

（2）喷洒乳化沥青或液体沥青时，应始终保持路表面及坑槽内的清洁，避免可能的碎屑、杂物和水进入坑槽中，造成黏结层污染。

（3）摊铺冷补料时，要根据坑深、松铺系数调整松铺厚度，一般至少高出原路面2~3cm；当坑深在5cm以上时，应分层填补，逐层压实。

（4）机具要选择适当。摊铺平整后，应根据修补面积的大小、坑槽厚度、交通量大小等选择压路机或振动平板夯，并停置10~20min后再进行压实，以便于冷补料中油分的挥发。

（5）压实完成后应在表面均匀地撒上一层石粉或细砂，并用清扫工具来回清扫，使细料填满表面空隙。

（6）压实完成后，强度尚未形成，面层稍有发软，应在15~20min后再开放交通，以防出现车辙。

（7）修补作业开工之前应摆放安全标志。

3.多年冻土地区路面冷补沥青混合料的主要技术指标

多年冻土地区路面冷补沥青混合料的主要技术指标见表5-15。

表5-15 多年冻土地区冷补沥青混合料的主要技术指标

序号	路用性能	技术指标要求		试验方法
		常温型（C型）（宜10℃以上施工）	低温型（D型）（宜–10℃以上施工）	
1	黏附性	不小于4级（裹覆面积大于95%）	不小于4级（裹覆面积大于95%）	T 0616
2	初始稳定度	不小于2.0kN	不小于1.0kN	方法详见研究报告
3	成形稳定度	不小于4.0kN	不小于4.0kN	《公路沥青路面施工技术规范》8.4.2条规定
4	水稳定性（冻融劈裂试验）	不小于70%	不小于70%	T 0729—2000
5	车辙试验（40℃）	不小于400次/mm	不小于200次/mm	方法详见研究报告
6	低温工作度（从–10℃冰箱取出试验）		可有少量结块，铁铲能容易拌和	方法详见研究报告

说明：1.浸水残留稳定度和冻融劈裂试验均是评价混合料水稳定性方法，相对来说，冻融劈裂试验条件更苛刻，更能检验冷补材料的水稳定性能，因此指南中只对冻融劈裂强度比提出要求。

2.一般来说，常温型和低温型冷补料的区别主要是稀释剂的掺量大小，成形稳定度试验要经过110℃烘箱中养生24h，稀释剂挥发后，取出再测稳定度，实测C型和D型稳定度值相差不大；C型略高，因此这里要求的指标相同。

5.5 青海地区盐渍土路段公路养护技术研究

一、盐渍土概述

青海地区是我国盐渍土分布面积最多最广的地域之一，其盐渍土主要是盐化草甸土，主要分布在柴达木盆地和青海盆地的冲积平原及低洼地带，这些能引起公路混凝土构造物及钢材的加速腐蚀破坏，对路面结构层也会造成特殊的病害。随着国高网规划、干线公路、连接线等道路网的完善，越来越多的公路需要穿过盐渍土地区，盐渍土溶陷性、腐蚀性、盐胀性、不易夯实等特性对公路工程养护技术提出挑战。盐渍土地区地貌如图5-26所示。

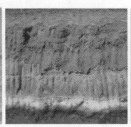

图5-26 盐渍土地区地貌

同时，盐渍土路面因含盐量、含盐类型、含盐量不同引起的盐胀、盐溶、裂缝及沉陷，降低了公路服役寿命，尤其雨水、融雪带来基层、底基层含水量增加，导致路基结构承载能力下降，在车辆荷载作用下，形成车辙，水分蒸发后沟槽硬化，养护难度和养护费用随之增大。因此，认识和了解青海地区盐渍土公路工程病害，掌握其分布特点和形成原因，寻求相应有效的养护治理对策，对盐渍土路段公路工程养护意义重大。本书在对近年来盐渍土对工程的危害广泛深入研究的基础上，结合工程实例，因地制宜，研究了不同盐渍土路段的不同养护技术。

二、公路沿线盐渍土工程特性及病害分类

1.公路沿线盐渍土不稳定性原因分析

公路工程对土基主要关心其承载能力和稳定程度，即当土体在路线经过范围内具有设计所要求的承载能力和稳定程度时，该土体视为可用，而盐渍土的三相组成中液相与固相之间会因外界条件而相互转化，即自然状况下相态的变化。如盐渍土路段在雨量增加时，固相的可溶盐类会溶解于水而变成液相，随着气温昼夜（青海地区昼夜温差可达12~20℃）升高和降低，土中盐的溶解度也在增大和减小，这种溶解度随温度波动在实验室数据中因为取样的相对稳定性而表现得有规律，但在工程实际中，含盐量因子的无规律变化增加了判断的难度，也就是在一定温度下，某些液相盐碱析出转化为固相；在另一温度下，固相的盐晶体又会转化成固相盐及液相水。盐渍土中盐与水的相态随环境、温度、水文及盐类（量）发生多维度变化的现象是常规土体没有的特性，这也是盐渍土不稳定的根本原因之一。其产生的公路病害如图5-27所示。

青海地区地域广阔，地形复杂，气候阶梯多变，形成了多种复杂的盐渍化现象，公路沿线所经过的盐渍土路段，有盐渍沙漠、山前洪积平原、干涸的盐湖以及风蚀残丘等地貌，盆地边缘的山前洪积平原和冲积扇缘洼地，盐渍土的含盐量较小，沙漠地区的含盐量更小；重盐渍土多处于盆地中部，含盐量极大。

盐渍化程度及性质随着积盐环境不同平均含盐量也各不相同，本书的研究是按照公路沿线的氯化物盐渍土、硫酸盐氯化物盐渍土和碳酸盐盐渍土三个主要类别分别提出养护重点。这样的分类区分度高，与青海地区的积盐形式拟合性强，养护阶段结合原设计、施工资料，容易通过地形地貌定性初步判别。

（a）盐胀引起的路基变形

（b）盐胀引起的路面破坏及边坡侧向盐胀

（c）含盐土体含盐路面溶洞

（d）茶卡盐湖附近盐渍土取样的微观照片

图5-27 盐渍土地区公路病害

2.氯化物盐渍土

氯化物盐渍土路段多见于湖积平原近湖岸地带，由湖泊沉积物淤积而形成，物质来源主要是河流搬运来的碎屑，及湖浪对湖岸冲蚀破坏后的碎屑。这些碎屑物质包括砾石、砂粒和细粒黏土。以蒸发浓缩型积盐为主，表层土氯盐含量达 5%以上，表现为强氯盐渍土，由于地区性干燥少雨，土层多干燥或呈稍湿状态。但一方面氯盐具有较强的吸湿性和传水性，使得土层"泛潮"，结构强度降低，路面易变形破坏；另一方面在天然状态下，氯盐受浸湿后易产生溶陷变形，且大多为自重湿陷，常使路面溶陷破坏，道路翻浆。

G215 线当金山—大柴旦段典型、G315线老茫崖—花土沟段，其氯化物盐类占了 65%~90%，该路段地势较高，路线走向横坡稍大，季节性径流容易出现遍地漫流，带有典型的内陆盆地边缘特点。

另外，对于重盐渍土，可以理解为盐渍土中氯化物盐类（也夹杂硫酸盐）的含量超过了盐的临界溶解量，对其中的土粒产生胶结作用，提高了盐渍土的承载能力，可以达到常规土体承载能力的5~6倍。如G215线察尔汗盐湖—格尔木公路 K591+700—K617+250段，其路基、路面用料几乎都是纯结晶盐；G315线德令哈—大柴旦部分路段、黄瓜梁—茫崖等路段也有类似情况。

3.硫酸盐盐渍土

硫酸盐渍土以硫酸钠为主，其溶解度随温度而变化，在32.4℃时溶解度最大。当低于这个温度时硫酸钠分子便结合10个水分子变成晶体，体积增大3倍多；高于这个温度时又脱水，体积缩小。因此硫酸盐盐渍土最突出的工程地质问题是填料中硫酸钠超过2%时，由于温度的变化，体积不断地膨胀或缩小，如此反复进行，降低土体的强度。

根据薛明等人对青海柴达木盆地盐渍土的跟踪研究，硫酸盐盐渍土很难孤立地出现，多存在于氯化物盐类中部或底部，其富集层一般埋藏在氯化物岩层0.5~0.8m以下部位，面层含量极少；同时在地势平缓、地表径流不发育、地下水埋藏较深、有间接卤水路段，更不会有硫酸盐富集层的存在。对硫酸盐存在位置的研究是解决硫酸盐盐渍土盐胀病害的根本，有效解决换土深度问题。

如G315线察汉诺—德令哈段，低温季节出现鼓包凸起，高温季节失水而使路面或地表沉陷坑槽，出现典型的盐胀病害。

4.碳酸盐盐渍土

碳酸盐（亦称碱性盐）盐渍土也是土体膨胀引起路基承载力下降，其膨胀机理是盐的非结晶过程，即碳酸盐盐渍土遇水后很快地与胶体颗粒相互作用，在胶体颗粒和粒土颗粒周围形成稳固的结合水薄膜，从而减少了土体颗粒间的黏聚力。在青海地区的盐渍土中碳酸盐含量较少，但碳酸钠的水溶液具有较强的碱性反应，对黏土颗粒间的胶结起分散作用，使土体发生膨胀，同时也使土的塑性增加，渗透性减弱。

三、各类盐渍土的公路养护技术

综合上述对盐渍土的分类分析，不难发现盐渍土路基的主要特点是：①浸水后因盐溶解而产生地基溶陷；②在盐类溶滤过程中，土的物理力学性质会发生变化，其强度指标会显著降低；③某些盐渍土（以含硫酸钠为主），在温度和湿度变化时，会产生体积膨胀，引起路基、路面破坏；④土中的易溶盐溶液会导致桥涵等混凝土构造物腐蚀。下面针对这几种情况逐一分析养护技术。

1.盐渍土翻浆及其养护

盐渍土地区道路翻浆是土质、水、含盐量共同作用的结果，比普通土体更易翻浆，程度严重，持续时间更长；青海地区的盐渍土在干旱少雨时也容易形成特有的干翻浆，影响道路通行能力和服务质量。随着2012年察汗诺—德令哈、德令哈—小柴旦、当金山—大柴旦、大柴旦—察尔汗四条高速公路的建成通车，青海海西地区的盐渍土路段养护也达到了空前的规模。

（1）合理换填。养护阶段采用换填法，考虑到养护费用，应选择重点路段，以便保证整个路段的通行能力，对于青海地区盐渍土翻浆，这是彻底解决翻浆病害的根本方法之一，但受限于非盐渍土筑路材料可取性、地下水位、含盐量等因素，换填深度应保证残留盐渍土的溶陷量或盐胀量不超过上部结构的容许变形值及周围土体的稳定性。

（2）阻隔水分进入承重层。除了上述在部分地区存在的特有干翻浆之外，其他翻浆由含水量过多引起，因此阻隔水分进入公路各结构层，保持路床合理含水量是翻浆病害养护的前提。

盐渍土地区公路设计与施工中，已经特别注意排水体系的完善，养护过程中应关注雨季雨水、融雪雪水，确保其顺利迅速排离路线范围，防止积水渗入公路结构层引起翻浆；对沥青铺装路面，及时修复破损的沥青混凝土磨耗层和沥青处置类密封层，降低因路面开裂失去防渗功能的风险;对水泥混凝土路面除定期检查胀缝、通缝密封性,对开裂板面及时进行沥青或渣油处置;最后,特别重视路肩和边坡排水的管养,尤其当路肩填料为硫酸盐类土时,还应做好路肩硬化养护,确保过多水分进入路面结构层。

2. 盐渍土溶蚀及其养护

溶蚀也是常见的盐渍土路段病害之一,雨水或雪水冲洗表层,表层盐溶解后随雨水下渗或流失,导致路基孔隙率增大,土体变松,路面产生孔洞、溶沟,路基承载能力下降后经车辆碾压失去原有平整度,严重时,在路肩、路基结构体内形成孔洞引起路基严重下沉。

(1)确保排水。对缺乏高级铺装的低等级路面,其排水设计应按高等级道路设计,这是多年低等级盐渍土路段养护的经验,基于道路保通为目的而提出的。为做到有效排水,盐渍土路段养护也包含对路面横坡日常观测及保持,以防积水引起的病害。

(2)日常维修。青海地区部分公路经过纯盐地段,其路面修筑完毕后,应重视初期的饱和卤水浇洒养护,直到形成平整、耐磨耗面层;就地取盐,粉碎后及时修补坑槽。保证盐结晶体稳定性是砂石或沙砾路面的养护重点,春秋雨雪季节及时修复路面横坡,及时排除雨雪;夏季及时浇洒饱和卤水。

3. 盐渍土盐胀及其养护

因盐胀引起的公路工程破坏有两方面:一是路基裂缝,影响路面结构整体稳定性;二是路面周期性拥包、波浪,影响路面使用性能。根据海西地区公路养护统计,盐胀引起的养护费用占盐渍土养护总费用的比例最大。

(1)化学平衡。盐胀是路基土中盐、水、温度彼此作用的结果,采用人工灌入氯盐,降低硫酸钠的溶解度,达到抑制硫酸盐盐渍土盐胀目的。

(2)加铺沙砾垫层。早期修建在盐盖上的路基,由于毛细水挟盐上升,盐盖含盐成分逐年溶解而变疏松,且路基次生盐渍化,导致路基沉陷、路面破坏。这种情况在国道215当金山—黄瓜梁路段比较多见,其综合治理讨论采用的加铺沙砾垫层,后期观察效果较好。具体方法为:首先挖掉有效盐胀深度范围的盐渍土,用沙砾料回填,隔离毛细水,加大路基上的荷载,增加路基整体强度,从根本上消除盐胀病害。

(3)加强边坡防护。盐胀严重路段的养护也应重视边坡防护,防治边坡松胀和雨水淋溶导致路基侧向盐胀,同时起到保温土基作用,延缓盐胀作用。

4. 盐渍土对桥涵结构物的影响及养护

青海地区现有桥涵构造物以钢筋混凝土结构为主,本书仅讨论盐渍土对钢混结构的影响及养护。盐渍土中的易溶盐侵入混凝土表面,使得表层砂浆脱落,骨料外露,进入混凝土内部遇到钢筋时,顺筋腐蚀,产生的锈蚀膨胀进一步加剧混凝土结构破坏。化学分析和实践证明,置于氯盐盐渍土中的钢混结构的破坏主要为氯离子引起钢筋锈蚀;硫酸盐盐渍土中的钢混结构破坏主要是硫酸根离子与水泥水化物化学反应引发二次膨胀致混凝土破坏。下面从判别、清理腐蚀混凝土过渡到防腐养护技术。

(1)判别、清理腐蚀混凝土。盐渍土路段既有混凝土结构物是否被腐蚀,可以通过颜色、表观、锤击等简易方法鉴别,受腐蚀的混凝土颜色异常,失去应有的均匀、灰白色;因细骨料先期受蚀而呈现疏松状;小锤敲击时易剥落。

清理腐蚀混凝土一般采用人工小型机具凿除,随时判断腐蚀程度、凿除深度:对一般性腐蚀，凿至露出新鲜密实的混凝土为止；已经发生露筋锈蚀，凿至钢筋以下一定深度，给修补、重新裹握钢筋留空间；清理面保持洁净无浮渣。

（2）养护方案、材料选择在上述凿毛的基础上，可采用防腐砂浆、防腐混凝土以及防腐涂料进行混凝土修复。

四、格（尔木）茫（崖）线重盐碱翻浆公路处置试验工程

试验路工程位于格茫线K52+000—K53+000段，该路段属于过、强、中盐渍土地段，表层0~20cm为氯化物盐渍土，中层20~120cm为氯化物硫酸盐盐渍土，下层120cm以下多为硫酸盐盐渍土。地下水位较高，埋深仅1.5m，地区昼夜温差大，冻结时间长，具有盐渍土翻浆发生的多项因素；原路面有盐霜、龟裂、盐结皮等现象。

1.路基处置措施

（1）路基填筑。由于现场取料含水量过高，最大在30%左右，施工期间每天平均最高气温只有20℃，最低气温-2℃，翻晒到最佳含水量较为困难，靠太阳及风等自然条件每2~4h只能降低含水量2%~3%，达到最佳含水量需要2~3d时间。通过现场试验发现，在盐渍土中加入20%左右的风积砂能快速降低现场盐渍土的含水量2%~3%，且击实标准提高了0.1%~0.2%，因此采用混合料进行路基填筑。

（2）隔断层。在试验路段（K52+800—K53+000）铺设土工布，而试验路前200m未铺设，以用作对比分析。路基填料填至距地表50cm时进行碾压整平，再铺设5cm的整平层（根据现场实际，将设计中的中粗砂整平层改成附近的风积砂），进行碾压后铺设土工布，土工布搭接长度横向为30cm，纵向为50cm，土工布铺设完后填筑10cm风积砂，及时进行上层的填筑、整平。

（3）土基化学处治。在试验路段（K52+000—K52+200）采用路特固化学处置。将湿度合格的土料、水泥或消石灰用装载机、输送机等装入搅拌站料仓，通过计量输料系统，将碎石、水泥直接输入搅拌机，而土料则先经破碎机粉碎后输入搅拌机与石料、水泥混合，同时加入适量路特固溶液及清水后搅拌成合格的混合料。摊铺长度超过30m之后开始碾压，厚度30cm稳定层可一次性摊铺，采用羊角碾碾压，要求在水泥初凝（4h内）前完成施工；若无羊角碾，厚度30cm稳定层应分两层摊铺碾压，每层15cm，第一层压完后48h内铺设第二层。铺设完成后24~48h洒水或低浓度的路特固进行保湿养生。现场实践证明，在路特固中掺入4%的消石灰能有效改善盐渍土的工程性质，现场施工中填筑层压实度为96%，抽检的无侧限抗压强度为2.6MPa，后期强度还有很大增加，弯沉值为179.062（1/100mm），现场CBR平均值为6.2%，回弹模量平均值为73.3MPa，均超过设计要求。

在试验路K52+200—K52+400段，采用帕尔玛固化剂处治。控制在填料达到最佳含水量时喷洒固化剂，焖料12h后方可进行碾压，现场测得7d后的无侧限抗压强度为6.2MPa，压实度为94.7%，弯沉值为187.1（1/100 mm），现场CBR平均值为22.0%，回弹模量平均值为662MPa。两者比较，路特固效果更佳。

（4）边坡及排水防护工程。为防止雨水对边坡的冲刷及水分通过边坡进入道路结构体内，采用了方格网法、拦水带两种边坡防护方式作为对比分析。K52+000—K52+200和K52+400—K52+600段设置方格网防护，K52+600—K53+000段设置拦水带，每隔50m设一急

流槽出口，K52+200—K52+400段不采取边坡防护，与其他形式进行比较分析。

2.路面施工处置措施

（1）垫层施工。试验段K52+000—K52+400段分别采用路特固和帕尔玛处置后的土基作为路面垫层，K52+400—K52+600，K52+600—K52+800和K52+800—K53+000段则分别采用30cm，35cm，45cm厚的天然沙砾作为垫层。现场施工中抽检的压实度达到97.9%，弯沉值为145（1/100mm），回弹模量平均值为106.0MPa，均超过设计要求。可见，采用沙砾垫层比采用化学处置土基垫层的效果要好。

（2）基层施工。K52+000—K52+400段路面基层采用15cm厚的水泥稳定沙砾，现场施工抽检的无侧限抗压强度为2.6MPa，压实度达到98.6%，弯沉值为65.2（1/100mm），均超过设计要求。

K52+400—K52+800段路面基层采用20cm厚的水泥稳定沙砾，现场施工抽检的无侧限抗压强度为2.6MPa，压实度达到98.4%，弯沉值为38.4（1/100mm），均超过设计要求。

K52+800—K53+000段路面基层采用20cm级配砾石掺灰结构，施工中采用掺石灰6%、黏土12%控制级配曲线范围，现场抽检7d无侧限抗压强度为0.9MPa，压实度达到92.3%，弯沉值为86.4（1/100mm）。

（3）面层施工。K52+000—K52+200和K52+400—K52+600两段面层结构为4cm沥青混凝土，施工后经检测弯沉值为25.4（1/100 mm）。

K52+200—K52+400和K52+600—K52+800两段面层结构为4cm+1cm沥青贯入式结构，施工后经检测弯沉值为36.9（1/100 mm）。

K52+800—K53+000段面层结构为3cm沥青表处结构形式，施工后经检测弯沉值为42.4（1/100 mm）。

（4）试验路竣工后的观测分析及结论。

1）试验路竣工后5个月发现K52+000—K52+200和K52+400—K52+600段沥青混凝土路面出现4条横向裂缝和2条纵向裂缝，缝宽2～5mm；K52+800—K53+000段沥青路面离边坡急流槽10cm左右发现1条宽1～2cm的裂缝。

2）在试验路完工后的3个月与5个月分别进行了典型断面的弯沉值检测，具体见表5-16。

表5-16 试验路弯沉值检测

里程	路基隔断层	垫层形式	基层形式	路面形式	边坡防护形式	弯沉值/0.01mm	
						3个月的测试期	5个月的测试期
K52+000—K52+200	无	路特固处置	15cm水稳沙砾	4cm沥青混凝土	方格网	89.67	85.57
K52+200—K52+400	土工布	帕尔玛处置	15cm水稳沙砾	4cm+1cm沥青贯入式	无	89.99	86.65
K52+400—K52+600	土工布	30cm天然沙砾	20cm水稳沙砾	4cm沥青混凝土	方格网	42.17	46.48
K52+600—K52+800	土工布	35cm天然沙砾	20cm水稳沙砾	4cm+1cm沥青贯入式	拦水带	44.98	34.91
K52+800—K53+000	土工布	45cm天然沙砾	15cm砾石掺灰	3cm沥青表处	拦水带	78.58	76.71

3）从试验路的后期观测可知，采用土工布隔断层、边坡防护、砾石垫层、半刚性基层以及路面结构合理并厚度较大者，道路稳定性较好，而采用路特固和帕尔玛垫层处置，配套不同路面形式的道路稳定性最差。

3.结论

在导致盐渍土地区道路翻浆的众多因素中，含盐量、水和土质是主要因素，且是能加以控制的，而温度、降雨等是难以改变的。因此，治理的关键是从含盐量、水及土质入手。综上分析，病害处置方法可归纳为水分隔断、结构加固和去除盐分三大类。

基于相平衡理论，分析这些因素对盐渍土含液量及抗剪强度的影响规律，最终得到了盐渍土的翻浆机理。根据上述有关研究结果，在总结现有的盐渍土道路翻浆防治经验基础上，通过试验路工程，探讨盐渍土道路翻浆防治的有效途径和措施，认为采用土工布隔断层、边坡防护、砾石垫层、半刚性基层以及合理的路面结构且路面厚度较大者，道路稳定性较好，病害发生的概率降低。

五、盐渍土地区桥涵腐蚀养护

1.桥涵腐蚀病害特征

盐渍土地区的公路水泥混凝土或钢筋水泥混凝土构筑物，极易受到含盐环境的腐蚀破坏，腐蚀使混凝土中的石子外露，表面剥落，轻敲即溃，严重的会导致混凝土整体酥脆。

图 5-28（a）所示为内蒙古赛临线 K55大排干桥位处。由图可见，钢筋混凝土桥墩的所有过水面均因腐蚀而使混凝土钢筋外露，且迎水面的腐蚀远高于背水面。含盐水体腐蚀桥柱（钢筋混凝土灌注桩柱），使得桥桩水泥混凝土酥胀脱落、钢筋外露锈蚀，老桥受害严重，旁边新建一桥，不到2年，新桥桥柱又出现被腐蚀现象。

（a）内蒙古大排干桥桥梁构筑物腐蚀情况　　（b）底部砂浆已经剥落的浆砌块石砌体

图5-28　盐渍土腐蚀混凝土场景

（c）被腐蚀而顺筋开裂的电线杆　　　　（d）被腐蚀酥碎的红砖砖块

续图5-28　盐渍土腐蚀混凝土场景

易溶盐对公路构筑物的腐蚀主要来自氯化物及硫酸盐，主要原因如下：

（1）氯化物对水泥制品及钢筋的腐蚀。氯离子渗入混凝土后，会与混凝土中的氢氧化钙反应生成溶解度较大的氯化钙，以溶析的形式造成侵蚀；生成的氯化钙又能与含铝化合物生成单氯型水化氯铝酸钙和其他含氯化钙、氢氧化钙和碳酸钙的复合盐，后者会在混凝土内产生结晶压力，导致水泥砂浆破坏，从而使更多的氯离子侵入。此外，上述相转变改变了浆体的孔结构，使其抗冻融循环性能降低，特别是对钢筋混凝土而言，氯离子的侵入使孔隙溶液中的Cl^-/OH^-提高，增加了引起钢筋锈蚀的可能性。可以说，引起的钢筋锈蚀是含有Cl^-环境中混凝土破坏的主要原因之一。钢筋锈蚀产物的体积膨胀可能引起混凝土开裂（见图5-29），进一步加快了侵蚀性介质侵入混凝土的速度。因此，Cl^-是造成混凝土破坏和失效的重要因素之一。

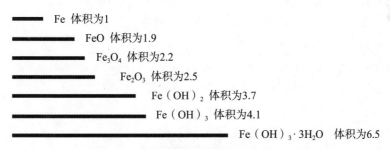

图5-29　钢筋锈蚀产物体积膨胀示意图

（2）硫酸盐对水泥制品及钢筋的侵蚀。硫酸盐对混凝土的侵蚀可分为两个阶段，首先硫酸根离子与混凝土中的氢氧化钙起反应，生成硫酸钙，由氢氧化钙变成硫酸钙，固相体积要产生膨胀，这是第一膨胀反应。所生成的硫酸钙又与水泥中的铝酸钙（C3A）进一步反应生成硫铝酸钙。硫铝酸钙又称为水泥杆菌，它会形成体积的再次膨胀，这就是硫酸盐对混凝土侵蚀的二次膨胀反应。其反应方程式如下：

$$SO_4^{2-} + Ca(OH)_2 \rightarrow CaSO_4 \cdot 2H_2O$$

$$3CaSO_4 \cdot 2H_2O + 4CaO \cdot Al_2O_3 \cdot 19H_2O \rightarrow 3CaO \cdot Al_2O_3 \cdot 3CaSO_4 \cdot 20H_2O + Ca(OH)_2$$

当环境水中的硫酸根离子浓度较高,而混凝土中的硫铝酸钙含量也较高的时候,以上两个反应就会不断地进行,生成的硫酸钙和硫铝酸钙就会不断地增加。开始时,这些固相产物沉积于混凝土的毛细孔中,当毛细孔被填满后,继续反应的产物就会在混凝土中产生很大的膨胀应力,从而造成混凝土的胀裂甚至结构物的彻底崩毁。环境水中的硫酸根离子浓度越高,水泥中的硫铝酸钙含量越大,硫酸盐侵蚀破坏越严重。

(3)盐渍土对水泥制品及钢筋腐蚀的一般规律如下:

1)以氯盐为主的盐渍土,主要对金属的腐蚀比较严重,如混凝土中的钢筋和地下管线等。

2)以硫酸盐为主的盐渍土,主要是通过化学作用、结晶膨胀作用等,对水泥制品和黏土砖类建筑材质发生膨胀腐蚀破坏,对钢结构、混凝土中钢筋、地下管道等也有一定的腐蚀作用。

3)氯盐和硫酸盐同时存在的盐渍土具有更强的腐蚀性,其他可溶性盐的存在通常都会提高土的腐蚀性。

其对应的钢筋混凝土防腐技术见表5-17。

表5-17 钢筋混凝土防腐蚀技术分类

分　类	对　象	措施内容
基本措施(提高混凝土自身的防护能力)	混凝土	抗盐污染高性能混凝土:降低混凝土内Ca(OH)$_2$成分的含量,提高密实性,降低水胶比,控制入模温度; 高分子聚合物混凝土:利用聚合物防水特性的防水混凝土,如掺苯丙乳液的聚合物混凝土; 混凝土控裂措施:大体积混凝土温度控制、养护、施工管理、纤维混凝土; 其他措施:混凝土内掺阻锈剂
附加措施	钢筋	涂层钢筋:环氧涂层钢筋、镀锌钢筋、外包不锈钢钢筋; 特殊钢筋:合金钢钢筋、不锈钢钢筋; 非金属筋:碳纤维、芳纶纤维、玻璃纤维、玄武岩纤维
附加措施	混凝土表面	有机涂层:沥青类、环氧漆、聚氨酯漆、氟碳漆、丙烯酸漆等; 水泥基垫层:水泥砂浆、聚合物砂浆等; 渗透结晶类:渗透结晶防水涂料等; 憎水浸渍类:硅烷、氟烷等; 护甲类(隔离层):玻璃纤维护甲、聚乙烯护甲等
附加措施	电化学	牺牲阳极:钢不锈XP; 外加电流阴极保护:安装钛网辅助阳极的外加电流系统

2.巴盟市公路局对公路构筑物腐蚀病害的养护维修技术

(1)对构筑物腐蚀的评价,可采用以下方式:

1)肉眼观察:有无局部鼓起、起壳、开裂、碎落、挂碱、锈迹、露筋;

2)小锤敲击:顺钢筋分布方向敲击,有无孔洞。

当素混凝土具有局部鼓起、起壳、开裂、碎落、挂碱等表面病害时，应加强观察。当病害严重时，应及时采取措施予以维修。当钢筋混凝土具有局部鼓起、起壳、开裂、碎落、挂碱等表面病害时，应采用捶击法检测。当捶击表明存在顺筋的鼓起、空洞，或在表面发现锈迹、露筋时，应及时进行修补。修补方式有许多，可根据不同的腐蚀程度，按表5-18的推荐方案选取。

表5-18 桥梁桩柱受蚀程度评定及修复方案选择表

受蚀状况	修复方案	修复方式	受腐程度	修复质量要求
混凝土表面无明显剥落	防腐涂料	刷子涂刷	表层受蚀	涂刷均匀，表面封闭，气孔用涂料填平
表面有冲蚀、剥落，面积小于10%，进行浅层修补	防腐砂浆+防腐涂料	抹灰板抹浆+刷子涂刷	浅层受蚀	凿除松动混凝土，防腐砂浆与原混凝土结合紧密，剥落层被填平。之后涂刷防腐涂料，要求不变
表面冲蚀、剥落，面积超过10%；钢筋出露、钢筋锈蚀严重，砼脱落桩柱缩颈	防腐混凝土+防腐砂浆+防腐涂料	立模+浇筑+抹浆+涂刷	深层乃至钢筋受蚀	凿除松动混凝土，钢筋除锈，添加必要的钢筋、立模浇筑修复，外光内实。之后涂刷防腐涂料

（2）防腐工程的准备。防腐工程的准备包括修筑围堰、抽水清淤、腐蚀评价、混凝土凿除、钢筋除锈等步骤。

（3）病害混凝土的凿除。水泥混凝土构筑物的混凝土结构部分，经受盐分腐蚀，表面粗糙多孔，表层强度降低，并且具有盐分的污染。其表面遍布孔隙，孔隙内含有水分和盐碱的腐蚀物质。因此必须进行正确的表面处理。

第一步：使用合适的工具先凿除腐蚀部位的表面浮浆，然后用锤子敲击混凝土的腐蚀部位，直到凿除面洁净、无腐渣残留、露出新鲜的混凝土，且密实完整为止。

第二步：表面打磨或喷砂处理。用电动机或气动打磨工具，或者使用喷砂设备，可有效地除去浮浆和弱介质表面层。表面的灰尘用清洁的压缩空气吹净，最好用真空吸尘器吸尘。

第三步：凿除面的处置。经第一、二步处置后的凿除面还会附着盐分，因此还需进行清洗。一般可使用清水冲洗；但是清水冲洗只能冲淡附着在凿除面上盐分的浓度，并不能完全清洗掉挂在上面的盐分，因此对构筑物的重要部分可以采取酸侵蚀处理，即用质量分数为10%~15%的盐酸清洗混凝土表面，待反应完全后（不再产生气泡），用清水反复冲洗，并配合毛刷刷洗，则可清除凿除面上的盐分并得到较低的粗糙度。

（4）受腐蚀钢筋的除锈技术。对受腐蚀钢筋的除锈，范围为受蚀钢筋之外2cm。

小规模的养护维修一般可采用人工方法，采用钢丝刷、锉刀或沙皮处置受腐蚀的钢筋表面，将钢筋表面的锈斑除尽；用铁刷除去附着在钢筋表面的旧混凝土的颗粒，保证钢筋表面清洁，钢筋的表面应该没有锈斑和油迹。

大面积的钢材除锈，可采取喷砂除锈方式。使用压力式自回收循环喷砂机CMD–YHP，压缩空气工作压力保持在0.6~0.7MPa，砂流中心线与工作面之间的喷射角为45°~75°，喷嘴到工作面的喷射距离为10~30cm，喷砂粒度取0.5~1.5mm。喷砂完毕后，对于少量未清除干净的部位则采用钢丝刷人工刷除,并用洁净的压缩空气吹扫,彻底清除钢筋表面的流浆、灰尘、油污、浮锈层、氧化皮等污物。

对严重腐蚀,腐蚀深度达到钢筋直径的 1/3 或更深的部位,一般应锯除并焊接新钢筋,以恢复钢筋骨架的完整及受力体系。

(5)修补面(水泥混凝土凿除面、除锈后的钢筋)的表面处置技术。喷砂除锈工序完成后,在晴天不得超过 12h,潮湿天气不得超过 6h 必须对钢筋表面涂刷防腐涂层材料,防止除锈表面再度生锈。将配制好的材料在容器中搅拌均匀,静置 5min 后,除去气泡,然后用毛刷涂刷在已除锈干净的钢筋表面,第 1 遍涂刷完待干后再涂刷第 2 遍,先后遍数的涂刷方向应相互垂直,防止漏刷和流挂。配好的胶浆使用时间应控制在 2h 以内,如超出时间变稠可加少许原胶搅匀再用,严禁加水。

(6)防腐水泥混凝土及防腐砂浆的施工。在混凝土表面处理好且钢筋除锈完毕之后,采用常规的施工工艺进行防腐水泥混凝土及防腐砂浆施工。

在需要修补的构筑物外立模,倒入自流平防腐混凝土。脱模后混凝土表面相当平整和密实,表面气孔很少,无大的气孔出现。成形密实、均匀,硬化后无原始裂缝,混凝土密实性高,因此其耐久性也好。

特制的防腐砂浆分为干组分和水组分。砂浆干组分与水组分以规定的质量比进行拌和。特制防腐砂浆的修补施工方式采用常规抹灰方法对桩柱进行抹浆修补。施工前要求控制防腐砂浆的配比,修补后的桩柱表面应圆滑光洁,砂浆与桩柱结合紧密,不脱落。对于涂抹厚度比较大的部位可以分多次薄层涂抹,防止由于厚度过大,防腐砂浆自重过大而导致表面出现拉伸裂缝和砂浆坠落的现象。

(7)防腐涂料施工。在重盐渍土地区,对于修复好的混凝土,如果混凝土表面不采取任何防护措施,长期在盐水的作用下,混凝土仍然会继续被腐蚀,所以应该在维修好的混凝土表面加防护层,隔断盐分的侵入通道,避免混凝土再次被破坏。

六、寒冷地区盐渍土环境钢筋混凝土防腐新工艺的研究

1.泡沫水泥轻质土

泡沫轻质土是"用物理方法将发泡剂水溶液制备成泡沫,与必需组分水泥基胶凝材料、水及可选组分集料、掺和料、外加剂按照一定的比例混合搅拌,并经物理化学作用硬化形成的一种轻质材料"。其性能更侧重于满足替代常规填土,而不是作为混凝土来使用。国内最早将这一技术应用于基础设施工程的是陈忠平博士。

泡沫水泥轻质土生产是通过气泡机的发泡系统将发泡剂用机械方式充分发泡,并将泡沫与水泥浆均匀混合,然后经过发泡机的泵送系统进行现浇施工或模具成形,经自然养护所形成的一种含有大量封闭气孔的新型轻质保温材料。它属于气泡状绝热材料,突出特点是在混凝土内部形成封闭的泡沫孔,使混凝土轻质化和保温隔热化。泡沫轻质土的特点:轻质性(干体积密度为 $300\sim1\,600\text{kg/m}^3$);整体性,可现场浇筑施工;低弹,减震性好;抗压性良好(抗压强度为 $0.6\sim25.0\text{MPa}$);耐水性强;耐久性好;施工速度快;环保;经济。泡沫轻质土工艺流程及施工场景如图5-30所示。

图5-30 泡沫轻质土工艺流程及施工场景

2.泡沫轻质土应用于钢筋混凝土防腐蚀技术方案设计

根据黄骅港综合保税区项目建造物的特点,结合泡沫轻质土的材料特性,项目部研发出以下能有效保证钢筋混凝土在寒冷地区盐渍土环境中的防腐蚀工艺技术方案:采用100mm厚的密度为1 000kg/m³、抗压强度≥15MPa的泡沫轻质土作为基础垫层;在建造物外侧用密度为500kg/m³、抗压强度≥5MPa的泡沫轻质土回填基槽至建筑物室外散水底部,代替传统的灰土或素土回填。泡沫轻质土垫层和基础外围泡沫轻质土共同形成具有保温抗冻融同时防水的隔离层,从而达到理想的钢筋混凝土防腐效果,从盐的渗透破坏理论和混凝土冻融循环破坏的理论可以预测该工艺至少可以保证被保护的钢筋混凝土结构物寿命延长30年。另外,由于泡沫轻质土工艺已经相对成熟,施工成本合理,因此本工艺方案可以在不明显增加投资成本的同时轻松保证基础区域的钢筋混凝土结构寿命达百年以上。具体技术方案如图5-31所示。

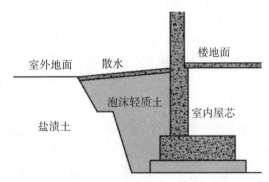

图5-31 寒冷地区盐渍土环境泡沫轻质土钢筋混凝土防腐工艺方案

3.泡沫轻质土盐渍土地区钢筋混凝土结构防腐工艺的关键技术

（1）泡沫轻质土的材料要求。泡沫轻质土的生产原材料包括发泡剂、水泥、粉煤灰和水，浇筑辅助材料包括木胶板、泡沫板等。材料的水泥标准稠度用水量、凝结时间、安定性、胶砂强度、比表面积符合要求后投入使用。生产用水的pH、Cl^-含量、碱含量符合要求。

（2）泡沫轻质土制作。泡沫轻质土水泥浆的拌和制作与泡沫轻质土的拌和制作分开进行。通过电动机螺旋将存储罐内水泥压入搅拌设备的上搅拌缸，与水搅拌均匀，通过料称传感器确定水泥、水的质量。搅拌均匀后将水泥浆放入下搅拌缸。再通过蛇形泵打入线形泵与发泡剂混合后输送至现场。根据设计配比，泡沫密度控制在$50kg/m^3$以内，采用压缩空气与发泡剂溶液混合的方式生成泡沫，生产流程如图5-32所示。

以回填基槽用的泡沫轻质土为例，混合后的泡沫轻质土密度为$540 \sim 570kg/m^3$。泡沫轻质土制作设备具有原材料自动化计量功能，在拌和制作泡沫轻质土时，能调节水泥浆和泡沫流量。拌和制作成形过程中，搅拌时确保各组分混合均匀（见图5-33）。

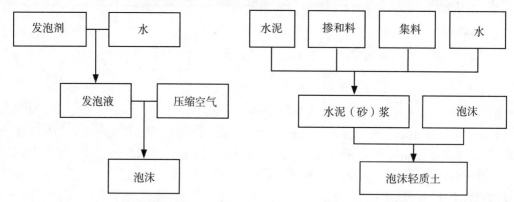

图5-32 泡沫的生成流程　　图5-33 水泥（砂）浆及泡沫轻质土的生成流程

（3）泡沫轻质土的浇筑。采用人工移动浇筑管的方式进行浇筑。浇筑过程中需要移动浇筑管时，沿浇筑管放置的方向前后移动，不宜左右移动浇筑管；左右移动浇筑管时，将浇筑管提出当前已浇筑轻质土表面后再移动。浇筑时出料口埋入泡沫轻质土内，在浇筑过程中，不宜悬空。在自出料口取样时，出料口距当前泡沫轻质土流动表面的高差控制在1m以内。泡沫轻质土单层浇筑厚度按0.5m进行控制。

（4）泡沫轻质土的养护。禁止在已浇完尚未固化的轻质土里走动，施工必须进入时，在浇筑区轻质土面层铺垫模板，每层浇筑完毕后采用防渗土工布进行覆盖保湿养护，养护时间≥7d。

4.结论

寒冷盐渍土地区钢筋混凝土腐蚀是一个多因一果系统性的问题。本技术创造性地提出采用具有保温和防水性能于一体的现浇泡沫轻质土技术对钢筋混凝土结构物土壤区和吸附区进行包封防腐，可以同时达到抗冻、防水、防盐等综合防腐蚀的目的。

本工艺研发成果可以在不大量增加投资的前提下，提高黄骅港综合保税区钢筋混凝土结构物的整体耐久性，施工操作简单可行，且综合费用低廉可行，甚至可以轻松实现盐渍土地区钢筋混凝土构件耐久性100年以上的目的,是非常值得推广的防腐蚀技术。

本章参考文献

[1] 中华人民共和国交通运输部. 公路技术状况评定标准:JTG H20—2007[S]. 北京:人民交通出版社, 2007.

[2] 中华人民共和国交通运输部. 公路养护技术规范:JTG H10—2009[S]. 北京:人民交通出版社, 2009.

[3] 中华人民共和国交通运输部. 公路桥梁技术状况评定标准:JTG/T H21—2011[S]. 北京:人民交通出版社, 2009.

[4] 中华人民共和国交通运输部. 公路隧道养护技术规范:JTG H12—2015[S]. 北京:人民交通出版社, 2015.

[5] 田乐. 多年冻土地区路基病害处治新技术探索与实践[D]. 西安:长安大学, 2012.

[6] 毛雪松, 刘飞飞. 多年冻土地区路基病害处治技术研究[J]. 筑路机械与施工机械化, 2016（12）:44-48.

[7] 秦建明. 巴彦淖尔市公路盐渍土腐蚀及其养护维修技术[J]. 公路交通科技（应用技术版）, 2016, 153（3）:63-65.

[8] 岑文杰, 邓志勇, 孟庆猛, 等. 寒冷地区盐渍土环境钢筋混凝土防腐蚀工艺研究[J]. 施工技术增刊, 2016, 45（12）:544-546.